AQUÍ ESTOY Y AQUÍ ME QUEDO

PRIMERA EDICIÓN El Áncora Editores
Bogotá, 2000

PRIMERA REIMPRESIÓN El Áncora Editores
Bogotá, 2000
ISBN 958-36-0064-4

El Áncora Editores
Apartado 035832
Fax (57-1) 2839235
ancoraed@interred.net.co
Bogotá, Colombia

CARÁTULA Fotografía de Abdú Eljaiek (detalle)
Diseño de Camila Cesarino Costa
Preprensa de Elograf

DISEÑO GRÁFICO Camila Cesarino Costa

PREPRENSA DIGITAL Servigraphic Ltda

IMPRESIÓN Panamericana Formas e Impresos

Impreso en Colombia
Printed in Colombia

CONTENIDO

PRESENTACIÓN

Este no es un libro de memorias ordenadas de manera cronológica. Se trata sencillamente de un testimonio sobre los hechos más significativos de mi gobierno y sobre la apasionante vivencia de dirigir durante cuatro años un país como Colombia.

Tampoco constituye una réplica a los numerosos libros escritos en estos años en torno a la crisis política de 1996, mejor conocida como el proceso 8.000. Lejos de mi intención reavivar el fuego de una polarización que no creé y que el gobierno que me sucedió ha alimentado pertinazmente, para desgracia del país y de su realidad violenta. Espero que algunos de estos episodios puedan ser mirados en el futuro con una perspectiva más positiva.

Medité seriamente antes de decidirme a publicar este testimonio. Me decidí a hacerlo porque considero que en un medio donde predomina la hipocresía política, donde las cosas que se dicen y se hacen en privado jamás se explican públicamente, la gente tiene derecho a empezar a conocer y debatir las verdaderas motivaciones de quienes gobiernan y de quienes ejercen la oposición.

Ojalá que el hecho de dar contenido al debate político, en momentos en que se ha trivializado el ejercicio de la actividad pública hasta convertirla en simple registro social de banalidades y chismes, permita que sea más sólido el consenso que requerimos para superar la crisis tan profunda que vivimos. Si, como pienso, tenemos que ponernos de acuerdo, hagámoslo sobre algo que valga la pena.

Los lectores no encontrarán en este libro ataques a la honra de las personas ni descalificaciones subjetivas; sólo juicios políticos y opiniones sobre protagonistas y circunstancias.

Al entregar esta publicación finaliza una etapa durante la cual, en mi refugio de Pardo de Aravaca en Madrid, conseguí hacer un apasionante exorcismo personal sobre lo que fueron los cuatro años más intensos de mi vida. Durante este tiempo de retiro pude recordar momentos, evocar personas, revivir situaciones, repasar estadísticas, revisar impresos y desempolvar algunos documentos contenidos en archivos que había formado Jacquie con una admirable pasión masoquista.

Nunca antes, como durante mi cuatrienio, un presidente había recibido tantas presiones, internas y externas, ni había sido objeto de tantas calumnias e injurias. En su febricitante aspiración por derrocarme, mis enemigos no descartaron ninguna posibilidad, incluida la eliminación física. Puedo jurar que no me aferré ciegamente al poder y que jamás le mentí al país. Si mis detractores hubieran conseguido su propósito siniestro de sacarme del gobierno, el Estado de Derecho de Colombia habría quedado por mucho tiempo a la deriva y sus instituciones en interinidad permanente.

En Colombia, como en América Latina, está planteada ya una lucha inaplazable entre dos modelos: el neoliberal y el social. A mí me gusta, y lo digo de frente, el segundo. El problema es que los neoliberales de Colombia, como los de todo el mundo, ejercen su convicción de manera vergonzante; por eso no atacan de frente, se camuflan.

Si este debate se diera abiertamente, si cada quien se colocara en su respectiva orilla en lugar de disparar por la espalda a sus amigos o copartidarios, la política sería distinta, tendría más altura, sería más ética y jamás se habría recurrido a procedimientos como los que se conocieron durante mi gobierno para impedir que se concretara un proyecto político social y progresista.

Ernesto Samper Pizano

PARDO DE ARAVACA, MADRID, FEBRERO DEL 2000

AGRADECIMIENTOS

Mis agradecimientos a Daniel Samper y Pilar Tafur por sus valiosos y esforzados aportes, que contribuyeron a esta versión mucho más periodística del libro; a Gustavo Morales, Ramiro Bejarano, Carlos Castillo Cardona e Isabelita Martínez, que me ayudaron en la verificación y precisión de muchos episodios aquí contenidos; mis agradecimientos también a quienes de manera reservada leyeron los textos y me hicieron llegar valiosas observaciones, muchas de ellas recogidas aquí.

Recuerdo en este momento los versos de García Lorca:

Si de repente mis amigos dejaran de serlo, si
estuviera rodeado de odios o de envidias,no
podría triunfar. Son mis amigos los que me han
creado la obligación de triunfar. Y yo triunfo
porque quiero que mis amigos no me pierdan
el cariño ni la fe que depositaron en mí.

A *todos los que creyeron en esta versión y lucharon por ella.*

¿POR QUÉ NO ME TUMBARON?

El primer año de mi gobierno transcurrió en medio de los contratiempos normales de una administración que empieza. Es decir, sin mayores dificultades. En esos primeros meses, que son muy importantes porque es cuando el gobierno gira contra su cuenta de popularidad, el Congreso aprobó el plan de desarrollo conocido como El Salto Social, que contenía el mejor resumen de las ideas que había trabajado durante quince años para cuando llegara a la presidencia.

Como su nombre lo indica, el plan apuntaba a cambiar la tendencia hacia el empobrecimiento registrada desde comienzos de la década; formulaba metas ambiciosas, como vincular a diez millones de colombianos pobres a los servicios de un novedoso sistema de salud subsidiada; proponía que la apertura económica se revisara para hacerla más selectiva, gradual y concertada, a fin mejorar las condiciones de competitividad de la economía, indispensables para asumir el reto de la internacionalización, y planteaba la ambiciosa realización de obras de infraestructura por valor superior a 22.000 millones de dólares, financiados en un 40% por el aporte privado.

El plan contempló políticas de paz y de fortalecimiento de las Fuerzas Armadas; creó la Red de Solidaridad Social; organizó la Oficina del Alto Comisionado para la Paz; reestructuró el Seguro Social para que pudiera competir con el sector privado sin abandonar la atención de la clase media ni la prestación de sus servicios en las zonas más apartadas, adonde no llega la medicina privada, y programó, a nivel de detalle, el Plan Cuatrienal de Obras Públicas, donde estaba prevista la construcción, terminación o extensión de las principales carreteras troncales, como la del río Magdalena, las carreteras al mar desde Medellín y Pasto, la autopista al Llano y las vías de acceso a Bogotá por sus cuatro costados. Asimismo, se propuso reconstruir las carreteras existentes y hacerles un mantenimiento permanente. Los instrumentos consagrados en el plan fueron muy útiles para que el gobierno de Andrés Pastrana, mientras me criticaba, salvara la cara en materias sociales.

Aprobado el plan de desarrollo, nos dimos a la tarea heroica e indispensable de identificar en cada departamento las obras más importantes y fijar, región por región, las metas territoriales de todos los programas sociales. La intención era dejar en cada sitio por lo menos una obra bandera que identificara a la gente con su región y convirtiera su realización en una causa ciudadana. Establecí en la presidencia una gerencia de proyectos para hacer el respectivo seguimiento. Esperaba con ilusión la reunión de los viernes por la mañana, que era cuando repasábamos, con los ministros responsables y los asesores de la presidencia, la evolución de estos frentes.

El metro para Bogotá y Cali quedó financiado enteramente; se terminaron las obras de la hidroeléctrica de Urrá, en Córdoba; de la electrificación para la Costa Atlántica; de la Autopista del Café, en la zona cafetera, con el viaducto de Pereira; del plan de descontaminación de la bahía de Cartagena; del puente Plato-Zambrano sobre el río Magdalena; de la primera etapa del triángulo del Tolima; de la Universidad del Chocó; de las pistas ciclísticas en Boyacá... Ningún departamento se quedó por fuera; cada uno tenía su sueño en un medio donde el pesimismo cotidiano nos ha convertido en enanos para las cosas grandes y en gigantes para las cosas pequeñas. Fue un ejercicio apasionante.

Señalo estas realizaciones porque mucha gente ha reducido mi gobierno al manejo de la crisis política, que duró apenas diez meses: los que transcurrieron entre el día que se conoció el testimonio de Santiago Medina, a comienzos de agosto de 1995, y el día en que la Cámara de Representantes se pronunció absolviéndome, en junio de 1996. Aun durante ese período crítico, la administración funcionó sin ningún contratiempo gracias a un inmejorable equipo, conformado en quince años de trabajo político, que estuvo siempre presente y solidario cumpliendo mis instrucciones de seguir laborando sin afectar la buena marcha del gobierno en ningún aspecto.

Por esta razón, repito, no puedo estar de acuerdo con quienes, en términos absolutos, afirman que fue una pena que no me hubieran dejado gobernar y agregan, con cierta compasión, que de haberlo hecho hasta hubiera sido un magnífico presidente. Durante los cuatro años que fui presidente no cesé de ejecutar actos de gobierno y dirigir en todo momento la marcha de la administración, a pesar de los obstáculos que se interpusieron.

¿Que habría preferido un ambiente más favorable para llevar adelante mis programas? Por supuesto. ¿Que pagué unos altos costos personales? También. De ello dan buena cuenta algunas canas que llevo en mi cabeza. Sin embargo, siempre obré teniendo en mente un proyecto de país contenido en el plan de desarrollo, plan que se cumplió, como lo determinó el CONPES celebrado en el mes de junio de 1998, en un 82%.

Lo que conseguí en el primer año de mi mandato, durante el cual reduje mi agenda internacional a los viajes estrictamente necesarios, me permitió mantenerme gobernando y manejar la crisis política al mismo tiempo. Si las cosas se hubieran dado al revés, es decir, si la crisis se hubiera manifestado con toda su fuerza al comenzar el gobierno, la situación seguramente hubiera sido muy distinta, incierta y caótica.

Viví diez meses de pesadillas. Me sentía como subido en una montaña rusa interminable; cuando creía que había llegado el momento de descansar después de un gran descenso, tenía que volver a empezar con una nueva y difícil subida que terminaba en otra caída en picada. Afortunadamente, siempre los hechos terminaban desvirtuando aquello de lo cual se me acusaba. "Samper tiene tratos con los narcos", gritaban mis adversarios. Y poco después caía Miguel Rodriguez, uno de los jefes del cartel de Cali. "Los pequeños cultivos de coca son minifundios del crimen", denunciaba el fiscal Valdivieso; y Clinton, desde Nueva York, nos felicitaba por la lucha contra la droga. "El Congreso está vendido al narcotráfico", opinaban algunos columnistas: y poco después ese mismo Congreso vilipendiado aprobaba la ley de extinción del dominio de todos los bienes de los narcotraficantes.

Hoy, con la tranquilidad que concede el mirar estos episodios desde la perspectiva del tiempo transcurrido, he tratado de encontrar una lógica a todos los acontecimientos sucedidos. Siempre me ha parecido un ejercicio útil, después de una crisis, devolver la película para saber si los hechos hubieran resultado diferentes manejándolos de forma distinta.

La pregunta que resume todo el ejercicio es la siguiente: ¿hubo una conspiración para derrocar mi gobierno? Cualquier sereno juicio dice que sí, que sin duda la hubo. Por supuesto, los conspiradores no entraron a medianoche a Palacio, como los de la llamada "nefanda noche septembrina" contra el Libertador Simón Bolívar, ni embozados en capas negras y con armas asesinas prestas a matarme. Lo que hubo fue una dramática coincidencia de intereses adversos al gobierno, que se expresaron de una manera más o menos violenta, no necesariamente en forma coordinada pero sí sospechosamente coincidente.

Juan Manuel López Caballero se atrevió a ir contra la corriente en momentos en que estar con el gobierno era anatema, y, como producto de su lúcida reflexión, escribió los análisis más rigurosos y valientes sobre los orígenes y los actores de la crisis. Él cita, en su libro *La conspiración*, tres acepciones distintas para la palabra de marras:

Conspiración es, en español: "Unión secreta de algunas personas contra el soberano o el gobierno, o bien contra un particular, para perderle o hacerle daño".

En francés: "Complot formado contra el Estado".

En inglés: "Acuerdo entre dos o más personas para un propósito perjudicial contra un individuo, contra un sector de la comunidad o contra el público en general".

No importa qué definición se escoja, e incluso no importa si se escogen las tres, es indudable que los hechos sucedidos entre el 3 de agosto de 1995 y el 12 de junio de 1996 constituyen el período de nuestra historia que se recordará como el tiempo de la conspiración.

Al principio, el término les pareció a algunos un buen chiste. El ex presidente Gaviria lo consideró incluso un recurso inteligente para manejar la crisis, del cual –según lo dijo a sus allegados– no se podía abusar. En Bogotá lo utilizaron para dividirse y pelearse en los clubes sociales, entre whisky y whisky, entre hoyo y hoyo de golf y entre set y set de tenis. Se armaron dos bandos: los gobiernistas y el que se denominó, infantilmente, los *conspiretas*.

Para mí el asunto siempre tuvo, desde el principio, mayor profundidad de la que le atribuían por fuera. A mí me tocó el destape de la gran olla de la narco-corrupción que se venía llenando de vapor desde hacía muchos años, sin que nadie la abriera por temor a las consecuencias de su estallido. En esa misma olla se cocinó durante varios años la influencia de los dineros de la droga sobre la política, la sociedad, la economía, el arte, la guerrilla, el deporte.

Con un cinismo digno de mejor causa, una parte de la élite de la sociedad, que durante muchos años convivió, por acción o por omisión, con el narcotráfico, consumiendo sus productos o lavando sus beneficios, se rasgó las vestimentas y tiró contra mí las primeras piedras de barro. Levantó el dedo acusador de una situación en la cual tenía gran culpa: ¡cuánto fariseísmo! Cómo hubiera resultado de fácil para mí, en esas circunstancias, haber jalado de la punta del mantel proponiendo un debate retrospectivo que hubiera ensuciado a mucha gente. No lo hice por el país, por su imagen, por preservar los valores que finalmente nos permitirán, más temprano que tarde, librarnos del estigma de la droga que nos persigue injustamente a todos los colombianos, donde vayamos, por todo el mundo.

El conflicto y las tensiones que estallaron durante mi gobierno abarcaban también los viejos enfrentamientos entre la burguesía de Bogotá, acostumbrada a manejar el país a su antojo, y el vigoroso surgimiento de una provincia subestimada y condenada a muchos años de soledad centralista. En el explosivo sancocho, por otra parte, había toda clase de ingredientes: militares fascistas que enfrentaban a guerrillas agresivas; neoliberales que atacaban a economistas proteccionistas; sacerdotes reaccionarios que perseguían a jóvenes protestantes; intelectuales que consumían droga de noche y sermoneaban apologías morales de día; empresarios de la construcción en el Valle del Cauca que estaban comprometidos en jugosos negocios inmobiliarios con la mafia y se rasgaban las vestiduras manchadas en público. Por si faltara algo, aparecía el peligroso elemento de los intereses externos, que desde hacía varios años querían hacer de Colombia el chivo expiatorio de su lucha perdida contra el consumo de droga.

Con el desarrollo de la crisis, cada quien se alineó y se preparó para dar su propia batalla. La conspiración se produjo en tres niveles. Por una parte, los que convirtieron los clubes en cuarteles y los cocteles en campos de tiro: eran la burguesía, algunos periodistas, muchos arribistas y unos cuantos dirigentes gremiales. A éstos se les podría llamar los *conspiradores del ruido*. Estaban luego los *conspiradores ideológicos*: intelectuales de derecha o de izquierda arrepentida, columnistas amargados, militares retirados, viejos políticos frustrados y empresarios visionarios del pasado.

Entre ellos hubo intelectuales y abogados derechistas que se ocuparon de redactar nuevas constituciones, que prepararon leyes dictatoriales para establecer el imperio del orden –de *su* orden, por supuesto– y que organizaron convites y aquelarres en los clubes sociales para pedirme la renuncia. También hubo hombres de negocios que convirtieron las asambleas gremiales en foros contestatarios de ocasión para ofrecer justificaciones conceptuales a los golpistas.

Y estaban, por supuesto, estos últimos, los *conspiradores terroristas*, que decidieron pasar de los chismes de salón y las especulaciones teóricas a la realidad de los crímenes. Ellos fueron los que asesinaron a Álvaro Gómez Hurtado, atentaron contra el abogado Antonio José Cancino, colocaron bombas contra una escultura de Botero, intentaron derribar mi avión en Barranquilla y secuestraron al hermano del ex presidente Gaviria.

La conspiración se dio entonces, simultáneamente, en los tres niveles; y, aunque es posible que algunos se movieran, a la vez, en varios de los tres círculos, lo cierto es que, sin proponérselo, los conspiradores sociales y los ideológicos terminaron por ambientar y legitimar la feroz empresa desestabilizadora llevada a cabo por los conspiradores abiertamente golpistas o terroristas, que debieron pensar, leyendo ciertas informaciones y analizando ciertas columnas, que todo lo que hacían estaba, si no permitido, sí justificado en aras de cuestionables objetivos.

Ni delirio persecutorio del presidente Samper ni cortinas de humo: lo que hubo en Colombia, durante esos diez siniestros meses de angustia, fue la tenaz rebelión de una clase dirigente en la cual se mezclaron viejos odios, nuevas culpas, complejos de expiación y resentimientos personales, identificados todos en el propósito liberador y exculpatorio de mi sacrificio moral, político y hasta físico.

Quiero en este punto reiterar mi absoluto respeto por aquellos que se opusieron a mi gobierno, incluso obstinadamente, en ejercicio de su libérrima conciencia de ciudadanos, pero que no auspiciaron conspiraciones contra la Constitución ni acciones contra la ley. Una democracia necesita la contradicción, la confrontación pacífica de ideas y de pareceres. Más de una vez esos opositores tuvieron razón en sus críticas, porque más de una vez se equivocó mi gobierno, como se equivocan todos los gobiernos y todas las empresas humanas.

Y sin embargo, ¿por qué no me tumbaron?

Por varios motivos. En primer lugar, porque era inocente. Durante varios meses, decenas de fiscales y agentes de seguridad, nacionales y extranjeros, estuvieron buscando alguna evidencia que me inculpara, sin conseguir absolutamente nada. Así lo determinó la justicia al emitir su fallo absolutorio en distintas instancias judiciales. Los conspiradores ensayaron diversas estrategias para sacarme entonces del gobierno, ya que la vía judicial no coincidía con sus intereses.

Primero dijeron que el presidente Samper se estaba quedando solo como consecuencia de la crisis. El argumento funcionó al principio, pero después se les devolvió en su contra. Desde el comienzo, y durante el tiempo que duró la crisis, las encuestas mostraron un respaldo que se mantuvo en un 42%; cuando el tiempo pasó y la gente se dio cuenta de que, a pesar de los vaticinios de los enemigos del gobierno, éste no se caía, no sólo no me debilité sino que en la calle empezaron a atribuirme poderes políticos casi sobrenaturales, que por supuesto no tenía.

La idea sobre estas supuestas habilidades llegó a quedar consignada por el humor popular. Recuerdo algunos de los chistes de la época, como el de aquel señor que, habiéndose encontrado una lámpara mágica, la frotó; y, al hacerlo, apareció el consabido genio dispuesto a concederle, en gratitud, un deseo. El afortunado ciudadano le pidió que resucitara a su madre, fallecida varios años antes. El genio se deshizo en explicaciones sobre las dificultades de tipo religioso que hacían casi imposible concederle semejante deseo, y entonces el paisano le dijo con aire de resignación:

– Bueno, pues si esto no es posible, entonces concédame el deseo de tumbar al hp de Samper.

El genio quedó confundido, meditó un rato, sudó frío y, tembloroso, le preguntó al cabo de unos minutos:

– ¿Cómo se llamaba su mamá y dónde vivía?

No; no estaba tan solo como mis adversarios soñaban o querían. Aunque la campaña contra mí logró hacer mella en parte de la opinión pública, el apoyo popular a mi gobierno y a mi nombre fue grande, permanente, emotivo y profundo. Conté con la solidaridad de la provincia, expresada por sus gobernadores y alcaldes; me acompañaron siempre las minorías emergentes, como los evangélicos, los indígenas y las negritudes; recibí la voz de aliento de decenas de países amigos; gocé del apoyo de los más importantes empresarios; y, por supuesto, tuve el respaldo constante de amigos y funcionarios, cuya voluntad de defensa del gobierno se acercaba al heroísmo. Sin todos estos pilares, la conspiración habría podido terminar con la exposición de mi cabeza en la picota de la ignominia internacional. Tan trágico desenlace, empero, no hubiera aliviado la magnitud de la culpa colectiva que todavía nos persigue.

Los conspiradores, en cambio, estaban ayunos de pueblo. Así lo pudo comprobar Luis Eduardo Garzón, el presidente de la CUT, el día que lo citó la representante Ingrid Betancur a una reunión en su apartamento, a las siete de la noche. Al llegar se encontró con el industrial Hernán Echavarría, el ex ministro Enrique Parejo, el general Ricardo Cifuentes; al representante Gustavo Petro lo encontró a la salida del edificio. En tono casi imperativo le explicaron que lo "habían escogido" para que hablara a nombre de los sectores sociales en un banquete en el Hotel Tequendama que celebrarían para recoger fondos con destino a actividades en contra del gobierno. Garzón, que no tiene pelos en la boca y le sobra humor en la lengua, les dijo que primero que todo él no los conocía, que tal vez por eso mismo no sabía qué pensaban sobre temas como la certificación y la defensa de la soberanía y que, cuando tuvieran claro qué harían después de tumbarme, lo volvieran a llamar. Agregó que, mientras tanto, él se iba. Y se fue.

La circunstancia no era por supuesto nueva en ningún sentido. El 21 de mayo de 1996 circuló una carta, firmada por el mismo Hernán Echavarría, Enrique Gómez Hurtado e Ingrid Betancur, en la cual, descaradamente, solicitaban fondos para financiar "actividades a favor del robustecimiento de la justicia y en contra de la impunidad y la corrupción", a lo cual añadían la confesión de parte de que "estamos convencidos de que para ello resulta indispensable el cambio de gobierno, con lo cual lograremos el restablecimiento del honor de la república".

Si esta solicitud se hubiera formulado en vísperas de las elecciones presidenciales del año 98, que era la fecha para "cambiar" legítimamente el gobierno, no habría tenido problema; pero planteada dos años y medio antes de las elecciones, era claro que lo que pretendía era pagar operaciones simple y sencillamente subversivas.

Lo que empezó como un legítimo deseo de muchos ciudadanos –dentro de los cuales yo mismo me incluía– por saber qué había pasado con la financiación de mi campaña, se fue desvirtuando a medida que cada quien aprovechaba las circunstancias creadas por la crisis para promover su propio odio, personal, económico o político.

La mecha del proceso 8.000 sólo consiguió prender estos odios. Por eso, al final, quedamos divididos entre quienes buscábamos la mejor salida de la crisis y quienes solamente estaban interesados en mi salida.

Que hubieran entrado o no dineros irregulares a mi campaña, que fuera reconocida mi inocencia respecto a estos hechos, no tuvo al final mayor importancia. Lo que mis enemigos querían era que me fuera, para volver a dormir tranquilos y libres de la culpa que creían haberme transferido.

También se dijo que la crisis estaba llevando peligrosamente a la ingobernabilidad del país por el agotamiento de la capacidad de maniobra del presidente, a lo que nosotros contestamos con hechos de gobierno, sin perder nunca el poder de convocatoria. Para asegurar la gobernabilidad, contamos al principio con la cooperación de socios conservadores leales que invité a colaborar a través de su directorio legítimo, es decir, sin fomentar el transvestismo político, al cual han resultado tan proclives los gobiernos conservadores, por aquello del complejo de minoría. Fue lamentable que la competencia por el liderazgo interno del conservatismo entre Jaime Arias y Fabio Valencia, dos nuevas figuras del partido azul, terminase por dividir la bancada entre oposicionistas y colaboracionistas, y que esta circunstancia pasajera hubiera impedido al partido conservador, como tal, tomar la decisión patriótica que entonces le propuse. Afortunadamente, un numeroso grupo de congresistas conservadores independientes entendió el momento que se vivía y votó, en las circunstancias más difíciles, los proyectos de ley más duros contra el crimen organizado que se hayan votado en el Congreso de la República.

El gobierno, dijeron entonces, está dedicado a defenderse y por eso no gobierna, creando una peligrosa situación de interinidad. Y como el presidente no podía gobernar porque tenía que defenderse, debía retirarse, así fuera temporalmente. La solicitud de que pidiera una "licencia", que formuló el presidente de la Conferencia Episcopal, apuntaba en esa dirección. Sabían que después de la licencia, pedirían la renuncia. Desde mediados de marzo, cuando el juicio apenas comenzaba, las mismas voces que habían pedido que me juzgaran comenzaron a solicitar que, aun antes de que terminara el juicio, me fuera. Todos los días, sistemáticamente, alguien me lo pedía; lo que buscaban era echar a correr cuesta abajo un bola de nieve que hiciera insostenible mi permanencia en el poder. No contaron, nuevamente, con la gente; en las encuestas, el 62% pedía que me quedara.

Jamás dejé de considerar mi retiro como una de las opciones válidas dentro de la gama de alternativas que se ofrecían para salir de la crisis. Mi posición, sin embargo, era más honesta que la de muchos de mis contradictores, cuya obstinada insistencia en plantear mi renuncia como la *única* opción terminó por radicalizar a los amigos del gobierno en su posición de exigir mi permanencia frente a los que ya veían a Humberto de la Calle nombrando gabinete.

Lamentablemente, nuestro ordenamiento constitucional no prevé fórmulas políticas para superar una situación como la que yo mismo enfrenté. Todas las propuestas alternativas que planteé para superar institucionalmente la crisis, como anticipar las elecciones o someter mi permanencia en el poder a un referendo, que suponían una reforma constitucional, encontraron una feroz resistencia por parte del sector gavirista, apegado a la intangibilidad de la Constitución de 1991. Y porque otros, paradójicamente, pensaban que cualquier fórmula que supusiera la participación del pueblo sería favorable a mi pretensión de quedarme en el gobierno, ya que la gente me respaldaría en las urnas...

En esas circunstancias, mi renuncia, que los conspiradores consideraban la única salida institucional, y la asunción del poder por el vicepresidente en mi reemplazo, no aseguraban que la radicalización de los ánimos bajaría; al contrario, lo probable era que viniera un proceso de revancha como el que conoció el país dos años luego, cuando Andrés Pastrana asumió la presidencia, apoyado, entre otros, por los partidarios de la fórmula de De la Calle, y se dedicó a perseguir con saña a todos los que habían acompañado la candidatura de Horacio Serpa.

Advertido como estaba de que la campaña por mi retiro estaba creando un peligroso clima de incertidumbre que podría afectar la propia economía, busqué el momento propicio para hacer un pronunciamiento radical sobre la materia. Ese día nació el *aquí estoy y aquí me quedo*, declaración de principios que cortó de raíz la peligrosa estrategia.

La mejor manera de golpear a Samper –reflexionaron después– es darle duro a su familia; esto sí debilita su capacidad de respuesta, decían los memorandos de estrategia de los conspiradores. No les faltaba razón.

Los ataques contra Jacquie, preparados y orientados desde un noticiero de televisión con sevicia incalificable, ciertamente me debilitaron el ánimo, por injustos y cobardes. Y aunque mis hijos, mi mamá y mis hermanos habían sobrellevado con admirable estoicismo el tener que vivir, trabajar, educarse y divertirse en el ambiente donde se movían los conspiradores, me preocupaba su seguridad.

Salvo contadísimas excepciones, la familia Samper, que tiene un hondo sentido de comunidad y de clan, me manifestó siempre su solidaridad. Una noche estuvieron todos en palacio en una velada de apoyo que no olvidaré jamás. Me parece estar viendo todavía la escena de los Samperes que llegaban, muchos de ellos en buses contratados para la ocasión y que entraban al palacio por la puerta de la carrera séptima, a fin de expresarme su cariñoso apoyo.

Veo a mis viejos tíos abuelos que suben con sus bastones por las solemnes escaleras de palacio; veo a nietos y bisnietos que corren por los pasillos; veo a mis primas cuarentonas engalanadas para la ocasión; veo a primos famosos y a primos anónimos, a sobrinos apolíticos que se dedican a la música o a la enseñanza, y a tíos lejanos que se ganaron la vida como honorables agricultores; recibo mensajes de apoyo enviados por familiares que viven en Puerto Rico, en Estados Unidos, en Europa; veo desfilar a Samperes quinceañeros de bluyín, arete y pelo largo, y a elegantísimos Samperes setentones con sus atuendos de *clubmen*; y veo, al frente de todos ellos, a Armando Samper Gnecco, hermano de mi padre, nuestro *pater familias*, ex ministro de Agricultura de Carlos Lleras, quien siempre estuvo al lado nuestro durante los momentos más importantes del gobierno.

La mejor compensación familiar la tendría varios meses después de terminar la presidencia, en Madrid, el día en que mi hijo Miguel, después de ver la película de Bellini *La vida es bella*, que relata las peripecias de un padre judío por hacerle llevadera a su hijo la vida en un campo de concentración nazi, me dijo:

–Papá, ahora sí entendí. Gracias por haber luchado por que tuviéramos una vida normal, con papá y mamá normales, cuando estuviste de presidente.

Acto seguido, la conspiración manejó también y muy efectistamente el argumento de la pérdida de credibilidad: como el gobierno no era creíble, no podía manejar la crisis. Se trataba de una táctica en la cual los conspiradores, apoderados de buena parte de los medios, tenían una indudable ventaja sobre el gobierno. El gobierno mantuvo su credibilidad porque no persiguió a los medios, porque llevó a extremos el ejercicio de la tolerancia de los excesos de alguna prensa.

En efecto, toleró hasta límites inimaginables la filtración selectiva de piezas procesales, la publicación de falsos testimonios, las noticias sin contexto, los testimonios de delincuentes –convertidos en héroes– en los medios, la reducción de los puntos de vista del gobierno a espacios y tiempos insignificantes, el "rebote" de noticias dudosas en ciertos periódicos del exterior dispuestos a cooperar en la campaña contra mí.

No seré yo quien haga una evaluación del papel que cumplieron los medios en la gestación, el desarrollo y la propia superación de la crisis política ocurrida durante mi gobierno. De ello se están encargando algunos de esos medios, las escuelas de periodismo y algunos tratadistas. Tampoco entraré a dividir los medios entre malos y buenos según hubieran sido amigos o enemigos del gobierno, pues sería absurdo incurrir en el maniqueísmo del cual fui víctima.

Afortunadamente el gobierno contó con el apoyo de periodistas y columnistas que se atrevieron a ir en contra de la corriente, desbocada, de algunos medios ansiosos de informaciones truculentas para alimentar, diariamente, sus índices de circulación, sintonía y teleaudiencia. En nombre de todos ellos, destaco el comportamiento de Roberto Posada García Peña, *D'Artagnan*. Roberto se batió valientemente para que se conociera la otra cara de la moneda; el repaso que hice para escribir este libro de sus columnas durante los años de mi mandato me sirvió para reconstruir con precisión muchos de los episodios aquí consignados. El mejor homenaje que se podría hacerle a él, además de nuestro personal reconocimiento, ya se lo hicieron sus lectores destacándolo como uno de los mejores y más leídos columnistas de Colombia.

Los medios "buenos" para nosotros eran los medios objetivos, los que registraban equilibradamente la información, como el Noticiero QUAC, que hacía el inolvidable Jaime Garzón con la colaboración de la chispa genial de Antonio Morales y otros colegas. Lo veíamos en familia, todos los domingos.

Considero, sí, indispensable que este examen de conciencia que en buena hora ha empezado lo hagan los propios periodistas y los empresarios de medios a través de unos retiros espirituales que ellos le deben a la democracia y que servirán para fortalecerla y fortalecerlos. Estoy seguro de que en ese examen aparecerá una verdad de bulto: la exquisita libertad de prensa que reinó durante mi gobierno. Algunos han tratado de presentar el proceso de adjudicación de los espacios noticiosos de televisión como una lamentable excepción a esta regla de comportamiento, pero a diferencia de los anteriores gobiernos, cuando la televisión se asignaba digitalmente, esto es, a dedo, durante mi gobierno se comenzaron a efectuar las adjudicaciones por la Comisión Nacional de Televisión, entidad independiente creada por la Constitución de 1991 y reglamentada en sus funciones por la ley 335 de 1996. En el caso concreto de los noticieros, una ley posterior consagró que éstos se adjudicarían con una mayoría de cuatro de los cinco miembros de la comisión; lo cual, en la práctica, hizo imposible cualquier adjudicación por razones exclusivamente partidistas.

Al llegar a la presidencia propicié en el Congreso, a través de la nueva ley de televisión, la prórroga automática de la concesión de televisión para todos los noticieros vigentes en ese momento. El parlamento, posteriormente, decidió aprobar una revisión de la prórroga automática y acompañarla con algunas normas que trataban de intervenir en los contenidos de los noticieros. Esta iniciativa legal fue promovida desde el Congreso por algunos representantes, entre los cuales menciono el nombre de Marta Catalina Daniels, una parlamentaria de extracción humilde, con cuatro hijas pequeñas y dos profesiones a cuestas, que algunos conspiradores convirtieron y aún mantienen, con saña implacable, en el objeto encarnado de sus odios.

La Corte Constitucional, en respuesta a una demanda contra la ley, en sentencia de julio de 1997, dictaminó que las concesiones de televisión no generan derechos adquiridos porque se trata de unas simples expectativas que, como tales, son revisables en cualquier tiempo; asimismo, respaldó la solicitud del gobierno para que se derogara la parte de la ley relacionada con el monitoreo estatal de los contenidos informativos en los noticieros de televisión.

Uno de estos noticieros, QAP, en su comienzo había sido identificado por algunos como "mi" informativo, seguramente porque estaban de socios mis amigos Gabriel García Márquez, Julio Andrés Camacho y Benjamín Villegas; al presidente Gaviria le interesaba además esta presentación para poderle quitar ese espacio al noticiero que entonces tenía Julio Molano, viejo amigo mío y gerente de todas mis anteriores campañas. Contando con una notable sintonía, QAP se alió desde el comienzo con la versión de la fiscalía del proceso; lo hizo sin reservas; se comprometió a fondo con la campaña para derribarme, y para conseguirlo no vaciló en dar cabida a todo tipo de noticias calumniosas y sensacionalistas.

Su insólita militancia, sin embargo, recibió el peor castigo que puede recibir un telenoticiero: el castigo de los usuarios que se le retiran. El *rating* de QAP descendió irremediablemente, hasta convertirse en uno de los últimos en la lista de sintonía. Esta situación provocó serias divisiones internas entre los socios, que intentaron tapar con el argumento de que el gobierno perseguía al noticiero. No; era mucho más grave: lo perseguían los televidentes.

Al final, sus propietarios decidieron de manera espontánea, y tras muchas dudas y conflictos internos, abstenerse de participar en la licitación de informativos, aduciendo una serie de argumentos que jamás controvertí públicamente. Hoy puedo confesar que esta decisión me produjo un gran alivio porque, como se lo dije a Juan Cristo el día que se confirmó la noticia, el de QAP habría sido el único caso en que yo habría intervenido, dentro de los límites legales, por supuesto, para solicitar que el espacio se mantuviera. Hubiera sido una oportunidad inigualable para reiterar ante la historia el compromiso de mi gobierno con la libertad de prensa que me impidieron ejercer los accionistas del noticiero.

Un argumento más que se esgrimió, y no el de menor cuantía, decía que la crisis estaba afectando la economía. Los conspiradores no se iban a dar por vencidos; todavía tenían varias cartas por jugar. Una de ellas era la de relacionar la crisis con el debilitamiento de la economía o, dicho en otros términos, la de hacer política con la economía.

Ciertas revistas económicas especializadas se convirtieron en feroces tribunas políticas; con una clara orientación neoliberal, se dedicaron a denunciar el supuesto impacto de la crisis en la desestabilización económica y a subestimar los índices favorables que mostraba su comportamiento positivo, contra todos sus vaticinios.

Una de esas revistas, en actitud francamente delirante, llegó a pedir a los Estados Unidos que impusiera sanciones económicas para Colombia, porque así conseguirían lo que querían, que abandonara el gobierno. Detrás de semejantes conductas suicidas había otras que coincidían con las consagradas en el Código Penal, como la colecta que hicieron unos empresarios antioqueños, en plena campaña del año 98, para jugar contra el dólar a fin de crear zozobra en la economía y mostrarle al país lo que podría suceder si Horacio Serpa ganaba los comicios.

La noche en que me enteré de esta noticia estaba visitando las modernas instalaciones del Noticiero de las Siete, invitado por Cecilia Orozco, periodista y amiga de muchos años. Me enfurecí. Bajé al estudio y le dí a Javier Ayala una enérgica declaración en el Noticiero En Vivo diciendo, palabras más, palabras menos, que yo mismo pondría preso al que especulara criminalmente con la tasa de cambio.

Estaba claro que a estos analistas y especuladores no les interesaba el proceso 8.000, sino acabar con un modelo alternativo de desarrollo que consideraban que iba en contravía de la consolidación de sus propios intereses ideológicos o comerciales. Lo que no sabían entonces era que terminarían por ser víctimas de su propio invento. La inestabilidad cambiaria que ellos fomentaron prolongó sus efectos hasta bien entrada la administración Pastrana, y obligó a mantener altos los intereses y la actividad productiva desfinanciada.

Esta circunstancia, sumada a la imposición de una sobrecarga tributaria y a la incertidumbre resultante de un precoz proceso de paz sin rumbo que ahuyentó la inversión, provocó al terminar el año de 1998, bajo el gobierno del presidente Pastrana, la más profunda recesión económica que hayamos conocido desde los años treintas y arrojó la primera cifra de crecimiento negativo de la economía conocida en la segunda mitad de siglo. Si algunos de los empresarios angustiados por la recesión del 99 y el 2000 quieren buscar explicaciones y encontrar culpables, sólo tienen que mirarse en el espejo.

Para sorpresa de los críticos del gobierno, durante los años en los cuales las dificultades fiscales fueron más evidentes se acentuó la participación de la *inversión extranjera directa* en la financiación de importantes proyectos de infraestructura, particularmente de comunicaciones y transporte, sectores en los cuales se concentraron más de las dos terceras partes del aumento de los nuevos flujos de capital durante mi gobierno. Por si faltara algo, el año de mayor auge fue precisamente 1996, el de la crisis.

Los enemigos del gobierno estaban en lo cierto al pensar que, si el desempeño económico se caía, agudizaría la crisis política. No lo consiguieron; pero rompieron una sana y sagrada tradición colombiana: la de separar, repito, el manejo económico del azaroso discurrir del partidismo.

Aún faltaban otros argumentos contra el gobierno. La estrategia más difícil de contrarrestar por parte de la conspiración tenía que ver con la acusación de que la crisis política estaba aislando a Colombia internacionalmente. Para probarlo señalaban, por supuesto, la conducta del gobierno de los Estados Unidos y las acciones que éste había tomado al descertificar al país y retirarme la visa. Y aunque en el tema de la certificación no todos los columnistas estaban de acuerdo, en los primeros días de 1996 tuvimos informes del viaje de varios conspiradores para hacer *lobby* en contra del gobierno en el Departamento de Estado, ante la propia Casa Blanca y en los pasillos republicanos del senado. ¡Increíble!

En el Congreso norteamericano ya para entonces se habían repartido profusamente ejemplares del diario *La Prensa,* de propiedad de la familia Pastrana, en los cuales, a base de titulares ingeniosos y montajes fotográficos infames, se denigraba del gobierno, del presidente y de todas aquellas personas que estuvieran cercanas, calificándolos de narcotraficantes y bandidos. Alguna vez llegaron al extremo de publicar unos fotomontajes en que pretendían asociar con el cartel de Cali a Julio Mario Santo Domingo, dueño del grupo Bavaria, y a Augusto López, su presidente, dos reconocidos e intachables empresarios que habían colaborado con mi campaña. En la misma entrega los montajes me asociaban a mí con el general Noriega de Panamá. Ese día se me llenó la copa de la paciencia y les pedí a Rodrigo Marín, ministro de Desarrollo, y a Armando Benedetti, ministro de Comunicaciones, que plantearan el tema sin mi presencia para que los ministros tuvieran libertad de expresarse al respecto en el Consejo de Ministros que debía celebrarse esa tarde. El gabinete en pleno respondió con una indudable energía, que a mí mismo me sorprendió, al aprobar un comunicado que censuraba la actitud de la familia Pastrana y exigía respeto y resarcimiento para las honras ofendidas.

No dejaría de sorprenderme que, terminado mi gobierno, los mismos columnistas que entonces celebraban alborozados este tipo de atropellos contra la dignidad de personas prestantes o de mi familia, durante el nuevo gobierno aparecerían rasgándose las vestiduras al defender el derecho a la intimidad presidencial en un lío menor de faldas, aunque faldas muy bonitas.

Y es que todos esos límites que impone el respeto a la dignidad personal fueron desconocidos durante la crisis de mi gobierno, desbordados y violados. En esta materia, la consigna pareció ser la misma con que se anunciaba el enfrentamiento de los contrincantes de las peleas de lucha libre en la Plaza de Santamaría, a las cuales mi papá nos llevó un par de veces: TODO VALE.

Por primera vez, como consecuencia de estas acciones, los colombianos comenzamos a lavar nuestros propios trapos sucios fuera de casa y abrimos la puerta a algunos sectores de la opinión política internacional, como la norteamericana, para que hicieran y opinaran en el caso de Colombia lo que les diera la gana. Del eco favorable que encontraron en Washington algunas de estas gestiones antipatrióticas daría buena cuenta el embajador Frechette cuando, varios meses después de salir del cargo, regresó a Colombia y relató descaradamente en la Universidad de la Sabana cómo había manipulado a algunos medios, a favor y en contra, para servir mejor los objetivos asignados a su misión diplomática.

Contra esta idea del aislamiento, hay que decir que el distanciamiento con el gobierno de los Estados Unidos, paradójicamente, le abrió muchas otras puertas externas a Colombia y nos obligó, por primera vez en muchos años, a diversificar de veras nuestras relaciones internacionales. Los intentos del señor Gelbard por conseguir respaldo de otros países para su política de extrañamiento de Colombia no encontraron ningún eco en países como Alemania, Brasil, Cuba, China y Francia, que se opusieron de manera pública y agresiva a este tratamiento. Algunos, como Japón y Rusia, cedieron a las presiones.

Reconozco que al gobierno se le apareció, en medio de estas dificultades, la Virgen de los No Alineados. Desde hacía varios años estaba convenido que Colombia asumiera en el año de 1995 la presidencia de este movimiento (NOAL) en reemplazo de Indonesia. El grupo tercermundista se creó hace casi treinta años para neutralizar la polarización producida por el enfrentamiento de las dos potencias. Sus posiciones fueron definitivas en la superación del colonialismo, la caída del *apartheid* en Suráfrica y la consolidación de la independencia de muchos países ubicados en el sur del planeta. Terminada la Guerra Fría, muchos pensaron que el movimiento había perdido su razón de ser; fue precisamente en ese momento cuando lo recibió Colombia.

Durante varios meses trabajamos con el canciller Rodrigo Pardo y el embajador ante las Naciones Unidas, Julio Londoño, en el diseño de una "nueva agenda" para el NOAL que, sin renunciar a sus ideales fundacionales, le permitiera encarar nuevos temas frente a los desafíos planteados por la globalización y el cambio de las reglas de convivencia del mundo. El preámbulo de la nueva propuesta decía:

"Se acabó la Guerra Fría, es cierto, pero no se acabaron la pobreza, ni el analfabetismo, ni la mortalidad infantil en el mundo en desarrollo, ni las barreras que impiden su acceso a la tecnología y al capital en un mundo donde cada día existe más competencia. Esa, precisamente, es la nueva razón de ser del no alineamiento: diseñar una agenda para el desarrollo de los países del Sur, donde vive el 80% de los habitantes del mundo y se concentra el 80% de las necesidades más apremiantes del planeta".

En síntesis, al país "aislado" –que, según los conspiradores, era Colombia–, asistieron en cuatro años 72 jefes de Estado y representantes de más de 120 naciones. Colombia fue consultada, durante los tres años siguientes, en grandes decisiones. En desarrollo de la presidencia del NOAL visité más de cuarenta países en todo el mundo y se abrieron más de una docena de nuevas delegaciones diplomáticas en Colombia. Ejercimos un liderazgo serio y constructivo, sin caer en los excesos populistas o los falsos nacionalismos de antaño.

Muy pocas de estas gestiones fueron registradas en los medios nacionales; todavía creo estar sintiendo la vergüenza ajena que me ruborizó cuando una periodista colombiana de televisión le preguntó al canciller de Egipto, en pleno aeropuerto del Cairo, a donde habíamos llegado para realizar una gestión de paz con el presidente Mubarak a nombre del NOAL:

–Canciller, ¿el gobierno de Egipto ha recibido presiones de los Estados Unidos para que apoye el proceso 8.000 en Colombia?

Estoy seguro de que el ministro Mussa todavía se está preguntando a qué cifra cabalísitica se refería tan extraña pregunta, en la mitad del desierto.

Algunos confunden en Colombia tener buenas relaciones internacionales con tener buenas relaciones con los Estados Unidos. Aunque estas últimas son, por supuesto, muy importantes, durante mi gobierno se demostró que es bueno tener más amigos. El gobierno del presidente Clinton –seguramente consciente de los errores del pasado reciente– tuvo buen cuidado en modificar radicalmente su estrategia hacia Colombia cuando cambió el gobierno y entró el presidente Andrés

Pastrana; pero no me cabe duda de que hubiera hecho exactamente lo mismo si el ganador hubiera sido Horacio Serpa. La cuestión de fondo es que equivocaron la política y, al hacerlo, causaron problemas graves en las condiciones de gobernabilidad democrática de Colombia.

¿En qué falló, entonces, la conspiración? Esto se lo habrán preguntado más de una vez los conspiradores en su frustración. Tengo algunas respuestas.

Básicamente, falló en que lo único que identificaba a sus miembros eran el odio y la ambición. Falló en que no contó con el respaldo popular que ganó el gobierno con los planes sociales, que no se veían en los clubes del norte de Bogotá pero sí en los barrios marginales y en los campos. Unidos por el *anti*, los conspiradores nunca tuvieron una estrategia política coherente ni un líder que la pusiera en marcha. Lo reconoció paladinamente uno de los ideólogos de la misma, Enrique Santos Calderón, en su memorable columna autocrítica del primero de noviembre de 1996: "La oposición nunca logró presentar una alternativa de poder coherente y convincente".

Falló además porque el "pueblo", que invocaba para justificar un soporte nacional a sus reivindicaciones, no apareció por ninguna parte: apenas unas señoras despistadas que visitaron los parques del norte de Bogotá y algunos emotivos estudiantes de las universidades elitistas en la capital. A ellos se sumaron algunos empresarios energúmenos, no pocos de ellos cuestionados por lo mismo de lo cual me acusaban. Pero de pueblo, pueblo soberano, hubo allí poco o nada. Al contrario, el país vivió movilizaciones espontáneas de respaldo al gobierno en todas las capitales; en Cúcuta, en Villavicencio, en Barranquilla, en Cali, en Pasto, se produjeron manifestaciones enormes de apoyo que, por supuesto, fueron ignoradas por los conspiradores o descalificadas como movilizaciones prefabricadas.

La subversión tampoco entendió lo que estaba pasando. Sintiéndose seguramente amenazada por la batalla frontal que iniciamos contra la producción ilícita de la droga en el sur del país, que ella protegía mediante el cobro del impuesto de gramaje, la guerrilla no aprovechó, o no quiso aprovechar, el distanciamiento que la crisis produjo con los

Estados Unidos, su supuesto enemigo de muchos años. Tampoco se impresionó con las reclamaciones de soberanía que, según las encuestas, hacía el 85% de los colombianos. Sus jefes prefirieron apuntarse a que el debilitamiento de mi gobierno agudizara, sin costos económicos para ellos, las contradicciones de un sistema que ingenuamente veían a punto de quebrarse. Finalmente, jugaron la insólita carta de apoyar de manera pública al candidato más reaccionario, avalando con su respaldo la legitimidad del sistema electoral que habían combatido durante cuarenta años. Al hacerlo, también golpearon a Horacio Serpa, el hombre que representaba la mejor garantía de paz por su trayectoria política e ideológica.

La conspiración contó, para reforzar su batalla mediática, con un libreto judicial integrado con pedazos de procesos que le suministró dosificadamente la fiscalía. A partir del principio de que toda persona que ellos señalaran era culpable hasta que demostrara lo contrario, trasladaron la justicia a los medios, donde muchas honras fueron juzgadas, condenadas y sometidas a despiadados linchamientos mediáticos. El nuevo fiscal, Alfonso Gómez Méndez, trató de volver las aguas a su cauce, pero ya era tarde: las honras ya habían sido saqueadas.

¿Por qué, entonces, no me tumbaron?

Porque los conspiradores, engolosinados con el poder virtual resultante del hecho de que sus maquinaciones coincidieran con las noticias que ellos mismos manejaban, subestimaron la circunstancia de que los factores reales de gobernabilidad siempre estuvieron con el gobierno y conmigo. Me apoyaron el Congreso, las Fuerzas Armadas, los más importantes empresarios, la parte no reaccionaria del clero, las iglesias cristianas, muchos periodistas que no tomaron partido, sindicatos y organizaciones progresistas, países escandalizados con el atropello, mi familia y, por supuesto, la gente humilde, beneficiaria de los programas sociales. Me apoyó también lo que el Bogotá del norte califica desdeñosamente como "la provincia", que entendió en todo momento que, pese a provenir del círculo que ahora me criticaba, yo mismo había sido irreprochablemente fiel a mis propósitos de servir al país entero y no quedarme al servicio de los que viven en el Bogotá "de la calle setenta y dos al norte", las coordenadas que puede utilizar cualquier persona que quiera ubicar geográficamente las raíces de la profunda crisis de liderazgo que se vive en Colombia, un país que tendrá que afrontar, más temprano que tarde, una reflexión seria y profunda sobre las relaciones del narcotráfico con nuestras estructuras sociales, económicas y políticas.

Las investigaciones de la fiscalía de Milán sobre clientelismo y financiamiento irregular de los partidos descubrieron el entramado de lo que se llamó *Tangentopoli*, que provocó una profunda crisis política de la cual Italia todavía no se ha recuperado porque no ha existido un consenso sobre cuál debe ser el que sustituya al viejo esquema, desgastado y corrompido. La absolución del ex ministro Andreotti, acusado miserablemente por un testigo sin rostro "negociado" de tener contactos con la mafia, representó un punto de quiebre en esta carrera enloquecida de judicialización de la política italiana.

En Colombia, como en Italia, también es cierta la afirmación de Adriano Sofri, en carta dirigida a Antonio Tabucci, cuando dice que el gran problema es que " hay una parte de la clase dirigente incapaz de pedir perdón y otra parte convencida de poder reservarse el papel de acusador y de estar exonerada de cualquier problema". Está claro que en Italia, como en Colombia con el proceso 8.000, el origen mediático de la crisis, la politización de la fiscalía y el papel de los propios intelectuales, que corrieron a tomar partido sin matices, impidieron que los acontecimientos desembocaran en lo que Tabucci llama una verdadera "autointerrogación" colectiva y, más importante todavía, en el esquema alternativo para superarla. La sumatoria de los arrepentimientos individuales de unos cuantos congresistas estigmatizados, por temor a la cárcel, no puede considerarse, ni mucho menos, como un gesto de arrepentimiento social.

El capítulo de la narco-corrupción en Colombia tendrá que cerrarse algún día como se cerró, en su momento, el del narco-terrorismo, con la prohibición de la extradición. Lo deseable es que termine con un decisión colectiva, lo más pronto posible, en la cual la sociedad, sin exclusiones ni falsos fundamentalismos, acepte su culpa, proponga un camino para corregir su conducta hacia el futuro y cierre de una vez por todas la página negra de su convivencia con la droga.

Como toda crisis, no obstante, ésta también nos dejó enseñanzas que debemos asimilar con espíritu constructivo. Sirvió para demostrar que aún tenemos importantes fortalezas. La de las instituciones democráticas, que resistieron los feroces embates de quienes, desde su condición minoritaria, querían deslegitimarlas, disminuirlas o reemplazarlas por otras ajustadas a sus ideas o a sus intereses. La de la economía, que mantuvo sus niveles de desempeño pese a los ataques de especuladores, populistas y voceros vergonzantes de modelos neoliberales. La de la democracia, que se renovó electoralmente dos años después sin ningun tropiezo. La fortaleza, en fin, de millones de colombianos que no se dejaron llevar por los odios efímeros de una decadente casta dirigente que, como la gente que viajaba en la primera clase del *Titanic*, está hoy dedicada a escuchar música, *su* música, mientras el barco se hunde; estos ciudadanos, que me apoyaron persistentemente, prefirieron hacer causa solidaria con la dignidad nacional, con el plan del Salto Social y con el propio Estado de Derecho. De la crisis Colombia no salió fortalecida sino que con ella demostró su fortaleza.

No creo tener la verdad revelada con respecto a lo que pasó en el país durante los años de mi gobierno. Y por supuesto puedo faltar a la objetividad en el juzgamiento de ciertos hechos y circunstancias, empezando por los que rodearon el financiamiento de mi campaña. Sin embargo, en las páginas de este libro, algunas de ellas salidas directamente del corazón, trato de mostrar la otra cara de la moneda, de poner en limpio mi propia versión sobre los principales episodios de mi gobierno. Cometí equivocaciones de las cuales me arrepiento, y pido disculpas por ellas. Reivindico, empero, el haber procedido siempre honestamente, pensando en lo mejor para el país y para todos los colombianos. Reivindico también el no haber perseguido a nadie ni haber sobrepasado los límites de la Constitución, cuyo cumplimiento juré al posesionarme. Prefiero que en el futuro se me acuse de haber sido demasiado tolerante a vivir con el remordimiento de haber procedido arbitrariamente.

No renuncié al cargo para el que fui elegido y no me arrepiento. Si lo hubiera hecho, el Estado de Derecho de Colombia habría sido condenado a la interinidad para siempre. Tengo mi conciencia tranquila. No he dejado de creer en mi país ni en su gente, que ha sido el norte de toda mi carrera pública; la única aspiración que hoy me anima es la de poder seguir sirviéndoles en los pocos o muchos años que me quedan de vida.

EL GOBIERNO DE LA GENTE

Voy a recordar tres historias que ilustran bien las relaciones concretas entre gobernante y gobernados.

Llegué a Popayán con algún retraso para asistir por primera vez a la conmemoración de su Semana Santa, invitado por el ex ministro Guillermo Alberto González. En el aeropuerto, mientras recibía los honores militares, escuché una vocecita que me gritaba desde la terraza: "¡Presidente, Presidente!" A la salida de la plataforma vi la cara pecosa de una pequeña, refundida entre la gente. Era ella la que me saludaba. Le contesté con un movimiento de la mano, y seguimos al Convento de San Francisco, donde se iba a hacer entrega oficial de las obras de recuperación del inmueble, una de las más importantes tareas de rehabilitación que Jacquie se propuso sacar adelante con el valioso equipo encargado de proteger el patrimonio nacional.

Al salir del convento escuché nuevamente la misma voz aguda y reconocí, perdida detrás de la barrera de seguridad, la figura diminuta de la niña del aeropuerto. La persistencia infantil ya ameritaba una charla directa, y le pedí al edecán que me trajera a la niña. Se llamaba Lucerito, tenía ocho años, estudiaba en una escuela pública, era huérfana de padre y madre y vivía con su abuela en un suburbio de Popayán.

Lucerito soñaba con una bicicleta para ir a la escuela, que le quedaba a muchas cuadras de distancia de su casa, y, de paso, para hacerle los mandados a la abuela. A fin de probar la veracidad de su aspiración, la niña me señaló a la abuela que, impaciente, esperaba tras la barrera. Hice seguir a la señora, y ella me corroboró, punto por punto, la historia de su nieta.

Les dije que vería qué podía hacer para ayudarles y conmovido pedí al general Antonio Sánchez, mi jefe de seguridad, que consiguiera una pequeña bicicleta para la mañana siguiente y la tuviera lista para entregarla a Lucerito. Aunque acostumbrado a recibir órdenes, el general, con algo de angustia, se atrevió a recordarme que era Jueves Santo.

–Precisamente, general –le dije–; por ser santo estamos en época de milagros; haga el milagro de hacer aparecer la bicicleta de Lucerito.

Por la noche, después de asistir al sobrecogedor espectáculo de la procesión –más impresionante que el de Sevilla en España–, volví a escuchar en medio de la oscuridad de la calle la voz de Lucerito que me llamaba. Pensando que estaba perdiendo el juicio, le dije a Jacquie:

– ¿Yo estoy loco, o la niña de la bicicleta me está llamando desde esa esquina?

–No estás loco –me tranquilizó Jacquie–. Precisamente está allí.

Me alcancé a imaginar que le había contado a los amiguitos del barrio nuestro encuentro y que ahora me esperaba una cola de solicitudes de bicicletas. Afortunadamente, no era el caso. Lo que quería Lucerito era pedirme que la bicicleta tuviera una canastica para poder traer los recados de la tienda. Me pareció que sonaba profundamente lógico.

El general Sánchez estuvo a punto de suicidarse cuando, siendo casi las doce de la noche, en pleno Jueves Santo, le dije frente a la niña:

– ¿Oyó, general? La bicicleta, con canastica.

No supe ni quise averiguar si esa noche los de seguridad allanaron algún comercio del lugar o hicieron abrir un taller de ciclas. Lo cierto es que al día siguiente estaba en el vestíbulo del hotel la bicicleta de Lucerito, adornada con un gran moño rojo.

Me parece ver a la niña en su bicicleta: la abuela intenta seguirla detrás para darle alcance, pero Lucerito continúa dando vueltas con una felicidad que no le cabe en el cuerpo. Desde entonces, todas las veces que regresé a Popayán me esperaba en la fila de honor, para saludarme, Lucerito con su bicicleta.

Moraleja: el problema de cada persona es "su problema". "Gobernar", respecto a ella, es darle su solución concreta.

Omar Fabio Granados tenía once años y había sido elegido, por un cuatrienio, presidente de los alumnos de su escuela en la vereda San Roque del municipio de Villa de Leyva, en el departamento de Boyacá. Su sueño había sido conocer al presidente de la república. El programa de televisión de Francisco Ortiz, llamado "La Máquina de los Sueños", solicitó a palacio una entrevista del niño conmigo. Me pareció un encuentro bonito.

Alguien avisó a la familia de Omar Fabio, alguien le compró un vestido dominguero, alguien lo trajo a Bogotá y una vez allí lo alojaron en un cómodo hotel cercano a palacio. En las horas de la tarde del día siguiente a su llegada lo recibí en el salón protocolario con todos los honores. No era para menos: se trataba de un colega, un presidente.

El niño me contó lo que había hecho en la escuela y cuáles eran sus planes para el año siguiente; pero, sobre todo, me hizo una prolija descripción de la situación política dentro del plantel, la composición de fuerzas y las estrategias que tenía para neutralizar a sus rivales y mantenerse en el gobierno de la institución. Como ya dije, mi pequeño colega era boyacense. Hasta el final de la Guerra Fría, existían tres maneras de hacer política en el mundo: la capitalista, la comunista y la boyacense. Hoy sólo sobreviven dos, pues ya no hay comunismo. Y en el futuro quizás sólo sobreviva la boyacense.

Si alguien quiere saber qué pasa en materia política en cualquier parte del mundo sólo tiene que ir a la Plaza Bolívar de Tunja, bajarse del automóvil y preguntarle al primero que pase qué está ocurriendo en Kosovo, Beijing, Tokio o Madrid; obtendrá una respuesta que incluye análisis político y previsiones de votos para las próximas elecciones.

La conversación con mi pequeño colega ya llevaba tres cuartos de hora y el edecán me había pasado dos papelitos, que era el sistema que utilizaba para terminar las audiencias sin interrumpirlas abruptamente. Pero yo estaba encarretado y fascinado con la charla.

Entramos entonces a hablar de los problemas de ser presidente, algo en lo cual, en plena crisis, creía llevarle alguna ventaja a mi ilustre visitante. Habló primero él.

–El único problema que tengo –me dijo solemnemente– es el vicepresidente: está tratando de montármela.

–¿Y qué vas a hacer? –le pregunté intrigado.

–Pues sacarlo sin que se dé cuenta –me contestó bajando el tono de la voz y acercándose a mí para que las cámaras no lo grabaran.

Yo asentí comprensivamente.

–¿Y a usted cómo le va con el suyo? –me preguntó con desenfado.

–Pues ahí vamos, con algunos problemas también –le dije para salir del paso.

Moraleja: me acordaría de esta conversación unos meses más tarde, cuando se produjo el proceso que terminó en la designación de Carlos Lemos Simmonds como vicepresidente de la república y la salida de Humberto de la Calle por razones similares y en forma parecida a las del pequeño presidente.

Jacquie me tenía loco pidiéndome que la acompañara a recorrer las obras de restauración del Fuerte del Ángel de San Rafael, en la parte alta de la entrada de Bocachica, bahía de Cartagena.

Entre los propósitos que había asumido ella como primera dama estaba la recuperación de los monumentos de la Ciudad Heroica, los alrededores del Castillo de San Felipe, los parques del Corralito de Piedra y el emblemático Teatro Heredia. El fuerte, que forma parte de las baterías de todo el emplazamiento, había sido descubierto primero en los mapas de la época y luego en el terreno, escondido en medio de malezas centenarias. Religiosamente, cuando viajábamos a la Casa de Huéspedes de Cartagena, Jacquie se iba con los arquitectos y, con el invitado que se le atravesara en el camino, pasaba minuciosa revista a las obras. Volvían sudando a mares en estado avanzado de licuefacción.

Una mañana, transcurridos ya casi tres años, no pude resistir más sus embates para que la acompañara. Cuando llegó el helicóptero y la gente de Bocachica se enteró de que venía de visita, se aglomeró para recibirme. Aunque una buena parte de la población se quedó admirando el helicóptero, que de todos modos es un espectáculo mucho más atractivo que un presidente, los otros me siguieron tumultuosamente gritando: "¡La lu, queremos la lu!"

–¿Qué están diciendo? –le pregunté al alcalde.

–Que quieren que les ponga la luz, señor presidente.

Me sorprendió que, a esas alturas del siglo XX, muy cerca de la ciudad más turística de Colombia, pudiera existir una población sin servicio de electricidad. Pedí entonces a uno de los mil morenitos que ya habían desbordado todos los cercos de seguridad, que me explicara cómo era el problema de la luz. Por él supe que en otro tiempo sí habían tenido luz, pero que al cabo de pocos años se habían robado las plantas eléctricas, los postes y los transformadores y el pueblo había vuelto a quedar a oscuras. Me contó también que en épocas de elecciones montaban una planta que luego se abandonaba. Me enteré, asimismo, de que les cobraban a precio de oro el valor del combustible para cocinar e iluminarse, lo que confirmaba que la desgracia del pobre no consiste solamente en no tener plata, sino en que todo sale más caro.

A la multitud que se congregó alrededor del fuerte le hablé de la importancia de las obras de restauración. Todos me contestaban al unísino: "¡La lu, la lu…!"

Les dije que tendrían trabajo gracias a las obras. Nada: la respuesta era la misma: "¡La lu, la lu…, queremos la lu!"

Los invité a que me dijeran si les gustaba el fuerte: "¡La lu, la lu..!", gritaban.

Bajé con ellos al pueblo, les hablé en la plaza y les dije:

–Les prometo que el próximo mes de diciembre vendré a Bocachica a bailar merengue y tomarme una cerveza Águila enfriada en nevera conectada a la luz de Cartagena.

Los aplausos los escuchó hasta Blas de Lezo.

Desde entonces, todos los lunes durante casi un año, llamaba religiosamente al ministro de Minas, Orlando Cabrales, y antes de hablar de la venta de CORELCA, del problema de Cusiana o de la privatización de las térmicas, le preguntaba:

–Ministro, ¿qué hubo de la lu, la lu?

Cabrales, cartagenero raizal, asumió el compromiso de "la lu" de Bocachica como una cuestión de orgullo personal. Consiguió la plata para un cable submarino que luego tendió la Armada; presionó de buenas y convincentes maneras a la alcaldía de Cartagena y al departamento de Bolívar para que pusieran de su parte, y colocó un gerente del proyecto a quien exigía cuentas y azotaba todos los días.

Pero llegó diciembre y la luz no estaba. A pesar de todos los esfuerzos, no íbamos a alcanzar a cumplir la promesa en la fecha señalada. Le anunciamos entonces a la comunidad que, de manera transitoria, enviaríamos una planta para iluminarlos. ¡Quién dijo miedo!

–Nada de engaños –nos contestaron–: queremos la lu de verdad, no la lu falsa.

Colocamos entonces, como regalo de Navidad, todos los postes y tendimos los cables, incluidos los domiciliarios. No era todo lo prometido, pero era una muestra de que pronto llegaría "la lu".

Así fue. Pocos meses después, ya muy cerca de la terminación de mi gobierno, estábamos inaugurando la extensión de la electricidad de Cartagena a Bocachica por medio de un cable submarino. Difícil describir la felicidad de la gente la noche en que quedaron conectados. En tierra caliente, más que en ninguna parte, la electricidad es vida, vida para refrigerar los alimentos, vida para el puesto de salud, vida para andar de noche por las calles, vida para bailar.

Esa tarde, mientras bailaba en un café de Bocachica, me tomaba una cerveza fría y recorría el pueblo con la gente, viví uno de esos pequeños momentos que compensan las grandes angustias de quienes gobiernan. Por lo menos en Bocachica alguien recordará dentro de algunos años que durante el gobierno de Samper llegó, por fin, "la lu" que esperaban desde hacía muchísimos años.

Ya por la noche, subido en el helicóptero, noté que la gente gritaba algo. El ruido ensordecedor de las aspas me impedía entenderles, así que pregunté a quienes me acompañaban qué era lo que decían los gritos.

–Lo que están gritando –me explicó uno de los funcionarios que viajaba en la comitiva– es: "¡Samper, el agua, el agua…!"

–Habrá que dejarle algo a Pastrana –le comenté con un suspiro al ministro Cabrales.

Morajela: No es necesario inventarle las necesidades a la gente; ella sabe qué necesita y qué necesita primero.

Si algún día un historiador quiere encontrar el hilo conductor de mi carrera pública, le recomiendo mirar a la gente. La política, para mí, es el arte de defender a la gente. Y no me refiero a ella con la abstracción vaga y retórica de "pueblo", no; hablo de la gente concreta, la de carne y hueso, con sus sueños, sus intereses y sus dificultades.

Llegué al concejo de Bogotá representando a la gente excluida de la capital, los vendedores ambulantes de San Victorino, los artesanos de Las Nieves, los pequeños propietarios de vivienda de La Candelaria, los comerciantes de los sanandresitos de Paloquemao, los usuarios de los servicios públicos de Engativá, los marmoleros del Cementerio Central, las floristas de la Avenida Caracas, los motociclistas de Bosa, las trabajadoras del amor de la carrera quinta, los carniceros de Usme.

El lema publicitario de mi primera campaña política era precisamente "Con Ernesto Samper Pizano, soluciones a la mano". Cuando le mostré el afiche a mi hermano Daniel, éste comentó: "Afortunadamente, mi mamá no es de apellido Angulo".

Más tarde, como senador de la república, saqué adelante la ley de reforma urbana, que reglamentó los derechos de la gente a disfrutar de la ciudad; la ley de cooperativas, que sentó las bases para organizar la economía solidaria, y la ley de ventas ambulantes. También las normas que ajustaron las pensiones con el salario mínimo y aseguraron su incremento anual al mismo ritmo.

Como ministro de Desarrollo Económico, durante la administración Gaviria, creé el sistema de subsidios de demanda para la vivienda de interés social, que revolucionó el viejo concepto del Estado-constructor, y saqué adelante el Estatuto de Defensa del Usuario de los Servicios Públicos.

Mi campaña presidencial estuvo precisamente basada en el concepto de la gente, de la necesidad de expandir la inversión social y demostrar que los paradigmas macroeconómicos del equilibrio y la reducción de la inflación no son de ninguna manera incompatibles con la consecución de metas en materia de bienestar y redistribución del ingreso. El Salto Social buscó concretar, de manera orgánica, los objetivos sociales de un proyecto político de varios años que a principios de la década de 1990 combatió el credo neoliberal sin caer en los excesos populistas del viejo proteccionismo. La Red de Solidaridad Social; el PLANTE para la sustitución social de cultivos ilícitos; el SISBEN, Sistema de Identificación de Beneficiarios, para extender la cobertura de salud; el Plan Decenal de Educación; el Programa de Legalización de Títulos de Propiedad; los planes de soporte nutricional del ICBF; el sistema nacional de desplazados por la violencia, fueron algunas de las varias iniciativas que se pusieron en práctica durante mi administración, con una inversión presupuestal que duplicó, en cuatro años, su participación respecto al PIB.

Los resultados de estos planes se reflejaron –según estadísticas internacionales– en un mejoramiento de los índices de pobreza que, aunque leve, fue significativo porque revirtió el proceso de empobrecimiento progresivo que llevábamos desde comienzos de la década del noventa.

Hasta qué punto influyó este énfasis social de mi gobierno en los acontecimientos que originaron la crisis política es algo difícil de saber. Los partidarios del modelo neoliberal encontraron en la desestabilización creada por la crisis una excelente ocasión para combatir de manera encubierta los programas sociales con el argumento de que con ellos el gobierno estaba "comprando" apoyos. O para sembrar de sospechas de corrupción la utilización de cualquier partida pública para propósitos sociales, siguiendo la vieja consigna aquella de que "todo lo del pobre es robado". Al mismo tiempo, muchos políticos cuestionaban duramente al gobierno porque no les entregaba su manejo para convertirlos en cotos electorales de sus cacerías de puestos. A los encargados de los planes les decía: "Palo porque bogas, palo porque no bogas, luego vamos en la dirección correcta".

El seguimiento de estos planes-bandera en materia social estaba centralizado en la Consejería Presidencial para la Política Social, primero a cargo de Isabel Martínez y luego de Carlos Castillo. Varios de los gerentes de proyectos sociales fueron nombrados consejeros presidenciales; realizamos muchísimos Consejos de Política Económica y Social (más de cincuenta) para articularlos con la estrategia general de desarrollo.

La verdadera historia de mi gobierno está contenida en las actas de los CONPES que presidí, cada semana, durante cuatro años. Las reuniones se celebraban en Bogotá y en todas las capitales de los departamentos que, en el curso del primer año, tuvieran su "ruta de navegación" trazada de modo concertado entre las autoridades nacionales y territoriales.

Sé que muchos de mis adversarios subestimaron el apoyo que recibiría mi gobierno de parte de todos aquellos sectores excluidos que seguramente vieron en las propuestas de mi campaña y en las primeras decisiones de mi gobierno un rayo de esperanza.

¿Que el país se polarizó? Evidentemente; pero no sólo alrededor de la financiación de mi campaña, hecho que constituyó el florero de Llorente alrededor del cual cada quien alineó sus odios o sus amores. El país también quedó polarizado ideológicamente, entre las élites bogotanas y los dirigentes regionales; entre la izquierda y la derecha; entre facciones fascistas y democráticas; entre católicos reaccionarios y cristianos; entre nacionalistas y globalizadores; y claro, entre liberales progresistas, conservadores puros y liberales conservatizados.

El respaldo de la gente se manifestó no solamente en las encuestas, sino también en las plazas públicas, en las calles, en los estadios, en miles de cartas y cientos de llamadas a palacio, que contrastaban con las imágenes catastrofistas que ofrecían ciertas columnas periodísticas y algunos noticieros y con las protestas elitistas de la clase alta.

La gente se "conectó" directamente con el gobierno y el presidente. Esa gente, mi gente, me estimuló a mantenerme en el poder a pesar de los embates que se hicieron y las conspiraciones que se montaron para derribarme. La gente entendió que apoyarme era una forma de mantener un proyecto social que lamentablemente comenzó a desmontarse cuando llegaron "los otros" al poder. El apoyo de todas las Luceritos, de todos los Omares y de las muchachas morenas de Bocachica será por muchos años la mejor recompensa que me queda de mi paso por la presidencia de Colombia.

LOS FAMOSOS NARCOCASETES

La noche del domingo 19 de junio de 1994 me aprestaba a bajar por el ascensor de mi apartamento camino al Centro de Convenciones Jiménez de Quesada, donde se estaba festejando mi elección a la presidencia, cuando algunas personas cercanas elogiaron el reconocimiento de mi triunfo y la aceptación de su derrota que acababa de hacer Pastrana por la televisión. Había aprendido, en otras campañas, que los triunfos propios no se deben cantar sino hasta cuando el adversario reconoce su pérdida; la aceptación de una derrota por parte del competidor es el mejor aval de la legitimidad de una victoria. Ese mismo día en mi casa, pasadas las ocho de la noche, vimos en la televisión con un reducido grupo de amigos, la declaración de Pastrana en que reconocía al adversario como vencedor.

Poco después, sin embargo, cuando ya había abordado el ascensor con Jacquie y con mi hermano Daniel, éste nos dijo:

–No me gustó nada la declaración de Pastrana. Me parece que en medio de las frasesitas republicanas encierra un contenido de amenaza y chantaje.

–A mí me pareció –le contesté– que está respirando por la herida, y que los términos son producto de la bravata de un niño inmaduro que acaba de perder el juguete prometido.

–Hasta lloró a moco tendido –agregó Jacquie.

No tuvimos tiempo de hacer mayores comentarios, pero al día siguiente se empezaría a confirmar el olfato periodístico de mi hermano.

Es preciso, para entenderlo, retroceder un poco en pos de las circunstancias en que se produjo el primer ataque contra mi gobierno, cuando éste aún no había empezado.

Faltando pocas horas para la celebración de la segunda vuelta de las elecciones presidenciales, me llamó el ministro de Defensa del gobierno de Gaviria, Rafael Pardo. Yo estaba en el aeropuerto, pues me disponía a tomar el pequeño avión alquilado de la campaña para hacer un penúltimo recorrido por el sur del país en un maratónico viaje que tenía por objeto dar a los líderes regionales las últimas instrucciones para el día de los comicios. Pardo me habló de la existencia de unas cintas que contenían unas grabaciones de las cuales se deducía que los carteles del narcotráfico podrían haber penetrado la campaña presidencial. Acosado por el tiempo, le pedí a Fernando Botero que hablara con Pardo y le remití el material que éste me había enviado, en sobre cerrado, al terminal aeroportuario.

A mi regreso encontré a Serpa y Botero preocupados no sólo por el contenido de las cintas, que sugería que habían existido contactos entre personas de mi campaña y los narcotraficantes de Cali y entre éstos y los encargados de las finanzas de la campaña pastranista, sino por el origen mismo de las grabaciones. Aparentemente, según Pardo, un oficial de la policía había entregado las cintas al candidato Pastrana a la salida del Hotel Intercontinental de Cali; Pastrana y su principal asesor, Luis Alberto Moreno, habían pedido entonces cita al presidente Gaviria para poner las cintas en su mano, en presencia del propio Pardo.

Nuestras primeras dudas sobre la autenticidad y propósitos de los narcocasetes nos llevaron a preguntarnos por qué le entregaban las cintas a Pastrana si ellas comprometían a las dos campañas, a la mía con el cartel de Cali y a la suya con los narcotraficantes del Norte del Valle, más cercanos al conservatismo que a los liberales. ¿Por qué el supuesto oficial de la policía no las entregó a sus superiores? ¿O al ministro de Gobierno? ¿O incluso a la prensa? ¿Y por qué a Pastrana en tan curiosas circunstancias: en un sitio público y a la luz del día, de modo que no se supiera nada más sobre el portador de las cintas? ¿Cómo pudo ese supuesto proveedor de las cintas acercarse tan tranquilamente hasta alguien que estaba rodeado por un fuerte cerco de protección? Olíamos que en todo esto había algo extraño, pero no podíamos saber qué.

La razón de nuestra inquietud pareció confirmarse cuando, a las pocas horas de mi elección, Pastrana, como si todo formara parte de un montaje, pidió públicamente que los candidatos, es decir, él y yo, juráramos que no habíamos recibido dineros del narcotráfico. Convencidos como estábamos a estas alturas de que se podía tratar de una trampa, me abstuve de hacer el juramento solicitado: me parecía grotesco que una persona que aspira a regir los destinos de un país tenga que jurar sobre sus condiciones morales porque así se lo pide un contradictor. Llamé al presidente Gaviria para consultar su opinión. Él, con su acostumbrada frialdad, me respondió que la cinta no tendría mayor impacto en los resultados electorales y que su propósito era más bien el de amargarle la vida al que ganara.

Las investigaciones posteriores nos dieron la razón sobre el origen de las cintas y el propósito político de manipularlas. La grabación fue hecha, como más tarde lo revelaría el señor Joe Toft, entonces director de la DEA en Colombia, por personal de esa agencia, con la activa participación de varios oficiales de la policía colombiana cuyos nombres quedaron consignados en el expediente que, en su momento, abrió la fiscalía sobre el caso. Su contenido pudo ser editado en el extranjero antes de hacerlas públicas en Colombia. Con la edición –recortes, saltos, supresiones– se buscaba, por supuesto, causar el mayor impacto. Es probable que nunca sepamos qué decían aquellas partes de las conversaciones que quedaron seguramente recortadas en algun sofisticado laboratorio fonográfico, y resulta difícil, por no decir insólito, pensar que el presidente Gaviria sólo se enteró de su existencia por el candidato de la oposición, cuando habían sido realizadas por oficiales bajo el mando de su propio ministro de Defensa. Inmediatamente surgieron otras hipótesis. Una de ellas señalaba el hecho de que la esposa del ministro Pardo era la gerente de la campaña de Pastrana, y que quizás esa habría sido la vía utilizada para que las cintas llegaran a los cuarteles generales del candidato conservador. Una carta que posteriormente me envió el ministro Pardo ofrecía explicaciones al respecto que desvirtuaban la versión y que yo acepté personalmente.

Fue mayor nuestra sorpresa al descubrir que no circulaban uno sino varios juegos de cintas. Además de las copias del escándalo, habían sido distribuidos varios casetes, seguramente para cumplir con propósitos distintos pero dentro de una misma estrategia. Un juego habría servido para que el embajador saliente de Estados Unidos lo entregara oficialmente a la canciller Noemí Sanín como prueba de la "sensible" preocupación de su gobierno. Otro para que el alto mando militar de la época, insólitamente, lo llevara en persona a la fiscalía para pedir la inmediata apertura de una investigación. Otro más lo había entregado el señor Toft a una amiga suya, la periodista Myriam Ortiz, a quien seguramente conoció cuando ella se desempeñaba en la oficina de prensa de la embajada de Estados Unidos en Colombia.

No era la primera vez que Toft participaba en una operación de espionaje electrónico; como más tarde se sabría, en 1991 había tenido que ver con la grabación de un video que comprometía a los carteles de la droga en una clandestina operación para comprar el voto de constituyentes a favor de la prohibición absoluta de la extradición en el texto de la nueva Carta. El cuento del oficial de la policía interesado en ayudar a la patria mediante la entrega apurada de unas cintas a Andrés Pastrana, por otra parte, era cada vez menos creíble. Todo olía a montaje y mentiras, que quedaron consignadas, como falsos testimonios, en el expediente respectivo.

El 20 de junio, pasadas las elecciones, le solicité al presidente Gaviria que hablara con Pastrana para que, conjuntamente, pidiéramos los dos, como protagonistas del proceso electoral, que se investigaran a fondo los hechos contenidos en las cintas. Pensaba que de esta manera podríamos librar al país, en momentos tan difíciles, de una impredecible discusión sobre la legitimidad de las elecciones y del profundo impacto internacional que ello ocasionaría. Así, además, podríamos someter a la justicia el esclarecimiento final de los hechos. ¿Quién mejor que un hijo de Misael Pastrana –pensaba yo en ese momento– puede entender el daño internacional que producen unas elecciones cuestionadas?

Gaviria me volvió a contestar con evasivas y señaló que lo de las cintas era para "joderme", lo cual haría inútiles sus esfuerzos para una investigación a fondo, lo que me llevó a tomar la decisión de asumir yo mismo la denuncia ante el fiscal Gustavo de Greiff. Le solicité a él que iniciara de inmediato la investigación y que llegara en ella hasta sus últimas consecuencias. Enterado por la prensa de que esa tarde lo visitaría Pastrana, le sugerí que le recomendara que presentáramos juntos la denuncia. Pastrana no quiso aceptar la fórmula de promover conjuntamente la investigación de los hechos relacionados con la campaña de la cual los dos habíamos sido protagonistas. En ese momento ya pensaba utilizar su conducta para explicar la derrota en los comicios, como quedó claro al día siguiente, en una explosiva rueda de prensa que convocó para ensuciar los resultados electorales.

Mis enemigos habían logrado un primer cometido: sofocar con el tema de la droga el impacto de todos los proyectos que en materia social y de paz me proponía llevar a cabo. Desde ese momento hubo un solo tema para preguntar, comentar, discutir. Aún ahora, mucha gente se sorprende al saber los avances que logró mi gobierno en muchos campos y que jamás fueron mencionados por los medios, engolosinados con los desarrollos novelescos de la crisis. Con el tiempo, cuando se establezcan las distancias necesarias con esta última y se examinen sus circunstancias sin mayor apasionamiento, confío en que se verán más nítidamente los hechos positivos de mi administración.

El 21 de junio, temprano en la mañana me fui a Neiva a recorrer la zona donde el río Páez, desbordado, había destruido una vasta región indígena y campesina. A mi regreso escuché en la radio del automóvil la famosa rueda de prensa que concedía Andrés Pastrana, y que estaba dirigida especialmente a los periodistas extranjeros. Se trataba de un verdadero botafuego contra todo el mundo, empezando por mí, que desde entonces me convertí en su víctima predilecta y en la excusa para todos sus males, algo con lo cual todavía me sigue honrando, aunque de poco le sirva para sacar al país realmente adelante.

Sin ninguna prueba ni prudencia, contra las recomendaciones de sus más íntimos amigos, aconsejado seguramente por una soberbia heredada de su padre, Pastrana le colocó a Colombia el INRI de ser una narcodemocracia. En vez de coadyuvar al esclarecimiento de los hechos y apoyar una vigorosa investigación, como se lo había propuesto públicamente, optó por degradarnos ante los ojos del mundo. Desde entonces, hasta hoy, nuestra imagen internacional jamás ha vuelto a ser la misma.

Su pecado, por supuesto, no consistió en revelar unos hechos que yo mismo pedí que fueran investigados poco después de conocerse los resultados electorales. Su pecado fue haber desconocido ante la comunidad internacional las elecciones por una supuesta infiltración de dineros ilícitos antes de que los hechos fueran siquiera conocidos o investigados por las autoridades respectivas o que se aclarasen los procedimientos utilizados para llegar al conocimiento de los mismos.

Lo que las cintas mostraban, con nombres propios, es que las dos campañas podían estar comprometidas. ¿Pensaban los autores de las grabaciones utilizarlas si el ganador era Pastrana, como las utilizaron contra mí? Eso, por supuesto, nunca lo sabremos; así como tampoco podremos conocer lo que en esta segunda hipótesis hubiera hecho el presidente Gaviria.

Me encontraba la noche siguiente en la sala del Consejo de Ministros, donde habíamos reunido al equipo del presidente Gaviria con el mío para empezar el empalme, cuando me enteré de que el Noticiero 24 Horas tenía preparada una emisión con el contenido de los casetes. De común acuerdo con el presidente suspendimos la reunión, y convoqué a los periodistas a una improvisada rueda de prensa en las escaleras de salida del Palacio de Nariño sobre la carrera octava. Allí mismo anuncié la designación de los primeros cinco ministros (Gobierno, Relaciones, Hacienda, Justicia y Defensa) y manifesté, de manera clara y tajante, que había solicitado la investigación a la fiscalía; agregué que, en caso de que alguna persona cercana a la campaña apareciera vinculada a la supuesta infiltración, sería radicalmente marginada de mi gobierno y haría recaer sobre ella todo el peso de la ley. Fue esto lo que más tarde sucedería con Santiago Medina quien, cuando se sospechó su papel en el caso de la financiación de la campaña, fue marginado por completo del gobierno.

La sociedad civil hizo sentir a partir de ese momento su rechazo a la actitud mezquina con el país asumida por mi contrincante. Unos días después, el entonces procurador Carlos Gustavo Arrieta –de reconocida filiación gavirista– lanzaba una sombra de duda sobre las cintas al anunciar que éstas "habían sido manipuladas y editadas, perdiendo su valor probatorio", y éste fue seguramente uno de los motivos por los cuales el fiscal De Greiff archivó el expediente de la investigación solicitada, ya que consideró que las pruebas recogidas en la averiguación preliminar no ameritaban la apertura de una investigación penal.

El asunto, por supuesto, no estaba cancelado. Varias veces, a partir de ese momento, se solicitó la reapertura de la investigación, especialmente cuando aparecieron unos parlamentarios comprometidos en la financiación irregular de sus campañas. Algunos se defendieron solicitando la reapertura del expediente, con lo que seguramente buscaban tapar sus propios casos. Varias veces, en privado y en público, le solicité al fiscal Alfonso Valdivieso, sucesor de Gustavo De Greiff, la reapertura de la investigación correspondiente.

En el año 95, mientras asistía en Valledupar a la inauguración del Festival Vallenato –al cual nunca fallé en los cuatro años–, fui informado de una declaración de algunos senadores que la noche anterior, en la plenaria del senado, condicionaron una votación importante para el gobierno a que se reabriera la investigación de las famosas cintas. No me gustó nada el tono intimidante de sus afirmaciones.

Al día siguiente, a las seis de la mañana, antes de tomar el avión para ir a Medellín, me comuniqué con el fiscal Valdivieso y le dije que me proponía solicitar formalmente la reapertura del caso, porque el gobierno no podía aceptar que se le amenazara con la solicitud de reabrirlo como si tuviera algo qué temer en caso de que la investigación continuara. Valdivieso me dijo que no consideraba pertinente hacerlo y que así lo manifestaría a la prensa. Su terquedad me puso sobre alerta.

–Usted haga lo que considere su deber –le dije–, pero yo no me dejo presionar con este cuento; así, por lo menos, van a quedar notificados de que no cedemos al chantaje.

Tardé mucho tiempo en entender que el menos interesado en reabrir la investigación de las cintas era el propio fiscal Valdivieso. Tal vez porque el análisis de los hechos le habría obligado, necesariamente, a identificar a los responsables de la grabación y a fijar sus correspondientes responsabilidades penales; o porque seguramente habrían caído algunas cabezas amigas del candidato conservador –a quien más tarde Valdivieso acompañaría con gran entusiasmo en su segunda aspiración a la presidencia–, y entonces el hilo del proceso 8.000 habría conducido, seguramente, a una madeja mucho más enredada y menos teñida de rojo.

BOTERO MIENTE PARA SALVARSE

A Fernando Botero Zea lo mató la ambición. Una ambición que pudo mucho más que sus virtudes y que su linaje. Contra lo que algunos piensan, nunca fuimos amigos personales; él se movía como pez en el agua precisamente dentro del círculo social del cual yo me sentía políticamente más distante. Una de las razones que tuve en cuenta para llamarlo a coordinar mi campaña presidencial, además de sus capacidades profesionales, fue justamente su sintonía con la aburrida y exclusivista clase alta de Bogotá, que después me hizo la vida imposible en el gobierno.

"La política se hace sumando y no restando", les repetía yo a los amigos que cuestionaban el nombramiento de Botero al frente de la campaña por considerar que su origen estaba muy alejado de los postulados del movimiento del Poder Popular que apoyaba, desde el comienzo, mi proyecto político. De hecho, en alguna ocasión electoral en Bogotá, Botero había sido adversario de mi grupo.

No había duda: Botero estaba lejos de parecerse a las personas que integraban mi equipo, gente hecha a puro pulso en la brega pública o intelectuales y académicos progresistas que pregonaban exactamente lo que él combatía con el denuedo y la tenacidad de cruzado que ponía en todas las empresas en que se comprometía.

Tenía Botero, sin embargo, un particular dominio de lo que hoy llaman la mercadotecnia política moderna. Siempre estaba equipado de teléfonos celulares, computadores portátiles, *beepers* y cuadros estadísticos ante los cuales era imposible no mostrarse impresionado. Por otra parte, hablaba varios idiomas y era una persona inteligente y calificada, que pulió su formación en las mejores universidades del mundo, como la de Harvard. Por eso nadie, absolutamente nadie, ni siquiera los que desconfiaban de él por su prepotencia y concentración de poder, pensaron entonces, cuando lo nombré, que un hijo del maestro Fernando Botero, a quien admiro profundamente, y nieto del prócer liberal Germán Zea Hernández, podría llegar a malograr un futuro tan despejado por un precio tan bajo.

Botero, se dijo muchas veces, representaba el *anti-Serpa*. Horacio era y es romántico, idealista, leal hasta con sus enemigos, desentendido de las cosas mundanas, comprometido con los de abajo, vertical, honesto, respetuoso de la ley y fiel a la provincia. Fernando, lo contrario.

El Gran Mariscal, como llamaban a Botero en la campaña con cierta sorna, organizó la operación como una gran empresa electoral donde "no se movía una hoja sin su permiso", según afirmó alguna vez Rodrigo Pardo. Su influencia llegó hasta censurar el sentido del humor en mis declaraciones y convertirme en el candidato-jabón que le recomendaban sus asesores norteamericanos, a los cuales siempre siguió con fe de carbonero: incluso cuando le prepararon la trampa para su propia inmolación, el 22 de enero de 1996.

Ese día, a las seis de la tarde, estaba yo en mi oficina sometido a una terapia de la rodilla derecha por parte de mi fisioterapeuta de muchos años, Marcela Pedraza, cuando Juan Fernando Cristo, el consejero de comunicaciones, me informó que algo raro estaba pasando en la Escuela de Caballería, donde Botero llevaba varias horas encerrado con el periodista Yamid Amat. En los días anteriores se había mencionado con insistencia que el ex ministro preparaba una bomba informativa. Se percibía un ambiente raro. Una sospechosa noticia, aparecida en *El Tiempo* del domingo 21, me había llevado a cancelar la visita que debería haberle hecho ese día a Botero, por invitación suya, a la Escuela de Caballería, donde se hallaba retenido desde agosto de 1995. La información recogía unas declaraciones de Juan Manuel Santos, quien siempre ofició como ave de mal agüero durante mi gobierno; Santos anticipaba con aire triunfalista que "si Botero habla, Samper se cae en quince minutos", e invitaba luego de manera pública al ex ministro a cometer el "acto de grandeza" de inculparme, sin reparar en lo más mínimo –agrego yo– en mi inocencia.

Mis temores iniciales de que había gato encerrado se confirmaron con la sospechosa llamada de varios noticieros que preguntaban por la hora de mi visita y con la molestia excesiva con que recibió la cancelación María Elvira Quintana, la esposa de Botero, amiga nuestra desde tiempos estudiantiles en Nueva York. Llamé entonces a Horacio a Barrancabermeja y le pedí que al llegar a Bogotá pasara con Juan Cristo por la escuela y me disculparan, argumentando que tenía que arreglar, con Rodrigo Pardo, un problema fronterizo con Venezuela.

Por la llamada que me hizo Serpa unas horas más tarde me di cuenta de que debía prepararme para lo peor al día siguiente. Según Horacio, el encuentro había sido patético: fuera de sí, Botero había estrellado vasos contra las paredes, proferido soeces insultos y lanzado varias amenazas.

No fueron necesarias demasiadas reflexiones para entender que Botero, con la frialdad maquinadora que lo distinguía, tenía montado esa noche el capítulo final de una estrategia largamente calculada y meditada con el eficaz concurso de la fiscalía y sus asesores norteamericanos. El guión era sencillo: el presidente acudía a visitarlo, lo consolaba, le renovaba su aprecio y le solicitaba que no hiciera locuras ni se desesperara, con la convicción de que, si era inocente, triunfaría; y entonces él, ante semejantes requerimientos, prefería "sacrificarse" por la patria y contar la "verdad" en presencia de una foto de su familia y de un crucifijo en el cual no creía pero que resultaba muy útil en la ambientación que habían preparado desde Washington sus consejeros, como más tarde sabríamos.

Este fue el guión que se le frustró y que produjo una debacle en el minucioso castillo de mentiras que había diseñado.

Varias veces, durante los meses anteriores, los abogados Antonio José Cancino y Ramiro Bejarano habían visitado a Botero como emisarios del mismo mensaje que le transmití directamente en mi despacho el 18 de julio de 1995, cuando me enteré por la televisión de que la fiscalía había encontrado un cheque personal por cuarenta millones de pesos girado por gente del cartel de Cali a favor de Santiago Medina, tesorero de la campaña: "Záfese de Medina y cuente toda la verdad de lo que sucedió en la campaña, que yo lo respaldo públicamente".

Yo entonces creía con firmeza en la inocencia del ex ministro y suponía que, paladinamente, su discreción obedecía a la decisión de asumir la responsabilidad de la campaña que había manejado a su amaño y que, en efecto, acusaba ahora graves deficiencias.

En diciembre de 1995 habíamos tenido un encuentro ocasional en la oficina del director de la Escuela, al cual quise que me acompañara Jacquie. Ella, en honor a la verdad, como le ocurría también a García Márquez, jamás confió en Botero. Debo reconocer que en este punto la intuición de Jacquie andaba mejor encaminada que mi tendencia a creer en la buena fe de la gente. Le llevamos en aquella ocasión una barra grande de chocolate, que era una de sus debilidades, y un libro de arte, y nos tomamos un trago con él.

Me conmovió la foto navideña que al día siguiente publicó *El Tiempo*; en ella se veía a Botero preso, al lado de su familia y de un modesto pesebre. En ese momento ignorábamos, por supuesto, que el siniestro plan urdido por los asesores extranjeros de Botero para salvarle la cabeza ya estaba en marcha y debía culminar un mes más tarde.

El libreto, conocido como Plan de Comunicación Estratégica, le había costado al cliente la suma inicial de 50.000 dólares. El plan incluía la preparación de declaraciones, el entrenamiento para entrevistas de televisión, la elaboración de material impreso y "la colocación en el campo de batalla de un miembro del equipo que ha trabajado en situaciones sensibles y de alta presión en todo el mundo", según cita textual contenida en los papeles que capturaron más tarde las autoridades a una de las asesoras extranjeras y que se detalla en otro capítulo de este libro. Igualmente, recomendaba "tener un colombiano trabajando con nosotros para evitar que la prensa se divierta con las preguntas sobre sus asesores contratados". Eso sí, los asesores norteamericanos, benévolamente, aceptaban y hasta recomendaban que el colombiano fuera alguien sin experiencia.

–Noté a Fernando tranquilo, como esperanzado en que sale adelante en el proceso –le dije a Jacquie al salir de la Escuela de Usaquén. Esto me reportaba cierta alegría, pues yo seguía convencido de que Botero había sido engañado por Medina. A lo cual Jacquie me contestó, con su demoledora franqueza:

–No te engañes: Botero está ya del otro lado.

La aguda observación de Jacquie comenzó a confirmarse cuando, a comienzos de enero, tuvimos información de que los conspiradores habían redoblado sus visitas a la Escuela de Caballería.

Habiendo tratado al personaje, reconozco que he debido saber que la noche del 10 de diciembre de 1995, cuando lo visité por primera vez en la Escuela, por solicitud suya, él mismo había decidido su suerte. Yo había tenido la precaución de invitar a Horacio a que me acompañara. Fue una noche surrealista, casi de pesadilla. Botero no quería que nos entrevistáramos en la oficina del comandante, y yo me negué a la impertinente intimidad de celebrar la reunión en su cuarto de detenido. Decidimos dar una vuelta por la Escuela, y él apareció acompañado por un amenazante perro al que ataba con una especie de cadena de púas porque, según nos dijo, lo estaba amaestrando. Hablamos de todo, de la situación de orden publico, de la relación con los Estados Unidos y del Congreso, hasta que llegamos al tema de fondo: su caso.

Botero estaba irritado porque el gobierno no había movido, como él lo había planteado en unos "memorandos estratégicos" que les había hecho llegar a algunos funcionarios, todas las palancas posibles para sacar al fiscal Valdivieso de su cargo. Valdivieso fue elegido por la Corte Suprema de Justicia por sólo dieciocho meses. Después una persona, se rumora que enviada por él, demandó ante el Consejo de Estado esta parte de la sentencia de la Corte buscando que se le ampliara el período a cuatro años. El debate ante la opinión, que terminó influyendo en la decisión de algunos consejeros de Estado, se planteó entonces como si alguien estuviera buscando "recortar" el período del fiscal, cuando de lo que se trataba era exactamente de lo contrario, de ampliarlo.

El Consejo, en decisión dividida, estableció el 28 de noviembre de 1995 los famosos períodos personales –los funcionarios reemplazantes no terminan el periodo del reemplazado sino que inician un nuevo término– que han convertido las circunstancias temporales de vinculación de los funcionarios públicos, elegidos o nombrados, en un auténtico caos.

Le expliqué a Botero estos antecedentes y le dije que, por razones de interés público, el gobierno había tenido que ser explícito en señalar públicamente su interés en que Valdivieso continuara al frente de la fiscalía. Añadí que, pese a que en esos momentos ya era ostensible la politización del ente fiscalizador, sabíamos que nuestra neutralidad en el debate jurídico suscitado por la permanencia del fiscal en su cargo era lo único que podría garantizar la credibilidad del gobierno para impedir que se tergiversara aún más el proceso. La reunión terminó en punta cuando Botero planteó, veladamente, la intervención favorable del gobierno en un proyecto de ley que estaba a consideración del Congreso, en el cual se establecía que ciertos considerandos de las sentencias de la Corte Constitucional, cuando versaban sobre materias fundamentales, tendrían la fuerza de una ley.

Como lo explico en otro lugar de esta publicación, se buscaba así otorgar dimensión normativa a la motivación de una reciente sentencia de la Corte Constitucional en la que atribuía al enriquecimiento ilícito el carácter de delito subordinado; es decir, que primero se debía probar la ilicitud de los recursos y luego castigar el enriquecimiento patrimonial resultante de su acumulación en cabeza de alguien.

Claramente le dije a Botero, como se lo había manifestado esa misma tarde a algunos congresistas, que el gobierno no acompañaría semejante tesis parlamentaria porque, independientemente de los problemas probatorios que la cuestión de fondo planteaba, nos parecía que se trataba de un subterfugio legal impresentable.

Volví a saber de Botero ese fatídico 22 de enero. Serían las siete de la noche cuando llegó a palacio el general Rosso José Serrano con noticias aparentemente tranquilizantes: Botero sí hablaría esa noche pero sólo para señalar responsabilidades en su caso, con lo cual, como era lógico, el gobierno quedaría a salvo.

Sin embargo, los datos que nos llegaban directamente del noticiero, donde se estaba editando la entrevista, prometían todo lo contrario: en la entrevista, Botero se venía con todo y contra todos. Así nos lo confirmó unos minutos después Julio Andrés Camacho, quien venía de su noticiero QAP, donde habían sido informados de lo que estaba ocurriendo.

Vi la declaración en el Noticiero CMI acompañado por Julio Andrés Camacho, el canciller Rodrigo Pardo, el secretario general José Antonio Vargas, el consejero de comunicaciones Juan Fernando Cristo y el vocero de la presidencia, Carlos Castillo. Mi primera reacción fue de incredulidad. ¡Cómo podía ser posible que una persona mintiera de forma tan fría, tan calculada y, en apariencia, tan convincente! Naturalmente, en ese momento ignorábamos el montaje de ingeniería de imagen que sostenía la actuación de Botero.

–¡Sólo un monstruo moral es capaz de mentir así! –exclamó uno de los asistentes.

El impacto para mí fue doble. Al que producía el verme mendazmente acusado por Botero se sumaba el de saber de este modo que el ex ministro no era inocente y desprevenida víctima de una maniobra de Medina, sino que estaba implicado en una operación criminal cuyas dimensiones desconocíamos por completo. La discusión posterior entre los asistentes se circunscribió al efecto que podrían tener sus palabras respecto a la opinión; efecto que, como comprobaríamos unas horas más tarde en las primeras encuestas, fue absolutamente demoledor.

Subimos con Rodrigo Pardo a la casa privada para redactar el texto de una declaración que el gobierno debía divulgar sin falta esa misma noche. Alguien argumentó que con las diferencias de sintonía entre la hora en que había hablado Botero y el momento en que yo iba a ofrecer la versión del gobierno, mucha gente no se daría ni siquiera por enterada.

–No importa –le dije–: con sólo diez personas que se convenzan de que Botero es un grandísimo mentiroso tendremos ya una ganancia...

Preparamos con Rodrigo Pardo una respuesta cuyo encabezamiento decía: "Botero miente para salvarse". En realidad, tal era la síntesis de la situación. En su parte central, la declaración cuestionaba (y este juicio se convertiría en la base de mi defensa) la afirmación de Botero, obtenida hábilmente por Yamid Amat al apartarse del libreto acordado, en el sentido de que todo lo que él decía que había ocurrido, incluido el hecho de que yo conocía todos los manejos financieros de mi campaña, había sucedido sin que él se enterara. Este error dinamitaba el edificio de la mentira levantado por Botero y sus asesores. En efecto: si él todo lo ignoraba, ¿cómo podía saber que yo estaba enterado de lo que él negaba conocer? La fatal paradoja autorreferente escapó a las previsiones de los consejeros del ex ministro y echó a tierra su estrategia como si fuera un castillo de naipes.

Hice la alocución televisada pasadas las once de la noche. Obviamente, la audiencia fue muy inferior a la que habían recibido las melodramáticas declaraciones de Botero: en eso nos habían sacado ventaja los asesores.

A medianoche el palacio estaba que hervía de gente. Recibí la reconfortante visita de varios ministros, de muchos amigos y de algunos altos mandos militares. Horas después les comenté a mi cuñada Sandra y a su esposo Orlando, cuya compañía nos alentó hasta la madrugada, que a pesar de la gravedad de lo que había pasado tenía la rara sensación de un paciente al que le extirpan un tumor que lo torturaba. Cuando ellos se fueron, sin embargo, volví a sentir el mismo intenso frío de la soledad del poder que había sentido unos meses atrás, cuando el asesinato de Álvaro Gómez Hurtado…

SEMANA DE PASIÓN

EL MARTES

El Consejo de Ministros se celebró en las horas de la madrugada del martes 23 de enero de 1996. Botero había destapado su estrategia contra el gobierno la víspera. Fue un consejo emotivo, tormentoso pero muy reconfortante. Sabía que tenía que jugarme el todo por el todo y que, para ello, debía abrirme con absoluta sinceridad. Así lo hice.

Les dije a los miembros del gabinete que podían estar completamente seguros de mi inocencia en los hechos que se me imputaban y que quería darles la seguridad de que, si no fuera así, no me habría posesionado de la presidencia. Agregué que mi primera preocupación era preservar la institucionalidad del país, no la de salvarme; pero que, tratándose de un tema de evidentes connotaciones personales con implicaciones políticas evidentes, quería liberarlos de cualquier compromiso con mi gobierno y abrirles la posibilidad de que tomaran una decisión en conciencia para retirarse o quedarse.

Esta declaración ayudó a romper el hielo. Casi todos los que hablaron esa noche expresaron su solidaridad con el gobierno; uno de ellos, Juan Gómez Martínez, fue particularmente explícito y generoso en sus conceptos. Sobre todo muy directo: "El que miente una vez, miente toda la vida", afirmó para descalificar a Botero.

El martes estuve todo el día realizando contactos políticos, con la Dirección Liberal Nacional y los grupos parlamentarios que participaban en la alianza de gobierno. Los medios estaban incendiados; las noticias nacionales e internacionales llegaban en boletines, faxes y despachos a mi escritorio como en avalanchas. Unos pedían a gritos mi renuncia, otros me respaldaban. Se empezaba a crear la polarización...

Esa tarde me buscó el ministro Augusto Galán Sarmiento, hermano de Luis Carlos. Con la familia Galán siempre he tenido buenas relaciones; el padre, Mario, fue muy amigo de mi abuelo, y con su hermano mayor, Gabriel, he mantenido una estrecha relación desde el trágico asesinato de su hermano. Augusto quería manifestarme que no podía seguir al frente de la cartera de salud. Me dijo que, aunque no abrigaba ninguna duda sobre mi conducta personal y que precisamente por esa convicción había aceptado el cargo unos meses antes, llevaba un apellido que lo obligaba a tomar esta decisión. Le hablé pausadamente sobre las circunstancias políticas que rodeaban la declaración de Botero y las aspiraciones judiciales que el ex ministro de Defensa había depositado en este giro. Agradecí sus opiniones en relación con mi inocencia. Y como intuía que la principal razón de su retiro era marcar una distancia estratégica del vicepresidente –a cuyo nombre participaba en el gabinete– con el gobierno, le comenté que su desvinculación podría tener una mala lectura hacia el futuro respecto a la lealtad del vicepresidente con el presidente.

Me dio entonces un argumento que terminó de inmediato con nuestra charla: "El problema es que ya entregué la carta a los medios". Es decir, me notificaba lo mismo que había hecho Noemí Sanín con su renuncia a la embajada en Londres y haría más tarde Guillermo Perry con el ministerio de Hacienda.

Independientemente de las razones o argumentos que apoyaban su decisión de dejar el gobierno, lo que de veras me molestó y me ofendió en el caso de estas personas tan cercanas fue el hecho inamistoso de haber comunicado públicamente su renuncia sin siquiera haberme escuchado antes y sin tener la elemental consideración de haberla puesto en mi conocimiento.

Con Noemí Sanín tuvimos una amistad de más de treinta años. Nos conocimos en la Universidad Javeriana y vivimos solidariamente los momentos más importantes de nuestras carreras; mi hogar, mi patrimonio, mi honra y mi familia no le fueron jamás extraños. Ella tenía derecho, como todo el mundo, a dudar; pero también tenía la obligación, por todos estos antecedentes, de plantearme privadamente sus reservas y escucharme antes de tomar una determinación definitiva y libérrima. Era lo mínimo que yo podía esperar. Nunca lo hizo.

Su intempestiva renuncia me sorprendió y hasta me confundió, pues me enteré de ella, curiosamente, unos minutos después de que mi hermano Daniel me comentara por teléfono desde Madrid que había estado el domingo anterior en una reunión social con Noemí en la casa de Inocencio Arias, el inolvidable vicecanciller español, y que allí, delante de varias personas, la embajadora en Londres había dicho que pensaba que los ataques que me hacían estaban dirigidos a obstaculizar las políticas sociales que desarrollaba a favor de la gente necesitada de Colombia. Añadía, después de elogiarme y defenderme, que a ella le gustaría ser elegida en el siguiente período para continuar con los mismos programas y "darle al país ocho años de gobiernos comprometidos con la gente". ¡Qué ironía!: esto lo decía a cinco metros del lugar donde hoy escribo éstas líneas…

¿Qué pasó en los pocos días siguientes para que se registrara un cambio tan radical? No sé, ni me he preocupado por averiguar si –como se dice– alguien influyó en su dimisión. Quienes conocemos a Noemí sabemos que ella es tan firme en sus pasiones como insegura en sus convicciones.

Lo que sí sé es que si hubiera escogido por computador el momento más inoportuno para renunciar, no habría encontrado uno mejor. Me enteré de su carta-diatriba por Caracol precisamente unos minutos antes de que Jacquie rindiera su declaración ante la fiscalía. Estaba yo en la casa privada, al mediodía, tranquilizando a Jacquie antes de su declaración, cuando recibí el fax de la renuncia.

–No puedo creer –me dijo Jacquie– que Noemí nos haga esto, precisamente en este momento.

–Lamentablemente lo hizo –le dije– y no hay nada que podamos hacer al respecto: Rodrigo Pardo me acaba de decir que lo oyó en Caracol camino a un almuerzo. Pero no te preocupes –le comenté, tratando de que la noticia no influyera en su estado de ánimo–. Hoy comienza la carrera de todos los que querrán conseguir espacios políticos a costa de mi cabeza.

Con estos antecedentes, no es difícil suponer el impacto que nos produjo la renuncia de Noemí pocas horas antes de que Jacquie entrara a declarar sobre las infamias de que la acusaban y luego absolvieron. Mientras ella afrontaba su parte, hice de tripas corazón y me concentré en la solución del problema ocasionado por mi colega javeriana.

Llamé a Carlos Lemos, el embajador en Viena, y le ofrecí la embajada en Inglaterra. Él, con ese patriotismo a flor de piel que lo caracteriza, no vaciló en aceptarla. Tampoco tardó el gobierno inglés en dar su beneplácito. En cuestión de horas la parte diplomática estaba superada. Los ingleses, acostumbrados a las formas exquisitas y a la diplomacia de los deberes, jamás entendieron la renuncia de quien aparecía como una de mis colaboradoras más cercanas.

Nuevamente, en medio de tan difícil circunstancia, la sabiduría de mi papá acudió en mi ayuda esa tarde. "Los amigos son amigos –decía– hasta que dejan de serlo; entonces, demuestran que nunca lo fueron".

La actitud de Noemí contrastó, paradójicamente, con la de la embajadora en Francia, Gloria Pachón de Galán –viuda de Luis Carlos–, quien, sin haber sido nunca amiga ni santo de mis devociones políticas, tuvo la cortesía de rechazar todas las presiones que recaían sobre ella para que se sumara a las renuncias diplomáticas. Gloria se abstuvo de hacerlo y meses después, privadamente, me sometió el texto de su dimisión luego de haber acordado conmigo la mejor fecha para hacerla pública y retirarse.

La renuncia de Guillermo Perry sí que fue distinta. Los tres mosqueteros con los cuales comencé mi actividad pública a comienzos de la década de 1980 eran Horacio Serpa, Hernando Gómez Buendía y Guillermo Perry. Mis buenas relaciones con Horacio son más que evidentes; Hernando Gómez Buendía, una de las personas más brillantes que conozco, fue profesor mío en la Universidad Javeriana y, por razones que todavía no comprendo, se envenenó con su propia inteligencia y frustró lo que ha debido ser una brillante carrera pública.

Guillermo Perry llegó a ser, en representación del movimiento que yo fundé, senador, constituyente y dos veces ministro de Estado. Él ha dicho que se retiró de mi gobierno, cuando era ministro de Hacienda, porque dudó de mí. Sin descalificar su juicio, extraño en una persona tan amiga durante tantos años, pienso que su decisión se precipitó porque temió que la economía se le vendría abajo si se quedaba en el gobierno y porque mordió ingenuamente el anzuelo que le tendieron algunos conspiradores para recoger una supuesta tercería entre Humberto de la Calle y yo.

El recuerdo que me queda de su salida es el de un domingo por la mañana, cuando me llevó a Hatogrande un proyecto de carta de renuncia cuyos términos discutimos, entre pandeyuca y pandebono. Después de haberle hecho algunas consideraciones obvias sobre el impacto que tendría su decisión en la economía y, especialmente, en su carrera pública y su propia posición dentro del movimiento, me confesó que su carta ya estaba en poder del director de *El Tiempo*, Hernando Santos, y se publicaría al día siguiente.

–Entonces estamos perdiendo el tiempo –le dije. Le aconsejé, más como amigo que como presidente, que tratara por lo menos de salvar la cara diciendo que se retiraba para defender con objetividad al gobierno, y nos despedimos.

Convencido como estaba de que tenía que matar el gato de la crisis rápidamente, esa misma noche le ofrecí el cargo a José Antonio Ocampo, uno de los economistas más completos que conozco. Contando con la complicidad de su señora, Ana Lucía, quien tiene con su simpatía una aplastante capacidad persuasiva, y apoyado por los buenos oficios de su amigo Rodrigo Villamizar, lo conseguí en Londres. Allí se encontraba definiendo un contrato para empezar a escribir un libro de historia económica con una conocida universidad inglesa. Le ofrecí la cartera, aceptó de inmediato y al día siguiente le dio a un medio colombiano la declaración más política de su vida y, tal vez, la única de esta índole que le conozco: "Uno no se bota del barco cuando empieza la tempestad, sino cuando llega al puerto".

Aquella noche en que Augusto Galán salió de mi oficina después de haber renunciado ante la prensa, llamé a María Teresa Forero de Saade, especialista en asuntos de salud y bienestar públicos y amiga mía de años atrás.

–¿Puedes venir a visitarme? –le pregunté.

–Mañana estoy allá –me respondió sin preguntarme el objeto de su visita.

–Preferiría ya mismo, si te es posible: mando un carro a recogerte.

Nos encontramos en la oficina de José Antonio Vargas, secretario general de la presidencia.

Después de un breve y cariñoso saludo fui directamente al grano:

–Sabes las dificultades en las que andamos –le dije–. A pesar de todas ellas, ¿quieres ser mi ministra de Salud?

María Teresa no necesitó ni un segundo para pensarlo:

–Para mí sería un honor ser su ministra, aunque sólo fuera por cinco minutos.

Me levanté, la abracé y le dije con una sonrisa:

–Tienes razón, mi tiempo hoy me lo están midiendo por minutos; pero ayer era por segundos, y espero que mañana sea por horas…

Acordamos una pronta posesión y me despedí de ella porque me anunciaban una comunicación con Fabio Valencia Cossio, cuyo contenido ya preveía:

–Nos vamos del gobierno –me dijo Valencia con voz lúgubre.

Más que la decisión conservadora del retiro, que entendí perfectamente, lamenté que ella afectara a dos de mis más leales y eficaces colaboradores, Juan Gómez y Luis Alfredo Ramos, dos paisas que hicieron honor a la gente de su tierra durante el tiempo que me acompañaron en el gobierno.

EL MIÉRCOLES

Mi hermano Daniel había llegado el día anterior de Madrid y se estaba quedando en la casa privada del Palacio de Nariño. Había pasado una noche terrorífica, no tanto por la crisis como por el asedio implacable que le había montado al pie de su cuarto Brujo, el perro sharpei de mi hijo Felipe, para que no se moviera un solo milímetro. De este modo le impidió sus incursiones nocturnas en busca de la nevera.

Desayunamos juntos. Examinamos la prensa. Los titulares eran sangrientos; el carrusel del odio giraba enloquecido: la radio daba la noticia, la televisión la repetía, la recogía la prensa, la revista la repetía a todo color... A menudo no importaba que la noticia inicial fuera incorrecta o falsa: cuando el carrusel terminaba su ronda, el solo hecho de que hubiera girado por todos los medios le confería a los ojos de la gente una especie de solidez y veracidad incuestionables. Hay especies cuya falsedad fue demostrada más tarde, pero que todavía saltan de vez en cuando como ciertas en algunas entrevistas que me hacen.

Examinamos soluciones y manejos. Con franqueza que uno quizás sólo le acepta a un hermano, Daniel se encargaba de mostrarme la totalidad del abanico de posibilidades. Iban desde establecer una semidictadura a lo Fujimori, como me lo sugirió más de uno, hasta dejar el cargo por unos meses o abandonarlo definitivamente. Después, tal vez a raíz de un chiste de Jacquie, se dijo que Daniel había llegado afanadamente desde España con la misión de que huyéramos de la Casa de Nariño a la mayor brevedad.

Mi posición acerca de las soluciones más drásticas era aragonesamente terca:

– De este palacio sólo salgo cuando se haya demostrado mi inocencia; y no lo digo por mí sino por el futuro del Estado de Derecho. Si a mí me tumban sin darme el derecho a defenderme, mañana podrán sacar a cualquier presidente sin causa alguna.

Esa mañana del miércoles tenía que ir al Hospital Militar a sancionar una ley que le devolvía al hospital la autonomía que le quitó la Ley 100 y que, en pocos meses, había deteriorado aquel centro modelo que había sido hasta convertirlo en un reducto burocrático sin médicos ni pacientes. Tenía una explicable prevención a hacerme presente en el acto, pues se trataba de mi primera aparición pública después del incidente de Botero. Me fui sin pensarlo dos veces. Los aplausos fueron atronadores, o al menos así me parecieron y, en todo caso, me devolvieron el alma al cuerpo.

Mientras tanto, en mi oficina, las malas noticias se acumulaban. Con las renuncias previstas de los funcionarios conservadores se fueron también los embajadores gaviristas Carlos Gustavo Arrieta (Holanda), César Pardo Villalba (Rumania), Ricardo Sala (Alemania) y Ricardo Santamaría (Cuba). Lamenté este último retiro porque fue un excelente embajador en la isla y porque tuvo el valor de venir personalmente a explicarme las razones de su decisión, así yo no estuviera de acuerdo con ella. Me sorprendió, sí, el caso de Víctor G. Ricardo, embajador en Argentina, quien, a pesar de haber renunciado por solicitud de la cancillería unos meses atrás y de haber negociado un plazo de retiro adicional mientras terminaban el colegio sus hijos, se aprovechó de la crisis para "renunciar" a un puesto al cual ya había renunciado, sólo para poder sumarse a los demás diplomáticos fugitivos.

Al llegar al gobierno pensé que lo que más le convenía al país era mantener en sus cargos a aquellos embajadores que llevaban poco tiempo en su destino o tenían un buen balance en su gestión. Me alentaba entonces la romántica idea de que, como había sido mi caso en España, los embajadores representan al país, están al servicio de todos los colombianos, sin distingos de partido, y se rigen, en las cuestiones de fondo, por los lineamientos de una política definida de consuno por las distintas fuerzas que participan en la Comisión Asesora de Relaciones Exteriores.

Dicté la carta modelo que debía enviárseles. En una parte de ella decía: " Permítame discrepar de los motivos invocados en su comunicación para tomar la determinación de renunciar en medio de una crisis que precisamente requería la presencia de todos los embajadores al frente de sus misiones para conjurarla y explicarla". Mi sorpresa fue mayor cuando al día siguiente me informaron de la cancillería que el embajador en Holanda, Carlos Gustavo Arrieta, había solicitado un plazo a su "renuncia de principios" para alcanzar a cumplir el término necesario que le permitiera traer al país el automóvil sin impuestos que autoriza la ley.

Sin embargo, no todas eran malas noticias. Esa misma tarde los demás embajadores, enterados de la conducta de sus colegas, me hicieron llegar su voz de aliento. Recuerdo con gratitud la comunicación conjunta de nuestros representantes en Europa y Asia, encabezados por una carta personal del ex presidente Turbay Ayala, embajador ante el Vaticano. Y con especial emoción la renuncia de Edmundo López para venir a ayudarme en la que él consideraba la mejor salida democrática, la de la consulta, que se frustró, repito, por la intransigencia de algunos congresistas para consagrar una fórmula de restablecimiento de la normalidad institucional.

EL JUEVES

El jueves ya estaba exhausto; había dormido apenas un par de horas cada noche. Acordamos durante nuestro consabido desayuno con Daniel una larga lista de medios a los cuales convenía transmitir mi versión sobre el alud de acontecimientos que se habían sucedido en los últimos dos o tres días. Estuve prácticamente todo el jueves repitiendo que no renunciaba, que era inocente, que me sometía al juez natural del presidente, que era el Congreso, que no evadía ninguna responsabilidad, que no había fórmula vedada para salir de la crisis, que no estaba sosteniéndome por terco, que el pueblo no quería que me fuera (los sondeos lo confirmaban) y que me resistía a creer que los gringos estuvieran detrás de todo lo que acontecía.

Por la tarde recibí una nutrida delegación de sindicatos. La actitud de las organizaciones sociales fue definitiva. Gracias, entre otros factores, a la tarea que cumplieron en su momento los ministros de Trabajo Orlando Obregón, proveniente del sindicalismo, Ivan Moreno Rojas y Carlos Bula Camacho –que, aunque parezca increíble, es el único ministro de la izquierda democrática que ha tenido el país en medio siglo–; por lo demás, el gobierno siempre estuvo rodeado, como lo mostraban las encuestas, de un apoyo mayoritario de los estratos menos favorecidos. Esta circunstancia, por supuesto, encendía más los ánimos de la burguesía y alimentaba la polarización de clases resultante de la crisis.

Ese jueves demostré, con hechos, que el gobierno seguía firme. Los conspiradores sabían que el tiempo corría en contra suya; yo, por supuesto, también lo sabía.

Terminé la tarde concediendo una entrevista a María Isabel Rueda por solicitud de Julio Andrés Camacho, su socio en QAP. No fue un encuentro fácil; después de haber sido buenos amigos, el noticiero había adoptado una posición intransigente contra el gobierno; sus directoras ejercían su oficio con una pasión que recordaba los tiempos más sectarios del periodismo colombiano, afortunadamente superados.

Recuerdo con indignación el día que acusaron a Jacquie, en un avance noticioso, o "extra" de QAP, de haber recibido el regalo de un anillo de dudosa procedencia. Me enfurecí y le pedí enérgicamente a Julio Andrés que rectificaran tan formidable mentira o que la demostraran, cosa que por supuesto era imposible porque se trataba de una calumnia infame. A pesar de que, según entiendo, el noticiero pudo comprobar por otra fuente, además de palacio, que era falsa su noticia, anunciada con bombos y platillos como plato fuerte de su emisión de la noche, no rectificó su "extra" en el noticiario de ese día; nunca lo hizo.

Durante la entrevista, María Isabel estaba más nerviosa que yo. Hablamos un rato antes en mi oficina. Fue un encuentro frío pero cortés. Cuando me preguntó por el papel que jugaba el vicepresidente De la Calle en todos estos episodios, respondí que mi suerte y la suya estaban ligadas como un matrimonio indisoluble. Era ésta la única manera que yo tenía de notificar a quienes estaban apuntados a la carta facilista de que entrara De la Calle a sustituirme que, mientras no me juzgaran, De la Calle no podía ser una salida a la crisis porque los dos habíamos sido elegidos el mismo día, en la misma fórmula y con los mismos dineros.

EL VIERNES

El viernes pudimos respirar con más calma. Desde hacía meses estaba organizada una visita a Guaduas, la tierra de mis antepasados.

El dilema era difícil: medírsele a la plaza pública en circunstancias tan agitadas parecía una actitud temeraria; pero cancelar la visita habría sido muy mal visto, sobre todo en una ciudad por la que siento especial cariño. Decidí ir.

Desde el helicóptero, mientras observaba los montes que limitan la Sabana de Bogotá por el lado de Facatativá, me enteré de los resultados de una encuesta organizada por una popular cadena radial capitalina: el 67% de la gente quería que me quedara gobernando. Me parece estar viendo, al llegar a Guaduas, a los niños del Colegio Miguel Samper con sus banderitas tricolores, que me recibían en medio de una gran algarabía. En la plaza principal me tenían los bizcochos de la panadería Néctar, que nos compraba mi papá cuarenta años atrás, cuando bajábamos a la casona de doña Lola de Marroquín, en el marco de la plaza, a comer helados de aguacate. En esa misma plaza central, que en tiempos de la Independencia fue lugar frecuentado por una valiente campesina llamada Policarpa Salavarrieta, hubo una multitudinaria manifestación que se convirtió en uno de los episodios más emocionantes de mi mandato. Jacquie lloró todo el tiempo detrás de sus gafas negras.

A lo largo del juicio ante la Cámara se repitieron innumerables veces estas muestras populares de cariño en todas partes del país. Ellas contrastaban con las grotescas manifestaciones organizadas por algunas encopetadas señoras de Bogotá, que bajaban de sus deslumbrantes Mercedes Benz ataviadas con guante blanco para repartir los panfletos que les acercaban en bandejas de plata meseros de corbatín. Desde entonces, la "fórmula de Guaduas" se convirtió en la receta preferida para escaparme del epicentro de los problemas y recargar las pilas en una provincia amable y sincera.

Todos los días, especialmente aquellos en que había declaraciones del vocero del Departamento de Estado contra el gobierno de Colombia, recibía mensajes pidiéndome que aguantara, que no me fuera.

Por la tarde, cuando volví de Guaduas, me esperaban, como siempre, las malas noticias del día. Antonio José Cancino, mi abogado defensor, había sido amenazado de muerte y se hallaba refugiado en el Club Militar. Además, los generales del ejército, convocados desde meses atrás para una reunión de coordinación, estaban reunidos a puerta cerrada, y flotaba un ambiente cercano a la histeria.

Los noticieros sacaban "extras" sobre supuestas rebeliones incontroladas en todas partes, generales rebeldes y guarniciones insurrectas. Preocupado, me comuniqué con el ministro de Defensa para enterarme de lo que realmente estaba sucediendo:

–Los generales llevan varias horas encerrados y realmente nadie sabe qué está pasando adentro –me contestó Juan Carlos Esguerra–. Yo estoy esperando en mi oficina a que termine la reunión para que me informen.

Las noticias no me tranquilizaban. A través de un oficial de mi absoluta confianza envié un recado urgente al general Camilo Zúñiga, entonces Comandante de las Fuerzas Armadas. Le mandé decir que lo esperaba a las ocho de la noche en el Club Militar, en la habitación donde estaba recluido el abogado Cancino. Que asistiera solo y que no mencionara la entrevista conmigo. Llamé a Horacio, lo puse al corriente de lo que estaba sucediendo y acordamos que, por lo que pudiera ocurrir, se fuera inmediatamente para su oficina en el ministerio. Después me enteré de que, como buen santandereano, había tomado la precaución de llevar un arma consigo, por si acaso.

Con la disculpa de una visita de cortesía a Cancino, me fui con Daniel a cumplir la cita en el club mientras Jacquie se quedaba con algunos amigos que habían venido a visitarnos y que a esas alturas de la noche estaban tan prendidos como solidarios. (Fue el día en que ella volvió a fumar después de haber dejado el cigarrillo durante catorce años).

Saludé a Cancino y me encerré con el general Zúñiga para que me contara sobre la reunión. Aunque ésta había tenido momentos de tensión y algunos generales habían propuesto, en efecto, una actitud colectiva frente a la crisis que atravesaba el gobierno, el asunto no había pasado a mayores. Solamente el general Eduardo Cifuentes había manifestado problemas de conciencia para permanecer vinculado al ejército. Zúñiga había tratado inútilmente de convencerlo para que no se fuera. Más tarde vendría a saberse que los problemas del general Cifuentes para quedarse tenían más que ver con su propia conciencia respecto a su participación en algunos hechos que estaban siendo investigados por la justicia, que con la del gobierno.

Nuestra reunión duró un par de horas al cabo de las cuales Zúñiga regresó al ministerio para acabar de calmar la situación, cosa que efectivamente hizo. A todas éstas, oíamos las risas de Cancino y los que se quedaron afuera con los chistes de Daniel. A la salida, en el carro, mi hermano me preguntó qué diablos estaba pasando, qué me había contado Zúñiga.

Yo le contesté, poniendo cara de circunstancia grave y a sabiendas de que la inquietud militar había quedado desactivada:

–Daniel, no joda, el gobierno cayéndose y usted mamando gallo…

Al llegar a palacio le pedí a Horacio que viniera y lo puse al tanto de los detalles de mi charla con Zúñiga. Rendido, disolví a la madrugada la reunión de los amigos solidarios y me acosté, no sin antes decirle a Jacquie:

–Otro día que nos ganamos…

EL SÁBADO

El sábado amanecí como si cuatro luchadores japoneses me hubieran dado una paliza. Decidí irme para Hatogrande, que era mi oasis y mi refugio.

Todos los domingos, a las ocho de la mañana, después de tomarme un buen chocolate con huevos pericos, me subía a una buhardilla desde la cual se divisaba la Sabana. Allí me dedicaba a contestar correspondencia, leer documentos técnicos y preparar las agendas de la semana. Llevaba tres agendas: una, la cronológica, con los compromisos del mes siguiente, que iba actualizando semanalmente; otra, la temática, donde incluía por áreas las acciones de gobierno que más me interesaban (obras públicas, conferencias, publicaciones, proyectos de ley, discursos para viajes, etc.), y una tercera, la de gobierno, donde tenía, ministerio por ministerio, las principales iniciativas detalladas.

Todos los lunes, sin excepción, a las ocho de la mañana, revisaba con el equipo de asesores las dos primeras agendas. Cuando llegaba con más de un maletín lleno de papeles, me decían: "¿Conque estuvo en Hatogrande, no?" Mientras Isabelita Martínez, mi fiel asesora de hace muchos años, repartía la correspondencia y los documentos con anotaciones, íbamos examinando con detalle el plan de compromisos para la semana y el estado de los temas que más me interesaban. Mensualmente revisaba la agenda de gobierno con cada uno de los ministros, a los cuales citaba a acuerdos que duraban una hora y que demandaban las tardes de toda una semana.

Ese sábado, final de una semana tormentosa, me refugié desde muy temprano en la buhardilla, pero esta vez no para trabajar sino para pensar.

Al mediodía, las muchachas de la hacienda habían preparado un delicioso ajiaco bogotano y, en el momento en que me disponía a dormir la tradicional siesta en la hamaca amarrada entre un árbol de ciruelo y otro de durazno, me encontré con la sorpresa de que llegaba toda la familia a visitarme. A mi hermana María Fernanda, que actúa, sin necesidad de nombramientos previos, como portavoz de la familia y bastón afectivo de sus hermanos, se le ocurrió que yo estaba muy solo y citó a todos mis sobrinos y primos para que me "acompañaran". La presencia del rebaño me pareció reconfortante y me divirtieron los cuentos de los niños.

Me reuní por separado con Juan Francisco y Daniel. La familia, en los momentos más duros de la crisis, siempre fue importante: jamás dejé de consultarla y nunca dejó de apoyarme. Daniel era partidario de estudiar la posibilidad de apartarme temporalmente del cargo mientras se llevaba a cabo el juicio; su razonamiento era que mis enemigos, con tal de derrotarme, colocarían en mil asedios al gobierno y harían lo imposible para que me condenaran contra toda evidencia a fin de sacarme de la presidencia. De otro modo, temía incluso un golpe de Estado.

Juan, más pragmático, pensaba que, si pedía esa licencia temporal, los interesados en derrocarme –empezando por el vicepresidente–, harían cualquier cosa por impedir que volviera: incluso tratar de atropellarme en el juicio para convertir en permanente lo que debía ser un retiro temporal. Su opinión era que había que afrontar el juicio sin dejar por un solo instante la presidencia.

A la hora de las onces llegaron Horacio Serpa, Juan Manuel Turbay, Juan Carlos Posada y Alonso Gómez. Nos reunimos con mis hermanos. Habían estado juntos todo el día y venían a comunicarme que estaban dispuestos a acompañarme hasta el final, pasara lo que pasara.

Les agradecí su gesto y le cedí la palabra a Daniel, quien expuso su teoría. Algunos de nuestros visitantes pensaron que era un mensaje que yo les estaba transmitiendo. Juan Francisco salió al quite diciéndoles que su opinion era distinta, pues pensaba que cualquier licencia sería convertida, casi a la fuerza, en retiro permanente. El propio Juan Francisco les recordó algo que todos sabían, y es que, cuando yo debo tomar una decisión, escucho mucho y examino todas las alternativas, pero finalmente hago lo que me da la gana. Así que su punto de vista –dijo Juan– era apenas uno más. Como el de Daniel.

La apreciación de Juan Francisco es parcialmente cierta. Cuando estoy enfrentado a una situación crítica, le hago muchísimo caso a mi primer impulso porque considero que es el más sincero y el que, por tanto, va más de acuerdo con mis posibilidades de manejarla. Pero siempre me gusta escuchar otras opiniones y suscitar debates para corroborar o enriquecer la decisión que debo tomar. La experiencia me ha enseñado que quien menos escucha a los que lo rodean es el más inepto intelectualmente.

En toda crisis recomiendo hacer evaluaciones de varios escenarios: el peor, el posible, el deseable; este ejercicio siempre ayuda a no casarse con una sola alternativa, alienta a todos a opinar libremente sin el temor a ser derrotados y, de todas maneras, deja siempre abierto un camino alternativo si el escogido no funciona.

Estábamos oyendo opiniones cuando mi mamá me hizo llegar con Jacquie un papelito, que aún conservo, donde, después del típico regaño maternal de que yo sé que lo que yo pienso no importa porque soy vieja, etc., me aconsejaba: "Si usted es inocente, luche hasta el final".

Se lo mostré a mis contertulios y les dije que eso era, precisamente, lo que había decidido esa mañana en mis cavilaciones en la buhardilla: no iba a considerar siquiera la posibilidad de irme ni por un solo minuto mientras no hubiera hecho uso del derecho de probar mi inocencia.

Agregué, levantándome de mi silla, que no lo hacía por mí, para salvarme, sino para preservar la vigencia del Estado de Derecho.

Luego expliqué, calmadamente, que consideraba legítima la preocupación de Daniel. Pero que yo dudaba que pudiéramos terminar en un golpe militar, al menos un golpe con éxito. Un poco patéticamente les confesé que, en una eventualidad como esa, preferiría la muerte. Agregué que lo único peor que la situación que estábamos viviendo era irme sin ser juzgado, objetivo al que apuntaban algunos medios. Mencioné que creía que mi deber era encontrar una salida institucional y añadí que no estaba seguro de que, dado el grado de radicalización en que nos hallábamos en ese momento, pudiera conseguirlo. Pero que sentía como un deber de conciencia intentarlo; y que lo intentaría hablándole al Congreso, al que había convocado a sesiones extraordinarias para el martes siguiente.

Mi decisión de quedarme devolvió el alma al cuerpo de los asistentes: se sonrieron, hablamos de todo, nos reímos un buen rato, se burlaron de la chaqueta negra de cuero de Serpa, porque parecía como la de Rambo preparado para un combate, se despidieron y se fueron.

Ese sábado dormí doce horas seguidas.

EL DOMINGO

El domingo me levanté temprano, asistí a misa y almorcé nuevamente con mis hermanos. Durante la mañana había estado preparando algunas notas sobre lo que podía ser mi discurso ante el Congreso. La idea era presentar, con toda honestidad, las posibles salidas a la crisis: desde una eventual renuncia parcial o definitiva, hasta una anticipación de las elecciones o una consulta popular para que fuera el pueblo quien refrendara la legitimidad de mi gobierno. Y por supuesto, considerar también la posibilidad de mi permanencia. Se trataba de poner, de una vez por todas, las cartas sobre la mesa, para que todos supieran que sus propuestas estarían en juego y que el tallador procedería honestamente.

Hablé también ese domingo con el ex presidente López; yo sabía que, por iniciativa de algunos empresarios no propiamente afectos al gobierno, se estaba cocinando una reunión de ex presidentes para expedir una declaración el día siguiente. Quería que López tuviera clara mi posición.

Independientemente de lo que se discutiera en dicha "cumbre", yo no estaba dispuesto a irme del gobierno sin un juicio justo, pasara lo que pasara. López entendió mis razones y llamó a Gaviria para ponerse de acuerdo en una declaración conjunta en cuyo espíritu más tarde coincidirían el ex presidente Turbay Ayala, que se encontraba en Roma, y el ex presidente Víctor Mosquera Chaux.

A lo largo de la crisis, el ex presidente Turbay siempre tuvo las palabras precisas para el preciso momento; nunca vaciló ni desmayó en su apoyo y fue generoso en extremo. Turbay Ayala tiene un acendrado sentido de la institucionalidad, que le sirve de brújula para obrar siempre en función del bien del país y hacer honor al consejo que alguna vez me ofreció cuando yo estaba empezando mi carrera: "Ernesto, en política, si no quiere estrellarse, vuele siempre alto y mirando hacia lo lejos".

La declaración de los ex presidentes liberales abogaba, en esencia, por una salida institucional de la crisis como yo la pedía; reclamaba que, en cualquier caso, debía salvarse el proyecto social de mi gobierno. Interpreté positivamente esta segunda parte de la declaración, al menos en el caso del ex presidente Gaviria, como una especie de rectificación al inoportuno impacto que había provocado, al comienzo de la semana, un comunicado de un selecto grupo de ex funcionarios gaviristas. Estos, coincidiendo con las declaraciones de Botero, habían propuesto una "nueva agenda de gobierno" que representaba una completa y conmovedora apología del neoliberalismo y un descarado anuncio programático de lo que podía esperar el país si me caía y llegaba Humberto de la Calle a la presidencia.

Los ex presidentes liberales, con la oportuna iniciativa de López Michelsen, desbarataron el siniestro propósito de los organizadores de la comida que iba a tener lugar el día siguiente. En ella, los anfitriones pretendían conseguir el respaldo de los antiguos mandatarios liberales para una propuesta del ex presidente Misael Pastrana, quien ya venía en viaje desde Miami, pidiendo mi renuncia. No pasaría mucho tiempo antes de que algunos de los empresarios que promovieron la famosa cena se animaran a financiar abiertamente distintas actividades dirigidas a desestabilizar el gobierno, utilizando tácticas cuya sordidez no se conocía desde las épocas de la famosa Mano Negra.

EL LUNES

Empecé a trabajar en el discurso a las ocho de la noche del domingo. Cuando estaba terminando una primera versión, hacia las doce de la noche, se bloqueó el computador y tuve que comenzar nuevamente de cero. A las cinco de la mañana le entregué a Daniel la primera versión para que la corrigiera.

–Daniel –le dije–, le entrego mi supervivencia, o el fin de mi carrera.

–Vamos a ver qué puedo hacer por ella –me dijo–. Pero lo único que le garantizo es que el discurso no tendrá muchas faltas gramaticales.

Y se sentó, como él decía cuando me daba una mano en algún discurso, dispuesto a "despejarlo de gerundios dudosos". Esa noche me llegó muy tarde, en un papelito, una cita de Bertolt Brecht que me enviaba un gran amigo para que la incluyera en mi discurso: "El que no conoce la verdad es un ignorante, el que la conoce y la llama mentira es un criminal". Entonces no alcancé a incluirla; pero me hice el propósito, que ahora cumplo, de traerla a colación si escribía un libro.

Dormí casi toda la mañana del lunes antes de regresar a palacio para seguir apagando incendios.

EL JUICIO FINAL

La noche anterior al 30 de enero de 1996 revisamos cuidadosamente con Horacio Serpa la estrategia que adelantaríamos en el proceso que iba a comenzar al día siguiente. La situación no era la más agradable: como consecuencia de las explosivas declaraciones del ex ministro Fernando Botero, el Congreso me volvería a juzgar prácticamente por los mismos hechos por los que la Comisión de Acusaciones de la Cámara me había absuelto un mes atrás, después de varias semanas de investigaciones, declaraciones, diligencias probatorias y decisiones procesales.

La mejor manera de empezar a afrontar un problema es examinarlo como cuando se hace la disección de un cuerpo. Esto, que parece una perogrullada, no es tan sencillo cuando se lleva a la práctica. Para llegar a un buen diagnóstico sobre una situación se requiere un interlocutor de confianza, un ambiente propicio y abundante papel y lápiz. Charlando aparecen nuevos ángulos, inesperados puntos de vista, posibilidades imprevistas. Caminar conversando, la vieja receta de los griegos, hace fácil encontrar la salida a un callejón; nada mejor, para arreglar un problema, que sacarlo a caminar durante un buen rato.

A la madrugada, nuestra tarea había dado sus frutos.

En primer lugar, plantearíamos la distinción entre los hechos de la financiación de la campaña y los de mi propia conducta. Ignorantes como estábamos de lo que había ocurrido con la financiación de la segunda vuelta en las elecciones presidenciales, y mientras se reconstruían exactamente las cuentas de manera confiable, nos hallábamos inicialmente amarrados a lo que dijeran sobre ella Botero y Medina, las dos personas que la habían manejado. Para lo que tuviera que ver con la campaña sólo aceptaríamos las conclusiones definitivas a las que llegaran la Fiscalía General y el Consejo Electoral en sus investigaciones oficiales.

Desde el principio pensamos que la única posición honesta respecto al cargo de que habían ingresado dineros irregulares a la campaña era simple y llanamente decir la verdad: "No sabemos qué pasó, pero estamos dispuestos a aceptar lo que se establezca judicialmente". Sobra decir que en ese momento todavía esperábamos que la fiscalía procediera de manera imparcial e investigara *todos* los aspectos del caso, favorables o no favorables.

Sobre mi propia conducta ya había yo sostenido públicamente que si era verdad que estos hechos habían sucedido, ello había ocurrido sin mi conocimiento. Lo dije el 27 de julio de 1995, antes de viajar a la segunda posesión del presidente Fujimori en el Perú, mientras le pedía a la Comisión de Acusaciones de la Cámara de Representantes que me investigara: "Los colombianos pueden tener la seguridad de que, de comprobarse cualquier infiltración de dineros en mi campaña, su ingreso se habría producido a mis espaldas". Fue una declaración que, aunque se convirtió en plato servido para todos los caricaturistas, correspondía a la absoluta verdad de lo sucedido y marcaba una clara delimitación de responsabilidades con los encargados de las finanzas de la campaña.

A lo largo del proceso nuestro mayor dolor de cabeza fue diferenciar hechos y conductas. Muchas personas de mala fe confundieron unos con otras, buscando tal vez que el Congreso, una vez establecidas las irregularidades en la campaña, se viera forzado por la opinión pública a declararme responsable de una culpa que no tenía, buscando, como dice Juan Manuel Lopez Caballero, "concordancias probatorias de hechos aparentemente punibles".

–¿A quién se le ocurre –le comenté a mi tío Armando Samper en esos días– que yo pueda meter al país en el calvario de un juicio público si no estuviera seguro de mi absoluta inocencia respecto a los hechos que se me imputan? Sería un auténtico suicidio.

Esclarecida mi conducta, venía el delicado tema de la responsabilidad política. En primer lugar, debería responder, como lo hice en el discurso del día siguiente, por el nombramiento de las personas encargadas de la tesorería de mi campaña: Botero y Medina. Desde el primer momento yo había establecido un código de ética para asegurar la transparencia de los dineros que ingresaran a ella y había designado un fiscal ético procedente del Nuevo Liberalismo y militante liberal del alvarismo, Jorge Valencia, para que vigilara la correcta aplicación del mismo.

¿Que los controles fallaron? Cierto, pero ello no eliminaba mi voluntad, clara y precisa, de establecerlos y ponerlos a marchar debidamente. No quiero aportar esto como disculpa, pero la habilidad del narcotráfico ha logrado burlar en Colombia y en muchos otros países del mundo los controles no solamente de las campañas políticas sino de empresas, bancos, gobiernos y hasta de la Iglesia.

¿Que me equivoqué al escoger al gerente y al tesorero de la campaña? Cierto; también lo reconozco. Pero lo hice de buena fe y apoyado en unas hojas de vida – especialmente la de Botero – que toda la opinión pública conocía entonces como limpias. El caso de Medina fue distinto; a Medina lo impuso Botero para reemplazar a Mónica de Greiff, conocida mía de mucho tiempo atrás, quien actuó inicialmente como responsable financiera de la campaña. A raíz de una crisis interna que tuvimos en la campaña en diciembre de 1993, Botero aceptó el cambio inmediato del publicista, que yo pedía, a cambio de la salida de Mónica y el nombramiento inmediato de Santiago Medina. Sobre este último tampoco existía ninguna sospecha pública; es más, había participado muy activamente en los cuadros financieros del Nuevo Liberalismo.

Que la relación entre Fernando Botero y Santiago Medina era algo más que una simple amistad se vino a saber después, durante el juicio del Congreso. En efecto, como consecuencia de unas investigaciones realizadas por Luis Guillermo Nieto sobre las cuentas personales de Botero en el exterior –que se detallan en otra parte de este libro–, comenzamos a sospechar que los dos personajes podrían haberse aprovechado, a título personal, de recursos cuantiosos de la campaña, cercanos a los cinco millones de dólares.

Un tema aún más delicado en el análisis de la responsabilidad política tenía que ver con la posibilidad de que, en desarrollo del anterior proceso, Botero o Medina hubieran asumido con los carteles, en su propio nombre o a nombre del gobierno futuro, alguna forma de compromiso.

En cierto momento del juicio algunos columnistas enemigos denunciaron supuestos "compromisos secretos" de la campaña con los carteles; específicamente se referían a que se apoyaría la política de sometimiento a la justicia, el desmonte de la justicia sin rostro y el mantenimiento de la prohibición de extradición de nacionales. Se trataba de un acto de retorcida mala fe, puesto que de manera pública y reiterada, como lo habían hecho muchísimos colombianos respetables, me había declarado a favor de estas iniciativas.

Durante la dura época del narcoterrorismo, siempre planteé como senador y como precandidato del partido liberal que el sometimiento de los narcotraficantes a la ley y la prohibición de la extradición constituían el mejor seguro de que el terrorismo no regresaría a Colombia. Afirmé también, y así lo cumplí durante mi gobierno, que la mejor manera de superar el debate sobre la forma y el lugar de juzgamiento de los terroristas y narcotraficantes era fortalecer de manera soberana el sistema de administración de justicia colombiano y elevar las penas para este tipo de delitos execrables.

En el caso de la extradición, además, fue la Asamblea Constituyente de 1991 la que, durante el gobierno del presidente César Gaviria, y en las extrañas circunstancias relatadas minuciosamente en el libro *Noticia de un secuestro* del Nobel García Márquez, prohibió esta figura jurídica de manera concluyente y absoluta.

Respecto a la justicia sin rostro, aunque siempre fui consciente de su necesidad para el juzgamiento de casos graves de terrorismo donde la vida de los jueces y fiscales podía correr algún peligro, compartí la posición de las organizaciones de derechos humanos sobre el efecto que una incontrolada aplicación de ella podría acarrear en el deterioro general del debido proceso, de las garantías procesales y del derecho a la controversia pública de la prueba. Lejos estaba de pensar entonces que yo mismo iba a ser una de las víctimas de una incorrecta aplicación de esta forma especial de justicia, cuando se utilizaron contra mí testigos sin rostro y pruebas fantasmas recogidas en la basura.

Cuando, unos meses más tarde, tras una ceremonia de la Armada Nacional en el barrio Teusaquillo de Bogotá, me volvieron a plantear el tema del supuesto acuerdo con los narcos, contesté con ironía ante varios reporteros sorprendidos:

"Es cierto: hice un acuerdo con el cartel de Cali, cuyos términos me voy a permitir revelar como primicia mundial. Me comprometí con ellos a que, de resultar elegido presidente, los capturaría a todos y los mandaría a la cárcel. Adicionalmente, les prometí que les aumentaría las penas por los crímenes que cometieran y establecería el delito de lavado de activos para que no pudieran legalizar jamás sus utilidades; finalmente, para que fuera más atractiva la promesa, me comprometí a hacer aprobar una ley para extinguir el dominio de todos sus bienes de tal suerte que no pudieran disfrutarlos ni ellos ni sus herederos... Como ven, he cumplido mi parte."

En la declaración agregaba que, a cambio de estas reformas, el cartel se había comprometido a perseguirme y darme muerte, algo que –agregaría– hasta el momento no habían cumplido, como saltaba a la vista. Lo malo del chiste era que, en efecto y fuera de bromas, esa misma semana habíamos tenido informes de inteligencia que revelaban la existencia de un cuantioso fondo de recursos, recogidos entre narcos del Norte del Valle, cuyo objetivo era financiar atentados contra mí y el general Rosso José Serrano. Los sicarios habían fallado unos días atrás en Quito, donde asistí a una reunión del Grupo de Río.

Esta fue una de las muchas contradicciones que surgieron de la crisis por el interés de algunos periodistas en imponer su realidad virtual sobre los hechos contundentes: fui acusado de tener acuerdos secretos con quienes querían asesinarme... Tal vez algunos de esos críticos en los medios habían hecho suya la frase de El Quijote: "La hazaña no consiste en triunfar realmente sino en transformar la realidad en signo".

Por si faltara algo más, pensamos con Horacio que cualquier duda adicional quedaría resuelta en su discurso con la presentación del balance de la lucha contra las drogas en 1995, ya que sus resultados habían merecido, unos meses atrás, publicitados elogios del vicepresidente Albert Gore y del propio presidente Clinton en la asamblea de las Naciones Unidas.

Dicho balance era excelente: el gobierno había acabado en pocos meses, sin disparar un solo tiro, con el cartel de Cali, y había llevado a la cárcel a 2.564 de sus integrantes. En el mismo período –según datos de la policía nacional– se erradicaron el 70% de todos los cultivos ilícitos eliminados en el mundo y se efectuó el mayor decomiso de insumos químicos jamás logrado en la historia de la guerra contra los estupefacientes. En el frente jurídico, se había tipificado el lavado de activos y se había aprobado una ley estatutaria de justicia que iba a servir de marco para los cambios legales sobre penas y extinción del dominio de los bienes adquiridos criminalmente.

–Les va a quedar muy difícil a nuestros enemigos desconocer esta realidad –le dije yo a Horacio–. A menos que lo que pretendan sea tumbar al gobierno, en cuyo caso pasaríamos al escenario NJT.

–¿Cómo así? –me preguntó Serpa–: ¿qué programadora o movimiento guerrillero es ese?

–No, hombre, NJT quiere decir: "Nos jodemos todos" –le contesté.

Como en vísperas de un severo examen final, nos despedimos pensando que estábamos preparados para enfrentar cualquier prueba. Desconocíamos entonces la existencia de un completo arsenal de misiles diplomáticos, políticos y judiciales que estaban siendo preparados contra el juicio.

Desde mis épocas de estudiante me han seducido siempre los juicios históricos. El caso Dreyfus en Francia; los de Obando, Mosquera y Nariño en Colombia. El domingo anterior a mi comparecencia ante el Congreso volví a leer, en mi buhardilla de Hatogrande, las intervenciones de los protagonistas en estos casos famosos. Dos cosas tenía claras al repasar algunos de los discursos: decir la verdad, al precio que fuera, y plantear con honestidad todas las alternativas para salir de la crisis, incluida la renuncia.

El 30 de enero de 1996, cuando empezó el juicio, salimos caminando del palacio presidencial hacia el Congreso a las cuatro en punto de la tarde. Desde las ventanas de los edificios y casas adyacentes al recorrido algunas personas me saludaban con pañuelos blancos y rojos, y uno que otro viva al partido liberal.

–Me siento –le dije en voz baja a Jacquie– como María Antonieta camino a la guillotina.

–Tranquilo –me respondió–: de ésta también salimos.

Aunque lograba disimularlo, era inevitable que me hallara un poco nervioso. Sabía que iba a pronunciar el discurso de mi vida; así lo indicaba también el ambiente de expectativa que se respiraba en el recinto del Congreso. Una vez en el Salón Elíptico, tomé un vaso de agua y empecé pausadamente a leer el texto que había preparado. Siempre utilicé, para estas ocasiones, el telepronter, ese maravilloso invento que hace posible la magia de "hablar por escrito" que tanto seducía al presidente Alberto Lleras.

A medida que pronunciaba mi discurso ante el Congreso sentía crecer la emoción. Dos o tres veces se me aguaron los ojos. Hablé de mi derecho a un debido proceso y de lo que podríamos esperar de un país cuyo presidente no tenía el derecho a ser juzgado como el más humilde de sus ciudadanos. Critiqué los procedimientos de la fiscalía –algo que había discutido a profundidad con el abogado Cancino–, especialmente en lo relacionado con la filtración de expedientes, el manejo de pruebas y las negociaciones amañadas con testigos de rostro desconocido.

Grande fue mi sorpresa al encontrar, tres años después, la más precisa síntesis de esas tácticas de que fui víctima en unas declaraciones del antiguo vicefiscal Adolfo Salamanca a *El Tiempo* el 25 de abril de 1999. Criticando la institución de la fiscalía que él manejó, Salamanca hizo una tardía pero acertada autocrítica sobre los gravísimos peligros que ella representa para la democracia.

Dijo Salamanca: "Eso [la confusión entre funciones acusatorias y judiciales en cabeza del organismo] tiene tremendos riesgos: el autoritarismo, el abuso, el exceso y las desviaciones del poder, los riesgos de que se utilice mal porque todas las decisiones dependen de una sola persona. Allí no hay ninguna independencia o autonomía de los fiscales delegados. Allí no existen investigaciones de las cosas favorables, ni segunda instancia, ni hay garantía de la libertad de las personas..." El propio Salamanca reconocía así lo que yo había denunciado.

En mi discurso hablé claramente de los alcances de la crisis que habían desatado las declaraciones de Botero y de las posibles salidas que veía. Seguí el consejo de mi padre: "Cuando se meta en líos, hable con el corazón, que es el lenguaje que todo el mundo entiende".

Al terminar recibí el aplauso de muchos parlamentarios, que no interpreté, como lo hicieron algunos medios y columnistas –a falta de mejores argumentos contra lo que yo había dicho–, como una absolución anticipada, sino como el reconocimiento, confirmado horas más tarde en todas las encuestas, a un gobernante que en medio de una tormenta optaba por dar la cara.

Durante los días siguientes se abrió el debate. Aunque el gobierno había dado instrucciones de que fuera transmitido por los canales de televisión y de radio estatales, para garantizar su transparencia, no pude seguirlo minuciosamente. Mi obsesión era que el gobierno, a pesar de la crisis, funcionara de la manera más normal posible. De vez en cuando lograba ver una que otra intervención y me grababan las actuaciones más importantes para verlas a medianoche al llegar a la casa. Seguí, por supuesto, con atención y emoción la famosa intervención de Horacio que terminó diciendo (creo recordarlo de memoria): "¿Que renuncie el presidente? ¡Mamola! La guardia del presidente se muere pero no se rinde". Esa intervención disparó políticamente a Serpa. Pasado el debate, cuando viajaba a provincia, la gente me pedía que "llevara a mamola".

El juicio en el Congreso habría transcurrido normalmente si no se hubieran presentado algunos hechos premeditados que apuntaban a bombardear su credibilidad, como la denuncia del fiscal en mi contra, la descertificación de los Estados Unidos a la lucha que libraba mi gobierno contra la droga y la vinculación de tres ministros al proceso. La denuncia del fiscal, además de un acto de desacato jurídico, fue un acto de torpeza política.

Desde el momento en que Botero intentó salvarse mintiendo, distintas personas, encabezadas por un ex presidente liberal y el propio vicepresidente Humberto de la Calle, pidieron públicamente, con sospechosa insistencia, que el fiscal "valorara judicialmente" las declaraciones en mi contra antes de presentar la denuncia correspondiente. Esto era abiertamente irregular, pues la ley lo que establece, al señalar que la valoración corresponde al juez de la causa, es que la fiscalía se limite a correr traslado de la documentación para que la Cámara investigue y juzgue la conducta del funcionario. El propósito evidente de pedir que la fiscalía hiciera la valoración de los hechos era el de colocar al Congreso contra la pared al señalar de manera pública, con los consiguientes efectos nacionales e internacionales, los delitos por los cuales yo debería ser juzgado y condenado. Muchos abogados consideraron que esto equivalía poco menos que a un prevaricato.

A pesar de reiterados consejos que distinguidos juristas le dieron a Valdivieso sobre este aspecto, éste no fue capaz de resistir la tentación política, la vanidad ante los medios, la presión de sus subalternos, o toda ellas juntas. El caso es que se presentó personalmente al Congreso el 14 de marzo de 1996, en las horas de la tarde, con un voluminoso expediente bajo el brazo, previa convocatoria de todos los medios de comunicación, para hacer la entrega formal al parlamento de un voluminoso "paquete de evidencias". Un comunicado de prensa señalaría horas más tarde, con pelos y señales, las supuestas transgresiones del código penal en que yo había incurrido. Ellas se hallaban contenidas en un expediente que, a esas alturas, yo no conocía ni, por supuesto, mi abogado defensor había tenido oportunidad de controvertir. Eran, según el fiscal, un total de cuatro que se deducían de la "exhaustiva" documentación, que no era cosa distinta que la declaración novelada de Botero con sus anexos correspondientes.

A partir de ese momento, y no obstante lo que pudiera hacer en mi defensa, ya pendía sobre mí una condena subliminal ante la opinión pública dentro y fuera del país: era un culpable virtual, prisionero de la versión de algunos medios. Paradójicamente, el *show* del fiscal consiguió que el debate que se adelantaba en el Congreso desviara la atención del parlamento hacia el examen netamente jurídico del expediente. Sin proponérselo, el fiscal había "judicializado" el proceso.

Esa misma noche mis asesores sugirieron, en consecuencia, cambiar radicalmente la estrategia de defensa. Llamé a mi hermano Juan Francisco, segundo en orden de sucesión después de Daniel, y acordamos conformar un grupo de abogados para responder la denuncia. El nuevo enfoque tenía un grave problema: el financiero. Mis hermanos constituyeron, con algunos amigos cercanos, un fondo para mi defensa y yo volví a hipotecar el apartamento cuya última cuota habíamos cancelado dos meses antes.

Juan, jefe irreductible de la línea optimista dentro de la gente más cercana, asumió su encargo de coordinador con dedicación apostólica; pidió licencia en la Organización Ardila Lule, donde trabajaba, y durante más de tres meses dedicó todas las horas de todos los días y las noches a trabajar con un calificado grupo de abogados, encabezados por Bernardo Gaitán Mahecha, mi profesor de derecho penal en la Universidad Javeriana; Saturia Esguerra Portocarrero, una mujer que lleva códigos en sus venas, y Antonio de Irisarri, un brillante abogado administrativista, cuñado de mi prima Margarita Silva.

Después de largas noches de vigilia consiguieron elaborar, con la ayuda de un equipo de contadores expertos, un cuadro exacto de las cuentas de la campaña, centavo a centavo. Estas cuentas contribuyeron a desvirtuar el famoso "peritazgo" en que se apoyaba la fiscalía para respaldar su denuncia de que la campaña había gastado más dinero del que aparecía en las cuentas presentadas por Botero (lo cual probaría el ingreso de dineros irregulares a la misma).

Más tarde cayeron, por decisión del Consejo de Estado, los "topes legales" a la financiación de las campañas, de cuya violación nos habían acusado. Y en el proceso no apareció jamás, como no podía aparecer, prueba alguna que comprometiera mi conducta. Eso a pesar de que mis defensores hicieron un llamamiento público a que, quien tuviera pruebas contra mí, las aportara. Así las cosas, el proceso comenzó a derrumbarse.

Faltaba sin embargo una pieza clave del engranaje: el vocero de nuestra estrategia.

Una mañana, escuchando Caracol, oí que Luis Guillermo Nieto Roa se ofrecía para hacerse cargo de mi defensa. Mi abogado Antonio José Cancino había tenido que exiliarse en España tras el atentado de que fue víctima, bajo renovadas amenazas de muerte. Boyacense hasta la médula, Luis Guillermo reunía, además de sus magníficas condiciones profesionales y morales, varias virtudes para desempeñarse como vocero de mi defensa en el Congreso. De extracción conservadora, o mejor, alvarista –que no es lo mismo–, su presencia en el juicio le quitaba el carácter partidista al debate; en su condición de constituyente, Nieto Roa había marcado su clara independencia respecto a la clase política, lo cual le confería una especial autoridad ante la opinión pública para que sus argumentos fueran tenidos en cuenta.

Con Luis Guillermo establecimos una excelente relación profesional que muy pronto devino en sincera amistad personal, fortalecida más tarde a raíz de la trágica desaparición de María Cecilia, su inolvidable y solidaria esposa.

La debilidad de la causa contra mí obligó a mis enemigos a acudir a otras tácticas. Fue así como se llegó al bombardeo externo al proceso.

El 1° de marzo estalló el petardo de la descertificación, que Washington envió cuidadosamente preparado y empacado en papel de regalo. Sin un solo argumento de peso que descalificara lo que habíamos hecho en la lucha contra la droga el año de 1995, las autoridades norteamericanas tomaron la decisión de descertificar a Colombia en sus esfuerzos contra el tráfico de estupefacientes, mientras certificaban a México por el mismo concepto.

La descertificación, por supuesto, fue presentada por mis adversarios como una notificación a mis jueces de lo que sucedería si se atrevían a reconocer mi inocencia. Advertido del veneno político de la medida por la utilización que hicieron de ella en Washington, salí de inmediato a la televisión dispuesto a darle a la gente la seguridad de que, con esta clase de jugadas, lo único que conseguirían era atornillarme más a la silla: "Aquí estoy y aquí me quedo", se me ocurrió decir al final de la alocución, espontáneamente. La frase se hizo famosa, tanto que, según mis amigos más mamagallistas, unos meses después la utilizó el presidente Clinton para responder a quienes le pedían que abandonara la Casa Blanca por el caso Lewinsky, sin darme el crédito debido.

A pesar de la insistencia de algunos asesores, no quise establecer paralelos entre el caso colombiano y el de México, como lo hicieron algunos medios en los Estados Unidos. La sola comparación me parecía ofensiva con un gobierno que respetaba, luchaba contra los mismos enemigos y combatía, por inmoral e intervencionista, el instrumento de la certificación unilateral de la lucha contra la droga.

Mis enemigos entendieron que necesitarían armas de mayor calibre. Pronto iban a disparar lo más mortífero de su munición: la vinculación de los ministros Serpa, Pardo y Turbay al proceso. Una historia que, como comprenderán los lectores, merece capítulo aparte.

LA NOCHE DE LOS MINISTROS

"¡Nos encontramos un tesoro, presidente!", me dijo por teléfono Marco Tulio Gutiérrez, director del Departamento Administrativo de Seguridad, la noche del 25 de febrero de 1996.

Tenía razón. Horas antes, cuando una señorita de nombre Ana Lisa Myr se disponía a abandonar Bogotá con destino a los Estados Unidos, una requisa había descubierto en su maletín un arsenal de documentos. El DAS había sospechado de ella por sus reiteradas y recientes entradas a la Escuela de Caballería de Usaquén, donde se encontraba recluido en calidad de reo Fernando Botero, y la seguía sistemáticamente desde hacía varios días.

Nuestros informes provenientes de Washington mencionaban que ella había tenido una equívoca participación en los hechos que terminaron con la invasión a Panamá y el derrocamiento del general Noriega. Señalaban también que durante esa época la señorita Myr había servido de enlace entre la oposición de Panamá y algunos contactos claves en el gobierno de Estados Unidos y su Congreso. Egresada del Marymount Manhattan College de Nueva York, se hacía pasar por periodista, cuando en realidad estaba a cargo de ejecutar una estrategia que, con el objetivo de defender a Botero y limpiar internacionalmente su imagen, proponía acciones que rondaban los predios del código penal en la medida en que buscaban como objetivo final la desestabilización del gobierno.

La estrategia que revelaban los documentos confiscados había sido diseñada por un costoso grupo de asesores norteamericanos. Empezaba por indicar los medios de comunicación, nacionales e internacionales, que consideraba "amigos", e instruía a cuáles de ellos se les daría la primicia de la entrevista del ex ministro.

Arguyendo excelentes relaciones con la fiscalía, la estrategia proponía una escalada de filtraciones del expediente de Botero para ir elevando el clima de tensión hasta alcanzar un previsible desenlace favorable a los enemigos del gobierno y al propio Botero a quien, perversamente, le ofrecían que "con trabajo duro y creatividad podemos ayudarle a salir de este proceso con su futuro político intacto y su imagen mejorada".

Sin duda, la parte más "conmovedora" de dicha oferta era la que tenía que ver con los honorarios, cuyo elevado monto se justificaba con el argumento de que "se trata de un trabajo 'caliente' para decir lo menos", aunque eso sí, en la suma cobrada se incluían "los honorarios para la adquisición de los archivos gubernamentales que se puedan necesitar".

El documento mencionaba luego la necesidad de llevar el "caso Botero" a los organismos internacionales de derechos humanos, para lo cual planteaba la "construcción" de un escenario de supuesta inseguridad para su familia. El primer paso para producir tal impresión era el de enviar los hijos al exterior, bajo la presión de supuestas amenazas, y después de unos días devolverlos para calmar una fingida y profunda depresión de su padre.

De una manera bastante ingenua, los papeles de la falsa periodista preveían que el 22 de enero, al terminar la rueda de prensa durante la cual se harían las "sensacionales" revelaciones, se derrumbaría el gobierno de Samper, subiría el vicepresidente De la Calle y Botero, con la ayuda de este último, quedaría en libertad para viajar inmediatamente a un país europeo. Desde allí iniciaría su "campaña de reconquista" de Colombia. Abiertamente recomendaba "enfatizar las fortalezas de De la Calle y el daño que le está haciendo Ernesto Samper a la economía aferrándose al poder; y utilizar personas como Bernardo Hoyos, el alcalde de Barranquilla, y otros voceros de los trabajadores para que hablen en contra del presidente Samper".

Un documento más contenía una lista de "amigos" y "enemigos". La lista diferenciaba entre las personas con las cuales se podía contar para combatir al gobierno, las que eran susceptibles de ser "neutralizadas" y las que, definitivamente, debían ser enfrentadas por su cercanía al gobierno o al presidente. Entre estas últimas se mencionaba, por supuesto, a Jacquie y a los ministros de mayor confianza.

Si a pesar de todos estos esfuerzos, el "monarca" sobrevivía, la solución recomendada en los "memorandos estratégicos" era la de "pegarle un tiro en la mitad de la frente". Eso sí, con la muy oportuna advertencia de que en este caso "el Rey" no debía quedar malherido, porque entonces sería mucho más peligroso.

El hecho de que el locuaz abogado de Botero esa misma noche hubiese acudido presuroso al aeropuerto para socorrer a la supuesta periodista y su insistencia en que se la liberara de inmediato sin examinar los documentos que llevaba consigo, aumentó las sospechas del personal de inteligencia de Eldorado. Fue así como su jefe procedió a detenerla y examinar los misteriosos documentos, algunos de ellos escritos en inglés y otros contenidos en diskettes de computador.

Al día siguiente, la falsa periodista siguió su viaje. Pero ya el "tesoro" estaba en manos de las autoridades colombianas. Pasado el episodio, su nombre y su dirección se esfumaron, como por encanto, de los registros que teníamos en Washington y, por supuesto, nunca regresó a Colombia.

Jamás entenderé por qué estas revelaciones, que demostraban claramente la existencia de una conspiración asesorada desde el exterior y desvelaban las circunstancias de la formidable farsa montada por el ex ministro para comprometer al gobierno con sus acciones criminales, fueron asordinadas en los medios de comunicación que habían sido tan asiduos en el seguimiento de la crisis.

Supongo que no quisieron enfrentarse a la fiscalía, a sabiendas de que esta oficina premiaba o castigaba a los medios suministrándoles o negándoles informaciones reservadas. O quizás ocurrió que ya estaban tan comprometidos con una versión de los hechos, que no tenían el menor interés en cambiarla porque iba en contravía de sus intereses conspirativos.

Por el contrario, algunos medios se dedicaron, con implacable y sospechosa saña, a perseguir a Marco Tulio Gutiérrez por haber descubierto el sorprendente montaje. Los hilos conspiradores se movieron desde afuera para satanizarlo, para humillarlo y descalificarlo por ser amigo mío, como si ésta fuera una circunstancia para despedirlo y nombrar a un enemigo en la entidad encargada de velar, entre otras cosas, por la seguridad del presidente y su familia. Marco Tulio renunció cuando entendió que su permanencia en el DAS ya no tenía sentido. Habiendo sido uno de los fundadores del movimiento del Poder Popular en Bogotá, reconozco que a él le tocó una de las tareas más difíciles e ingratas.

Las revelaciones de la Myr habrían de convertirse en uno de los oráculos del proceso. Muchas de las peripecias que ocurrieron luego estaban anunciadas y orientadas desde estos documentos. Así lo comprobamos unos pocos días más tarde, el 13 de marzo, cuando la fiscalía anunció oficialmente su decisión de vincular al proceso a los ministros Horacio Serpa, Rodrigo Pardo y Juan Manuel Turbay. Era un atropello mondo y lirondo, pues ni siquiera se acomedió a escucharlos en diligencias previas, como ellos lo habían solicitado y como lo ameritaba la dignidad de su cargos y sus propias e impecables hojas de vida.

Aunque el fundamento de la decisión era, naturalmente, el testimonio incriminatorio y falso de Botero, la fiscalía incurrió en la falta de citar a los ministros antes inclusive de que el ex ministro terminara su declaración. Esta acabó a las cinco de la mañana del día en que debían comenzar las primeras diligencias con los ministros. En esas poquísimas horas, los funcionarios investigadores habrían tenido el tiempo suficiente para evaluar la declaración, deducir las responsabilidades de los implicados y elaborar los cuestionarios respectivos. Todo un récord en la historia procesal del mundo. En la calle se decía, tal vez por eso, que los altos funcionarios estaban condenados antes de ser oídos.

Llegaron los tres a palacio a eso de las siete de la noche y nos reunimos en el salón protocolario. Sus reacciones fueron distintas.

Rodrigo Pardo dijo que él se entregaría al día siguiente, esposado si era necesario, en la puerta de la cárcel, previa convocatoria de los medios de comunicación para denunciar internacionalmente la parcialidad de la fiscalía. Pensaba que sólo una acción intrépida tendría la capacidad de darle la vuelta al proceso.

Serpa sacó a relucir sus arrestos santandereanos: se defendería él mismo y, si las cosas se complicaban, es decir, si le tocaba ir a prisión, se entregaría después de pronunciar un discurso histórico ante el senado. Saldría, fueron sus palabras, "encadenado pero no amordazado". Me hizo prometerle, allí mismo, que no trataría de mediar ante el fiscal por él, de ninguna manera y en ningún momento.

Juan Manuel Turbay tomó las cosas con su habitual calma. Habló de preparar una estrategia, de buscarse un buen abogado, de ponerle la cara al tema y, por supuesto, de denunciar la arbitrariedad que estaba cometiendo la fiscalía.

Después de escucharlos calmadamente, les hice algunas consideraciones iniciales. Les dije que la decisión, como ninguna otra, buscaba producir unos efectos eminentemente políticos al afectar mi proceso, debilitar el gobierno y mantener viva la causa que había entablado el fiscal en el Congreso y cuyos fundamentos se mostraban cada vez más deleznables.

–Por tanto –concluí–, el asunto debe manejarse políticamente.

En términos de justicia virtual –es decir, de la falsa impresión de aplicación ejemplar de justicia que se intentaba proyectar–, lo importante era guardar unos ministros en la cárcel, así fuera por unos días. Poco importaba que después demostraran hasta la saciedad su inocencia, como en efecto lo hicieron: el carcelazo valía por una condena, al paso que los alegatos judiciales de inocencia no generaban *rating* y por tanto, no valían la pena como suceso noticioso.

Les pedí, primero que todo, que no renunciaran. Así como había entendido, unos meses atrás, que la posición de Botero era insostenible, en este caso estaba seguro de que su permanencia en los ministerios era la mejor manera de defender la campaña y la conducta de quienes habíamos participado en ella, y de paso establecer un claro contraste con Medina y Botero, ambos presos.

Por otra parte, no era la primera vez que la fiscalía se lanzaba a cometer una injusticia, como lo demostraba el caso inaudito de Juan Manuel Avella. Avella, un talentoso y honesto administrador de empresas, fue el gerente de la campaña; su única culpa fue, como quedó demostrado después de estar recluido en la cárcel injustamente, la de ser inocente.

Botero y Medina siempre supieron que si no lograban involucrar a Avella en los hechos irregulares de la financiación de la campaña, se descubriría el tinglado criminal que habían montado para enriquecerse personalmente a expensas de ella. La fiscalía se prestó para ello y puso preso a Avella. Este, después de negarse de manera sistemática a admitir una culpa que jamás cometió, ni a delatar mentirosamente a nadie a cambio de algún beneficio penitenciario, se mantuvo en su ley hasta que la justicia, con el apoyo de la Procuraduría, reconoció su inocencia. Fui testigo del dolor que este episodio causó a sus padres y amigos y lo considero uno de los mártires de esta delirante época de la a veces mal llamada justicia.

A Rodrigo Pardo le dije esa noche que su actitud heroica tendría una duración de pocas horas, al cabo de las cuales la gente no se acordaría de él. A Horacio le agradecí su gesto leal y a Juan Manuel Turbay le expresé que confiaba en su obsesiva capacidad de persuasión para demostrar su inocencia y conseguir que quien dudase de ella se arrepintiera toda la vida.

Cuando estuvimos de acuerdo, los invité a tomarse un café en la casa privada y examinar la situación con calma. Subimos, nos distensionamos y recordamos distintos episodios del gobierno y de la campaña que, vistos retrospectivamente, nos aclaraban muchas actitudes de Botero y la manera miserable como nos había utilizado.

Una de esos comportamientos fue su proceder al día siguiente de que el gobierno se enterara de las falsas acusaciones presentadas por Medina. En ese momento acordamos que, frente a la declaración del tesorero, Botero emplearía términos respetuosos con la justicia en la rueda de prensa que debía celebrarse en el ministerio del Interior. Lejos de hacerlo, desconoció lo acordado y, según sus propias palabras, "prendió el ventilador" para implicar, con él, a todos los que lo rodeaban, involucrando inclusive a mis amigos personales y a mi familia para que no quedara nadie libre de sospecha.

Otra actitud que recordamos fue la que adoptó el ex ministro a raíz del allanamiento que se produjo en una fiesta infantil en el Hotel Intercontinental de Cali donde, al parecer, se encontraba un nieto de Miguel Rodríguez Orejuela. La policía había decidido entrar a buscar al abuelo del niño. Botero me llamó alarmado a decirme que se había creado una situación muy grave que podría volver a prender la guerra de los carteles contra el Estado, y que quería informarme que haría unas precisiones públicas sobre la naturaleza del operativo y sus consecuencias, a fin de evitar cualquier histeria. Me explicó que era importante garantizar a la ciudadanía que las operaciones antidrogas no pondrían en peligro la vida de gente inocente, y mucho menos de niños, se tratara de quien se tratara. Estuve de acuerdo.

Cuál no sería mi sorpresa cuando, unas horas mas tarde, lo escuché por RCN ofreciendo disculpas personales a los Rodríguez Orejuela. Así lo dije al día siguiente, en Manizales, cuando traté de enmendar la plana de las excusas que había presentado el ministro a los jefes del cartel.

–No son excusas –le dije irritado a un periodista–. Lo que el gobierno quiere señalar es que nosotros no perseguimos ni matamos gente inocente–. Pero ya el mal estaba hecho.

Recordamos especialmente la noche de un sábado de julio de 1995, cuando recibí una llamada del ministro Botero en la cual, utilizando lenguaje bastante críptico, me dijo que tenía que ordenar el traslado, esa misma noche, de un preso de Cali a Bogotá y que no me podía dar más explicaciones telefónicas por razones de seguridad. Indicó que prefería comentármelas personalmente al día siguiente. Le dije que le informara al ministro de Justicia y al fiscal, y que procediera a hacer lo que correspondiera. El ministro convenció al coronel Peláez, director del INPEC, el instituto que maneja las cárceles, de que no requería orden expresa del ministro de Justicia para ordenar el traslado; de manera altanera apeló a su jerarquía castrense para que el coronel le obedeciera, desconociendo a su superior inmediato.

El asunto irritó, con razón, al ministro de Justicia, Nestor Humberto Martínez. Meses después vine a enterarme de que el preso era un amigo cercano de Medina, un narcotraficante del Valle, y que la verdadera motivación de su traslado era llevarlo a la Modelo, al lado de él, para que lo "calmara". Unas semanas después, ya preso, Botero solicitó al gobierno que le consiguieran los papeles del INPEC relacionados con ese comprometedor traslado, seguramente para desaparecerlos. Por supuesto, el gobierno no atendió sus exigencias.

Esa noche les dije a los ministros –y así lo repetí en el Consejo de Ministros cinco días más tarde– que a lo largo de todos los meses que había durado la crisis nunca había tenido una razón tan valedera para presentar mi renuncia a la presidencia como la que se me ofrecía esa noche, si con ello se abría la posibilidad de salvarlos.

–Uno no se va cuando se lo piden los enemigos sino los amigos –les dije solemnemente. Y agregué:

–Si mi renuncia les ayuda a ustedes, estoy dispuesto a irme.

Los tres rechazaron gallardamente esa posibilidad, con lo cual confirmaron que habían sido acertadamente escogidos por Botero, siguiendo la estrategia de la Myr, para golpearme en el centro del corazón.

Las semanas que siguieron fueron un verdadero calvario para ellos y para sus familias. Tuvieron que torear varios toros a la vez: presentarse a rendir indagatoria en medio de las cámaras; aparecer en televisión con los hijos afirmando su inocencia para mejorar el clima desfavorable de opinión que los rodeaba; mantener los temas de su cartera al día para demostrar que la gobernabilidad no estaba afectada. La parte más dura la vivió Rodrigo Pardo, obligado a asistir a foros internacionales a los cuales lo único que llegaba de Colombia eran las noticias que los condenaban, circunstancia que por supuesto pocos creían en Colombia que fuera cierta. Fueron momentos terribles para su pulcra carrera y su bien ganada reputación académica. Serpa lo tomó de manera más realista, tal vez porque de los tres era el que, por su formación de abogado penalista, sabía mejor los verdaderos alcances del proceso iniciado.

Juan Manuel Turbay alcanzó a preparar un posible asilo en Costa Rica. Con su meticulosidad obsesiva, llegó a visitar el cuarto donde se alojaría en la casa de la embajada en Bogotá, tomó medidas, comprobó necesidades y elaboró listas. Con cierto humor, después sostenía que gracias al episodio se volvió famoso en todas partes porque, siendo el ministro de Comunicaciones, se dio un baño de popularidad que, según sus palabras, lo había lanzado al estrellato.

Jacquie estuvo muy cerca de Rosita de Serpa, Inés Elvira de Pardo y Gloria Cecilia de Turbay, compartiendo experiencias y animándolas. Para entonces, ya algo habíamos aprendido sobre la materia.

Unos meses atrás, Jacquie había tenido que someterse a la exigencia de la fiscalía de rendir testimonio sobre unas acusaciones delirantes de Santiago Medina en relación con el manejo de fondos de la campaña para un programa de parques infantiles.

Desde el inicio de la campaña, decidimos no sacar vallas publicitarias ni cartelones que se pudieran considerar contaminantes visuales. Tomamos entonces la determinación de invertir esa parte de nuestro presupuesto de publicidad, más otros recursos de la empresa privada, en la construcción de parques infantiles en las principales ciudades; las señoras de los directivos de la campaña se comprometieron activa y entusiastamente en esta sana y vistosa iniciativa.

Entregamos parques en varias capitales. Recuerdo con especial afecto el de Barranquilla, conseguido gracias al entusiasmo de un grupo de dinámicas costeñas lideradas por Azucena de Benedetti y Marina de Hernández, y el de Ciudad Kennedy, en Bogotá, equipado por Tania Rociascos y su equipo feminista. Para canalizar los fondos voluntarios, sin comprometer los aportes a la campaña central, se constituyó la Fundación de Amigos del Medio Ambiente, que suscitó inmediatamente los celos del tesorero Medina y del propio director, Fernando Botero.

Jacquie siempre desconfió de Medina, se opuso con pies y manos a su ingreso a la campaña y más tarde, ya en palacio, dio precisas instrucciones para que no se le permitiera acercarse a su "oficina azul", el envidiable despacho que, durante la época de la crisis, fue rebautizado por algunos funcionarios guasones de palacio como "la trinchera de la primera dama". Las recomendaciones de Botero sobre el trabajo de Medina con el partido liberal y el Nuevo Liberalismo no fueron suficientes para disipar sus temores, que algunos calificaban de irracionales. Medina decidió desquitarse al afirmar, en la declaración de marras, que Jacquie utilizaba la inofensiva fundación para lavar dineros de dudosa procedencia que ingresaban a la campaña por la puerta de atrás.

El vicefiscal Salamanca no podía dejar pasar tan apetitoso plato de escándalo. Aprovechando la presencia masiva de periodistas, a la salida de la instalación de un seminario sobre derecho procesal en el cual yo había abogado con vehemencia por el restablecimiento del debido proceso en Colombia, anunció a los cuatro vientos que la primera dama quedaba vinculada al proceso 8.000 por una "noticia criminal" que se había conocido en contra de ella.

El morbo informativo se encargó del resto: que sería detenida y llevada ante un fiscal sin rostro, que podría dársele el palacio por cárcel, que éste era el tiro de gracia que me faltaba. En esto último, reconozco que no les faltaba razón. Fueron los días más duros del proceso; Jacquie se desmoronó; los niños –a los que hasta entonces habíamos mantenido alejados de la tormenta– empezaron a sufrir angustiados: por las noches se quedaban a dormir con nosotros por si venían "a llevarse a mi mamá".

La tarde en que se conoció la noticia de Salamanca llamé al fiscal Valdivieso desde Barranquilla. Visiblemente alterado, le dije que se trataba de una decisión infame y cobarde; le pregunté hasta dónde querían llegar con su justicia de espectáculo y le previne que haría todo lo que estuviera a mi alcance para evitarlo porque consideraba que semejante dislate planteaba nuestras relaciones en el campo de los agravios personales. Como de costumbre, me contestó que él no sabía nada y que iba a enterarse.

Supe que esa misma noche se reunieron algunos altos mandos militares y decidieron impartir instrucciones a la Casa Militar para que evitaran, a cualquier precio, que Jacquie fuera conminada judicialmente a salir del palacio. Agradecí su gesto.

Ella, ya recuperada del golpe, me dijo que estaba decidida a acudir personalmente ante el fiscal designado; que desfilaría por la carrera séptima hasta la sede de la fiscalía, acompañada por los niños, por el capellán del palacio, con su edecán, las asesoras de su oficina, las madres comunitarias de Bogotá y todo el que quisiera acompañarla. La imagen patética de mi mujer, desfilando como Policarpa Salavarrieta hacia el cadalso judicial, me pareció más excesiva que la abusiva citación.

Afortunadamente, la intervención de abogados que apreciaban a Jacquie, como Alfonso Gómez Mendez, Bernardo Gaitán Mahecha, Gustavo Zafra y el propio ministro de Justicia, Néstor Humberto Martínez, consiguió que el asunto no terminara en tragedia griega. En vez de obligarla a acudir a la fiscalía en medio de un baño de prensa, el propio Valdivieso acudió a palacio con el fiscal del caso a tomarle a Jacquie los insólitos descargos frente a las mentiras de Medina.

La declaración duró varias horas, que a mí me parecieron tan eternas como la espera del parto de mis hijos. Al cabo de ellas Jacquie salió tranquila y de buen genio; no tanto porque había rebatido sin ninguna dificultad las calumnias del ex tesorero sino porque, a partir de ese momento, pensábamos que quedaba cancelado el episodio más doloroso, personalmente, de toda la crisis. Meses más tarde nos enteramos de que uno de los fiscales sin rostro que participó en el diseño del cuestionario era un familiar cercano de Jacquie a quien le habrían exigido, como "prueba de fuego" de su compromiso con el proceso, que le buscara el pierde judicial a su parienta.

Lo más dramático de estos episodios, lo más duro, es el manejo de los problemas familiares. Luchar por mantener la familia unida, por evitar que la señalen en la calle, explicarles a los hijos que su papá no es un delincuente, meterlos en los vericuetos del código penal para que entiendan la situación, animarlos para que vayan al colegio cuando se sienten rechazados, es una tarea de titanes. Nunca se me olvidará la imagen de Felipe, mi hijo menor, una vez que subí temprano a la casa privada para comer con ellos y lo encontré con la cabeza metida debajo de la almohada, mientras en el televisor un noticiero presentaba no sé qué acusación contra mí.

– ¡No quiero ver más, apaguen eso! –gritaba desconsolado.

El episodio de los ministros, sin embargo, tuvo un desenlace inesperadamente feliz.

Tuvimos noticias de que existía una profunda discrepancia en la fiscalía, porque el fiscal del caso había encontrado serios vicios procesales y daba valientemente la pelea en el interior de la entidad para anular todo el proceso. Días antes, un competente abogado, a quien admiraba desde hacía varios años, me había preparado un memorando en el cual se analizaba la situación jurídica de los ministros y se demostraba, palmariamente, por qué no podían ser procesados.

En esencia, el documento jurídico rechazaba la condena de los ministros por supuesta violación de los topes legalmente establecidos para la financiación de las campañas presidenciales, pues estaba demostrado que los tres funcionarios no habían tenido nada que ver con la parte administrativa y financiera de la campaña. Adicionalmente, porque, aun si hubieran tenido algo que ver, no existía ninguna norma que en ese momento sancionase dicha conducta, ni la posibilidad de aplicar otra ley por una operación analógica que prohibe expresamente la ley colombiana. El memorando acusaba a la fiscalía de "comprometer a ciudadanos inocentes a quienes no se puede por pasiones políticas o supuestas o reales campañas de moralización colocar en la situación de transgresores de leyes penales inexistentes". Enseguida demostraba que las imputaciones hechas eran temerarias y dolosas, "como si la justicia fuera una especie de circo romano".

La idea de que los pronunciamientos presidenciales de fondo se deben hacer en escenarios previamente preparados y ambientados funciona en todas partes del mundo, excepto en Colombia. La norma se sintetiza diciendo que la ocasión hace la declaración. Aquí los acontecimientos evolucionan a tal velocidad que, si uno no los alcanza, lo dejan rezagado.

A comienzos del gobierno, siguiendo tan ortodoxa regla, esperaba pacientemente a que hubiera un escenario económico, como la realización de una asamblea gremial, para hablar del tema de la inflación, y uno de carácter militar para referirme a problemas del orden público. Pronto me di cuenta de que, por bien preparada que estuviera la posición, a la salida del evento siempre me preguntaban por el episodio del día. La noticia principal quedaba, por supuesto, enterrada. Resolví entonces cambiar la regla universal y optar por una adaptación a la colombiana: la declaración es la que hace la ocasión.

Empecé a opinar sobre los temas del día en los escenarios más insospechados. De repente, en medio de dos párrafos, metía una frase del siguiente tenor: "Ninguna mejor ocasión que ésta para referirme a un tema estrechamente ligado al que nos convoca esta mañana..." Y luego soltaba la bomba. Al averiguar por un discurso al que no habían podido asistir, los habituales periodistas de palacio preguntaban a otros colegas:

–¿Hubo *alguna mejor ocasión*?

Si no la había habido, se marchaban para la casa.

Una mañana decidí meter mi baza en el caso de los ministros. Era la posesión de un ilustre magistrado, que asistió a palacio para posesionarse en compañía de su familia y unos cuantos amigos cercanos. Después de la frase ritual, "ninguna mejor ocasión que la posesión de un consagrado servidor de la justicia para referirme a un tema que tiene directa relación con la justicia misma", afirmé, siguiendo el documento de mi amigo, que la fiscalía había convertido la justicia en un espectáculo circense. Prueba de ello era el manejo que le estaba dando al caso de los ministros. A renglón seguido solté las parrafadas técnicas de mi amigo jurisconsulto: los ministros no podían ser encausados.

Un periodista madrugador que había acudido a cubrir la temprana posesión del magistrado, no salía de su sorpresa: tenía, en su aparato, la chiva del mes. Antes de salir para Cartagena, donde iba a asistir a un acto, tuve buen cuidado de llamar a Hernando Santos para explicarle el sentido exacto de mis palabras. El director de *El Tiempo* las cogió al vuelo y me dijo:

–Tranquilo, mijito, ya sé para dónde va la vaina, ya era hora de que te pronunciaras.

Al llegar a Cartagena me contaron que se había prendido el cotarro y que el fiscal estaba desencajado:

–Vamos bien –le dije a Juan Mesa mientras me tomaba un refrescante jugo de papaya.

Al poco tiempo, en efecto, como lo exigía el valiente fiscal del caso, los fiscales delegados ante la Corte Suprema anularon el proceso a los ministros. Un editorial de *El Tiempo* celebró con entusiasmo esta decisión a favor de los que llamó simpáticamente "los tres tristes tigres".

Pocos meses después, el nuevo vicefiscal de Valdivieso, Armando Sarmiento, precluyó la investigación de Rodrigo Pardo por ausencia de delito. Y aunque la inocencia quedó palmariamente demostrada desde la era Valdivieso, correspondió al fiscal Gómez Méndez hacerles justicia a los hombres honestos que me salvaron de que me pegaran un tiro en la frente, como proponía el libreto incautado en el puesto del DAS, en el aeropuerto Eldorado, el 25 de febrero de 1996.

LA ABSOLUCIÓN

Desde mucho tiempo antes de que la Comisión de Acusaciones de la Cámara de Representantes estudiara el material que le envió la fiscalía acompañando la denuncia en mi contra, ya estaba condenado por algunos medios desafectos a mi gobierno. En la práctica, fui sometido a dos procesos: el proceso real y legal que siguió en el Congreso, juez constitucional del presidente de la república desde hace un siglo y medio; y el virtual que me abrieron algunos medios. El objetivo de éstos no era juzgarme sino lincharme.

Cada semana, religiosa, meticulosa y morbosamente, el grupo de periodistas de lo que en palacio llamábamos el "carrusel" (porque ponían a dar vueltas las mismas informaciones por distintos medios), planificaba las operaciones de desprestigio del gobierno, amenazaba con pruebas inexistentes, filtraba pedazos de expedientes fuera de contexto, construía situaciones supuestamente delatoras y servía de caja de resonancia nacional de las noticias y los informes que filtraba a través de algunos corresponsales extranjeros para dar más fuerza a sus versiones locales de los hechos. Entendí más fácilmente su estrategia leyendo un libro que me regaló Armando Benedetti sobre el manejo del rumor, que se convirtió en una de mis obras de cabecera.

Durante el juicio en el Congreso, el interés del "carrusel" se dirigió a descalificar a mis jueces, ensuciar el debate y rodearlo de todo tipo de sospechas de parcialidad y de duda para que no resultara creíble en el extranjero y se confirmara el fallo de culpabilidad que ellos ya habían emitido sin siquiera evaluar las pruebas.

Dijeron que el gobierno nacional estaba comprando al Congreso con puestos. Falso. El día 5 de marzo de 1996 expedí la directiva presidencial N° 002 dirigida a todos los ministros, gerentes y directores de los establecimientos públicos del orden nacional donde claramente dispuse:

"Quiero ratificarles que está terminantemente prohibido proveer las vacantes existentes, así como efectuar cualquier nombramiento en las plantas de personal, en tanto el proceso judicial que se adelanta para investigar al Presidente de la República se encuentre en curso".

Fui particularmente celoso de vigilar el cumplimiento de esta orden sin afectar, por supuesto, el normal funcionamiento de la administración.

También criticaron la utilización de los fondos de cofinanciación, creados durante la administración Gaviria para apoyar actividades locales o regionales relacionadas con acueductos, obras públicas, telefonía rural y servicios sociales básicos. El Salto Social, el primer plan presentado con las reglas de la Constitución de 1991 y convertido en ley por el Congreso, contemplaba un cuidadoso inventario de prioridades de obras relacionadas con las áreas que podían ser atendidas por los famosos fondos.

Todas las partidas de cofinanciación quedaron sometidas al plan de desarrollo y tenían que sustentarse en el banco de proyectos del Departamento Nacional de Planeación; su desembolso estaba supeditado a las prioridades fiscales del momento.

Como bien señala el ex ministro José Antonio Ocampo en un libro sobre la crisis y sus antecedentes que está próximo a publicarse: "A través del mecanismo de la cofinanciación se acogían por el gobierno múltiples propuestas de obras regionales y locales que venían de todos los parlamentarios, incluidos los de la oposición, como el actual Ministro de Hacienda, Juan Camilo Restrepo".

No se trataba entonces, como se presentó ante la opinión, de una especie de botín del cual el gobierno sacaba billetes para repartir como confites. Y debo hacer una reflexión adicional para cerrar el tema. Siempre consideré los fondos de cofinanciación como un instrumento útil para organizar la relación entre el gobierno nacional y los entes territoriales y persuadir a estos últimos de adoptar medidas sanas en materia de disciplina y transparencia fiscal.

Los enemigos del gobierno atacaron después con sospechosa vehemencia el programa de la Red de Solidaridad Social. La RED fue uno de los logros sociales más importantes de mi mandato. Nació como una especie de "DRI-urbano", el exitoso programa dirigido en los años ochentas a la redención de los estratos bajos de la población campesina. Desde el comienzo la RED fue diseñada para llegar, sin costosas intermediaciones burocráticas, a los sectores más pobres y vulnerables de la sociedad, como los indígenas, los ancianos, las madres desempleadas y los jóvenes sin trabajo.

La aplicación del sistema estadístico de identificación de beneficiarios (SISBEN) nos permitió construir un mapa de la pobreza y saber en qué comunidades se encontraban los mayores índices de necesidades básicas insatisfechas. A través de mesas de concertación con las propias comunidades, presididas por delegados del gobierno, técnicos y neutrales respecto a los intereses de cada localidad, se decidieron las prioridades de inversión.

Eduardo Díaz, su entusiasta director, logró montar un equipo de verdaderos quijotes que recorrieron el país concertando y canalizando apoyos a más de dos millones y medio de colombianos. Entre ellos deseo recordar con especial cariño los casi 100.000 ancianos indigentes que comenzaron a recibir, por primera vez en su vida, un apoyo del Estado a través de media pensión mensual. El gobierno que me sucedió, alegando la existencia de algunos "casos de corrupción" (todo lo del pobre es robado), pretendió eliminar los subsidios a los ancianos. Estos se levantaron, protestaron y la medida fue reversada. ¿Por cuánto tiempo? Hasta que aparezca otro funcionario neoliberal con sus tijeras.

Los mayores enemigos de la RED, además de los neoliberales que la criticaban, eran algunos políticos que querían apropiársela regionalmente. "La RED no me la tocan", les contestaba yo cuando me planteaban el tema en los desayunos de coordinación parlamentaria en palacio.

Una evaluación contratada con la Universidad de los Andes durante la fase final de mi gobierno comprobó el reconocimiento de la gente hacia el funcionamiento transparente del mecanismo. La experiencia colombiana fue copiada en otros países; en una reunión de encargados de programas de solidaridad en el continente se determinó sentar las bases para crear una red de solidaridad regional basada en la experiencia colombiana.

Ni puestos, ni dinero, ni apoyos sociales fueron utilizados entonces para conseguir que el Congreso expresara su voluntad mayoritaria a favor de una inocencia que era procesalmente nítida.

El lunes 11 de junio de 1996 hablé con Horacio. Le comenté que la prolongación excesiva del juicio podría hacer daño al país porque ya se estaba agotando la legislatura y se podría crear una situación de incertidumbre que nos haría daño internacionalmente. Le sugerí que tratara de hablar con los representantes que faltaban por intervenir, a favor o en contra, y les pidiera que concretaran sus argumentaciones, de suerte que se pudiera entrar a votar de ser posible esa misma semana. Al mediodía, Horacio me informó que había hablado con algunos de ellos y que estaban dispuestos a limitar el tiempo de su participación a lo establecido y normal en el reglamento de la Cámara a fin de que, agotado el debate, se votara esa misma noche o en la madrugada del martes.

El martes recibí una llamada del ex presidente César Gaviria. Me dijo que el JEGA, grupo subversivo que tenía secuestrado a su hermano Juan Carlos desde hacía varios meses, había hecho saber a la familia que si la Cámara decidía esa noche y el fallo me era favorable, matarían inmediatamente a su hermano. Gaviria me pedía aplazar el fallo. Le contesté sin pensarlo dos veces que accedía a su solicitud porque no se trataba de una decisión que implicara un compromiso de Estado sino una concesión que me concernía personalmente.

Llamé entonces a Horacio a palacio para pedirle que diera marcha atrás a lo que había acordado. Entre sorprendido y angustiado me dijo en medio de un pasillo:

–¿Y ahora qué les digo para convencerlos de que hagan lo contrario de lo que les pedí esta mañana?

–Dígales que al país no le sirve una decisión a la dos de la madrugada, que quiero que me absuelvan o condenen a la luz del día.

Serpa se reunió con algunos congresistas antes de la sesión vespertina y ellos amablemente accedieron a postergar la sesión final. No sabían que, al hacerlo, estaban salvando la vida de una persona.

Al día siguiente se produjo la liberación de Juan Carlos Gaviria. El general Serrano me llamó desde Pereira para informarme de la buena nueva y me dijo que salían en unos minutos hacia Bogotá. Yo había estado atento todo el tiempo al desarrollo del caso y conocía sus profundas implicaciones políticas y el aprecio del ex presidente por su hermano y sus familiares más cercanos, con quienes me reuní varias veces en palacio.

Hago aquí un paréntesis para señalar que durante el gobierno tuve siempre la costumbre de otorgar prioridad a las llamadas y solicitudes de audiencia de los familiares de todos los secuestrados. Incluyo, por supuesto, a las madres de los soldados capturados en la toma de la base militar de Las Delicias, a quienes recibimos, con Jacquie, varias veces.

No conozco mayor tragedia social que la que resulta de un secuestro. Con el plagio de una persona se secuestra a la víctima, a su familia, a sus vecinos y a la sociedad entera. Recuerdo la indignación que me produjo el secuestro de una pequeña niña llanera y la cara de tristeza de sus compañeritas cuando asistí a una misa campal en su honor en plena plaza de Villavicencio.

La noche anterior, mientras meditaba sobre lo que diría en la plaza, pensé que lo único más grave que la ola delincuencial que atravesábamos era nuestra progresiva insensibilización frente al crimen. Aunque entiendo que esta apatía colectiva puede ser un legítimo mecanismo psicológico de defensa contra la violencia y el miedo social que ella produce, me preocupa que por este camino llegue el momento en que perdamos del todo hasta la noción del valor de una vida humana.

Temprano en la mañana le dije a Juan Mesa que no leería el discurso que había sido preparado para la ocasión porque me parecía más conveniente, dada la naturaleza del escenario, improvisar algunas palabras. En plena plaza le consulté a monseñor Melguizo, capellán de palacio, sobre la opinión de la Iglesia con respecto a la pena de muerte. Me dijo que la Iglesia la rechazaba, aunque existían unos pocos textos eclesiásticos donde se justificaba de manera excepcional. No se conocía entonces el nuevo texto del catecismo católico donde abiertamente la acepta el Vaticano como un recurso para evitar otras muertes.

–¿Por qué me lo pregunta? –me dijo Melguizo con los ojos bien abiertos.

–Porque voy a proponerla para el delito de secuestro aquí mismo, para ver si la opinión por fin se sacude respecto a la gravedad de este crimen.

–¡Se va a armar la de Dios es Cristo! –me dijo monseñor con cara aterrorizada.

–De eso se trata –le comenté–: usted maneje la parte celestial, que yo me encargo de la política.

Horacio Serpa me llamó inmediatamente después del acto:

–Presidente, yo no lo puedo acompañar en esa propuesta; lo único que le puedo ofrecer, por disciplina, es esconderme para no tenerme que oponer en público.

–Lo entiendo, Horacio –le respondí–; pero si no planteo las cosas así, vamos a seguir insensibles hasta que todo nos importe un carajo y, como dice usted mismo, nos gobierne la ley de la selva: "Nadie se meta conmigo, que yo con nadie me meto". Estoy citando una frase suya.

–Gracias por el crédito –me dijo–, pero es robada de un porro. De todos modos, veo que me está leyendo y eso me gusta –y colgamos.

La polémica ya estaba planteada. Decidí seguir adelante. Afortunadamente, estaba muy bien documentado. La oficina del zar antisecuestro, creada en mi gobierno precisamente para manejar de forma integral la cuestión, atender los rescates, apoyar a las familias de los secuestrados y prestar atención a las reclamaciones diplomáticas, tenía excelentes documentos de trabajo sobre la extensión del fenómeno, sus responsables y lo que debería hacerse en cada caso. La oficina, además, estuvo en las buenas manos de Alberto Villamizar y Ruben Dario Ramírez, que prácticamente se dejaron secuestrar por el tema y se convirtieron en verdaderos apóstoles contra este tipo de practicas criminales.

Esa tarde, al regresar del Llano, acudí a la oficina del director de la policía para saludar a Juan Carlos Gaviria. Me recibió el ex presidente, amablemente, en la puerta. Varias veces me había reunido con el coronel Oscar Naranjo de la policía para conocer el estado de las investigaciones sobre el caso Gaviria, el asesinato de Gómez Hurtado y el de los investigadores del CINEP, Elsa Alvarado y Mario Calderón, dos amigos cuya tragedia me conmovió profundamente.

En las oficinas del director de la policía me enteré de que habíamos estado caminando, peligrosamente, alrededor de dos investigaciones distintas para dar con el paradero de Juan Carlos. Una, conducida por la policía, de la cual yo había estado informado permanentemente; y otra, para mí desconocida, que conducía el ex presidente Gaviria.

Los investigadores de la policía habían comparado la estructura morfológica de los textos de los comunicados que emitía la banda secuestradora y los de las obras de Hugo Antonio Toro Restrepo, alias Bochica, máximo dirigente de la organización terrorista JEGA, preso entonces. Su conclusión era que se trataba de la misma autoría. La manera de escribir tiene la capacidad de identificar a una persona como una huella digital o una prueba de ADN.

Este hallazgo nos había decidido a iniciar un seguimiento de los pasos de la familia del recluso, gracias al cual ubicamos el posible sitio del secuestro. Se iniciaron también contactos directos con la banda a través de personas cercanas a su jefe. Un alcalde amigo habló con un vocero del JEGA que reconoció tener a Gaviria; el gobierno, a través del ministro del Interior, Horacio Serpa, le pidió como prueba de supervivencia que el secuestrado apareciera en una foto leyendo un ejemplar del periódico *El Tiempo* de ese día. La prueba fue enviada al Noticiero CMI el mismo día en que fue solicitada.

Simultáneamente enviaron sus peticiones. Pedían un juicio público al presidente Samper por haber incumplido sus promesas de campaña en relación con el empleo; al fiscal Valdivieso por haber enviado fiscales a un curso de entrenamiento con los gringos en Puerto Rico; y al ex presidente Gaviria por haber permitido la intromisión de los norteamericanos en nuestros asuntos internos. Nuestra respuesta, que guardo en el archivo de mi computador, fue inmediata: no negociamos bajo presiones de hecho; los responsabilizamos de cualquier daño físico a Juan Carlos Gaviria, y no nos oponemos al debate de responsabilidades pero a partir del momento en que lo liberen.

El gobierno ignoraba que en esos momentos la familia estaba llevando a cabo una negociación paralela, con la intervención del gobierno de Cuba. Esta incluía la posible salida clandestina al exterior de algunos secuestradores y rehenes. Las dos gestiones vinieron a encontrarse casi en el mismo momento y habrían podido colocar en grave riesgo la vida de la víctima si la llamada de Gaviria pidiendo la suspensión del fallo no nos hubiera puesto sobre alerta de que estábamos caminando juntos por el mismo terreno peligroso sin saberlo. Por fortuna se evitó la colisión y fue posible recuperar a Juan Carlos.

A la salida de la visita, el ex presidente me agradeció los valientes servicios de la policía y su colaboración decidida en la negociación y el rescate de su hermano.

Algo intrigado, llamé al general Serrano a un cuarto contiguo a su oficina y le pregunté directamente:

– General: ¿qué fue lo que se negoció y quién participó en ello? Yo entendía que se trataba de una operación de rescate con personal de la policía.

Serrano me explicó que nuestra investigación había seguido su curso regular, mientras que la de la familia –de la cual él tampoco tenía conocimiento hasta ese momento– se había acelerado por el plazo perentorio fijado por los secuestradores. Esto había llevado al ex presidente a pedir la suspensión del fallo y una intervención directa de Fidel Castro, que el líder cubano había cumplido, enviando una carta personal a Bochica. Agregó el general que él había viajado ese día a Pereira para coordinar una operación de recuperación del secuestrado y que se había encontrado con que ya existía un acuerdo de la familia para su entrega.

A partir de ese momento, aceptó unirse al rescate para garantizar la vida de Gaviria.

Serrano, en efecto, viajó desarmado, con algunos secuestradores y el secuestrado, en el avión de la dirección de la policía, cumpliendo una perentoria exigencia de los delincuentes. Alterado uno ellos, durante el vuelo, le colocó al general una pistola en la nuca, que debió bajar por la oportuna intervención del comandante del avión, que colocó el piloto automático y le exigió al amenazante pistolero que apartara su arma o él abandonaría los controles del aparato.

Sorprendido por la versión de los hechos, le hice ver al general los peligros institucionales de su audaz aunque altruista conducta y las dificultades que habríamos afrontado si la evolución separada de los dos esfuerzos de rescate hubiera producido un corto circuito que terminara en el asesinato de Gaviria.

El 12 de junio de 1996 la Cámara emitió su veredicto absolutorio. La determinación de los 111 representantes, procedentes de todos los partidos y fuerzas representadas en el Congreso, puso término a este capítulo, sin duda el más amargo de mi gobierno. La determinación no me produjo alegría ni triunfalismo, como se lo manifesté a algunos amigos que acudieron esa noche a palacio para congratularme. Quedé esperando en vano la llamada del ex presidente Gaviria.

Habían pasado casi cinco largos meses desde el día en que habló Botero. A lo largo de ellos jamás se pudo encontrar la cacareada "prueba reina" de mi culpabilidad; no apareció en el país ni en el exterior un solo documento, una carta, cheque o grabación que comprometiera mi honorabilidad en alguna actividad irregular o criminal. El propio embajador de los Estados Unidos manifestó por esa época, a nombre de su gobierno, que "si un funcionario norteamericano tuviera una prueba judicial y no la diera a conocer a las autoridades judiciales, se expondría a una pena de 10 a 15 años".

Fui acusado y absuelto dos veces por los mismos hechos: primero por la Comisión de Acusaciones de la Cámara de Representantes a raíz de las denuncias de Medina; y posteriormente, por la Cámara en pleno cuando mintió Botero. Tanto en el juicio como la votación, renuncié espontánea y voluntariamente a la reserva del sumario a que tenía derecho. Todo el proceso fue público y se difundió a través de los canales oficiales de radio y televisión. El presidente de la Cámara, Rodrigo Rivera, quien manejó de manera impecable el debate, votó en mi contra, lo cual avaló la imparcialidad del juicio. La Corte Constitucional, en un momento del proceso, refrendó la competencia constitucional del Congreso para juzgarme y fijó algunas reglas de procedibilidad para su desarrollo que se cumplieron.

En el momento de la absolución, ya se habían conocido pronunciamientos del Consejo de Estado que demostraban la inexistencia de los famosos topes a los gastos electorales de cuya violación y encubrimiento me acusaban con los tres ministros y con Juan Manuel Avella. El Tribunal Electoral, examinados los documentos administrativos de la campaña, también decretó la cesación de todo procedimiento en contra nuestra. Como lo hizo el tribunal ético del partido liberal que analizó a fondo nuestra responsabilidad política en esa materia.

El curso de la investigación marcó, sin embargo, un giro sorprendente en el proceso cuando se evidenció una contradicción de fondo entre las supuestas evidencias aportadas por la fiscalía en mi contra y la aparición de testimonios y pruebas que implicaban seriamente la conducta de Botero y Medina.

Como declaré entonces al *Miami Herald*, sin que los medios en Colombia lo recogieran, lo que estas piezas procesales indicaban era que estos dos señores –responsables financieros de la campaña– habían montado una formidable operación de lavado de pesos para desviar contribuciones obtenidas legalmente, en divisas o en pesos, hacia sus cuentas personales en Colombia y en el exterior. De este modo, la campaña les había servido para reemplazar los dineros de procedencia ilícita o al menos incierta.

La hipótesis del lavado de dineros calientes adquirió fuerza en el juicio con el testimonio de Augusto López Valencia –entonces presidente del Grupo Bavaria– sobre el episodio ocurrido recién pasada la primera vuelta. El liberalismo, como se sabe, había ganado las primeras elecciones por un margen estrecho pero suficiente para empezar la segunda vuelta con la camiseta amarilla en el pecho. El lunes siguiente al domingo de elecciones le pedí a López Valencia una reunión urgente que se celebró en su casa a la hora del almuerzo. Acudí con Fernando Botero y Juan Manuel Turbay. Al llegar nos encontramos con Ricardo Alarcón, presidente de Caracol; más tarde llegaron Julio Mario Santo Domingo hijo y Andrés Obregón. Botero presentó los cálculos del presupuesto para la nueva etapa: se requería una suma adicional de dos millones de dólares, que cabía dentro de los nuevos límites autorizados por el Consejo Nacional Electoral.

En un momento determinado, cuando ya estábamos en los postres, Augusto recibió una llamada de Julio Mario Santo Domingo, a quien informó de nuestras aspiraciones. Julio Mario pidió que pasara al teléfono, me felicitó por los resultados de la primera vuelta y me dijo que él ayudaría a conseguir los recursos que necesitábamos con personas amigas relacionadas con el Grupo. La buena nueva nos dejó a todos convencidos de que nuestros problemas financieros estaban resueltos, pues otros donantes también nos habían prometido aportes que ayudarían a cubrir los gastos imprevistos que pudieran presentarse. Salimos del almuerzo con la tranquilidad de que la campaña estaba totalmente financiada y encargamos, con Augusto, a Fernando Botero y Carlos Quintero, vicepresidente del Grupo, para que pusieran en marcha la operación de tesorería correspondiente.

¿Qué pasó después? ¿A dónde fue a parar ese dinero que debía aplicarse totalmente a la campaña? Para responder a estas y otras preguntas, mi abogado defensor, Luis Guillermo Nieto, realizó un detallado estudio sobre las cuentas que tenía Botero en el exterior. Sus conclusiones quedaron recogidas en un documento fechado el 22 de marzo de 1996 y entregado a la Fiscalía General de la Nación.

Según el documento, Botero tenía por lo menos tres cuentas abiertas en bancos de Nueva York: el Chase Manhattan Bank, el Morgan Guaranty Trust y el Banco de Nueva York. También se supo de la existencia de una cuarta cuenta en el Barclays Bank, que al parecer jamás fue examinada. Las tres primeras cuentas mostraban saldos mensuales de 71.600 dólares en promedio, desde el mes de enero de 1992 hasta diciembre de 1993; a partir de enero de 1994 y hasta junio del mismo año, los promedios subieron a 992.000 dólares. Lo más sorprendente es que entre mayo y junio, meses de la primera y segunda vuelta, el total de las cuentas llegó a ascender a 4.5 millones de dólares, y estas mismas cifras se mantuvieron después de terminar la campaña por un tiempo relativamente largo. Esto sugiere con mucha fuerza que tales fondos no fueron utilizados para cubrir ningún gasto importante en Colombia.

Inclusive, si de esta fabulosa suma descontamos los dineros conseguidos por el Grupo Santo Domingo y otras donaciones menores que aparecen relacionadas en el memorando de Nieto, quedaría un remanente totalmente injustificado. ¿De quién era ese dinero? ¿De dónde salieron estos fondos? ¿Cambió Botero pesos sucios en Colombia por donaciones limpias en el extranjero? ¿Consignó dólares lavados traídos de Colombia en las mismas cuentas? El trató de explicarlo durante el proceso, arguyendo que precisamente en esa época –no muy propicia para que el director de una agitada campaña política se dedicara a operaciones comerciales– había vendido unos valiosos cuadros de su padre a algunas empresas, entre ellas la Organización Luis Carlos Sarmiento. Pero esta coartada se vino abajo con facilidad: Luis Carlos Sarmiento afirmó luego ante la fiscalía que la compra del famoso cuadro sí se realizó, con todos los papeles en regla, pero en fecha muy posterior a la campaña.

Por esta razón, las cuentas de Botero en el exterior se convirtieron en el talón de Aquiles de su defensa y en la llave del verdadero proceso para llegar al fondo de lo que realmente sucedió en la campaña que me llevó a la presidencia. Así lo entendí una noche de julio de 1995, cuando nos reunimos con algunos ministros y funcionarios en Hatogrande para analizar el contenido de un anónimo que supuestamente recogía las primeras declaraciones del tesorero de la campaña, Santiago Medina.

En dicha reunión, como lo relato en otro capítulo, cuando saltó el tema de las cuentas en el exterior, Botero trató de justificar nerviosamente, sin conseguirlo, la existencia de dineros de la campaña que jamás había mencionado. El hecho nos dejó a todos sorprendidos. Después vine a saber, por una fuente de absoluta credibilidad, que Botero se enteró de las declaraciones de Medina estando en Williamsburg, donde asistía a una reunión de ministros de Defensa, y partió de inmediato a Nueva York. Allí estuvo el día siguiente realizando operaciones y gestiones bancarias en compañía de su amigo Jaime Orlando Páez. Cualquier otra persona, en parecidas circunstancias, habría regresado inmediatamente a Colombia para hacerle frente al problema y probar su inocencia.

Hubo más indicios sospechosos. El único mensaje que recibí de Botero después de su declaración en enero de 1996, se refería a la alusión que yo había hecho la víspera, para responder a sus declaraciones, sobre "la existencia de unas cuentas en el exterior que faltaba por investigar". La razón de Botero era la de que no lo amenazara con el tema de las cuentas porque "ese asunto ya estaba arreglado".

¿Arreglado con quién? ¿Con la fiscalía? ¿Con el gobierno de los Estados Unidos? Todavía hoy me resisto a creer que, como piensan algunos, el beneficio que obtuvo el ex ministro por su falsa delación fue que no se investigaran sus cuentas en el exterior: si precisamente allí está la verdad de todo lo que pudo suceder con la financiación de mi campaña. Si así fue, si se llevó a cabo este acuerdo de silencio, estaríamos asistiendo a una escandalosa e inmoral operación de encubrimiento judicial de actividades criminales, por parte de las autoridades encargadas en los dos países de hacer cumplir la ley.

Entiendo que, a pesar de esta circunstancia, la fiscalía avanza hoy en sus investigaciones sobre el particular. Tan sólo cuando termine de hacerlo –y esto sólo será posible si obtiene la colaboración plena de las autoridades norteamericanas– se sabrá la verdad de lo que realmente ocurrió en mi campaña; y se podrá cerrar este doloroso capítulo de la historia reciente colombiana.

NACEN LOS CACAOS

La forma de continuar con la apertura económica iniciada durante el gobierno del presidente Virgilio Barco fue uno de los temas importantes de controversia durante la consulta popular interna promovida por el partido liberal en 1990 para escoger el candidato a la presidencia de la república.

Mientras el sector neoliberal, encabezado por el candidato Gaviria, era partidario de apresurar el paso de la apertura (lo que más tarde se bautizaría coloquialmente como "el revolcón"), los partidarios de lo que podríamos llamar el liberalismo social, que seguía mis orientaciones, creíamos que el proceso debería ser gradual, concertado y selectivo.

Nos preocupaba el efecto que una apertura súbita, unilateral e indiscriminada podría tener respecto al sector productivo, particularmente el agrícola. César Gaviria ganó la consulta y yo lo apoyé para que llegara a la presidencia de la república. Me pidió entonces que lo acompañara en el ministerio de Desarrollo Económico.

Desde el primer momento me di cuenta de que tendría problemas serios con el equipo económico del presidente Gaviria. Aunque era buen amigo personal de ellos, especialmente de Ruddy Hommes, ministro de Hacienda, teníamos visiones radicalmente distintas sobre la forma de abrir la economía y, particularmente, respecto a la necesidad de administrar los costos sociales de la apertura. En pocos meses se desmontaron los principales controles de mercados, se rebajaron los aranceles y se concedieron temerarias amnistías cambiarias y tributarias que, en la práctica, contribuyeron a legalizar capitales de dudosa o irregular procedencia.

El desarme arancelario era un punto de fondo en el compromiso tácito que habíamos hecho con el presidente Gaviria cuando acepté la cartera de desarrollo. Al principio se pactó un calendario razonable de desgravación que atendía mi solicitud de imprimirle gradualidad a la apertura.

Una noche me buscaron en mi apartamento Ruddy Hommes y Armando Montenegro, director nacional de Planeación. Venían con un propósito preciso: plantearme la necesidad de anticipar de manera inmediata la rebaja de aranceles que habíamos convenido para un calendario de varios años. Como es natural, me opuse. Al cabo de varias horas de discusión, se me ocurrió preguntarles si el presidente Gaviria conocía la propuesta; me contestaron que no sólo la conocía sino que los había enviado para que me convencieran de ella.

–No hay nada más que hablar –les dije–. Tomémonos otro trago y dejemos las cosas así; éste es un problema político entre el presidente y yo.

Al día siguiente asistí al Consejo de Comercio Exterior, donde se tomarían las decisiones discutidas. No abrí mi boca. A la salida le pedí una cita al presidente Gaviria; me atendió inmediatamente, tal vez porque sabía a qué iba. Le dije que no podía seguir en el gobierno porque el acuerdo que había dado lugar a mi nombramiento, a partir de ese momento, no existía; le añadí que a mí me habían apoyado unos liberales que pensaban distinto y que les debía una lealtad respecto a temas como ese.

El presidente, hábilmente, me dijo que la medida era inevitable; que para mí resultaba preferible, en caso de que lo sucediera a él en el año de 1994, tener el panorama arancelario libre y que me pedía el favor de que lo pensara más calmadamente. Le prometí darle una respuesta en las horas de la noche.

Me marché a mi oficina en el ministerio y estuve solo, meditando, durante la hora del almuerzo. Por la tarde llamé a algunos dirigentes gremiales para auscultar el efecto que había causado en algunos de ellos el anuncio de las medidas adoptadas por la mañana. Estaban, a mi juicio, excesivamente confiados en que no los afectaría.

En las horas de la tarde me llamó el presidente y me pidió que lo acompañara a una reunión que tenía esa noche con el ex presidente López Michelsen. Cuando llegué y vi que solamente estaban los dos, me di cuenta de que algo raro había. Gaviria me repitió los argumentos técnicos para forzar la apertura que, por supuesto, no me convencían. Entonces pensaba que Colombia no estaba en la condición de otras economías sobre-endeudadas del continente que, al terminar la década de 1980, tuvieron que abrirse para responder a las exigencias de ajuste de los organismos monetarios internacionales.

López habló de la necesidad de preservar la unión del partido y de no crear lo que denominó un cisma (que para mí era el cisma del neoliberalismo). Les manifesté que estaba de acuerdo en el punto de la unidad del liberalismo, particularmente cuando se encontraban próximas las elecciones que elegirían un nuevo Congreso, según lo había ordenado la nueva Constitución, y que en consecuencia aceptaba aplazar mi renuncia para después de estos comicios; al día siguiente de las elecciones presenté desde Washington, como habíamos convenido, mi carta de retiro.

Cuatro años después, al iniciar el gobierno, la economía se hallaba en una fase de recalentamiento y el sector productivo atravesaba por una fuerte recesión a consecuencia del proceso de apertura de choque en algunos sectores, en particular el agrícola. Existía también una fuerte apreciación del peso que había desestimulado de manera sistemática las exportaciones y estimulado la importación de todo tipo de bienes, especialmente suntuarios. Como consecuencia de ello y del crecimiento de las importaciones (35% en el año de 1992), se había producido un deterioro de la balanza comercial que estaba incidiendo negativamente sobre la balanza de pagos.

La mayor preocupación de mi gobierno, que quedó plasmada en

el primer Consejo de Política Económica y Social que celebramos, fue conseguir un "aterrizaje suave" de la economía, frenar el proceso de expansión de la demanda agregada, invertir la tendencia de apreciación del peso, reactivar las exportaciones y aumentar la tasa de ahorro. Este CONPES, celebrado en la primera semana de mi gobierno, también aprobó las bases de un Pacto Social para desarrollar, de manera orgánica, nuevas fórmulas de concertación del gobierno con los trabajadores y los empresarios alrededor de precios y salarios; y aprobó una política de competitividad por sectores que para algunos de ellos, como el agrícola y el de textiles, llegó demasiado tarde.

Tuvimos especiales y buenas relaciones con algunos sectores, como el de los cafeteros. Con la Federación trabajamos arduamente en la definición de una política que salvara a los caficultores de una racha de malos años y más tarde sentamos juntos, a través de la suscripción de un nuevo contrato, bases sólidas para su consolidación y desarrollo en los próximos diez años. Aspectos nuevos, como el relacionado con la comercialización internacional o la renovación institucional del gremio, quedaron incluidos en el acuerdo negociado por la Federación y el gobierno, representado por José Antonio Ocampo.

Con los demás gremios tuvimos una excelente relación de trabajo hasta el 30 de abril de 1996, cuando algunos decidieron que debían tomar partido en la crisis política. Sin ningún argumento económico, porque hasta ese momento la crisis no había afectado el comportamiento de la economía ni mucho menos el de la inversión extranjera, algunos dirigentes gremiales, en su mayoría militantes del conservatismo, optaron por el camino peligroso e insólito para una larga tradición en Colombia, de politizar el manejo de la economía.

Tenía noticias de reuniones del Consejo Gremial muy agresivas contra el gobierno. Para evitar que el asunto tomara fuerza, les solicité a Rodrigo Marín, entonces ministro de Desarrollo, Morris Harf, ministro de Comercio Exterior y a Cecilia López, de Agricultura, que hablaran con los dirigentes y los invitaran a palacio; les pedí que les dijeran de mi parte que quería simplemente oírlos. También le solicité a Fabio Echeverri, ex presidente de la ANDI y quien jugó un importante papel en las relaciones de mi gobierno con el sector privado, que me diera una mano aproximando empresarios y empresas.

El mejor antídoto que conozco para prevenir que situaciones de tensión desemboquen en conflictos inmanejables es el de abrir rápidamente canales de comunicación con los interlocutores afectados. Un diálogo oportuno, por duro que resulte, puede ser más conveniente que una polémica interminable en los medios. Así lo hacía inclusive cuando viajaba y encontraba, en Colombia o en el exterior, manifestaciones en contra del gobierno. Invitaba a una delegación para que me expusiera las razones de su descontento; los recibía con una persona que quedaba a cargo del tema y me preocupaba personalmente de hacerle el seguimiento. Recibí estudiantes universitarios en Cali, vendedores ambulantes en Bogotá, indígenas del Cauca, madres de soldados secuestrados en todas partes, médicos residentes en Bucaramanga y organizaciones defensoras de derechos humanos en Alemania. Muchas veces la gente protesta, simplemente, porque nadie la oye.

Si, como decían mis contradictores, su preocupación era que la crisis política se estaba llevando de calle la economía, con el equipo económico creíamos tener buenos argumentos para convencerlos de lo contrario. Precisamente uno de los factores que más contribuyó a la gobernabilidad del país en el período 94-98 fue la situación de la economía, que sostuvo unos niveles razonables de crecimiento incluso en los momentos difíciles.

En junio de 1998, cuando ya empezábamos a sentir el efecto del terrorismo económico que algunos empresarios hicieron para contrarrestar la elección de Horacio Serpa, le pedí al ministro Antonio Urdinola, uno de los economistas más recursivos y persuasivos que he conocido, que presentáramos un corte de cuentas objetivo. El crecimiento estimado en nuestro último documento CONPES, cuyas predicciones incluían ya circunstancias desfavorables como la crisis asiática y una previsible caída de la economía venezolana, era del 3.3% para 1998 y del 2.9% para 1999.

¿Qué pasó en la segunda mitad de 1998 y en 1999 con nuestras optimistas previsiones?

Que las medidas tributarias adoptadas por el nuevo gobierno en el segundo semestre, sumadas a un serio deterioro de las expectativas de inversión como consecuencia de la iniciación de un proceso de paz sin condiciones ni términos definidos, y el evidente impacto de la crisis financiera internacional, llevaron a la economía a una situación de recesión inmanejable de la cual, al comenzar el año 2000, aún no había salido, lo que me induce a pensar que si la crisis de 1996 se hubiera producido en medio de las desfavorables condiciones económicas que se vieron en 1999, seguramente estas memorias no habrían terminado el 7 de agosto de 1998.

Pero volvamos al famoso encuentro en que algunos dirigentes gremiales conservadores me pidieron la renuncia.

Antes de la reunión conmigo, los ministros les hicieron ver la inconveniencia, sobre todo la inutilidad, de incluir la solicitud de retiro en la comunicación que me iban a entregar esa tarde. Aceptaron suavizar el texto en este punto. En las horas de la mañana, empero, después de reunirse con Guillermo Perry, cuya renuncia al ministerio de Hacienda se había conocido ese mismo día, y aplaudir rabiosamente al ex ministro a la salida del desayuno, resolvieron, intempestivamente, insistir en el tema de la renuncia.

Cuando Marín y Harf me trajeron, indignados, la noticia de que Perry había conseguido envenenar a los gremios nuevamente, les repuse:

–Es lamentable la actitud de Perry y una lástima que los gremios insistan en darle ese cariz a la reunión, porque será el único tema que registrará la prensa. Pero no se preocupen: yo fui dirigente gremial antes de ser presidente y esta noche me van a oír mis antiguos colegas.

Y sí que me oyeron. La reunión fue muy tensa. Los más nerviosos eran los pocos dirigentes gremiales liberales, que sabían del sesgo partidista del documento que traían en sus carpetas. Los escuché con paciencia franciscana durante tres horas, uno tras otro; empecé diciéndoles que no estaba buscando la solidaridad ciega y obsecuente de ellos sino un gesto de lealtad con el país y su Estado de Derecho; les hablé de las favorables circunstancias económicas que atravesábamos, a pesar de la crisis política, y les expliqué lo que estaba haciendo por la gobernabilidad del país.

Al terminar les insinué que suprimieran la petición de renuncia, a menos que su interés fuera el de hacer de esa reunión un *show* de noticias. Les expliqué con claridad que el solo hecho de que el sector patronal me pidiera la renuncia era una magnífica excusa para no retirarme, y agregué que seguramente su actitud provocaría la inmediata solidaridad de las organizaciones sociales y sindicales, con lo cual lo único que conseguirían sería polarizar todavía más las cosas. Precisamente esa tarde me habían visitado los trabajadores, acompañados por el ministro Orlando Obregón, para entregarme un documento de apoyo al gobierno, a la soberanía y a nuestras políticas sociales.

–¿Ustedes creen –les pregunté– que un presidente se va a retirar porque se lo piden los voceros de la empresa privada, cuando cuenta con el apoyo de amplios sectores sociales y populares?

Aceptaron amablemente dar una nueva redacción a la comunicación y me pidieron un receso para deliberar, que me cayó de perlas para salir a atender al embajador de los Estados Unidos, que acababa de llegar a palacio. Lo había citado para notificarle cuál era la actitud que esperaba de su gobierno frente a las distintas posibilidades de gobernabilidad que estaba barajando hacia el futuro, cuando terminara el proceso. El encuentro con Frechette fue tenso, con chistes flojos de parte y parte, pero de la reunión salió con un mensaje claro: que no intervinieran en nuestros asuntos internos.

Al regresar, los dirigentes gremiales estaban "hechos un ocho" con la nueva versión de la carta. Aunque los términos de la misiva eran ya mucho más comedidos que los de la primera versión, les pedí que no la divulgaran esa noche a fin de tener la oportunidad de contestarla a la mañana siguiente para que salieran las dos comunicaciones al tiempo. Lamentablemente, se filtraron los términos de la reunión y la presentación, injusta, que dieron al día siguiente los medios adversos al gobierno decía que los dirigentes habían ido por lana y habían regresado como corderos trasquilados. Hoy tengo la plena seguridad de que los dirigentes gremiales de entonces habrían prestado un mejor servicio al país en tan difíciles circunstancias si hubiesen aceptado, como les propuse, analizar con sus mandantes unas alternativas de gobernabilidad para salir de la crisis, que incluían, por supuesto, la hipótesis de mi retiro. Como muchos otros actores de la crisis, prefirieron el titular de primera página.

La noche de los gremios confirmé, además, la percepción que tuve cuando me retiré del ministerio de Desarrollo: en ausencia de una economía protegida, el papel de los gremios pierde significado, a menos que se reconforme la representación del sector alrededor de temas generales.

Decidí también que de ahí en adelante me entendería con los dueños del balón, ya que sus jugadores habían fracasado. Ese día nacieron los llamados *cacaos*: Augusto López, a nombre del grupo Santo Domingo; Luis Carlos Sarmiento; Carlos Ardila Lulle y Adolfo Arango, gran gurú del Sindicato Antioqueño, quienes atendieron sin vacilaciones mi llamado para un primer encuentro.

Amigos personales de tiempo atrás, no hubo en nuestra primera cita ni prevenciones ni posiciones mezquinas. Con el corazón en la mano, con franqueza, les hablé de la situación del país, del problema de orden público, de la situación de la economía y, por supuesto, de la crisis política. Me escucharon con atención e hicieron comentarios y preguntas durante varias horas. A veces, por la misma condición de estar metidos en la rutina diaria, los presidentes olvidan que muchas circunstancias que forman parte de su quehacer diario son totalmente desconocidas para personas que pueden ayudar de buena fe si las conocen a tiempo y en detalle. Al final de esa primera reunión les pedí que el comunicado que informaría sobre ella en ningún caso aludiera a respaldos al gobierno, sino a las políticas más importantes en que estábamos empeñados, y les hice énfasis en que apoyaran el proceso de "ajuste ético de la economía". La aplicación de drásticas medidas en materia de control de activos, incautación de bienes inmuebles obtenidos presuntamente de actividades criminales y persecución de cuentas corrientes vinculadas con el narcotráfico, estaba produciendo a esas alturas situaciones recesivas en algunas zonas del país, particularmente en el Valle del Cauca.

El gobierno necesitaba el apoyo y la comprensión del sector empresarial para seguir adelante y para compensar los efectos que ya estaba produciendo la "destorcida" de una economía que había estado alimentada durante muchos años con los dineros de la droga. Los *cacaos* se pusieron en la tarea y alcanzamos a celebrar varias reuniones explicativas, sobre éste y otros temas, en cuya organización también fue muy importante la colaboración de Pedro Gómez Barrero y del propio Fabio Echeverri.

Poco a poco, los almuerzos con los *cacaos* se hicieron más y más frecuentes; de la formalidad pasamos a la tertulia, y de la tertulia a las complicidades sanas. Se trataba de unas reuniones amenas pero, sobre todo, productivas. Como la que celebramos en las oficinas de Luis Carlos Sarmiento, donde conseguimos, con el ministro Juan Carlos Esguerra, el apoyo de los principales empresarios del país para emitir unos bonos de defensa, de suscripción obligatoria, con los cuales pudimos renovar el viejo equipamiento de las Fuerzas Armadas durante los tres años siguientes.

–Si hubiera sabido que para esto era la reunión –me comentó Luis Carlos cuando terminamos, ya avanzada la medianoche–, no les habría dado unos pasabocas tan buenos.

–Supongo –le contesté– que serán, además de los mejores, los más caros en la historia de los pasabocas.

Los *cacaos* cumplieron un papel fundamental en el mantenimiento de la gobernabilidad al finalizar el gobierno. No porque allí se tomaran decisiones de fondo –que nunca se tomaron–, sino porque su sola presencia en palacio infundió tranquilidad a los demás empresarios, sirvió para mantener abiertas las líneas de diálogo entre el gobierno y el sector privado, que cerraron los gremios, y constituyó una notificación permanente al país de que el presidente estaba al frente del manejo de la economía.

LA CORTE CONTRA LOS CONGRESISTAS

La Cámara de Representantes me absolvió el día 12 de junio de 1996. Esta decisión fue adoptada por 111 congresistas de diferentes partidos y movimientos políticos representados en el parlamento. Varios de ellos, de mi propio partido, votaron en mi contra; otros, conservadores e independientes, lo hicieron a favor. Es decir, no fue, ni mucho menos, una votación partidista.

Entonces, como hoy, respeté su determinación y no salí a combatirla, ni ejercí ninguna forma de revancha. Como lo dije en todo momento y durante el proceso, jamás negocié mi inocencia, a nadie halagué para obtener su voto a favor ni lo perseguí por su voto en contra.

Recién proferida la decisión, mis enemigos, inconformes con el resultado del proceso, acudieron a la Corte Suprema de Justicia para denunciar a quienes habían votado a mi favor por un supuesto prevaricato. La acusación, dirigida contra la inmensa mayoría de los representantes, fue iniciada por una organización medio fantasma y resultaba tan extravagante que nadie le concedió importancia. Yo mismo me olvidé del asunto.

El sábado 27 de junio de 1998, cuando llegué en visita oficial a República Dominicana, procedente de Cuba, mi jefe de prensa me informó que la Corte había decidido abrir un proceso contra todos los congresistas que habían votado a mi favor en la Cámara. Aunque consideré inaudito el hecho, me abstuve, como era mi costumbre en los viajes internacionales, de comentar un asunto que entendía de carácter doméstico. Pero me puse en contacto con mis abogados, que estaban absolutamente escandalizados por lo que consideraban una monstruosidad jurídica. Uno de ellos inclusive decía que, con la misma lógica, el siguiente paso podría ser el de denunciar a cientos de miles de ciudadanos que votaron por los congresistas cuyo fallo no había gustado a algunos miembros de la Sala Penal de la Corte Suprema.

Atardecía en Santo Domingo y mientras me tomaba un jugo antes de salir para la recepción que nos ofrecía el presidente anfitrión, le comenté a Jacquie:

–Este tema me va a perseguir hasta el final de mis días. En Colombia se está acabando el Estado de Derecho.

Al regresar, en el mismo aeropuerto me tenían detalles del episodio.

Dos años después de presentada la denuncia, que a todos pareció una solicitud sin sentido, cuando mi gobierno llegaba a su fin y acababa de ser elegido el presidente Andrés Pastrana, la Sala Penal de la Corte Suprema de Justicia, de mayoría conservadora, decidió abrir juicio por prevaricato a los 111 congresistas que me habían absuelto; simultáneamente y sin haber ordenado ninguna diligencia, procedió a absolver a quienes habían votado en favor de mi condena, cuya actitud también había sido denunciada por un grupo de ciudadanos. Al hacerlo de esta manera, vinculando a los que habían votado a favor y exonerando a los que habían votado en contra, me estaban declarando culpable ante la opinión pública.

La primera inquietud de los abogados tenía que ver con los términos: si el artículo 324 del Código de Procedimiento Penal fija para la investigación un plazo de dos meses, no entendían por qué los magistrados habían demorado dos largos años para completar un expediente que ya estaba perfeccionado en el Congreso. Después venían algunas "perplejidades políticas". ¿Por qué los magistrados habían hecho pública su decisión sólo cuando ya se supo quién había sido elegido presidente? Y otra todavía más hipotética: ¿habrían procedido en idéntica forma si el elegido hubiera sido el candidato liberal Horacio Serpa?

Frente a estos hechos, me limité a señalar en una declaración que resultó clarividente –y que el presidente de la Corte Suprema de Justicia respondió de imprudente manera– que esta decisión iba a provocar un choque de trenes, pues en el fondo lo que planteaba era un enfrentamiento entre poderes: la Corte Suprema, por un lado, y el Congreso y la Corte Constitucional, por el otro.

En efecto, estaba claro que, a la luz de la Constitución, los votos de los congresistas eran no solamente inviolables, como lo establecen todas las constituciones democráticas del mundo, sino también indivisibles: al acusar de prevaricato a todos los que me absolvieron, la Corte estaba juzgando a la Cámara como cuerpo. El que estos votos hubieran sido emitidos en desarrollo de un proceso judicial no alteraba su carácter de inviolabilidad, pues la Constitución no distingue, al aplicar el principio de la inviolabilidad, entre decisiones tomadas por los congresistas como legisladores, controladores políticos, administradores o jueces. Todos los votos que ellos emitan en uso de su investidura están protegidos frente a otros poderes, precisamente para preservar la independencia de la rama legislativa.

No habría de transcurrir mucho tiempo antes de que la Comisión de Acusaciones de la Cámara, en respuesta a la actitud desafiante de la Sala Penal de la Corte, citara a indagatoria a todos sus magistrados. El representante Pablo Ardila, miembro de la comisión, asumió tan delicada cuestión hasta cuando, después de una intervención insólita del presidente Pastrana, en el propio Palacio de Nariño "se tomó la decisión" de ampliar la comisión de investigadores con dos representantes, supuestamente amigos del gobierno. La declaración del magistrado Jorge Aníbal Gómez al salir de la diligencia de indagatoria en la comisión no pudo ser más desafiante ni demostrativa del interés de vindicta que animaba a algunos miembros de la Sala Penal:

"Esperemos a ver si se produce el tan anhelado fallo de la Corte Constitucional dándole patente de corso a los jueces nada menos que de los altos funcionarios del Estado", afirmó de manera amenazante, y ofreció la renuncia en caso de producirse un resultado adverso a la doctrina de la Corte.

El asunto de fondo jamás se explicó de manera clara. Como de lo que se trataba era de deslegitimar el juicio al presidente, las razones para hacerlo o dejarlo de hacer poco interesaban a un importante sector de los medios.

La inviolabilidad parlamentaria, consagrada en el artículo 185 de la Constitución Nacional, dispone que la Corte Suprema de Justicia puede juzgar sin restricciones a los congresistas como personas por sus conductas como tales, pero carece de competencia para juzgarlos por sus actuaciones en el Congreso. Como lo señaló meridianamente el ex presidente Alfonso López Michelsen en carta memorable que dirigió a la parlamentaria Vivian Morales el 20 de octubre de 1998, "la competencia de la Corte con respecto a la inviolabilidad no está consagrada en texto alguno de nuestro derecho positivo."

Es claro que el interés del constituyente al consagrar este principio que existe, repito, en casi todas las constituciones del mundo, es el de proteger la absoluta independencia parlamentaria de cualquier interferencia, sin que esta "irresponsabilidad jurídica" signifique una total "irresponsabilidad política". Por el contrario, como señalaba en el siglo XIX el constitucionalista José María Samper, "la censura pública y la no reelección pueden contener un castigo suficiente para el senador o representante que no ha procedido conforme a la justicia y consultando el bien común".

Con las primeras medidas y anuncios de la Sala Penal los congresistas entraron en pánico, y no era para menos. Algunos pensaron en vincularse a la guerrilla y fundar un grupo de "justicia contra la injusticia de la justicia". Otros estaban por la resistencia civil, y varios optaron por el exilio. Acostumbrado, como estaba, a manejar el diván parlamentario, aconsejé a todos los que fueron a verme en palacio que se hicieran presentes en las diligencias de indagatoria para hacer valer sus derechos, empezando por el derecho de no ser llamados a rendir indagatoria.

La senadora cristiana Vivian Morales, una distinguida profesora de derecho constitucional, resolvió con admirable entereza moral presentar estos argumentos a la Corte Constitucional, mediante un recurso de tutela; afortunadamente, salieron en su apoyo respetables profesores que entendieron desde el principio que lo que estaba en juego no era el linchamiento de unos parlamentarios sino la defensa de principios esenciales del Estado de Derecho. En su quijotesco empeño la acompañó Jorge Arango Mejía, un abogado que vive el derecho con una envidiable pasión que le permite encontrar siempre el hilo de la legalidad aun en los asuntos más complejos.

La primera duda que plantearon los tutelantes versaba sobre la publicidad del proceso. Las normas constitucionales y legales establecen (artículo 29 de la Constitución y Ley 190 de 1995) que quien tenga conocimiento de que en una investigación previa se ventila una causa en su contra, tiene derecho a ser escuchado. Los congresistas fueron vinculados directamente a la investigación sin haber sido escuchados en las diligencias previas, ni haber podido siquiera nombrar abogados defensores o solicitar pruebas. La propia Corte Suprema de Justicia expidió en marzo de 1998 una constancia, solicitada por la senadora Morales, de que no existía investigación alguna en su contra para esa fecha.

Si no existía en marzo de 1998 investigación alguna contra la doctora Morales, era evidente que en el corto plazo de dos meses –los que transcurrieron entre la fecha de la constancia y el mes de junio, cuando la Sala Penal decidió procesar a los congresistas– la Corte no pudo realizar las siguientes gestiones: tramitar la denuncia entablada dos años antes, abrir investigación previa contra los 111 congresistas, allegar las pruebas en cada uno de los 111 casos, agotar la etapa de investigaciones preliminares y disponer formalmente los 111 procesos.

También estaba en juego el desequilibrio del proceso. La acusación de los congresistas favorables al voto de inocencia contrastaba con la absolución anticipada de los parlamentarios adversos, cuando habían sido precisamente algunos de ellos quienes, de manera pública y manifiesta, habían anunciado a los cuatro vientos su voto condenatorio a lo largo del juicio. Inclusive un par de ellos aparecía vinculado a investigaciones sobre su posible participación en movimientos subversivos tendientes a financiar el derrocamiento del gobierno.

Para acabar de complicar las cosas, los congresistas contrarios a mi exoneración también se habían beneficiado, como todos los parlamentarios desde el año de 1991, con partidas de cofinanciación para obras en sus pueblos y cargos administrativos o de representación en el gobierno, favores éstos que, según la Corte, podrían llegar a configurar posibles delitos de cohecho.

Entiendo que la Sala Penal ha continuado realizando algunas diligencias para tratar de determinar si el voto emitido por algunos de los parlamentarios que me absolvieron estuvo de alguna manera vinculado a favores del gobierno y que ha empezado, precisamente, por investigar las relaciones de la senadora Vivian Morales, autora de la tutela que le quitó la competencia. Ahora bien, si la decisión es abrir esta puerta, la de las relaciones de poder entre el Ejecutivo y el Congreso, lo deseable es que se abra para todos los casos de votaciones y procesos durante todos los gobiernos, incluido por supuesto el que actualmente nos gobierna.

El otro asunto preocupante se refería al respeto del principio de la presunción de inocencia. Así tenía que concluirse, entre otras evidencias, de las declaraciones escalofriantes que dio el propio presidente de la Sala Penal el 10 de julio, cuando afirmó que "es posible que algunos de los representantes resulten precluidos si sus argumentos justifican plenamente sus votos". Es decir, que todos estaban en principio condenados, a menos que demostraran que habían obrado correctamente.

Al tratarse el proceso de la Cámara de un proceso político –porque no otro calificativo puede darse a un juzgamiento realizado por congresistas popularmente elegidos–, la decisión de la Corte de llamar a juicio a la mayoría de los representantes se convirtió en otra decisión política producida en una corporación constitucionalmente apolítica. A estas alturas varios miembros de la Corte Suprema comenzaban a expresar, privadamente, su preocupación por el despeñadero institucional a que podía conducir la insistencia de la Sala Penal de la Corte en este juicio.

La dificultad para entender los alcances de un proceso tan especial como el que viví se puso de presente también en el juicio al presidente

Bill Clinton, con el cual guarda algunas similitudes. Es probable que el presidente de los Estados Unidos, como yo mismo, hubiera preferido otra clase de juicio, presidido por un juez ajeno a cualquier consideración partidista y con las debidas garantías del debido proceso (reserva del sumario, controversia de la prueba, etc.); sin embargo, resulta claro en ambos casos que, ante la inevitabilidad de someterse al juez que constitucionalmente correspondía, lo único que cabía era rodear el proceso de la máxima transparencia.

Nadie, durante el juicio del presidente Clinton por el *affaire* de Mónica Lewinsky, tuvo la ocurrencia de denunciar a los representantes demócratas que votaron a su favor en la primera instancia del proceso y le comunicaron públicamente tal decisión por medio de discursos políticos en plena Casa Blanca. Tampoco a nadie se le pasó por la mente denunciar a los republicanos por condenar a Clinton después de haber adoptado, en una reunión de su bancada, la condena como una posición política antes de la celebración de la plenaria de la Cámara. Ningún ciudadano le pidió a la Corte, pasado el juicio, que investigara a los senadores que se habían pronunciado a favor o en contra de sancionar la conducta del presidente de los Estados Unidos.

¿Se imagina el lector lo que se habría escrito y comentado en Colombia si quienes de buena fe decretaron mi inocencia en la Cámara lo hubieran decidido antes y hubieran acudido, en medio de alegre algarabía, a comunicarme en palacio la buena noticia y a anunciarla a través de la prensa, como se hizo en Estados Unidos?

Lo que en el fondo estaban buscando muchos de los que asumían la posición de criminalizar el voto absolutorio era pasarle sus cuentas de cobro al Congreso, contribuir a su desprestigio, golpearlo y, de paso, hacerme el mayor daño posible. Es decir, seguir con este insólito canibalismo institucional en que estamos desde cuando la Constitución de 1991 aprobó una nueva y caótica estructura que el país aún no acaba de asimilar en su errático funcionamiento.

La creación de un tribunal *ad-hoc* para juzgarme, que fue en su momento la tesis del ex presidente Misael Pastrana, no pasaba de ser, además de un desconocimiento flagrante de la normatividad constitucional, una burda imitación fascista de los juicios selectivos albaneses en los cuales los enemigos nombraban los jueces de sus víctimas para estar seguros de que serían condenadas, ante reuniones tumultuosas de seguidores de los verdugos, según "sus" propias reglas morales y subjetivas.

Afortunadamente, a comienzos de 1999, la Corte Constitucional, en una decisión memorable y por amplia mayoría, definió los alcances de la facultad de la Corte Suprema de Justicia para juzgar al Congreso en cabeza de sus miembros. Los solitarios reparos, todos de orden político, y las amañadas encuestas radiales que se escucharon contra esta decisión, confirmaron su honda sabiduría y lo peligroso que hubiera resultado seguir por un camino que habría hecho muchísimo daño al Estado de Derecho.

Hábilmente, algunos columnistas trataron de confundir a la opinión pública mediante un sofisma según el cual la decisión de la Corte Constitucional impedía a la Corte Suprema juzgar a los congresistas por la comisión de delitos personales como el enriquecimiento ilícito o el robo o el homicidio. Nada más falso. Como lo expresó atinadamente la Unión Interparlamentaria Mundial en solidaridad con sus colegas colombianos, "la irresponsabilidad parlamentaria –que es en lo que consiste la inviolabilidad– sólo garantiza a los parlamentarios una protección absoluta contra toda demanda por cualquier acto llevado a cabo en el marco de su función parlamentaria y por cualquier palabra y voto emitido en el Parlamento".

El triste epílogo de este episodio lo escribió el presidente de la Sala Penal, el magistrado Gómez Gallego. Cuando le preguntaron si había terminado el choque de trenes, contestó:

"Lo del choque de trenes es una frase célebre concebida por la misma persona que dijo que todo había sido a sus espaldas, de modo que yo no le doy mayor importancia a esa frase..."

No se necesita ser abogado ni ingeniero de ferrocarriles para entender, a la luz de esta respuesta, cuál era el tren que iba por fuera de su carrilera ni quién su más segura víctima...

Esa noche, cuando me enteré del fallo de la Corte en Madrid, pensé que por esas paradojas de la vida, en las condiciones de radicalización en que estaba el país y contra lo que opinaban todos mis enemigos, el único juez que podía atreverse a declarar mi inocencia era el juez que lo hizo por disposición de la Constitución misma: el Congreso de la República.

ESTADOS DE ÁNIMO

Muchas personas me preguntan cómo pude resistir las presiones tan intensas que se ejercieron contra mí durante del tiempo en que ocupé la presidencia de la república. Confieso que cuando respondo exponiendo ideas generales y explicaciones abstractas no soy completamente sincero.

La verdad es que ni yo mismo sé la respuesta.

Los estados de ánimo de un presidente, al menos de un presidente de un país como Colombia, suben y bajan, como en una montaña rusa, a la velocidad del vértigo.

Viví momentos de depresión profunda, de indignación, de rabia, de impotencia. Hice míos los sufrimientos de muchas personas, y hasta me involucré afectivamente en situaciones respecto a las cuales he debido colocar alguna distancia. Eso que los siquiatras llaman "hacer transferencia" conlleva una pesada carga emocional.

Muchas personas se sorprendían, durante los días más difíciles, al encontrarme temprano en mi oficina, vestido y afeitado, con buen semblante y hasta con algún chiste a la mano para animar la atmósfera. En muchas novelas, la imagen de un mandatario en crisis se representa con una visión lamentable del pobre sujeto: un tipo con barba de tres días, enfundado en bata y pantuflas, que camina con desesperación por los pasillos de su palacio, malhumorado y altanero. Siempre tuve buen cuidado de evitar transmitir semejante imagen.

Todos los días, excepto los domingos, me ponía el "uniforme presidencial" –vestido azul oscuro y corbata roja–, y procuraba transmitir un sentimiento de tranquilidad a mis más inmediatos colaboradores. Puedo decir que ningún empleado recibió un trato desobligante de mi parte, ni un grito, ni una palabra que lo ultrajara.

Uno de los días más críticos del gobierno, cuando me retiraron la visa de los Estados Unidos, mientras me dirigía a la sala de prensa, un soldado del Batallón Guardia Presidencial me detuvo para solicitarme una foto; me di cuenta de que alguno de mis escoltas se acercó para hacerle ver al muchacho la inoportunidad de su solicitud, a lo cual éste, avergonzado, acertó a contestar diciendo: "Es que es mi último día en palacio". Alcancé a escucharlo y me devolví para tomarme la foto con él, porque la lógica me pareció contundente: era su último día y a mí me quedaban en cambio varios (al menos eso esperaba).

Cada mañana, a las seis y media, me levantaba, hacía ejercicios (los necesarios para quemar 1.000 calorías), escuchaba radio y revisaba los periódicos. Esta parte de la rutina, la de leer la prensa, era la más dolorosa. Especialmente al final, cuando varios de los principales periódicos ignoraron hasta tal punto la agenda oficial que alcancé a añorar hasta las referencias canibalescas contra el gobierno en las cuales se habían especializado algunos diarios en los dos últimos años.

Ser presidente es levantarse y descubrir que todas las páginas de los periódicos, casi sin excepción, tienen que ver, por acción o por omisión, con personas o actos del gobierno. Religiosamente apuntaba en una libreta los problemas más preocupantes; conseguía a los ministros donde estuvieran gracias al prodigioso conmutador de palacio; impartía instrucciones, consultaba opiniones; y procuraba comenzar así la jornada con pie derecho.

Me deprimía registrar el nivel de odios que hemos alcanzado en Colombia. "Odio, luego existo", parece ser la consigna. ¿A qué horas, me pregunto a veces, desperté yo tantos odios? ¿Cómo pude ganarme tántos y tan enconados enemigos? Todavía no lo sé. No soy, ni jamás he sido, una persona de odios; no ejerzo el poder con envidia, confío en la gente, delego, juego limpio, no persigo a nadie, ejerzo la tolerancia como regla.

Utilicé el humor como un mecanismo de defensa. "Un día sin risas es un día perdido", decía Chaplin. El humor fue mi arma más socorrida para aliviar tensiones, buscar consensos y caricaturizar tragedias, aunque muchas veces se tratara, contra lo que algunos pensaban, de un humor táctico que escondía mis auténticos sentimientos. Los presidentes, me repetía, no pueden mostrar sentimientos que desconcierten a la gente, que desmotiven a sus subalternos o, mucho menos, que susciten crisis a destiempo.

Casi diría que lloré un par de veces, solo, especialmente por circunstancias familiares que me llegaron muy hondo. Detestaba las seis de la tarde de los domingos en Hatogrande o en la Casa de Huéspedes de Cartagena, cuando sabía que al día siguiente volvería a comenzar el carrusel sin fin de problemas.

Estuve de guardia veinticuatro horas al día, todos los días de todos los meses, tanto cuando me hallaba en Colombia como cuando debí viajar al exterior. Esa terrible sensación de "estar de guardia" permanente me obligaba a privarme del trago extra, de la transnochada rumbera, de la reunión con amigos demasiado prolongada. Acepté mi paso por la presidencia como una especie de servicio militar, y no me arrepiento. Fue el tiempo más intenso de mi vida, y lo viví plenamente.

Disfrutaba muchísimo con las reuniones del Consejo de Política Económica y Social, CONPES, porque era entonces cuando realmente me sentía gobernando y decidiendo. Me encantaban las salidas a la provincia, el calor de la gente, su afecto. Casi todos los viernes visité una región, y así recorrí el país cuatro o cinco veces. Todos los lunes por la tarde recibía gobernadores y alcaldes en mi despacho; me encantaba saber en detalle sus preocupaciones, les preguntaba por las obras regionales. Comprobé que mientras más cerca está el poder de la gente, más se siente.

Me gustaba quedarme a dormir en el lugar que visitaba en cada provincia, con el convencimiento de que ese era el mejor homenaje que podía hacerles a sus habitantes. En cada sitio donde estuve pedí la comida típica correspondiente, por lo cual hoy me considero un experto en cocina regional. (El sancocho en el Valle, las empanadas de pipián en Popayán, el cuy en Nariño, los frijoles paisas, la cazuela de bagre en Barrancabermeja y la carne seca en Santander, las ayacas en Cúcuta, el friche en la Guajira, el mote de queso en Córdoba, la arepa de huevo en Barranquilla, el dulce de nochebuena en Neiva, la lechona en el Tolima, la mamona en los Llanos, el cocido boyacense...).

Sentía mucha rabia y frustración con los actos terroristas que golpeaban a la gente inocente: las masacres, las voladuras de los oleoductos, las bombas en los sitios públicos. En esas oportunidades me daban ganas de capturar personalmente a los autores y someterlos a público escarmiento, y llegué a comprender ciertas acciones personales y audaces que emprendía en el Perú mi colega Alberto Fujimori, con quien, dicho sea de paso, tuve una excelente relación personal y de gobierno que se confirmó cuando Serpa perdió las elecciones. Esa noche recibí una llamada suya:

–Como sé que a estas horas todos deben estar llamando al otro lado, quise telefonearte para enviarte un fuerte abrazo –me dijo con su tono pausado.

Me indignaban los ataques injustos y las mentiras difamatorias. No me gustaba que me trataran con familiaridad en público, ni que me tutearan o me dieran consejos. Recuerdo que un día les acababa de comentar a Carlos Castillo, Juan Carlos Posada y Juan Mesa esta aversión, cuando un alto funcionario de la presidencia me dijo, tranquilamente, en un comité:

–Ernesto, te voy a dar un consejo.

La carcajada de mis anteriores interlocutores se oyó en Monserrate, sin que el aludido consejero atara cabos de cuál era el gracejo suyo que había suscitado tan desproporcionada hilaridad en los asistentes.

Disfrutaba con las visitas de los niños a palacio. Me gustaba salir por sorpresa, saludarlos, alzarlos, tomarme fotos con ellos; mantenía chocolates en mi oficina para estos casos de emergencia. Jacquie coleccionó muchas cartas que me hicieron llegar niños de todas partes de Colombia.

Detestaba las comidas formales y los cocteles. Me encantaba la solemnidad de los actos militares, que me enseñaron a ser cumplido en los horarios de todos mis deberes. Desde el comienzo entendí que si el presidente es incumplido en sus citas, le desorganiza la agenda al país entero.

En las noches, nunca dejé de entrar a despedirme de mis hijos, aunque estuvieran profundos, porque sabía que inconscientemente iban a sentir que era su papá quien los cobijaba y se despedía de ellos.

Jacquie fue mi refugio. Su optimismo delirante, su fortaleza, la capacidad imaginativa con que asumía los problemas, no sólo me tranquilizaban sino que en no pocos casos me aliviaban y hasta me divertían. Una vez, hallándose ella en Japón, tuve que llamar al médico Alonso Gómez para que me revisara una taquicardia que empezó a galopar a las cinco de la mañana. Curiosamente, nunca necesité pepas para dormir, ni mucho menos tranquilizantes; los fines de semana, para relajarme, tomaba unas gotas de valeriana que me mandaba preparar Gloria Cecilia de Turbay. A esta mezcla debo muchas horas reparadoras de sueño.

Jamás me quedé en cama como consecuencia de alguna enfermedad. Sabía que no podía darme ese lujo. En situaciones críticas me calmaba los nervios caminando por el salón de gobelinos en compañía de personas de confianza. Algunas veces bajé a mi despacho en las horas de la noche: como los pilotos que no desatienden la cabina en los momentos más calmados del vuelo, me tranquilizaba sentarme en mi silla, despachar papeles y pedir llamadas a los embajadores en Europa, que eran los únicos que a esa hora estaban despiertos. Después me tomaba un buen café caliente mientras amanecía en el cerro de Monserrate.

El sentimiento de solidaridad de la familia fue importante. Aunque no estuvieran todo el tiempo metidos en el palacio, sabía que contaba con ellos. Me distraía reunirme con mis hermanos y primos a mamar gallo y echar cuentos.

Con mi mamá hablaba constantemente; cuando Jacquie no podía hacerlo, a ella le encantaba asistir, en condición de "primera dama alterna", a los actos oficiales. En uno de estos actos que tuvo lugar con motivo del día del maestro, hasta se levantó a hacer la v de la victoria cuando la gente la ovacionó porque hice referencia en mi discurso a su condición de maestra, que aún conserva. Era un gusto ver cómo se emocionaba en esas ocasiones.

Ocasionalmente programaba un desahogo a la manera de los años sesentas. Nos reuníamos con dos o tres parejas de viejos amigos a oír música cubana, tomarnos unos vinos, comernos un buen queso y recordar el Club del Clan, Oscar Golden, los mocasines, la canción de Carlos Puebla al Ché Guevara, las empanadas de Las Margaritas, las películas prohibidas del Teatro Imperio.

Añoraba la llegada de la Navidad. Disfruté todas las navidades en Hatogrande con las luces, los villancicos, el pesebre, los regalos y la cena de medianoche. Me apoyé muchísimo en mi serena creencia en Dios, que no alcanzaron a perturbar algunos jerarcas de la Iglesia. Encontré que ciertos salmos son como recetas para distintos estados de alma.

Soñaba a diario con la picada de las nueve de la noche, salchichas pequeñas, papas fritas, patacones. Las pastas me llenaban el día y el ajiaco los domingos. Rara vez tuve desayunos de trabajo, porque los considero *contra natura*.

¿Fui feliz en la presidencia?

Diría que tuve muchos momentos de felicidad: la aprobación del plan de desarrollo, el lanzamiento del ministerio de Cultura, la instalación de la Cumbre de los No Alineados, la intervención en la Universidad de la Habana, la inauguración de la carretera al mar en Antioquia, el comienzo de la operación del Metro de Medellín, la aprobación del documento del Metro para Bogotá, la celebración de las elecciones municipales cuando vencimos a la guerrilla, el nacimiento de la Red de Solidaridad, el comienzo de la televisión privada, la derrota de la certificación gringa en la Cumbre de las Américas, la visita a tierra palestina, la inauguración del puente Plato-Zambrano o "puente del Hombre Caimán", y aunque el sentimiento de felicidad no fue del todo el predominante, pocas veces me sentí derrotado. Siempre saqué fuerzas de donde pude para seguir adelante. Creo que las circunstancias adversas –al menos en mi caso– otorgan un nuevo vigor con el que uno habitualmente no cuenta. Mis enemigos tal vez no me perdonan que haya pasado por encima de ellos con mi indiferencia. Seguí la recomendación de Marco Aurelio, y procuré no parecerme a ellos.

Últimamente he pensado que me pudo ayudar mucho, para sobrellevar los momentos más difíciles, el haber atravesado el trance del atentado que sufrí hace algunos años. Haber estado durante semanas entre la vida y la muerte, inclusive más cerca de ésta que de aquélla, y haber superado semejante prueba definitiva, me ayudó a cambiar mi percepción sobre el orden personal de prioridades. Creo que gracias a esta experiencia tan profunda adquirí una nueva perspectiva, y desde entonces aprendí a valorar la vida mucho más que quien nunca ha estado a punto de perderla.

Bailé pocas veces, aunque me encantaba hacerlo. Aunque no sea un danzarín consumado, bailo digamos que dignamente; canté rancheras –mi preferencia era la de "Sigo siendo el Rey", no sé por qué– y disfruté mucho de algunos conciertos.

Dejé la presidencia sin odios, pero con algunos resentimientos que espero el tiempo vaya diluyendo. Aunque no quiero mantener abierto un *kardex* de antipatías, reconozco que me dejaron más huella en el alma los amigos que me abandonaron que los enemigos que jamás me quisieron, quizás por aquella frase de Carlos Fuentes de que "hay algo más duro que aguantar la persecución en carne propia y es mirar la traición en carne ajena". Pero no pienso gastar lo que me queda de vida cultivando odios ni sacándome clavos pasados. El problema del odio –decía mi padre– es del que odia, no de quien es odiado.

A lo largo del proceso de la Cámara el embajador Myles Frechette siempre estuvo muy activo. Por desgracia para él, muchas de sus intervenciones acabaron produciendo un efecto adverso al que buscaba. Su último aporte involuntario a mi exoneración consistió en la divulgación profusa que hizo en Colombia de un despacho del *Washington Post* en el cual se afirmaba, diez días antes del fallo, que el presidente Clinton y varios miembros de su gabinete habían estudiado un paquete de sanciones económicas que estaban dispuestos a aplicar si se producía mi absolución. La intimidatoria información mencionaba posibles restricciones a productos comerciales, bloqueo de aerolíneas y cancelación de visas a más de catorce funcionarios.

Como era de esperarse, tan burda amenaza produjo un gran malestar en la Cámara de Representantes. El Congreso se sintió chantajeado, percibió la indebida intervención de un gobierno extranjero y entendió la dimensión de los intereses políticos que animaban a muchos parlamentarios colombianos que ya para entonces, sin que hubiera terminado el juicio, anunciaban a los cuatro vientos, con desafiante actitud prevaricadora, que votarían en mi contra.

Unas pocas horas después de que la Cámara de Representantes me absolviera, el Departamento de Estado dio a conocer una declaración en la cual descalificaba el fallo manifestando que con él no se superaba la "crisis de confianza" que existía entre los dos gobiernos y anunciaba que estaba estudiando "opciones adicionales para expresar nuestra insatisfacción" por este hecho. La declaración de Washington, como era ya costumbre, acudía al maquiavélico procedimiento de dividir a los funcionarios de mi gobierno entre "buenos y malos"; yo, por supuesto, estaba entre los segundos. No sería ésta la única presión norteamericana sobre el juicio y el Congreso. Recién iniciado el proceso, el embajador dio unas declaraciones al semanario *Portafolio* donde descalificaba abiertamente al Congreso colombiano.

Esto motivó una enérgica nota de protesta diplomática que enviamos a Washington el 27 de marzo. En ella "rechazamos enérgicamente las declaraciones del Embajador, irrespetuosas con el Congreso de Colombia y violatorias de los principios que gobiernan las relaciones entre naciones". Los términos de la nota preocuparon a los funcionarios del Departamento de Estado encargados de América Latina, que ya estaban conscientes de que el asunto de Colombia se les salía de las manos.

El Departamento de Comercio, mientras tanto, expresaba en Washington, de manera privada, su inconformidad con el daño que el simple anuncio de posibles sanciones económicas podía ocasionar en los niveles de comercio bilateral. Paradójicamente, las relaciones comerciales entre los dos países se hallaban en un nivel de actividad sin precedentes, e importantes inversionistas norteamericanos estaban pendientes de la iniciación de grandes proyectos en materia de infraestructura para participar en ellos. Los espacios de inversión dejados por los norteamericanos fueron llenados con creces por inversiones provenientes de Europa, particularmente de España y el Reino Unido.

Para acabar de confundir las cosas, la Casa Blanca parecía estar de acuerdo con la indignación del Congreso colombiano. Con diferencia de pocas horas, el presidente Clinton, en rueda de prensa, contradecía a su propia cancillería al afirmar, refiriéndose a mi exoneración, que "Colombia tiene un parlamento elegido democráticamente y ellos tienen derecho a votar según como examinen cada cuestión". Y agregaba conciliadoramente: "Las relaciones se mantendrán según la cooperación de Colombia en la lucha contra las drogas".

La contradicción era evidente y planteaba un dilema obvio. ¿A qué declaración había que atenerse? ¿A la del presidente? ¿A la del Departamento de Estado? ¿A la del locuaz embajador en Colombia? ¿Se producirían sanciones o se trataba de simples amenazas? No resultaba fácil presumir lo que podría suceder, aunque la circunstancia no era nueva.

A lo largo de los meses que duró la crisis, y aun después de ella –si bien con menos frecuencia–, las señales que enviaba Washington eran distintas y no pocas veces contradictorias. Como si se tratara de gobiernos diferentes, Colombia fue víctima de los conflictos entre las distintas agencias de seguridad estadounidenses: éstas competían presupuestariamente entre sí en Estados Unidos por afianzar o ampliar su espacio de influencia en Colombia.

Uno de los casos más demostrativos fue el de la verificación de los esfuerzos relacionados con la erradicación de cultivos ilícitos. Mientras la DEA, que trabajaba bien y abnegadamente en el terreno con la policía, avalaba como positivos los resultados de campo, medidos mata por mata, la CIA nos sorprendía a comienzos de cada año con unas supuestas fotografías satelitales según las cuales, decían ellos, no se había logrado nada. Era cosa de volverse locos. Al punto tal que la segunda vez que nos enfrentamos a este hecho, el gobierno resolvió curarse en salud y tomó la decisión de contratar, por su cuenta, los servicios de un satélite francés especializado en mediciones de espacios agrícolas; gracias a ello, las recriminaciones estadísticas bajaron.

No ocurrió lo mismo con las contradicciones internas del Departamento de Estado, que seguían siendo tan agudas como las que enfrentaban a la administración demócrata con la bancada republicana en el Congreso. En ambos sitios –la administración y el Congreso– coexistían dos líneas: una blanda, que entendía que el problema de la droga no se podía mirar de manera simplista porque afectaba las condiciones de gobernabilidad del país, y una línea dura, intransigente y obsesiva, que pretendía reemplazar la extinguida Guerra Fría con la creciente guerra contra las drogas.

La identidad entre las dos líneas duras impidió, durante los primeros años de mi gobierno, que hubiera una percepción política de lo que estaba en juego. Lo que algunos funcionarios no obtenían dentro de la administración lo conseguían aliándose con sus amigos del Congreso. Contaban, además, con la obsecuente participación de voceros de la oposición en Colombia, que atendían solícitos sus llamados para mostrar que nosotros mismos también estábamos divididos en la defensa de nuestros intereses nacionales.

La cuestión colombiana, como la de Cuba y la de varios otros países en dificultades, ha terminado por convertirse en Estados Unidos en una materia de política doméstica que polariza intereses, enfrenta bandos, mueve solidaridades regionales y plantea debates totalmente ajenos a sus connotaciones internacionales. Sobra decir que en casi todos estos casos el mayor perjudicado es el país que se utiliza como garrote para que los círculos políticos norteamericanos se golpeen unos contra otros.

Durante una cumbre del Grupo de Río en Bolivia, celebré una reunión privada con el presidente Fernando Henrique Cardoso para analizar el problema limítrofe que planteaba la movilización de más de medio millón de campesinos cocaleros en el sur contra la erradicación de cultivos ilegales. El movimiento creaba una peligrosa situación de orden público. Pedí entonces al mandatario brasileño que hiciera ver al presidente Clinton que estas dificultades sociales, sumadas a las presiones irracionales de Estados Unidos contra Colombia, estaban empezando a afectar seriamente las posibilidades de gobernabilidad de nuestra democracia.

Además de la vieja amistad personal que me une con el presidente Cardoso, a quien considero el prototipo de los líderes que necesita la región para enfrentar los desafíos del siglo XXI, el gobierno del Brasil tenía otra poderosa razón para ayudar en este caso. Ocurre que el embajador Frechette había sido declarado por la poderosa cancillería brasileña de Itamaratí como persona no grata en el Brasil, debido al papel protagónico que jugó en el hundimiento del Pacto Cafetero Mundial. Como dijo de él el embajador de Brasil en Argentina, Marcos

Azambuja, "Frechette era el peor embajador de cualquier país en cualquier país".

Miles de caficultores de Brasil y de Colombia fueron víctimas de la caída del pacto y Brasil no podía olvidar a quien había sido uno de los artífices de tan perjudicial política. Colombia tampoco ha debido olvidarlo cuando le concedió el beneplácito, a pesar de las intensas gestiones que desarrollaron personas que conocían de cerca al personaje, como el ex ministro Juan Manuel Santos o Jorge Cárdenas Gutiérrez, gerente de la Federación Nacional de Cafeteros.

El presidente Cardoso atendió mi solicitud y envió una carta personal al presidente Clinton. Sus gestiones pidiendo que "dejaran en paz a Colombia", así como las del rey de España en su momento, las de García Márquez con el embajador Richardson, que se detallan en otro capítulo de este libro, y algunos oportunos editoriales del *Miami Herald* de la época, contribuyeron a rebajar los términos del enfrentamiento y a ampliar el margen de maniobra de la última etapa de mi mandato.

Pese a que para mí esta comprensión llegaba tarde, no me cabe duda de que contribuyó a allanar el camino para que mi sucesor, Andrés Pastrana, fuera recibido con tapete rojo en la Casa Blanca y con un abultado plan de ayuda militar que incorporaba recursos que seguramente dejaron de girarse durante los años de mi mandato. Me complace haber podido hacer esta contribución indirecta a la política internacional del gobierno de mi sucesor.

Pocos meses antes de dejar la presidencia pude comprobar que las relaciones con Colombia nunca fueron objeto en la Casa Blanca de un análisis político que evaluara su complejidad y sus implicaciones colaterales. Así quedó en claro cuando, en plena Cumbre de las Américas en Chile y frente a todos los mandatarios del continente, incluido el presidente Clinton, presenté la posición colombiana respecto a la lucha global contra las drogas.

En los once minutos que duró mi exposición evité dirigirme al presidente Clinton, para que del registro televisivo no concluyeran algunos medios en Colombia que yo estaba rindiéndole cuentas al presidente de Estados Unidos. Este estuvo –según me enteré luego– muy atento, asintiendo y tomando notas todo el tiempo.

Mientras se levantaba de su silla, al fin de la reunión, el presidente Clinton comentó a la secretaria de Estado Madeleine Albright y al general McCaffrey, jefe de lucha contra la droga: "Buena intervención". Este comentario me valió, por primera vez en tres años, una condescendiente sonrisa de despedida por parte de los dos funcionarios.

Pocos días después de mi absolución, el *Washington Post* publicó un memorando atribuido a la embajada de Estados Unidos en Colombia, que jamás fue desmentido ni por la embajada ni por ninguna autoridad norteamericana. En cuestiones sensibles de gobierno, como ésta, la regla de oro es que no se puede responder en caliente a titulares o noticias impactantes. Es fundamental la solicitud explícita de ratificación o la espera de un plazo prudencial para que la fuente aludida rectifique.

El documento, presentado por el periodista Thomas W. Lippman, estaba basado en un cable procedente de la embajada de Estados Unidos en Colombia. Se trataba de un elaborado "Plan de Guerra Sucia" contra mi gobierno que incluía "presiones y medidas" para "aislarme"; hablaba de la posibilidad de retirarme la visa porque esa decisión era considerada en Colombia, según mencionaba la información, como "una verdadera muerte política"; contemplaba la posibilidad de vincular a los grandes narcotraficantes presos con casos de asesinatos u otros delitos mayores para extender sus condenas vigentes; aconsejaba mantener la amenaza de sanciones económicas contra Colombia para que los gremios ayudaran a sitiar al gobierno; al fiscal Valdivieso lo mencionaba como agente amigo de los Estados Unidos y le atribuía el poder de recomendar personas para que les dieran o quitaran la visa de entrada a Estados Unidos, aunque advertía, eso sí, que no se hiciera demasiado pública esta vinculación para no "mancharlo" ante los ojos del pueblo colombiano.

El tenebroso documento reconocía descaradamente que la certificación del 1° de marzo había sido una decisión injusta y aludía a la preocupación por el rechazo general que había encontrado en buena parte de los colombianos. Por si faltara algo, descalificaba a los embajadores europeos en Colombia por tolerantes y complacientes con el gobierno, y aconsejaba inmediatas aproximaciones y contactos diplomáticos en estos países para ponerlos en contra mía. Concluía, de manera un tanto cínica, que en ningún caso estas medidas deberían llegar a acciones o decisiones que pudieran colocar en peligro la estabilidad de un gobierno elegido democráticamente, lo cual –consideraba su autor– era un principio que estaba por encima de los demás "loables" propósitos que perseguía la estrategia sugerida.

Si los puntos del memorando no hubieran coincidido con lo que realmente ocurrió después de la absolución, sus términos podrían haber sido incluidos en un ensayo de política ficción. Pero, como muchas otras cosas que sucedieron durante la crisis, en este caso también lo insólito se convirtió en realidad.

¿Por qué una revelación de esta naturaleza no torció el curso de los acontecimientos, ni conmovió a la opinión pública, ni sacudió a los medios de comunicación, como habría ocurrido en cualquier otro país, o en Colombia unos años atrás? Porque a estas alturas la polarización había llegado a tal extremo que muchos colombianos, enfrentados al gobierno, consideraban válida cualquier arma o estrategia, viniera de donde viniera, propusiera lo que propusiera, y tenían por legítima toda causa que persiguiera a mi gobierno.

Las relaciones con los estadounidenses, es cierto, nunca se arreglaron convenientemente. La salida de Frechette –quien se fue por la puerta de atrás, sin que lo hubiera despedido oficialmente el gobierno, y rodeado solamente del afecto de sus amigos conspiradores de cocteles–, contribuyó a este hecho. Para su mala fortuna, es posible que ni siquiera el Departamento de Estado estuviera totalmente de acuerdo con su altanera posición: después de recorrer durante varios meses los pasillos del ministerio del que era empleado, pasó al retiro sin pena ni gloria.

En los últimos meses de mi gobierno, aunque la consigna de Washington era "volver invisible al presidente incombustible", preparamos el balance de una transición civilizada, apoyados en la contundencia de los logros de nuestra lucha contra las drogas. Entre ellos se hallaba la aprobación que, bajo nuestro auspicio, impartió el Congreso al restablecimiento de la extradición de nacionales.

Lo cierto es que en febrero de 1998, mi último año de gobierno, Colombia recibió una certificación condicionada por su lucha contra las drogas en 1997. Y un año después, durante la presidencia de Andrés Pastrana, Washington extendió certificación plena al trabajo de Colombia contra las drogas en 1998, un año del cual mi gestión era responsable en un 60%, desde el 1° de enero hasta el 7 de agosto. Aunque para entonces la figura de la certificación ya estaba herida de muerte, interpreté esta decisión como el reconocimiento tardío de unos logros formidables en la lucha contra el narcotráfico, que se consiguieron, lamentablemente, a pesar del gobierno de Estados Unidos y sin contar con su apoyo.

Una declaración posterior del general McCaffrey me devolvió a la realidad; afirmó que la certificación plena de 1998 se justificaba porque Pastrana "sí era amigo del gobierno de los Estados Unidos"; es decir, que lo de menos eran los resultados en la lucha contra la droga: la certificación quedó convertida en un carnet para entrar o salir de un club de amigos.

Siempre fui consciente de que el episodio de la crisis política no se superaría con la simple terminación del proceso y que al finalizar el juicio yo tenía la responsabilidad de proponer unas alternativas de gobernabilidad claras. Sabía además del riesgo que corría al ofrecer un abanico de posibilidades que suscitaban frustración o expectativas en quienes querían que me fuera o me quedara.

Durante los meses del juicio celebré muchos encuentros con distintas personalidades para auscultar su opinión y dibujar un panorama que pudiera provocar algún consenso. Entre las personas con las cuales conversé estaban, por supuesto, los ex presidentes.

Con Belisario Betancur tuve un almuerzo muy cordial en el mes de marzo. Con él y con sus hijos nos une desde hace varios años una estrecha amistad que comenzó en la década de 1970, cuando Jaime

Michelsen Uribe –un empresario formidable al cual la historia le debe un resarcimiento que llegará cuando se extingan los odios irracionales que despertó su éxito– lo vinculó a la Asociación Nacional de Instituciones Financieras, ANIF. Se trataba de sacar adelante un "nuevo sentido de la agremiación", alejado de los intereses particulares de los afiliados y más próximo a la defensa de conceptos identificados con el país, la empresa privada y las causas sociales.

Al comienzo de mi gobierno, el ex presidente participaba activamente en unas deliciosas tertulias que celebrábamos con Gabriel García Márquez y algunos otros comensales en palacio y en la casa de Hernando Santos. Alguna vez nos reunimos en el apartamento de Betancur en Cartagena, donde mostró una vez más sus excelentes condiciones de anfitrión. El plato de entrada siempre resultaba ser el mismo: la expulsión de Frechette.

Yo me oponía con vehemencia a la propuesta de Hernando, Betancur y Gabo porque creía que su salida polarizaría todavía más los ánimos beligerantes de los sectores de derecha que andaban de mano cogida con el diplomático, y porque creía que mis enemigos en Estados Unidos podrían emplear una decisión de tal naturaleza para convertir lo que entonces era un problema diplomático en un enfrentamiento entre el pueblo estadounidense y el gobierno de Colombia. Por lo demás, estaba seguro de que, sin necesidad de tomar medidas contra él, Frechette se encargaría de granjearse la antipatía del pueblo colombiano por su actitud virreinal y su prepotencia, lo que le costaría, como en efecto sucedió, su salida.

En nuestro encuentro de marzo de 1996, el ex presidente Betancur estuvo muy amable, recordamos viejos tiempos, me recomendó tener coraje y me dio aliento. Con frialdad analizamos las salidas de la crisis; al llegar a la hipótesis del retiro, convinimos en que él explorara la posibilidad de que España me acogiera, si ese era el camino que seguía. Más tarde me comentó que había hecho la gestión directamente con el rey Juan Carlos I y que la respuesta era, por supuesto, favorable. Salí del almuerzo pensando que no solamente había estado con un colega sino con un amigo. Así se lo comenté a alguno de mis asesores esa noche.

Unos días después, no sé cómo, se filtraron algunos detalles del encuentro. ¡Quién dijo miedo! El ex presidente envió una carta formal a la prensa en que marcaba de manera tajante y casi agresiva sus distancias con mi gobierno. En ella resaltaba la gravedad de la situación y hasta parecía renegar, como en el bolero, de haberme conocido. Volvió a negarme unos meses después en España, al hacer unas declaraciones públicas en tono burlón e impropio para referirse a la crisis.

A algunos amigos comunes que profesan genuino afecto por Betancur, como Guillermo Cortés, más conocido como La Chiva, les sorprendió semejante salida; Cortés, que no tiene pelos en la lengua para decir lo que piensa, lo llamó por teléfono para hacerle un cariñoso reclamo. Betancur le contestó secamente y arguyó que había que tomar posiciones en la crisis. Ese día confirmé que el ex presidente conservador ya había tomado la suya: estaba en la otra orilla.

Terminado mi gobierno, y antes de viajar a España, lo visité en su casa para expresarle mis condolencias por la muerte de su esposa y renovar una vieja amistad. Fue una ocasión triste pero nostálgica, llena de recuerdos y añoranzas que me impresionó, porque en todo momento tuve la extraña sensación de que su esposa, Rosa Elena, iba a aparecer, discretamente, como solía hacerlo, por algún corredor o por alguna puerta.

Los viejos puentes, aunque resentidos, quedaron restablecidos.

En la tarde del almuerzo con Betancur debía viajar a Cartagena para inaugurar la sesión del ALCA, una asociación de empresarios latinoamericanos y norteamericanos. Al evento asistía el Secretario de Comercio de los Estados Unidos, Ron Brown, quien a los pocos días de su viaje a Cartagena pereció en un trágico accidente.

Frechette quería impedir por todos los medios que hubiera algún contacto formal con el Secretario. Enterado de la situación, le solicité al jefe de protocolo que organizara un saludo formal de todas las delegaciones asistentes, sin los embajadores correspondientes, para dar la bienvenida a sus jefes. Brown era una de esas personas que inspiran inmediatamente confianza. Cruzamos, como era obvio, unas pocas palabras y me sorprendió gratamente cuando, al despedirse, me dijo en voz baja, al tiempo que me daba una palmadita en el hombro:

–Continúe luchando, señor presidente.

Bill Roy, uno de nuestros asesores en Estados Unidos, me confirmó a la semana siguiente, en un memorando privado, la magnífica impresión que se había llevado Brown de Colombia, del ministro Morris Harf y, sobre todo, de la necesidad de normalizar las relaciones entre los dos países antes de que afectaran sensiblemente los flujos de comercio.

Este no era el único motivo de tensión que rodeaba el acto. Los conspiradores habían hecho circular el rumor de que los asistentes me chiflarían al entrar al recinto, y había tenido lugar una acalorada discusión en palacio sobre la conveniencia de excusar mi presencia en el evento. Jamás cancelé un acto público por amenazas de saboteo. A menos que existan evidencias demostradas de un riesgo físico para los asistentes, como podría ser el caso de una bomba, la suspensión intempestiva de actos públicos sólo sirve a los terroristas en sus propósitos intimidatorios.

No fue pequeña mi sorpresa cuando al entrar al recinto y, más tarde, al terminar el discurso, los empresarios y funcionarios presentes, incluido el ex presidente Gaviria, que estaba en representación de la OEA, se pusieron de pie para aplaudirme. Al regresar a la Casa de Huéspedes, donde nos hospedábamos, le pedí a Jacquie rezar para que esa ovación no envenenara la charla que estaba programada con el ex presidente Gaviria para la mañana del día siguiente.

César Gaviria y yo hemos mantenido desde hace varios años unas relaciones cordiales en lo personal y distantes en lo ideológico. Siempre lo he considerado una persona inteligente y hábil, así tengamos profundas discrepancias en relación con los principios que deben orientar el servicio público. El es un pragmático; yo soy un idealista. En su meteórica carrera política yo diría que solamente le ha faltado una etapa: ser jefe.

Gaviria heredó la relación política que desarrollé con Luis Carlos Galán en los últimos años de su vida. Luis Carlos fue uno de los mejores amigos de mi hermano Daniel. Aunque con algunos años de diferencia, ambos estudiamos en la facultad de derecho de la Universidad

Javeriana; más tarde presentamos candidatos conjuntos para algunas alcaldías en las elecciones municipales de 1988, entre ellas Bogotá, con el nombre de Carlos Ossa. Trabajamos juntos a fin de que la convención del partido liberal, celebrada en Cartagena, aprobara la fórmula de la consulta popular para escoger el candidato del partido a la jefatura del Estado. Era ésta la única manera como Galán podía abrir la puerta de un regreso digno al liberalismo, circunstancia que, a su turno, le allanaría el camino seguro a la presidencia.

En el viaje a la posesión de Rodrigo Borja como presidente de Ecuador hablamos mucho sobre los términos del discurso que pronunció en Cartagena unos días después. A mi juicio, esa fue la mejor intervención pública de su vida. Recordamos entonces en una marisquería de Quito el consejo que pocos meses atrás nos había dado el mismo Borja: "No se infrinjan durante la consulta heridas que no puedan o alcancen a restañar antes de las elecciones definitivas".

Teníamos, por supuesto, diferencias. El creía en la renovación del liberalismo desde fuera; yo era partidario de la renovación desde dentro. En el año de 1982 rechacé el ofrecimiento que me hizo para encabezar una lista para el concejo de Bogotá, porque ya para entonces me identificaba ideológicamente con el ex presidente López Michelsen.

Según versiones de un noticiero de televisión de los amigos políticos de Gaviria –dirigido a la sazón por un ex ministro de comunicaciones suyo, personaje fabricado con la peor pasta que yo conozca–, Gaviria no votó por mí en el año de 1994 ni tampoco por Horacio Serpa, que era el candidato de su partido, en 1998. Yo, en cambio, sí trabajé para llevarlo a la presidencia de la república; y lo hice para honrar el compromiso de honor suscrito con Luis Carlos Galán respecto a la consulta popular del liberalismo, mientras el país atravesaba una de las peores circunstancias de orden público de la segunda mitad de este siglo.

Nuestro desayuno de esa mañana fue, como lo había previsto, tormentoso.

Le planteé abiertamente las distintas alternativas para solucionar la situación: anticipar las elecciones, una consulta sobre mi permanencia, un referéndum programático, un acuerdo nacional o mi retiro. Poco a poco, con su acostumbrada frialdad, fue descartando todas las posibilidades so pretexto de que cada una de ellas suponía modificar la Constitución, hasta que llegó a la que llamó, eufemísticamente, la "única salida institucional": abrirle, con mi retiro, el camino al vicepresidente Humberto de la Calle, su amigo.

Molesto, le dije que la naturaleza de la crisis y la necesidad de una salida que consultara los mejores intereses del país justificaban cualquier esfuerzo, incluido el de cambiar la Constitución de 1991. Nuevamente se opuso. Refiriéndome a la tesis del ex presidente Turbay –quien siempre estuvo firme en la defensa de mi gobierno y de las instituciones, como corresponde a su admirable talante republicano–, afirmé que, dependiendo de los resultados del juicio, si yo era encontrado inocente, la mejor salida institucional no era llamar a De la Calle sino quedarme para cumplir el programa con el cual había sido elegido. Tampoco le servía esa solución. Parecía que para él mi inocencia no aumentaba ni quitaba nada.

Al cabo de un par de horas entendí que, como lo había sospechado, para Gaviria la única fórmula válida era que yo me fuera. No hubo manera de aproximarnos y la conversación quedó en tablas.

Al regresar a Bogotá desde Cartagena, Jacquie me preguntó:

–¿Cómo te fue con Gaviria?

–Como de costumbre –les respondí–: ni bien ni mal. Lo único que me quedó claro es que no puedo contar con él para nada distinto de largarme de la presidencia.

Era la dolorosa confirmación de lo que había sido la conducta de sus inmediatos pupilos en Washington. Siendo candidato presidencial del liberalismo, yo había apoyado con entusiasmo el nombre de Gaviria para la Secretaría de la OEA porque pensaba que la llegada de un compatriota a tan alta distinción abriría espacios para una mayor comprensión de la realidad colombiana. Mal podía haber previsto en ese momento que los asesores y secretarios colombianos del ex presidente montarían, desde la propia sede de la OEA, una siniestra operación para desprestigiar mi administración en Washington. Todos perdimos con este insólito traslado de una rivalidad nacional a la arena extranjera.

Al llegar a Bogotá ya se habían filtrado, a través de algunos medios de comunicación, los resultados de nuestro desayuno que, se suponía, eran de carácter reservado. Solamente dos personas –él y yo– sabíamos lo que se había hablado allí. Y yo, evidentemente, no era el informante.

–No se extrañen ni se preocupen –les dije en palacio a mis asesores–; así es Gaviria.

El ex presidente Alfonso López Michelsen y el director de *El Tiempo*, Hernando Santos, desde hacía varias semanas me habían manifestado especial interés en conversar conmigo respecto al futuro del gobierno.

Reconozco en el ex presidente López a uno de los más calificados interlocutores que he conocido a lo largo de toda mi vida. La frase aquella de que "cuando López habla pone a pensar al país" es rigurosamente cierta. Si alguna vez escribiera su biografía, me limitaría a reseñar y desarrollar las tesis suyas que han hecho carrera en los últimos cincuenta años del siglo XX: la estirpe calvinista de las instituciones; los feudos podridos; la política de ingresos y salarios; la bonanza cafetera para los cafeteros; Colombia como el Japón de Suramérica; la asociación petrolera; derrotar para luego negociar; aplicación del derecho internacional humanitario...

López es de aquellas personas que piensa hablando y habla pensando. Le encanta discrepar, discutir, argumentar; pero siempre lo hace a partir del respeto por su interlocutor, analizando lo que piensa y argumentando sin soberbia.

Estuve con él en la campaña de 1982 y no me arrepiento; como le dije en su casa al día siguiente de haberse confirmado la derrota, preferí perder con él que ganar con Belisario. Nos ahogamos estrepitosamente por causa de la misma división liberal que apareció en 1948 con Jorge Eliécer Gaitán y afloró de nuevo en 1998.

Desde el año 82, casi todas las semanas, con pocas excepciones, estemos donde estemos, López y yo conversamos. Charlamos sobre libros, comentamos temas de actualidad, intercambiamos chismes –que son su debilidad– y platicamos sobre teorías, que son su fortaleza.

Hernando Santos, por su parte, fue mi mejor y más noble aliado a lo largo del gobierno. Era de esas personas que, por estar por encima del bien y del mal, se la pueden jugar sin esguinces, como se la jugó conmigo en muchas oportunidades. Todavía recuerdo los almuerzos en palacio, cuando hacía el recuento de sus relaciones con los presidentes y contaba –inventando buena parte de ellas, por supuesto– sus aventuras amorosas, que ya para entonces, según decía, formaban parte de la prehistoria de Colombia.

Llevaba el sentido de país en sus venas. Era un republicano en todo el sentido de la palabra. Hablábamos todos los domingos; él desde *El Tiempo*, donde se encontraba con Roberto Posada para comer prójimo y empanadas, y yo desde Hatogrande.

El día siguiente a la terminación de mi mandato me buscó por cielo, mar y tierra sólo para decirme:

–Mijito, lo logramos: ¡no pudieron con nosotros! Ahora sí me puedo ir tranquilo a España a ver torear a César Rincón y a comer en Casa Lucio.

Tengo la íntima satisfacción, que he compartido con algunos de sus hijos, de haberle devuelto a Hernando al final de sus días una pasión que no sentía desde hacía años. Él era el héroe de mis amigos de Luz Verde, un grupo valeroso y fiel que se conformó para defenderme. De él formaban parte, entre otros, Asenet Velásquez, Ignacio Chiappe, Carlos Javier Camacho, Carlos Guillermo Aragón, Manuel Sanz de Santamaría, Julio Ortega, Carlos Cortés de Greiff, Carmen Barvo, Douglas Velásquez, Daniel Bermúdez, Julio César Guerra, Camilo e Ignacio Samper Santamaría, Merceditas de Tafur y varios buenos amigos más que constituían una importante fuerza de choque, en el buen sentido de la palabra, y que veían en Hernando un ejemplo de coraje y resistencia.

Su muerte me dolió en el alma.

Aquella noche a la que me refiero llegaron a palacio, muy circunspectos, el ex presidente y Hernando. Entre gol y gol de un partido de fútbol por televisión que el ex presidente quería ver, éste me expuso la tesis de que yo debía "pegar un rodillazo en el tablero" y ofrecer mi renuncia a cambio de que el Congreso aprobara una reforma constitucional que derogara la Constitución de 1991. Me parece ver a Hernando, sentado en una silla, muerto del sueño, como le sucedía a esas altísimas horas de las nueve de la noche, contestando cada vez que el presidente López requería su asentimiento: "Sí, pre; sí, pre".

La propuesta reproducía el esquema de los años cuarentas, cuando algunos amigos íntimos del presidente López Pumarejo, entre ellos un miembro de la familia Samper, le plantearon la posibilidad de considerar un retiro que, según entiendo, ya tenía decidido en su fuero interno. El mandatario –a mi juicio, el más importante gobernante de este siglo– puso por delante la aprobación de una reforma constitucional antes de entregar el mando.

Luego de escuchar los argumentos y propuestas del ex presidente López, apoyados por Hernando, tomé la palabra. Les dije que viniendo de ellos la iniciativa, me merecía la mayor consideración y respeto. Coincidí con ellos en su apreciación de que, aunque la Constitución de 1991 avanzó sustancialmente en su parte garantista, nos dejó una caótica y costosa infraestructura institucional que es responsable de buena parte de los problemas de gobernabilidad por los que estamos atravesando. Les hablé de las distintas alternativas que había venido analizando para salir de la crisis y de los resultados de mis consultas hasta ese momento. Pero luego agregué:

–La mejor manera de quedarme es aceptar su propuesta de someter mi retiro a la aprobación de una reforma constitucional por el Congreso. Los tiempos han cambiado mucho desde la época de López Pumarejo, y la única forma de sacar cualquier iniciativa en el Congreso es que la gente esté segura de que uno se queda. Si les digo que me voy en caso de que la aprueben, pueden estar seguros de que la reforma se hundirá y eso garantizará mi permanencia en la presidencia.

No se habló más del tema esa noche. Nos concentramos en el fútbol, y optamos por las anécdotas. Días después, con ocasión del retiro de mi visa para entrar a los Estados Unidos, Hernando Santos volvió a sugerir la posibilidad de mi retiro. Como era de esperarse, fue titular de entrada en todos los noticieros. Le envié el domingo, desde

Hatogrande, una carta personal, que aún conservo, llena de argumentos y de afecto; en esencia, compartía su posición en el sentido de que *El Tiempo* tenía que examinar todas las soluciones a la crisis, y entendí la buena fe de su planteamiento.

Unos meses más tarde, Hernando declararía en una entrevista que se había arrepentido de ese gesto. Su arrepentimiento, se lo dije entonces, no era necesario: siempre recibí de los amigos sinceros este tipo de reflexiones y de dudas como un aporte honesto para encontrar la salida del atolladero.

En la tarea de gobierno resulta tan importante saber para dónde van los enemigos como escuchar lo que piensan los amigos. Estos siempre aportan ángulos positivos en el análisis de los problemas y no sentirse escuchados los molesta, con toda razón. El "encabinamiento" o aislamiento de los presidentes es mortal: transmite sensación de inseguridad y de desgobierno.

Faltaba el ex presidente Turbay Ayala. Su opinión, como la del entonces embajador Lemos, era clara y sencilla: mi exoneración por la Cámara de Representantes no podía ser razón para irme sino para quedarme. Así me lo había manifestado en distintas oportunidades y yo sabía que podía contar con él para cualquier decisión que tomara.

¿Cómo terminó la historia de la gobernabilidad?

Sin apoyo político suficiente para promover una salida política que implicaba una reforma constitucional, por la actitud del gavirismo, que defendía a dentellada limpia el estatuto de 1991, las opciones se reducían dramáticamente: entregarle el poder a De la Calle o quedarme.

Paradójicamente podría hoy decir, sin ningún apasionamiento, que los responsables de que no hubiera renunciado fueron quienes más insistían en que lo hiciera. Los procedimientos coercitivos, amenazantes y humillantes que utilizaron para plantear mi retiro –amenazas de golpe, elegantes banquetes antigubernamentales, publicaciones calumniosas, descalificaciones internacionales, pruebas falsas, declaraciones amenazantes, paros empresariales, retiro de visados– me convencieron de que mi salida implicaría un simple relevo de odios. Pero no iba a suprimir la polarización creada durante la crisis y, por el contrario, seguramente provocaría unas condiciones de desestabilización mayores que las generadas por mi permanencia.

No niego que desde el punto de vista personal quizás lo más conveniente para mí y para mi familia habría sido renunciar y anticipar así una tranquilidad a la cual tenía derecho. Sin embargo, ahora, ya en uso de buen retiro, he pensado que mi dimisión en tales circunstancias habría convertido el resto de mi vida en una verdadera pesadilla. No habría dejado de pensar en la desilusión de quienes siempre creyeron en mí y en el proyecto político que me condujo al gobierno.

Conservo, entre los documentos más significativos de mi mandato, el cable urgente que me mandó un anónimo ciudadano de Barranquilla cuando se hablaba de mi renuncia: "Presidente Samper. Casa de Nariño. Llevo quince años votando por usted y creyendo en sus programas sociales. Si renuncia, lo mato", decía. Hablé de este mensaje en una rueda de prensa que se celebró en Medellín precisamente el día en que se publicó el aviso de unos empresarios paisas pidiéndome que me fuera.

Al periodista que me preguntó entonces cuál de los dos mensajes atendería, si el de los empresarios o el de mi amigo costeño, le contesté con una sonrisa:

–Prefiero vivir, gracias.

Para tranquilidad de este señor y de millones de compatriotas, aunque también para dolor de alguno, me quedé y no me arrepiento. Espero tranquilo el fallo inapelable de la historia. Si los jueces que me juzgan son mis enemigos, estoy condenado de antemano. Pero si, por el contrario, me juzgan los colombianos a quienes procuré representar en el gobierno, sé que la suya será una sentencia absolutoria. Esa es la que para mí cuenta.

SALE DE LA CALLE

Desde hacía varios años tenía un concepto favorable de Humberto de la Calle. Lo consideraba un buen jurista, un tipo simpático y hasta un divertido bohemio. Esta idea la habían reforzado, entre otros, mi hermano Juan Francisco, que era amigo suyo, y mi médico, Alonso Gómez, que tenía una larga y estrecha relación con él desde los tiempos de su juventud en Manizales.

De la Calle, ciertamente, no se portó bien durante la consulta liberal porque centró toda su campaña en desacreditarme. Pero su estrecha relación con el presidente Gaviria me llevó a pensar que la mejor manera de unir las dos vertientes principales que se habían expresado durante la consulta liberal era ofrecer la vicepresidencia de la república a una persona que tuviera clara relación de identidad con la otra corriente.

Convertir la vicepresidencia en factor de unión partidista fue lo que en algún momento nos llevó a Luis Carlos Galán y a mí a apoyar la reaparición de esta figura en el panorama constitucional del país. Aunque dolorosas experiencias de traiciones y conspiraciones habían llevado a suprimirla de la Constitución a comienzos del siglo, pensábamos que en los tiempos modernos su restablecimiento podía ser útil para la estabilidad institucional y la renovación dentro de los partidos. Ese fue el criterio que prevaleció en los constituyentes cuando volvieron a darle vida en la Carta de 1991.

La decisión de escoger a De la Calle como fórmula implicaba, en primer lugar, informar de ello a Horacio Serpa quien, en estricta lógica, debía ser el candidato. Así lo hice, no sin disgusto. Horacio, con su proverbial gallardía, no sólo aceptó la fórmula sino que me manifestó su decidida voluntad de trabajar por ella. Tuve buen cuidado de conversar con otras dos personas que habían sido insistentemente mencionadas como posibles candidatas, para evitar cualquier resentimiento de su parte. Los encontré con el mismo ánimo abierto y dispuesto.

Hablé finalmente con el presidente Gaviria para informarle y, de paso, comprometerlo en ésta que yo veía como fórmula inmejorable de unidad liberal. Para mi sorpresa, Gaviria, sin desconocer los méritos de De la Calle, me manifestó que solamente le preocupaba una cosa: que De la Calle demostraba vacilaciones y dudas a la hora de jugársela por algunos propósitos o programas. Me relató entonces un episodio del debate en el senado a raíz de la fuga de Pablo Escobar y sus secuaces de la cárcel de La Catedral. Mientras la televisión transmitía la sesión parlamentaria a todo el país, el presidente, que la estaba viendo, tuvo que llamar por teléfono a De la Calle, a la sazón su ministro del Interior y presente en el recinto, para exigirle que defendiera al gobierno porque lo estaban aplastando ante su pasiva presencia.

Debo decir que durante mi conversación con Gaviria el bajo perfil del candidato propuesto, según lo había descrito mi interlocutor, me parecía más una cualidad que un defecto. Consciente como estaba de que un vicepresidente con afán protagónico podía resultar fatal para el gobierno y para el país, pensé que el discretísimo perfil que me anunciaba Gaviria era un punto a favor de mi escogencia.

Las cosas marcharon relativamente bien durante la campaña y el primer año de gobierno. Aunque encontramos al principio dificultades legales para asignar unas tareas precisas a la vicepresidencia, finalmente acordamos que llevaría ciertos temas específicos como el ordenamiento territorial y la política hacia los discapacitados.

…encia de Humberto De la Calle fue siempre discreta, …uvo en Colombia. No así la de su señora, que creó …ada vez más tensas de enfrentamiento con Jacquie. Hasta …ue en algún momento llegué a pensar que tenía, como cualquier jeque, dos primeras damas. Así que decidí que lo mejor sería enviar a De la Calle a España, donde podría cumplir una importante labor, y de paso poner fin al afán de su esposa por ocupar un escenario público que la Constitución había abierto para el vicepresidente pero no para su señora.

El mismo día pedí la renuncia a la embajadora María Emma Mejía, que había hecho una excelente labor, le ofrecí la embajada al vicepresidente y lo anuncié a la prensa. La presidencia me enseñó que en materias delicadas el tiempo corre en contra del gobierno y que aunque la decisión tarde en madurarse, como sucedía en mi caso cuando le daba varias vueltas antes de tomarla, una vez adoptada lo más conveniente es divulgarla rápidamente.

Recuerdo la justificable sorpresa de María Emma cuando le pedí su consentimiento para hacer el cambio en la embajada de España. Persona muy cercana a Luis Carlos Galán, Maria Emma no había militado en mi campaña ni formaba parte de los cuadros del movimiento del Poder Popular. La conocí, como muchos otros colombianos, por su excelente trabajo a favor de las comunas marginadas de Medellín. En la breve conversación que sostuvimos esa mañana me manifestó su deseo de continuar colaborándome en el gobierno. Aunque ya había decidido prescindir de los servicios de Arturo Sarabia Beter como ministro de Educación y nombrarla a ella en su reemplazo, no podía adelantar nada todavía mientras no se dieran ciertas circunstancias.

Preferí agradecer sus servicios e insinuarle, de críptica manera, que muy pronto volveríamos a estar juntos, trabajando estrechamente. Así fue. A las pocas semanas la nombré ministra de Educación y ya, en plena crisis, le ofrecí la cancillería en reemplazo de Rodrigo Pardo. A pesar de todas las presiones para que no aceptara este último destino, a Maria Emma le sobró el sentido de país que a muchos les hizo falta para asumir inmediatamente su responsabilidad.

Creo que ya no es un secreto mi admiración por ella. Lo que más me sorprende del trabajo de María Emma es la seriedad y la profundidad con las que asume todos los desafíos que se le presentan: en palacio decían cariñosamente que parecía una "esponja" por su talento para recibir toneladas de información, procesarla, sintetizarla y comunicarla sencillamente a los medios.

El viaje de De la Calle a la península coincidió, lamentablemente, con las primeras declaraciones del ex tesorero liberal Santiago Medina sobre la financiación de la campaña. Recién llegado a España, el vicepresidente concedió un reportaje al periódico *El País* en el cual, palabras más, palabras menos, afirmó que él no colocaba las manos en el fuego ni por mí ni por lo que había sucedido en la campaña. Nuestra campaña. Su campaña.

Esto equivalía, en un momento difícil, a tirar el gobierno al foso de los leones. Mi amigo Guillermo Cortés, entonces cónsul en Sevilla, se indignó, como muchos colombianos, con las declaraciones del nuevo embajador y lo bautizó desde entonces "Manos de asbesto" De la Calle.

A este mal paso se agregaron otros. Por distintas fuentes nos llegaban informaciones preocupantes en el sentido de que el nuevo embajador no estaba cumpliendo cabalmente con sus obligaciones. Los propios funcionarios de la embajada, antes empleados míos, nos contaban que andaba como "ave de paso" por España. Graciosamente decían que la pareja tenía las maletas a medio desempacar y que ni siquiera habían colocado los portarretratos en las mesas. A pesar de que lo seguía llamando telefónicamente, como siempre lo hice con ciertos embajadores claves, para consultarle temas importantes, comencé a encontrar en él una actitud fría y distante. Era, quizás, que la mosca de la conspiración había comenzado a picarle...

Un mes más tarde ya estaba convertido en francotirador. Se puso de acuerdo con Néstor Humberto Martínez, entonces ministro de Justicia, para enviar una carta pública en la que pedía que el gobierno defendiera ante el Consejo de Estado la permanencia del fiscal Valdivieso. Conocí, molesto, el texto de la comunicación a través de los medios. Era ya la carta de un político, no la de un jurista. Llamé a

Martínez a palacio y le pedí que me llevara un proyecto de respuesta; aunque el gobierno tenía a esas alturas serias dudas sobre la imparcialidad política del fiscal Valdivieso –algo que el vicepresidente y el ministro de Justicia conocían ampliamente–, yo había tomado la decisión de no atravesarme en la aspiración de Valdivieso de seguir en el cargo. En efecto, no quería que el gobierno fuera señalado de obstaculizar a propósito la justicia.

Fue ese el primer día en que me di cuenta de que el ministro Martínez, a pesar de su reiterada afirmación de que quería ganarse la confianza de nuestros adversarios para servir de puente entre ellos y el gobierno, podía tener algún otro tipo de motivación entre pecho y espalda.

Sólo unos meses después, cuando Botero presentó su *show* de acusaciones, supe hasta qué punto el vicepresidente estaba ya involucrado con los enemigos del gobierno. El interés del ex ministro por separar a De la Calle de cualquier sospecha respecto a los manejos financieros de la campaña, e inclusive de avalarlo como fórmula válida para reemplazarme, puso de presente que De la Calle era ficha muy importante en el rompecabezas de la conspiración. La figura del vicepresidente había vuelto a recuperar la condición de caballo de Troya que la hizo odiosa a los ojos de los colombianos durante tormentosos años en el siglo pasado…

Mientras yo hablaba de una "salida institucional" a la crisis para exigir que se me juzgara y se me permitiera probar mi inocencia en un juicio justo y con el debido proceso establecido por la Constitución, mis enemigos estaban pensando en una solución distinta que consultaba plenamente sus apetitos de poder. Para ellos, la trama era de pelambre política, no jurídica, y consistía en el ascenso inmediato del vicepresidente De la Calle a la jefatura del Estado.

Entendí la razón de esta profunda diferencia a raíz de una declaración que le di a la periodista María Isabel Rueda la semana en que habló Botero. A una pregunta suya respecto a mis relaciones con De la Calle, contesté diciendo que nuestra suerte, como en el matrimonio, era "indisoluble". Gabriel García Márquez hizo entonces una declaración en la cual me recomendaba "serenarme" para no hacerle daño al país. Le comenté a algunos amigos que de lo único que no me podían acusar era de falta de serenidad o impaciencia, como luego ha quedado demostrado.

En las declaraciones que con diferencia de pocas horas expidieron el ex presidente Gaviria y el vicepresidente De la Calle tras las denuncias de Botero, ambos coincidían en la necesidad de que la fiscalía efectuara la "valoración judicial de las pruebas". Es decir que, desconociendo la Constitución, pedían que me condenaran públicamente antes de que el expediente fuera siquiera llevado al Congreso. Que dos declaraciones, expedidas tan rápidamente y desde lugares tan distantes, coincidieran en términos tan técnicos y con tantas implicaciones políticas, era mucho más que una casualidad. Desde entonces, hoy lo reconozco, mis relaciones con De la Calle no fueron las mismas, ni lo volví a contar entre las personas a las cuales podía acudir en demanda de opinión o consejo.

Más tarde el gobierno tuvo conocimiento de un gravísimo episodio ocurrido en Madrid, que nos puso al tanto de una realidad: detrás de la actitud del vicepresidente había mucho más que una vanidad excitada por amigos personales y aspirantes a ministerios.

Según la versión, a principios del mes de mayo de 1996, el embajador Gelbard, Subsecretario del Departamento de Estado para Asuntos Internacionales y de Justicia, se habría detenido expresamente en Madrid después de un viaje a Viena. El propósito de la escala era el de entrevistarse con el embajador De la Calle y bendecir su aspiración a sucederme en caso de que, como Gelbard preveía, se produjera mi retiro. La reunión se celebró furtivamente en la residencia de la embajada de los Estados Unidos en España, no lejos de nuestra embajada.

En el encuentro y siempre según las fuentes que nos informaron, De la Calle expresó su inquietud por el fallo absolutorio que se veía venir en la Cámara de Representantes. Gelbard le manifestó que tenía línea directa con el fiscal Valdivieso y que esperaba que una decisión adversa en el caso de los ministros, especialmente en el de Serpa, podría debilitar y cambiar el rumbo de mi juicio ante el Congreso. Asimismo, anunció que en los siguientes días Washington tenía pensado amenazar con retaliaciones económicas si yo resultaba absuelto.

En la reunión se mencionaron inclusive algunas restricciones a las aerolíneas colombianas enderezadas a perjudicar al Grupo Santodomingo, dueño de Avianca, que apoyaba al gobierno. También se plantearon eventuales sanciones económicas que, según Gelbard, moverían a los gremios económicos a solicitar mi condena a la Cámara de Representantes.

De la Calle, de acuerdo con la misma versión, se había comprometido a conseguir un pronunciamiento de algunos magistrados amigos en la Corte Constitucional respecto a la vigencia del Tratado de Extradición suscrito entre los Estados Unidos y Colombia, lo cual implicaba su aplicabilidad inmediata. También aceptaba propiciar un pronunciamiento desfavorable a la campaña por parte del presidente del Consejo Electoral, Oscar Jimenez, recomendado suyo, respecto al asunto de los topes electorales legales para la financiación de las elecciones presidenciales de 1994. En ese momento este asunto era el único cargo por el que, aparentemente, podían comprometer a los tres ministros.

El vicepresidente, por supuesto, no informó sobre esta reunión ni a la cancillería ni a la presidencia. La verdad es que no le faltaba razón para su sigilo. Dudo de que en la historia de Colombia haya antecedentes semejantes de un vicepresidente que acude a una sede diplomática de los Estados Unidos a conspirar contra un presidente elegido por el voto popular. A los pocos días se produjeron y publicaron las declaraciones amenazantes del gobierno de los Estados Unidos, como lo había anunciado Gelbard. Después, tres magistrados de la Corte Constitucional declararon a favor de la vigencia constitucional de la extradición y el presidente de la Corte Electoral se pronunció a favor de la investigación en curso sobre la violación de los topes electorales.

Si, en aras de la verdad, De la Calle hubiera aceptado y defendido nuestra común inocencia respecto a los hechos de la financiación de la campaña, yo habría tenido un mayor espacio político para, producida mi exoneración, considerar mi renuncia dentro de las posibilidades de gobernabilidad. Pero su permanente interés por establecer distancias, sus intensas y públicas relaciones con los enemigos del gobierno –a quienes atendió generosamente con mesa, techo y lecho en la casa de la embajada en España–, la sospechosa rapidez con la que expedía declaraciones cuando el gobierno estaba en dificultades, y sus elocuentes silencios cuando había un hecho favorable, me llevaron, muy por el contrario, a la convicción clara y sincera de que un cambio de mando en tales circunstancias no habría resuelto el tema de la polarización que ya se vivía en Colombia. Así las cosas, la llegada del vicepresidente habría sido interpretada como un triunfo de los enemigos del gobierno y una derrota de sus seguidores.

Volví a saber de De la Calle cuando el gobierno de los Estados Unidos me retiró la visa de ingreso a ese país. En pocas horas, incluso antes de que el gobierno colombiano hubiera emitido una reacción oficial sobre el asunto, ya el embajador De la Calle había enviado a todos los medios de prensa una declaración donde señalaba la "extraordinaria gravedad" del asunto. Allí mismo añadía sus tiernas condolencias por los muy "difíciles momentos" que yo debería de estar viviendo. Recibí la copia de la declaración cuando me hallaba en la biblioteca analizando la situación con algunas personas. A la luz de ese tipo de conductas, estaba ya definitivamente claro que no era ese el tipo de vicepresidente que en esos momentos podía contribuir a mantener la institucionalidad.

Para entonces, el embajador ya se sentía con la banda tricolor en el pecho. Por otras fuentes cercanas a la prensa española y colombiana en Madrid nos enteramos de que De la Calle se comportaba poco menos que como presidente de Colombia. Había establecido reglas especiales para que sólo se le fotografiara a cierta distancia, y alcanzó a ofrecer cargos en su futura administración a algunos de sus colaboradores en la sede diplomática.

Horacio llegó, como dicen, "cargado para tigre" con la actitud de De la Calle. Nada provoca más indignación en un hombre leal que la traición de un desleal. Serpa me pidió autorización para contestarle, y allí mismo, en las puertas de palacio, atendió una improvisada rueda de prensa y soltó su famosa frase de que el vicepresidente no era, como en la canción , "ni chicha ni limonada". La frase produjo el efecto de un misil, porque expresaba lo que la gente estaba pensando. Esa noche me acosté con el convencimiento de que la vicepresidencia de De la Calle era cosa del pasado. Sólo faltaba el trámite de su salida.

Unos pocos días más tarde, en efecto, llegó su carta de renuncia a la embajada. En ella, presentaba un panorama apocalíptico de la situación del país que, dado su silencio en los años anteriores, parecía no haber visto sino hasta ese momento, y me proponía que renunciáramos ambos de manera simultánea. Examinamos el texto con Horacio Serpa y Juan Carlos Esguerra, mientras almorzábamos. Este último contó entonces la divertida anécdota –muy bien traída al caso que nos ocupaba– de un profesor suyo que, en un momento de parecida desesperación por sus constantes enfrentamientos con un alumno, le había dicho: "Señor Aguilera. Esta situación tiene que tener una salida radical: o se va usted, o me voy yo, o nos vamos los dos, o nos quedamos los dos, pero así no podemos seguir".

Con el dulce sabor del cuento aún en la boca, me senté en mi computador y redacté una respuesta de unas pocas líneas diciéndole a De la Calle que el único que tenía que irse, para que las cosas se solucionaran, era él y nadie más. Unas horas después, desde Miami, donde estaba "analizando su situación" con sus asesores, De la Calle manifestó su interés de obtener una licencia a la vicepresidencia para seguir "meditando". Como si en cuestiones de principios fuera posible pedir vacaciones. Serpa le repuntó inmediatamente con la famosa copla del armadillo:

Esto dijo el armadillo
subido en un palo de coco,
ni me subo ni me bajo
ni me quedo aquí tampoco.

Una semana después, convencido de que se había quedado solo, renunció ante el Congreso a la vicepresidencia. Fue su actuación más afortunada.

Esta determinación marcó el final de la conspiración y el comienzo de una nueva etapa de gobernabilidad que se logró con la elección de

Carlos Lemos Simmonds como nuevo vicepresidente de la república. El desempeño de Lemos como vicepresidente, la rectitud de su conducta, su lealtad al país en los momentos cruciales, me reconcilió, hoy lo reconozco, con la figura del vicepresidente que mi propio movimiento propuso ante la Asamblea Constituyente. Lo que sucede es que cuando planteamos la iniciativa pensábamos en un vicepresidente a lo Lemos y no a lo De la Calle. La actitud de su dinámica mujer, Marta Blanco, convertida desde ese momento en la mejor aliada de los programas sociales y culturales de Jacquie, borró también la dura experiencia de la "primera dama alterna" del pasado.

El destino quiso además que Carlos Lemos ocupara, en su condición de vicepresidente, el solio de los presidentes durante el corto período de una licencia médica que solicité en los primeros días de enero de 1998, para hacerme en Montreal unos inaplazables chequeos con el médico canadiense Jonattan Mickins. Este, con un destacado grupo de galenos colombianos, me había atendido a propósito del atentado de que fui víctima en el aeropuerto Eldorado. El tránsito tranquilo de Lemos en la cabeza del gobierno fue además una respuesta clara a todos los que dudaban de la existencia de condiciones de gobernabilidad una vez pasada la tormenta.

No guardo ningún rencor por Humberto de la Calle. Sé que algunos lo utilizaron en mi contra y, aprovechando sus flaquezas, lo convirtieron en instrumento de sus odios. Si me hubiera conocido mejor, tal vez se habría dado cuenta de que mi mayor debilidad en política es lo que considero mi mayor fortaleza: la nobleza.

La historia, que es implacable, dirá que el vicepresidente de Samper terminó, como el fiscal Valdivieso, al servicio del presidente conservador Andrés Pastrana, caracterizado enemigo del gobierno liberal. Puedo asegurar que no fue ese el destino que busqué para Humberto de la Calle cuando pensé que su nombre sería visto por César Gaviria como una prenda generosa de unidad. El impecable comportamiento posterior del vicepresidente Lemos constituyó un alivio para el país y el comienzo, repito, de una etapa de gobernabilidad que duraría hasta el final de mi mandato.

SE VA BEDOYA

El general Bedoya era considerado como un militar "duro" aun en los círculos de la derecha colombiana. Ejercía, sin duda, un liderazgo entre los comandantes y se le consideraba, en los sectores más militaristas, como uno de los suyos.

Lo llamé a ocupar el cargo de Comandante del Ejército en noviembre de 1994 porque tenía entonces la convicción, que aún conservo, de que la mejor manera de negociar el final de una guerra es teniendo un interlocutor militar fuerte del lado del gobierno, como lo fue Rodrigo Lloreda al frente del ministerio de Defensa.

El problema de Bedoya, que empezó a aparecer muy pronto, era que actuaba en solitario y con una obstinación rayana en el autismo; no era un jugador de equipo. Esta condición, que para un batallador empecinado en derrotar al enemigo puede ser una virtud, en su caso, trasladada al manejo de las cuestiones atinentes a su cargo, especialmente las de carácter estratégico y administrativo, se convirtió en un permanente obstáculo en la rueda de la defensa nacional.

Así lo empecé a notar cuando analizamos la posibilidad de acceder al despeje del municipio de La Uribe, solicitado por las FARC para iniciar el proceso de negociaciones con el gobierno. La Uribe había sido su santuario durante mucho tiempo, hasta cuando el gobierno del presidente Gaviria, en uno de esos actos de audacia que producían más titulares que resultados, ordenó bombardearla. Sabíamos perfectamente que la exigencia calculada de las FARC al pedir el despeje de este municipio tenía, entre otros objetivos, el de "medirle el aceite" al nuevo gobierno en su relación con los militares.

Con los expertos de la Oficina del Alto Comisionado estudiamos concienzudamente el área, revisamos los mapas, examinamos la presencia del narcotráfico en la región y sus corredores de ingreso y de salida. Cuando ya tenía bastante claro lo que era posible hacer, quise escuchar otras opiniones. Invité a la casa privada a los altos mandos, con los ministros del Interior y Defensa y el Comisionado de Paz.

Unas horas antes, Horacio Serpa, a quien había mandado de "avanzada" con Daniel Garcia Peña a una reunión con los generales Zúñiga y Bedoya, me manifestó su conclusión: Bedoya pondría problemas a cualquier decisión en ese sentido.

Estábamos comenzando la reunión cuando entraron a la sala mis hijos Miguel y Felipe vistiendo unos uniformes camuflados de lanceros que les había obsequiado el comando del ejército. Eran réplicas de las prendas originales, que el ejército distribuía como parte de una campaña de acercamiento a la población civil. Me impresionó el impacto que la visión de los dos niños uniformados produjo en Bedoya. Se transformó, se sentó con ellos como un abuelo, les explicó el significado de las insignias y la mejor forma de amarrar las botas.

Su actitud positiva duraría pocos minutos. En la reunión se opuso de manera enérgica a cualquier despeje, manifestó que las Fuerzas Armadas se sentirían "humilladas" con toda decisión en este sentido, sobre todo referida a La Uribe. Dijo que las desmoralizaría profundamente, pues se trataba de un espacio conquistado por ellos. Cuando se dio cuenta de que, pese a su insistencia, lo del despeje era una decisión tomada, pidió que por lo menos se preservara el casco urbano del municipio para no tener que arriar la bandera del cuartel allí existente y dejar sus precarias instalaciones en manos del enemigo. Me pareció razonable su solicitud. Pensé rápidamente que si se trataba de encontrar un sitio seguro para negociar, seis mil kilómetros cuadrados eran más que suficientes, con salvoconductos y comisiones de garantías, para hacerlo sin mayores dificultades.

El día 7 de julio de 1995 anuncié públicamente la determinación del gobierno de despejar La Uribe con excepción de su pequeño casco urbano. Las FARC contestaron con un "todo o nada", lo que para mí fue una preocupante demostración de que su primera intención no era encontrar un sitio para hablar de paz sino humillar a los militares y, de paso, echarle un pulso al gobierno.

Unas semanas más tarde, Bedoya filtró un memorando a la revista *Semana* en el cual, palabras más, palabras menos, daba cuenta de la oposición que existía dentro del Ejército al despeje, y ofrecía las consideraciones jurídicas y políticas que, al margen del gobierno, habrían discutido algunos mandos militares con asesores externos para oponerse al mismo. Entre otras perlas, el memorando señalaba:

"El ordenamiento militar está dirigido principalmente a la defensa de los valores... cualquier orden que menoscabe esos principios, chocaría con los principios legales que la protegen".

El natural revuelo que causó la noticia, sumado al título sensacionalista que le habían colocado –"Ruido de sables"– me obligó a salir al quite de la forma más anecdótica. Por supuesto que no podía emitir un comunicado diciendo que algunos mandos me estaban poniendo los cuernos en secreto. Como estábamos pasando el puente en la Casa de Huéspedes de Cartagena, llamé al edecán y le pregunté si ese día había algún acto en la Escuela Naval, contigua a la casa presidencial.

Volvió al poco tiempo con la información de que estaba programada la celebración de los sesenta años de la escuela con un homenaje a las viejas promociones de cadetes, pero que, por su escasa trascendencia y "con el debido respeto", no se había previsto que yo asistiera.

Tamaña fue su sorpresa cuando le dije que no solamente asistiría sino que quería decir unas palabras ante los viejos hombres de mar que allí estarían reunidos. Me parece ver todavía la cara de los almirantes cuando, después de una cariñosa evocación de la escuela, terminé el discurso diciéndoles con tono y manera que sonaban a regaño: "Y quiero decirles a todos ustedes, para que les quede muy claro, que mi posición la resumo en sólo tres palabras: aquí mando yo".

Para entonces ya el ministro Botero venía en camino, después de suspender unas vacaciones en Italia, a fin de hacerle frente al tema. El martes las cosas ya estaban más tranquilas, como todo lo que sucede en nuestro país. Pues, como dijo algún periodista extranjero, en Colombia "todo es grave pero nada es serio".

Botero me propuso inicialmente que sacáramos a Bedoya. "No lo graduemos de héroe tan rápido", le repuse, y tomé la determinación de esperar una mejor ocasión para pasarlo a retiro.

Entonces, por supuesto, no podía adivinar que esa ocasión demoraría varios meses. Sobrevino primero la crisis política, que obligó a la estabilidad de los altos mandos mientras las aguas volvían a su cauce. Y luego, uno tras otro, distintos sucesos militares: la toma de la base de Las Delicias, la arremetida guerrillera de Arauca, la masacre de una caravana militar en el Putumayo...

Todos estos sucesos impedían tomar determinaciones que golpearan aún más la credibilidad de las Fuerzas, en momentos en que la opinión pública, con razón, cuestionaba seriamente su efectividad, e indirectamente estos avatares terminaron por sostener a Bedoya.

Durante la operación de devolución de los soldados del Caguán, el general se mostró ya en franca rebeldía. Conviene revisar lo que fue este episodio, para entender por qué.

En una actitud insólita para lo que había sido el respeto de los combatientes caídos o retenidos en acciones armadas, las FARC comenzaron a tomar soldados y policías como rehenes; la angustia de las madres comenzó a crearle problemas graves al gobierno. Algunas de ellas eran particularmente beligerantes; otras, simple y sencillamente sufrían la angustia propia de la madre que busca el regreso de su hijo. Como las FARC no planteaban ningún acuerdo para devolverlos, empezamos a sensibilizar a la opinión nacional e internacional a fin de que exigiera su inmediata libertad.

Un día el jefe guerrillero Raúl Reyes declaró en televisión que lo que pretendían era un canje de presos.

–Ojalá que no insistan en ese camino, porque allí sí que nos vamos a meter en un enredo de los buenos –le dije al comisionado de paz José Noé Ríos.

Y agregué:

–No existe ninguna posibilidad legal, moral o política de aceptar hoy un canje de prisioneros. ¿Se imagina la desmoralización del Ejército? ¿Qué pasaría mañana con un teniente que captura a un guerrillero y pasado mañana se lo devuelven al monte? No quiero ni pensar que por ese camino se legitimará la aplicación de la ley de fuga con todos los prisioneros.

Afortunamente, poco tiempo después recibimos un mensaje tranquilizador de monseñor Augusto Castro, a quien yo había visitado unas semanas antes en San Vicente del Caguán con Carlos Vicente de Roux, consejero presidencial para los derechos humanos, a fin de pedirle su intervención en el caso. Con su proverbial simpatía y sentido humanitario, monseñor Castro viajó varias veces monte adentro para coordinar los detalles de una posible entrega.

Las FARC aceptaban la devolución de los soldados si se respetaban algunas condiciones que hicieran segura su entrega: el despeje de una zona en el Caguán de aproximadamente 13.000 kilómetros cuadrados, la presencia de observadores internacionales y la participación de la Cruz Roja en un chequeo médico previo a la entrega. En menos de tres semanas negociamos todas las condiciones para la devolución, dispusimos los helicópteros que habrían de recoger en más de doce puntos distantes de la selva a los rehenes para concentrarlos en un lugar de encuentro, y dispusimos lo pertinente para el acto público de entrega. Carlos Castillo Cardona, vocero de la presidencia, se hizo cargo de rescatar unos hombres que se encontraban secuestrados en el Chocó desde hacía varios meses.

Examinamos, como en el caso de La Uribe, el tema del despeje: quedó decidido a partir del 23 de mayo y hasta el 23 de junio. Faltando unas horas para hacer el anuncio público del despeje –que era la señal a las FARC de que el gobierno había aceptado y puesto en marcha el acuerdo iniciado por monseñor Castro–, el ministro de Defensa me llamó alterado. Bedoya le acababa de solicitar una orden por escrito mía para proceder al despeje. Monté en cólera; lo hice localizar a través del conmutador de palacio y me lo comunicaron. Estaba en un coctel en una sede diplomática. Delante de Juan Mesa, que comenzó a escurrirse en la silla, le dije por el teléfono:

–General Bedoya, el ministro me ha dicho que usted exige una orden escrita mía para proceder a ordenar el despeje.

–Así es, señor presidente.

–Pues sepa, general, que las leyes castrenses solamente le dan a usted ese derecho cuando considere que la orden que se le está dando implica la comisión de un delito o va contra su honor militar. ¿Eso es lo que usted cree? ¿Que lo estoy obligando a delinquir o a hacer algo que lo deshonra?

–No, señor –me respondió sumiso–; lo que yo pensé es que, tratándose de un hecho que yo calificaría de histórico, sería importante dejar una constancia escrita.

–En eso estamos totalmente de acuerdo, general, se trata de un hecho histórico. Ahora, si a usted lo que le preocupa es que quede claro que yo asumo la responsabilidad por el despeje, que es a lo que me obliga la Constitución, y que la orden que yo dé sea clara y expresa, le recomiendo verme esta noche en televisión, donde anunciaré mi decisión de despejar el Caguán a partir del 23 de mayo.

Y colgué.

El día acordado para la devolución me quedé en Hatogrande siguiendo el desarrollo minuto a minuto. En el momento cumbre de la operación, cuando los guerrilleros habían planeado que, muy ordenadamente, cada soldado o policía se encontrara en el podio con su madre, la emoción pudo más que el protocolo, y todas las madres se abalanzaron a abrazar a sus hijos. Ahí fue Troya: los guerrilleros no sabían qué hacer: daban órdenes, trataban de recuperar la calma, los periodistas captaban los momentos dramáticos de cada encuentro.

–Presidente –me dijo José Noé por el radioteléfono que nos mantenía comunicados–, esto es un gran despelote.

–Pues bien: dígale al comandante Gómez de las FARC que multiplique por cien veces ese caos para que se dé cuenta del país que yo manejo y que ellos quieren manejar.

Calmados los ánimos, se comenzó a disponer el traslado de los soldados al batallón Héroes del Guapi, en la hacienda Larandia, de Florencia, donde los estaban esperando las autoridades civiles y militares para el recibimiento oficial.

Bedoya se oponía a todo: a la presencia de los periodistas, a los discursos de los ministros Gilberto Echeverri, Carlos Holmes Trujillo y María Emma Mejía, e, inclusive, a que se les dieran sus armas a los soldados que serían reincorporados a filas de manera inmediata para producir un efecto en la prensa. El argumento del general era que se podían colar guerrilleros haciéndose pasar por soldados, con lo cual nos podrían dar una sorpresa.

–Dígale a Bedoya –le comenté a Carlos Holmes cuando me informó del incidente–, que si le sirve la identificación que harán las madres de sus hijos o si necesita pruebas de ADN en un laboratorio extranjero.

El caso es que el general Bedoya no participó en los actos oficiales de recibimiento de ese día, y a la mañana siguiente calificó el evento de "circo con muchos maromeros".

–Sí, un circo en el que Bedoya debería estar en la jaula de las fieras –le comenté a William Parra, periodista de Caracol.

A estas alturas, estaba peleado con casi todos los funcionarios. Juan Carlos Esguerra decía que Bedoya era como una granada de mano, que son muy útiles cuando estallan pero muy peligrosas mientras se cargan. Agregaba que por eso mismo él andaba todo el día preguntando dónde estaba la granada. Era su modo de saber qué había de la vida del conflictivo general y de sus andanzas.

La verdad es que nunca me sentí a gusto con las actitudes de Bedoya. En cierto momento, después de la primera descertificación por parte de los Estados Unidos, se tomó unos tragos en la casa privada y se refirió en términos tan cínicos a los derechos humanos que su peculiar concepción del tema nos puso los pelos de punta a María Emma, a Serpa y a mí. Esa noche supe que Bedoya tenía los días contados.

Lo de la masacre de Mapiripán aceleró su retiro. Los paramilitares protagonizaron el 15 de julio de 1997 una feroz matanza en ese municipio del Meta; más de veinte personas fueron asesinadas a sangre fría, decapitadas y arrojadas al río Guaviare. Sólo el 20 de julio, por la información que suministró un piloto privado, el país se enteró del hecho.

El fiscal Gómez Méndez, preocupado, me solicitó apoyo logístico para llevar los fiscales al sitio de la tragedia. Llamé al ministro de Defensa Gilberto Echeverri y le pedí que procediera rápidamente a atender el requerimiento. Por la tarde, molesto y con razón, el fiscal me llamó de nuevo y me dijo que no había llegado el apoyo solicitado. Agregó, citando la frase de un criminalista, que "el tiempo que pasa, la evidencia que huye".

Entendí que estaba particularmente molesto por su tono de voz y porque no se refirió a mí como "presidente" sino como "señor presidente", una diferencia semántica que en su caso marcaba una enorme distancia. Convine con él en su disgusto y volví a llamar al ministro quien, ya de manera formal, urgió al general Bedoya, Comandante General de las Fuerzas Armadas, el servicio que solamente llegó al final del día siguiente.

"Bedoya se tiene que ir", les dije a mis asesores esa misma noche, y preparé fríamente su retiro. Mi intuición me decía que su salida no iba a ser un parto natural. Días antes, cuando el general había declarado públicamente que tenía aspiraciones políticas y lo llamé a pedirle explicaciones, después de echarles la culpa a los medios me dijo con premeditada actitud:

–Yo no me voy del ejército: a mí me sacan, señor presidente.

Una nueva gambeta del azar impidió que prescindiera de sus servicios ese día. Estaba pendiente la visita de su homólogo de la Argentina, el general Martín Balza, a quien no queríamos recibir en medio de una crisis del mando, y, para completar, no estaban en Colombia ni el general Serrano ni el general Sánchez, mi coordinador de seguridad.

El Día B (de Bedoya) fue el 24 de julio de 1997. Ese día solicité a la policía que reforzara la vigilancia alrededor del palacio y alerté al Batallón Guardia Presidencial y al general Sánchez para que se pusiera en marcha un dispositivo que habíamos estudiado para situaciones difíciles. Después del acto conmemorativo del día de la Armada, ante el busto del almirante Padilla, en Bogotá, le pedí a Juan Mesa que citara, separadamente, a los altos mandos a palacio con intervalos de media hora. El ministro Echeverri estaba, por supuesto, al tanto de lo que se cocinaba.

A las tres en punto llegó Bedoya, bastante nervioso, por cierto, como si supiera a qué venía. Después de informarle que quería hacer algunos cambios en el alto mando, le agradecí sus servicios y le pedí que me solicitara la baja. Me contestó que no estaba de acuerdo con mi decisión, que era el peor momento para producir un relevo y que no sería bien visto. Le dije, con cierta cortesía, que nunca había momento para esas decisiones tan difíciles, que lo había pensado y meditado y que estaba decidido.

El general se transformó. Se irguió, se puso colorado y me manifestó en tono amenazante que si él salía, saldría a combatir mi gobierno y se convertiría en mi peor enemigo. Sin perder la calma le contesté que sus afirmaciones me confirmaban que él no podía estar un solo minuto más en las filas del ejército del cual el presidente era comandante supremo. Me repitió su posición de unos días atrás, cuando dijo que él no renunciaba a sus deberes por nada en la vida.

–General –le repliqué–: yo no le estoy pidiendo que renuncie a sus deberes, sino que renuncie a su cargo de Comandante General de las Fuerzas Armadas de Colombia.

Se vino entonces con una retahíla sobre aquellas cosas del gobierno con las que no había estado de acuerdo, y me amenazó con salir a explicarles a los comandantes de todos los batallones el por qué de su decisión de no retirarse. Si el general hubiera venido armado, me hubiera podido tomar preso en un minuto, pensé para mis adentros. También me di cuenta de que, a esas alturas, no había posibilidad alguna de dar marcha atrás, y le pedí, mientras lo acompañaba para despedirlo, que reflexionara sobre su actitud de salir de las Fuerzas Armadas por la puerta de atrás. Yo necesitaba ese tiempo para reestructurar nuevamente toda la cúpula a la luz de las nuevas circunstancias.

Bedoya me miró con ojos de odio y me insistió en que su decisión ya estaba tomada.

Cuando se cerró el ascensor, Jacquie y Juan Mesa estaban preocupados. La reunión había tardado una hora más de lo previsto, y los generales de relevo esperaban abajo. Llamé al ministro Echeverri, le informé de los hechos y rápidamente procedimos a reorganizar el esquema, con las nuevas modificaciones que la actitud de Bedoya nos imponía. De inmediato le ofrecí la comandancia general al general Manuel José Bonnet, la del ejército al general Mario Hugo Galán, la jefatura de Estado Mayor al general Norberto Adrada y confirmé en sus cargos a los comandantes de la policía, general Rosso José Serrano; de la Fuerza Aérea, general Fabio Zapata; y de la Armada, almirante Edgar Romero.

A las siete de la noche sacamos un comunicado en que informamos de los cambios. En el mensaje se indicaba que el retiro de Bedoya había estado motivado por razones de Estado.

–¿Qué son razones de Estado? –me dijo con cierta sorpresa el ministro Echeverri.

–Son aquellas convicciones íntimas que llevan a los gobernantes a tomar ciertas decisiones sin compartirlas con nadie –le respondí.

Quedó satisfecho con la respuesta y la repitió, con su lenguaje paisa, en la rueda de prensa.

Para entonces ya habíamos apostado en el ministerio de Defensa varios informantes de confianza, y el propio general Bonnet tenía la consigna de evitar y sofocar cualquier manifestación de rebeldía. La reacción de Bedoya al comunicado de palacio no se hizo esperar; afirmó públicamente que no se retiraría y que exigía explicaciones respecto a las famosas razones de Estado.

Mientras tanto, sabíamos que estaban llegando a su oficina comandantes de algunas brigadas y que discutían con él a puerta cerrada. También llegó el general Álvaro Valencia Tovar.

Fui informado del texto de su declaración en medio de una comida que habíamos organizado para despedir a Rodrigo Pardo, quien viajaba de embajador a Francia. Solicité inmediatamente que la oficina jurídica preparara el decreto por el cual pasaba a retiro el general y urgí la presencia del ministro de Defensa en palacio. El cuadro de medianoche no podía ser más pintoresco: el embajador de Francia, Jean Liborel, gran amigo del gobierno, se sentía tomando La Bastilla; el ministro Echeverri despachaba con el traje de gala que había llevado a la comida de celebración del Día de la Armada; los contertulios se mostraban soprendidos con lo que estaba pasando, y Jacquie, muy dada a somatizar estas situaciones de tensión, escuchaba ruidos de sables en el tejado.

Antes de las doce de la noche firmé el decreto, lo lanzamos por las emisoras y nos sentamos a comentar los acontecimientos con algunos de los invitados que se quedaron.

Estábamos hablando del incidente cuando alguien señaló que precisamente al día siguiente, en las horas de la mañana, estaba previsto que todos los altos mandos, encabezados por Bedoya, viajaran al Chocó para inaugurar unas nuevas instalaciones militares en Quibdó. Comprendí que ese viaje podía resultar peligrosísimo y le pedí a Mesa que los llamara a las cinco de la mañana y los convocara a todos a mi despacho a las nueve en punto, con excepción de Bedoya, por supuesto, para posesionarlos.

–¿Y si se resisten a venir, qué hago? –me preguntó Mesa.

–Dígales que es una orden del presidente.

–¿Y si insisten en hablar con usted?

–Dígales que estoy dormido hasta faltando diez minutos para las nueve.

–¿Y si no quieren? –insistió Mesa con cara de angustia.

–En ese caso, Juan, me despierta porque querrá decir que se jodió la vaina.

Había más problemas. La secretaria jurídica me hizo caer en cuenta de que el presidente no posesionaba de esta forma a los mandos:

–A partir de hoy sí –le contesté.

Iba a tardar todavía dos horas en acostarme. Había dado instrucciones al director del DAS de que me contara cuando Bedoya saliera del edificio del ministerio donde se encontraba desde las seis de la tarde recibiendo solidaridades de las cuales fui celosamente informado. Hacia las cuatro de la madrugada el general abandonó su oficina y se marchó a su casa para siempre.

–Se acabó el capítulo Bedoya –le dije al general Sánchez, y me fui a dormir.

En efecto, el recibimiento a Bedoya en el Chocó fue muy lánguido. El general Bonnet se encargó de hacerle saber al comandante del Chocó que desde las once de la noche y cincuenta y dos minutos del día anterior el general Bedoya había dejado de ser el Comandante General de las Fuerzas Armadas de la República de Colombia. Se trataba, pues, de la visita de un oficial retirado.

Por la mañana, después de la posesión, tuvimos información de algunos brotes de inconformidad en la Escuela Superior de Guerra. Rápidamente se movieron los altos mandos y conjuraron lo que no pasó de ser una simple expresión de admiración por parte de unos oficiales jóvenes que veían en Bedoya lo que yo había visto cuando lo traje de Estados Unidos hasta cuando me dí cuenta de que estaba equivocado.

El general Bonnet llamó a la Brigada XX de Inteligencia y los previno de cualquier "perrada" o "gestapeada" que quisieran hacerle.

Este episodio no logró empañar la buena relación que tuve en términos generales con las Fuerzas Militares, con sus comandantes y sus hombres. Unas relaciones francas y buenas, a pesar de todas las dificultades. Lo primero que uno debe aprender, cuando asume el cargo de Comandante en Jefe, es a impartir órdenes. Los civiles pedimos favores; los militares no solamente mandan, sino que se ponen nerviosos cuando no los ordenan. Se han preparado para mandar y obedecer órdenes concretas. Sería imposible manejar una institución de más de 300.000 hombres pidiendo favores, entrando en debates y ofreciendo argumentos.

Con Jacquie tratamos, además, de sacar a nuestros colaboradores militares del gueto en que suelen vivir. En todas las reuniones de palacio estaban invitados ellos y sus señoras, ya que en las casas de los generales también mandan las mujeres.

Estudié a conciencia lo relativo a las Fuerzas Armadas, su dotación, la necesidad de profundizar sus tareas de inteligencia y la formación de sus nuevos cuadros; me interesé en saber cómo sienten y qué piensan. Los comandantes que estuvieron bajo mi mando pueden dar fe de que nuestros encuentros no eran simplemente protocolarios.

Aprendí de unidades navales, lo cual me permitió dejar la flota totalmente renovada y ampliada; volé en todos los equipos de la Fuerza Aérea, incluidos los de combate; visité personalmente los batallones y hablé con sus comandantes; obtuve los recursos necesarios para compensar un atraso tecnológico que estaba costando vidas, como sucedió en el caso de la base de Las Delicias o el puesto de Patascoy, donde la existencia de una red satelital de comunicaciones, como la que adquirió posteriormente mi gobierno, habría facilitado la ubicación oportuna de los refuerzos.

Viví el drama de los soldados muertos o mutilados, consolé a sus viudas, atendí a sus huérfanos. Me preocupé por devolver al Hospital Militar su condición de centro hospitalario autónomo y ejemplar. Comunicaciones, inteligencia y bienestar fueron las tres líneas sobre las cuales nos movimos a lo largo de estos años. Conté afortunadamente con la lealtad de casi todos los altos mandos.

Lo más difícil para mí fue escoger los momentos adecuados para establecer los cambios. Algunos, por fuerza de las circunstancias, se demoraron demasiado, pero la demora era inevitable. Sistemáticamente me resistí a entregar las cabezas de mis comandantes como trofeos para calmar los ánimos exaltados de la opinión, responder a presiones internacionales o conseguir el favor de nadie.

Seguí la regla de oro de que el mejor momento para hacer un cambio de guardia de altos mandos es, precisamente, cuando nadie lo está esperando.

Algunos mandos, por razones personales, se distanciaron de mi gobierno o incluso se comprometieron en actividades criminales para tumbarme. De estos últimos prefiero no ocuparme. Que lo haga la justicia, y que lo haga pronto, en pro de la imagen de nuestras Fuerzas Armadas.

EL ATENTADO CONTRA CANCINO

La noche del 26 de septiembre de 1995 se conocieron unas explosivas declaraciones del vicefiscal Adolfo Salamanca en las cuales acusaba a mi abogado defensor, Antonio José Cancino, de haber violado la reserva del sumario en el caso de Fernando Botero. Ya estábamos acostumbrados a las salidas desafiantes de Salamanca, personaje entre todos los que conozco con mayor capacidad de resentimiento. Pero en esta ocasión el doctor Cancino, leyenda viva del derecho penal colombiano, consideraba con razón que las afirmaciones gratuitas de Salamanca lesionaban de manera directa y grave su impecable trayectoria profesional.

A la mañana siguiente me levanté muy temprano para preparar los documentos de la visita que ese día haría a Colombia el presidente panameño Ernesto Pérez Balladares. Entre los temas gordos que teníamos para conversar estaba –mimetizado en una agenda de trámite– el establecimiento de un centro de operaciones contra el narcotráfico en la antigua base Howard, en la zona revertible del Canal de Panamá, que había visitado unos meses antes. En esa oportunidad me llevó de manera clandestina Pérez Balladares, apodado cariñosamente El Toro, al mando de su automóvil.

Como en la época del presidente López Michelsen, cuando éste apoyó decididamente las pretensiones de Panamá sobre el canal difiriendo a la autoridad legislativa panameña la reiteración de los derechos de tránsito privilegiado que sobre él tenía Colombia, siempre apoyé la idea del presidente Pérez de transformar la antigua base en un centro de lucha contra las drogas en el área. Consideraba preferible un punto de operaciones militares con sede en Panamá y controlado por varios países, incluidos los Estados Unidos, que la iniciativa, alimentada por algunos asesores de seguridad desde Washington, de mantener en la zona una especie de plataforma para "lanzar operaciones especiales de seguridad hemisférica".

Estaba en esas cuando recibí una llamada del director del DAS, Ramiro Bejarano, quien me informó que acababan de atentar contra Cancino. Encendí rápidamente la radio: las noticias no podían ser peores. Se hablaba de un intento de secuestro, de un fallido asesinato, de escoltas muertos, de que Cancino se había salvado de milagro. Convoqué rápidamente al comité de crisis integrado por distintos funcionarios de seguridad y comunicaciones, le pedí a Jacquie que se fuera directamente para el Hospital Militar a representarme y empecé a arreglarme de prisa.

Mientras lo hacía recorrí, como en una película, mi corta pero intensa relación con Antonio José Cancino. Siendo él externadista hasta la médula y yo javeriano, la primera vez que lo vi actuando como asesor, y me sorprendió muy positivamente, fue la famosa noche de Hatogrande, el domingo 30 de julio de 1995, cuando nos enteramos de los términos de la declaración de Santiago Medina.

Fue una noche de pesadilla. Serían las seis de la tarde de ese domingo cuando me llamó Horacio Serpa. Su llamada me extrañó porque habíamos almorzado juntos ese mismo día. Me informó que al llegar a su casa se había puesto a revisar la correspondencia y había encontrado un sobre anónimo que contenía un documento; su contenido parecía ser el resumen de una información de prensa sobre una diligencia judicial o apartes de la diligencia misma en la cual Medina acusaba a la campaña de haber recibido dineros calientes. El asunto, por supuesto, me inquietó. Le pedí que regresara a la hacienda y convoqué a Fernando

Botero, entonces ministro de Defensa; Armando Benedetti, ministro de Comunicaciones; y Juan Manuel Turbay Marulanda, Secretario General de la Presidencia.

Juan Fernando Cristo, consejero de comunicaciones, llegó hacia las once de la noche. Acababa de ser informado por Juan Gossaín de que el asunto ya estaba comenzando a circular en los medios. También se hicieron presentes Ramiro Bejarano, director del DAS, quien llevó al doctor Antonio José Cancino, su profesor y viejo amigo, por si se requería alguna precisión de orden jurídico.

Comenzamos a examinar el documento hasta que en un momento se mencionó la existencia de unas cuentas bancarias en el exterior.

–¿De qué cuentas en el exterior están hablando, Fernando? –le pregunté sorprendido y molesto.

–De una cuenta para manejar los dineros que consiguió el Grupo Santo Domingo en el exterior –contestó Botero.

–Pero ¿cómo así, Fernando, que había cuentas en el exterior? –le dije ya más irritado y más sorprendido–. Eso es nuevo para nosotros: no sabíamos que la campaña tuviera cuentas en el exterior. Cuéntenos de qué se trata.

–Bueno –trató de salir del paso–: no son propiamente cuentas de la campaña en el exterior, sino una mía en la que depositamos lo que nos entregó el Grupo.

Las palabras de Botero nos dejaron atónitos a todos.

–Fernando: esto hay que aclararlo. Tenemos que saber cómo fueron a parar a una cuenta suya las contribuciones del Grupo en el exterior –le dije dejando la puerta abierta para un nuevo debate sobre la materia.

No podía sospechar en ese momento que esa cuenta de la que por primera vez nos enterábamos, y otras más que aparecieron después, encerraban la clave de todo lo que ocurrió en la campaña con los dineros que filtró el cartel de Cali. El examen de los insólitos movimientos que se produjeron en esas cuentas personales de Botero en bancos extranjeros reveló buena parte de la operación que pudo haber realizado la tesorería de la campaña para el blanqueo de dineros sucios y aun para la apropiación de dineros que habrían sido obtenidos de fuentes irregulares y no declaradas contablemente. La investigación no está completa aún. La fiscalía sigue trabajando en ella.

Unos meses después en Madrid, Cancino me confesaría, como se lo dijo a Bejarano esa misma noche, que cuando vio mi ofuscación y estupor por la inesperada noticia de las cuentas en el exterior había sabido que yo era inocente. Más tarde, ese momento fue clave para que tomara la decisión de defenderme. Mi futuro abogado defensor sabía entonces de qué estaba hablando, porque desde hacía varios meses había venido asesorando al propio Botero.

La discusión en Hatogrande duró hasta las cuatro de la madrugada. Botero habló de los enfrentamientos entre las Fuerzas Armadas y la fiscalía por las investigaciones de derechos humanos; afirmó que todos los generales estarían con el gobierno si se tomaba la decisión de cerrar militarmente la fiscalía esa misma noche. Serpa se opuso enérgicamente a esa posibilidad que calificó, con razón, como un golpe de Estado a través del poder judicial.

Armando Benedetti, en un plan conciliador, sugirió buscar un acercamiento institucional con la fiscalía a través de un comité de notables para evitar que ésta, con sus procedimientos, produjera efectos desestabilizadores de la democracia. Uno de los asistentes me sugirió que denunciara penalmente al fiscal al día siguiente. Los escuché con atención, recapitulé algunas ideas y creí llegado el momento de terminar la reunión:

–Descansen, señores, despejen sus mentes porque hoy se han dicho cosas muy sensatas pero otras demasiado locas –les dije–. Amanecerá y veremos: nos encontramos en palacio mañana a las nueve.

Mientras meditaba en el atentado del que acababa de salvarse el profesor Cancino, internado ya en el Hospital Militar, recordé aquella noche de Hatogrande y pensé el largo camino que había seguido.

–Presidente –me dijo el profesor Cancino cuando lo llamé esa mañana al hospital para averiguar por su salud–: yo no me rajo y usted tampoco.

Lo tranquilicé, le pedí que descansara y hablé con Emilssen, su mujer, una destacada jurista que es al mismo tiempo la auténtica encarnación del Ángel de la Guarda. Bajé a la reunión en el salón Carlos Lleras, donde estaba esperándome el famoso comité de crisis.

Las hipótesis que se barajaron alrededor del episodio aquella mañana iban desde un posible secuestro para iniciarle a mi abogado un juicio popular por defenderme, hasta una clara intención de asesinarlo para desestabilizar al gobierno.

Me parece recordar que fue Benedetti quien, con inteligencia brillante y su pragmatismo caribe, cambió el rumbo de la discusión diciendo lapidariamente:

–No jodamos tanto. Aquí lo que importa es que Cancino está vivo y que por primera vez en muchos meses, tenemos un as en la mano. No se equivoquen, lo que hay detrás de todo esto es una conspiración del carajo.

No le faltaba razón. Para quien abrigara alguna duda sobre la existencia de una conspiración detrás del proceso iniciado por la financiación de mi campaña, este hecho de sangre en cabeza del defensor del presidente ponía de presente que no se trataba de una fiesta de primera comunión y que los enemigos del gobierno estaban dispuestos a llegar hasta donde hiciera falta. Redactamos los términos de un comunicado que empezaba diciendo:

"Algunas públicas y recientes declaraciones de subalternos de la fiscalía, no precisamente caracterizados por su ponderación y prudencia, bien podrían estar fomentando un clima que aprovechen las fuerzas de una conspiración en marcha, movidas por intereses nacionales y extranjeros, que no está dispuesta a renunciar a ningún arma para el cumplimiento de sus funestos designios de caos".

Llamé desde el mismo salón al fiscal Alfonso Valdivieso, quien se hallaba en Washington, para pedirle que regresara. Le insinué que la actitud de Salamanca no era la más indicada para manejar una situación tan peligrosa como la que se había creado. Dijo que lo pensaría y me avisaría. La respuesta no se hizo esperar. En una rueda de prensa, sin hacer mayores alusiones a la gravedad de los acontecimientos, Valdivieso se concentró en defender a su vicefiscal de los explicables ataques de que estaba siendo objeto para justificarlo y respaldarlo. Luego desestimó que pudiera existir alguna conspiración detrás del gravísimo episodio del atentado ocurrido por la mañana. Y se quedó tan tranquilo.

Con esta declaración Valdivieso no sólo prejuzgó sino que cerró la puerta para que se profundizara en los siniestros móviles de un crimen que volverían a hacerse manifiestos, unos días más tarde, con el asesinato de Álvaro Gómez Hurtado.

Confieso que la actitud y las palabras del fiscal no nos extrañaron. No era la primera vez que el alto funcionario salía en defensa de su locuaz subalterno. Cada vez que Valdivieso se ausentaba del país –lo cual era muy frecuente, especialmente cuando quería hacer declaraciones en contra del gobierno–, el vicefiscal quedaba a cargo de la casa y hacía fiestas. Declaraba que la fiscalía ejercería la oposición política ante la incapacidad de los partidos para hacerlo, acusaba de hechos criminales a mi señora, se iba lanza en ristre contra Horacio Serpa, su víctima predilecta. El país entero se había percatado de la militancia política del vicefiscal desde su cargo, pero su propio jefe le extendía licencia para ello.

Por eso tampoco me sorprendió que, unos meses después, el abogado defensor de Salamanca fuera, nada más ni nada menos, que el mismo abogado de Fernando Botero, con quien había negociado, como vicefiscal, la falsa delación del ex ministro. ¡Dios los cría y ellos se juntan! No tengo duda de que los desafueros del vicefiscal Salamanca, gracias a la actitud vacilante de su jefe, así como su posterior lanzamiento al ruedo político, que terminó en rotundo fracaso, dejaron sembrada la dolorosa huella del inicio de la politización de la justicia en Colombia.

Cuando terminó la reunión del comité de crisis me fui al aeropuerto a recibir al presidente Ernesto Pérez, con quien luego tuvimos un productivo almuerzo. De regreso, aterricé en el helicóptero en el Hospital Militar. Me reuní primero con los médicos: Cancino había salvado un ojo de milagro y tenía fracturas abiertas en el metacarpiano y el húmero derechos.

¡Cómo me emocionó verlo allí, tendido en la cama, todavía con los efectos de la anestesia, hablando de memoriales y de alegatos y ensayando argumentos para mi defensa! Estaba dichoso por una comunicación que habían expedido los estudiantes de las universidades Externado, Rosario y Javeriana, concentrados desde tempranas horas de la mañana al frente del hospital. En ella exaltaban su honestidad en los siguientes términos: "Siempre los faros conducen a los barcos en la oscuridad y usted, maestro, ha sido un faro, un ejemplo de vida; no permitiremos que la violencia nos arrebate modelos a seguir como el suyo".

En el camino de regreso me enteré de que Horacio había declarado al salir de una conferencia, cuando le preguntaron si pensaba que la DEA estaba en lo del atentado contra el abogado: "Me suena, me suena". Como era de esperarse, esta noticia vespertina asesinó la del atentado en la mañana. Así es de atropellada la realidad colombiana.

La respuesta de Washington al comentario de Serpa no se hizo esperar. El prepotente señor Gelbard pedía acciones ejemplares para lavar "la ofensa" perpetrada por las declaraciones del ministro. Por conductos más privados, el mensaje que venía del norte apuntaba en la misma dirección: querían la cabeza de Serpa. Serían las siete de la noche cuando me visitó Horacio. Me hallaba solo en mi oficina, leyendo todos los despachos y las noticias, atronadoras y amenazantes.

–Como se supondrá –me dijo con alguna solemnidad–, vengo a manifestarle que puede contar con mi renuncia al ministerio del Interior; lo menos que quiero yo en este momento es ocasionarle al gobierno alguna dificultad. Quiero, eso sí, que sepa que dije lo que dije con conocimiento de causa, que no me lancé de aventado a declararlo.

–¿Qué hay detrás de todo esto, Horacio? –le pregunté intrigado y calmado.

Me informó entonces de la existencia de unas cintas de grabaciones telefónicas que le habían llegado a través del SINAI –el Sistema Nacional de Inteligencia, que preside el ministro del Interior–, en las cuales el entonces director de la DEA para Colombia, Tony Séneca, enterado por alguien del episodio del atentado a Cancino, contestaba a su interlocutor: "Hay que mantener el momento, repito, hay que mantener el momento"; es decir, sostener el ambiente tenso.

Quedé estupefacto.

–Horacio –le dije–: usted me conoce y sabe que si su salida del ministerio fuera una solución, ya le habría pedido que me ayudara tomando la decisión que me ofrece. Pero tomarla en las actuales circunstancias, y con la revelación que usted me acaba de hacer, puede llevar a que el gobierno quede en el peor de los mundos: debilitado por haber tumbado un ministro amigo bajo presiones externas, y con un enemigo desconocido enfrente. En síntesis: le pido que se quede.

–Muy bien, como quiera –me dijo–: entonces me quedo.

Nos tomamos juntos un trago mientras veíamos el noticiero de la noche, y nos despedimos.

Lo más importante en una situación de alta tensión como la que vivió el gobierno ese 27 de septiembre es coger el problema por los cachos a tiempo; lo que a la gente le interesa, lo que realmente la tranquiliza, es saber que el gobierno les hace frente a las dificultades que se le atraviesan.

Sacar funcionarios del gobierno para arreglar problemas o darle gusto a la prensa sin que exista una causa que lo justifique claramente ante la opinión pública –como no era, ciertamente, el caso de Serpa– puede resultar profundamente desmoralizador para el resto de la administración y transmite a la opinión pública una sensación de inseguridad en el manejo del Estado. Los chivos expiatorios, las decisiones injustamente ejemplarizantes, además de las tragedias personales que representan para los afectados, terminan devolviéndose como un bumerán contra el propio gobierno.

Cancino se recuperó rápidamente y volvió a los estrados judiciales. A pesar de la persecución implacable desatada contra él por algunos reporteros de la prensa, realizó una brillante defensa en la Comisión de Acusaciones que terminó con mi absolución el 14 de diciembre, como ahora veremos.

El representante investigador Heyne Mogollón fue sometido a la más cruel presión por parte de la opinión pública. Tratándose de un abogado humilde de provincia, no hubo injuria o burla que no recayera sobre su apellido y sobre su cabeza. En la calle, los conspiradores, con ferocidad clasista, repartían mogollas con el ánimo de humillarlo. Pero nadie sabe para quién trabaja... Una noche apareció en un noticiero la simpática figura de un mendigo vestido con abrigos viejos; llevaba mogollas en los bolsillos, en talegos y hasta en las manos, y, sin entender bien qué estaba ocurriendo, le agradeció al presidente Samper que le hubiera mandado la comidita de la semana.

A comienzos de diciembre, mientras se iniciaba la cuenta regresiva para que la Comisión de Acusaciones se pronunciara sobre mi conducta en los hechos de la campaña denunciados por Medina, el gobierno se enteró de que un grupo de congresistas estaba promoviendo un "mico" para colgar a cierto proyecto de seguridad ciudadana cuyo trámite adelantaba el senado. Supimos también que algunos de ellos se habían entrevistado varias veces con Botero.

El artículo de contrabando atribuía a las sentencias de la Corte Constitucional, en su parte declarativa, el efecto de "creación legal" cuando la materia tenía una íntima relación con un punto resolutivo de fondo. Lo que buscaban sus autores era aplicar este invento a una reciente sentencia de la corporación donde se establecía que el enriquecimiento ilícito no operaba como delito autónomo, pues antes de decretarlo debía probarse la ilicitud del patrimonio injustificadamente aumentado. Tal interpretación obligatoria de la sentencia teóricamente iba a dejar en libertad a todos los que en ese momento estaban acusados de enriquecimiento ilícito por cuenta del proceso 8.000.

El gobierno, a través de los ministros del Interior y de Justicia, les había dicho en todos los tonos a los promotores de la iniciativa que la consideraba inconveniente y que, independientemente de las razones de fondo que existieran a favor o en contra de la propuesta, un tema con implicaciones tan graves no se podía resolver en un solo artículo ni mucho menos colgado a una ley que no tenía nada que ver con la materia.

En una tormentosa reunión con un grupo de senadores, Serpa, por solicitud mía, había sido mucho más categórico al aconsejarles que no se expusieran a una derrota, pues el gobierno pensaba jugársela a fondo en contra del "mico". Como respuesta, unos senadores buscaron a algunos representantes a la Cámara que formaban parte de la

Comisión de Acusaciones para pedirles que aplazaran cualquier decisión en mi proceso mientras el gobierno cedía a sus pretensiones legislativas.

Enterado del chantaje llamé a Rodrigo Rivera, entonces presidente de la Cámara, y acordamos que no sometería el proyecto contaminado, si llegaba viciado del senado, mientras no se produjera la decisión de la Comisión, a favor o en contra mía. Rivera, quien se portó corajudamente, me advirtió que en ese caso se correría el peligro de que la comisión no se pronunciara en los pocos días que faltaban para terminar la legislatura, con lo cual la decisión se aplazaría varios meses. Esto nos dejaba al gobierno y a mí mismo en una situación de peligrosa interinidad e incertidumbre. Preferí correr el riesgo, y le dije a Rivera:

–No voy a negociar con mi inocencia, ni tampoco a aceptar el chantaje; antes prefiero que me declaren culpable.

Luego le pedí que hiciera conocer de los congresistas los términos de nuestro arreglo. Gracias a la actitud encomiable de varios miembros de la comisión y al efecto disuasivo que produjo la estrategia acordada con el presidente de la Cámara, el 14 de diciembre a la madrugada la Comisión de Acusaciones de la Cámara de Representantes produjo su fallo. En él se inhibía de iniciar cualquier investigación en mi contra.

En la madrugada, cuando me enteré por Edith Camerano de la buena noticia, comencé a buscar a Antonio José Cancino por todas partes. Lo pillé en el parqueadero del edificio del Congreso.

–¿Dónde anda, doctor Cancino? –le pregunté–. ¿Por qué no está aquí celebrando?

–¿Y qué cree que estoy haciendo ahora mismo, maestro? –me contestó–. Aquí estoy escondido celebrando y llorando de la emoción.

A todas éstas, el "narcomico", como fue denominado, seguía andando en el senado. La víspera de su aprobación Serpa me informó que debía viajar a Barrancabermeja al día siguiente para asistir a un homenaje que le tributarían los gremios y que ya había aplazado dos veces antes. Aunque la plenaria del senado debía discutir precisamente ese día el famoso artículo, no pensábamos que esa noche pudiera precipitarse la votación. Además, de todos modos estarían al frente de la situación el ministro de Justicia, Néstor Humberto Martínez, y el fiscal Alfonso Valdivieso.

El debate, sin embargo, se les salió de las manos a los dos funcionarios. Bisoñamente, el ministro y el fiscal pensaron que bastaba con satanizar y amenazar a los senadores para que el proyecto no pasara; lo que consiguieron fue una solidaridad de cuerpo que resultó más que suficiente para aprobarlo, con lo cual se vengaron de ellos y enviaron la "papa caliente" a la Cámara Baja.

Al día siguiente, por la mañana, enterado de lo que había acontecido, llamé a Serpa a Barrancabermeja y le dije: "Devuélvase, que la situación en el Congreso se puso color de hormiga, de hormiga santandereana". Los senadores autores de la iniciativa, envalentonados, comenzaron a presionar para que los representantes aprobaran de inmediato el proyecto en la Cámara, aprovechando seguramente la ausencia de Serpa.

Unos días más tarde realicé una oportuna amenaza televisada que había convenido con los ministros de Gobierno y Justicia, en la cual anuncié que el gobierno objetaría la ley si se aprobaba. Eso, y un memorable discurso ante la plenaria de la Cámara que pronunció Horacio Serpa, hundieron el famoso mico. El grito de "¡Viva Colombia!" del ministro de Defensa Juan Carlos Esguerra en la plenaria de la Cámara, cuando se supo que ésta había votado unánimemente en contra, alcanzó a escucharse en palacio.

La historia fiel es esa. Me molesta que se haya tratado de falsear este episodio para comprometer la honestidad de Serpa sacando a relucir asuntos y secretos de Estado que hoy se ventilan en Colombia hasta en las páginas de chismes de las revistas ligeras. En éste como en otros temas, Serpa actuó con un patriotismo incuestionable.

La historia del atentado a Cancino tiene, sin embargo, un epílogo triste.

Unos meses después del insuceso, y presionado tal vez por los mismos que habían tratado de asesinarlo o secuestrarlo, el brillante abogado tuvo que salir precipitadamente del país rumbo a España.

Nunca quiso aceptar que le pagara directamente ningún honorario; decidió que el dinero que yo tenía destinado para cubrir sus servicios profesionales se lo entregáramos, en una sencilla pero emotiva ceremonia que hicimos en palacio en presencia suya, a las viudas y los huérfanos de sus escoltas asesinados aquella mañana en que el proceso 8.000 se tiñó por primera vez de sangre. Con este gesto demostró que no me había equivocado cuando, unos meses atrás, puse en sus manos mi inocencia para que me defendiera.

EL ASESINATO DE ÁLVARO GÓMEZ HURTADO

Todavía recuerdo las largas discusiones en que se enfrascaban en la facultad de derecho de la Universidad Javeriana dos de mis compañeros, que eran como el agua y el aceite.

Carlos González Vargas, secretario privado de Álvaro Gómez Hurtado, era el prototipo del joven alvarista, siempre impecablemente vestido con chaleco de ejecutivo bancario y *foulard*, y con ese inconfundible accionar de manos aprendido de su jefe, con el cual agregaba el énfasis adecuado a frases generalmente grandilocuentes.

Carlos Pizarro Leongómez, por su parte, solía acudir abrigado en una ruana raída, con anteojos estilo antifaz que habría envidiado Batman; soñador incorregible, Pizarro hablaba siempre de Bolívar y sus hazañas, cuestionaba el mundo entero y pasaba por la vida con un aire distraído que se transformaba en pasión exaltada cuando le tocaban los temas que realmente le importaban.

Quién iba a pensar que los tres nos encontraríamos, unos años más tarde, cuando Pizarro, entonces comandante del M-19, tenía en sus manos la vida de Álvaro Gómez Hurtado, secuestrado por la organización guerrillera con el fin de desestabilizar el gobierno del presidente Virgilio Barco. Para entonces Carlos González Vargas, secretario privado en las campañas de Gómez, militaba en las huestes del caudillo conservador, y yo dirigía los destinos del partido liberal, que estaba en el gobierno.

Habían transcurrido varios meses desde el día del secuestro de Gómez un domingo a la salida de misa. Me buscó afanosamente en el recinto del senado Rodrigo Marín Bernal. Rescatar a Álvaro Gómez, su jefe de siempre, se había convertido en obsesión de su conocida hiperactividad, a la cual sólo su esposa Nanny sabe seguirle el paso. Rodrigo me pidió que lo acompañara a una reunión clave para la liberación del líder, que tendría lugar en Ciudad de Panamá. A ella asistirían varias personalidades y, por si yo abrigaba alguna duda sobre la conveniencia de estar presente en este encuentro, agregó inteligentemente que Pizarro había sido explícito en solicitar mi concurrencia a la nunciatura panameña, sitio de la negociación.

Hacía muchos años que no veía a Carlos Pizarro. Fuimos excelentes amigos en la Javeriana, aunque siempre nuestras charlas se encontraban con un obstáculo insuperable: pese a que ambos coincidíamos en la búsqueda de ideales comunes como la justicia social y la soberanía, nos separaban los caminos que cada uno consideraba viables para lograr sus ideales. El suyo era el de las armas; el mío, el democrático.

Mientras permaneció en el monte nos cruzamos unas cuantas cartas en las que reiterábamos nuestro acuerdo sobre este desacuerdo fundamental.

Enterado por Rodrigo Marín del proyecto para la liberación de Gómez Hurtado, consulté el asunto con el presidente Barco, quien –con esa claridad nortesantandereana que tenía para decir las cosas– me manifestó:

–Tienes que ir a Panamá; no puedes zafarte.

Consulté luego con mis compañeros de la dirección liberal. No hubo consenso sobre la conveniencia de mi asistencia, ni sobre la forma como podría ser interpretada. Acosado por Rodrigo, tomé la decisión esa misma mañana de viajar a Panamá y presentar mi renuncia a la presidencia del partido. Las cosas se calmaron y la dimisión no fue necesaria.

Volamos el día siguiente en un Twin Otter a Panamá. Allí nos estaban esperando las fuerzas de seguridad y un personaje misterioso que se acercó a saludarnos muy amablemente. Fue la única vez que vi al general Noriega. En la nunciatura también conocí a Antonio Navarro, uno de los más connotados jefes del M-19.

La intervención de monseñor Darío Castrillón en esa oportunidad fue muy valiosa para acercar las partes, bajar la presión en el momento que tocaba y conseguir un consenso de todos los asistentes al finalizar el debate.

En el punto más difícil del episodio, cuando parecía imposible ponernos de acuerdo sobre lo que exigían los captores –concesiones estatales que no estaba en nuestras manos otorgar–, nos reunimos en la espaciosa habitación del nuncio. Era la misma que ocuparía unos meses más tarde el general Noriega antes de ser "invitado a salir" de ella hacia los Estados Unidos. Una vez allí, Rodrigo Marín, monseñor Castrillón, Navarro y yo intentamos zanjar las diferencias presentadas. Navarro hablaba de que no tenía facultades para tomar ciertas decisiones. Yo, que conocía bien a Pizarro, sabía que no se atrevería a desautorizar a uno de sus comandantes.

Esa noche regresamos con la buena nueva de la inminente liberación del jefe conservador. A los pocos días Gómez, en efecto, recuperó la libertad. Pienso que el M-19 apresuró su liberación porque el cautiverio se le había convertido en una verdadera papa caliente en sus manos. Aún me parece, después de tantos años, estarlo viendo cuando, al día siguiente de su regreso, entraba exultante al edificio del diario *El Siglo*, su casa de siempre. Cuando traté de acercarme a saludarlo, estaba rodeado de una nube de periodistas que lo entrevistaba. Al verme, se empinó y me dijo en voz lo suficientemente elevada como para que se enteraran todos: "Te atreviste, muchas gracias".

A pesar de mis buenas relaciones con su hijo Mauricio, de quien soy viejo vecino en una pequeña parcela rural en el oriente de Cundinamarca, no volvería a ver a Gómez hasta muchos años después, cuando nos encontramos en París. Él era embajador en Francia, y yo en España. Viajé expresamente para almorzar y pasar la tarde con él. Durante aquella visita recorrimos los Campos Elíseos y, mientras almorzábamos en un restaurante especializado en patés, me habló de historia, de arte y, finalmente, de política, que era lo que realmente lo apasionaba.

Estaba decepcionado –me dijo– de la política, de los políticos y de la vida pública, aunque pensaba que todavía se podían hacer cosas. Siempre que fueran, me advirtió, "cosas grandes en grande". Fue la primera vez que le escuché hablar del famoso "régimen", una especie de abstracción en la cual metía todos los factores que le habían sido adversos en su ascenso político. Él sabía que no había viajado "gratis" a visitarlo: le estaba planteando la posibilidad de algún acuerdo de cara a lo que sería mi próxima campaña a la presidencia de la república. No entramos en detalles pero me dijo que consideraría seriamente esa posibilidad. No era un secreto para mí que su desafecto por la casa Pastrana y su desprecio por el jefe de este grupo político podría inclinar en mi favor la balanza.

Hablar con Álvaro Gómez Hurtado dejaba siempre la impresión de que era una persona a la cual el cerebro le funcionaba distinto a los demás mortales. Veía el ángulo original de los problemas, las salidas inusitadas, los escenarios insospechados. No empleaba frases triviales para hablar y, como el ex presidente López Michelsen, le encantaba dejar que los demás se expresaran para después rebatirlos de manera implacable si no estaba de acuerdo con ellos.

Cuando volví a Madrid en las horas de la madrugada, le dije a Jacquie: "Aunque Álvaro Gómez no llegue jamás a ser presidente de Colombia, tendrá siempre el privilegio de recibir el trato de ex presidente sin haberlo sido". Lamentablemente habría de honrar esa frase unos meses más tarde cuando el 2 de noviembre de 1995, minutos después de enterarme de su asesinato, ordené a la Casa Militar que sus honras fúnebres siguieran el protocolo reservado a los antiguos jefes de Estado.

Fue uno de los días más difíciles de mi gobierno. En las horas de la mañana de ese jueves estaba reunido con los dirigentes de Apartadó hablando del plan de desarrollo de la Zona de Urabá, cuando el edecán me pasó una nota con la noticia de que Álvaro Gómez había sido víctima de un atentado en las inmediaciones de la Avenida de Chile y lo habían llevado a la Clínica del Country. Terminé rápidamente la reunión y pasé a la oficina de la Secretaría General para conocer más detalles sobre el hecho.

Como en el caso del atentado del cual yo fui víctima en el año de 1989, guardaba la esperanza de que Gómez pudiera salvarse con unos oportunos cuidados médicos en el hospital más cercano. Pero, como había ocurrido con Luis Carlos Galán, Carlos Pizarro, Jaime Pardo Leal y Bernardo Jaramillo, me equivoqué. La noticia fatal no tardó en llegar: Álvaro Gómez Hurtado había muerto.

Me entraron unas ganas inexplicables de estar solo. Subí a la casa privada. Allí caminé un largo rato por la terraza pensando en los alcances de lo que había sucedido. Imaginé cómo sería el país sin Gómez Hurtado; examiné los posibles móviles y autores del asesinato; sabía que los más pasionales tratarían de culpar al Ejecutivo. Aunque la hipótesis de que el gobierno promoviera un episodio tan macabro para "autodesestabilizarse" me parecía grotesca, juzgué indispensable solicitar la intervención inmediata de la fiscalía, organismo totalmente independiente, en el esclarecimiento del caso.

Cuando bajaba hacia al despacho escuché a Cristina Caro, la administradora de la Casa de Nariño, que les decía a las muchachas de servicio: "¡Pobrecito Álvaro y pobrecito el presidente!" Me dije para mis adentros que no le faltaba razón.

Al regresar a la oficina presidencial tenía las ideas claras sobre lo que debía hacerse. En una libreta gris que siempre cargaba conmigo –conservo treinta y siete de esas libretas grises, que son la memoria viva de mi administración– llevaba anotados los cuatro o cinco puntos que consideraba fundamentales y que sirvieron de base para que un Consejo de Seguridad y más tarde el propio Consejo de Ministros adoptaran las primeras respuestas institucionales: decretar la conmoción interior; ofrecer una elevada recompensa a quien diera noticias de los asesinos, y crear un grupo élite con participación de la fiscalía, el DAS y la policía para que iniciara de forma inmediata la investigación de los hechos.

Estaba programada una alocución televisada para las ocho de la noche. El Consejo de Ministros había tardado más de lo previsto, así que no tenía tiempo de pregrabar el discurso.

–Presidente, ya van a ser las ocho –me dijo Josefina Acero, la coordinadora de televisión de la presidencia.

–¿Qué hacemos? –respondí con la inquietud que me producía una intervención que podía ser definitiva.

–En un minuto estamos al aire, presidente – me informó mientras encendían los reflectores y las cámaras.

Improvisé en vivo y en directo y nadie se percató de ello.

Ese día tuve mi primer curso intensivo en materia de crisis graves. El presidente de Colombia, como ninguno otro en el mundo, es una persona que, a las buenas o a las malas, termina convertido en experto administrador de crisis. Si en otras latitudes se aplica la teoría de la administración por objetivos, en Colombia se administra el gobierno "por crisis". Todas las mañanas, el primer mandatario se levanta, se prepara, llega a su despacho y pregunta a sus asesores: ¿qué crisis tenemos para hoy? Entonces se dedica a manejarla hasta cuando el tiempo le alcanza.

Esta circunstancia adversa impide planificar y dificulta administrar. Recuerdo una anécdota al respecto que le gustaba contar al presidente Barco. Una vieja tía suya le reprochaba que la situación del país estaba como estaba porque los presidentes "no tenían sensibilidad social". A la tercera o cuarta recriminación, Barco, molesto, le preguntó a la persistente señora en qué consistía la tal sensibilidad social que se había perdido, y ella le contestó: "Cuando Eduardo Santos era presidente, yo acudía en época de Navidad a ayudarle a Lorencita a empacar regalos para los niños pobres; Eduardo subía puntualmente a las cinco de la tarde, se tomaba un chocolate con nosotras y nos ayudaba a envolver regalos durante una hora larga. Ese sí era un presidente con sensibilidad social..."

A Barco le encantaba terminar la anécdota con un comentario: "¿Se imagina, Ernesto, al presidente de Colombia envolviendo regalos en medio de las bombas de Pablo Escobar?"

El día del asesinato de Gómez entendí que lo primero que se debe hacer para manejar una crisis tan dolorosa y grave como ésta es establecer una prudente distancia con ella para evitar que se desborde o nos absorba. Nada de radios o televisores nerviosos y vociferantes encendidos en la oficina donde se toman las decisiones; nada de gente que entra y sale con versiones contradictorias; nada de histerias ni voces tranquilizantes oportunistas. Las crisis se manejan adoptando las decisiones que corresponden en el momento oportuno y esto sólo se puede hacer si uno toma distancia de las circunstancias.

Por eso, las primeras determinaciones son las más importantes: el adjetivo que se emplee en el primer comunicado de prensa debe ser conciso y rápido; es importante la llamada presidencial a los deudos o los familiares de las víctimas para que no quepa duda sobre la solidaridad del gobierno; y debe realizarse la inmediata convocatoria de todos los posibles interlocutores oficiales del tema para "tirarles línea" y que no salgan, precipitadamente, a pisarse los cables unos a otros.

Pocas horas más tarde, el ministro de Transporte, Juan Gómez Martínez, me pidió una cita con carácter urgente. Traía una versión explosiva: minutos después del asesinato de Gómez, dos personas de inteligencia del ejército, uniformadas, habían llegado a las oficinas de registro de automotores del ministerio, antiguo INTRA, para solicitar de manera urgente el legajador correspondiente al vehículo civil de placa LIW033, de color rojo, asignado a inteligencia militar para operaciones especiales.

El ministro me comunicó que los funcionarios de registro habían entrado en sospechas ante la insólita solicitud de los oficiales y dilataron el suministro de la información mientras sacaban copias de los documentos auténticos para entregárselas. Luego cayeron en cuenta de que lo que buscaban los precipitados visitantes eran los papeles de un vehículo sospechoso que había sido mencionado en las transmisiones radiales de la mañana y que estaba supuestamente adscrito al servicio de inteligencia de la Escuela Superior de Guerra.

Le pedí a Juan Gómez, después de celebrar su valiente actitud, muy suya por lo demás, que pusiera en conocimiento de la fiscalía los hechos de los cuales me había dado buena y oportuna cuenta. Así lo hizo inmediatamente.

Asistí con todos mis ministros a las exequias del dirigente sacrificado, que se realizaron en la Catedral Primada. Había preparado para la ocasión unas palabras que debía pronunciar en el atrio de la catedral, pero el senador Enrique Gómez Hurtado, hermano de la víctima, consultado por la oficina de protocolo, se opuso a que las leyera. Al conmemorarse un año del hecho, se las hice llegar a través de un conducto informal a Margarita, inseparable compañera de Álvaro. Jamás me enteré de si llegó a recibirlas.

Después de nuestro encuentro en París, Álvaro Gómez y yo nos reunimos varias veces; algunas de ellas en palacio y otras en su casa. Aunque no me acompañó en la campaña presidencial, nuestro diálogo de entonces tuvo un desarrollo interesante cuando, en plena campaña, nos reunimos con la plana mayor del alvarismo en la casa de Eduardo Jaramillo y Elvira Cuervo. Allí se concretaron importantes fórmulas de participación en el gobierno que más tarde se pusieron en marcha.

Desde mis tiempos de congresista –los tiempos más apasionantes de mi carrera pública– admiré siempre la solidez parlamentaria del grupo alvarista en el senado. La tarea que cumplían entonces Rodrigo Marín, Roberto Gerlein, Hugo Escobar Sierra y Felio Andrade era tan admirable como temible para sus adversarios, entre los cuales me contaba, por supuesto, como víctima. Rodrigo Marín, por ejemplo, me tuvo "varada" la aprobación de la reforma urbana en la comisión tercera del senado, donde éramos colegas, durante tres años; esta circunstancia todavía se la reclamo para mortificarlo, a pesar de haber sido uno de los más leales y capaces funcionarios de mi mandato.

Gómez tuvo la idea, que consideré interesante, de desarrollar un esquema piloto de presencia militar en una zona predeterminada de territorio, a partir de unas nuevas ideas sobre identificación del enemigo, localización de defensas y acciones rápidas de fuerzas combinadas de seguridad e inteligencia, algo muy parecido a lo que más recientemente se está configurando de unidades de respuesta inmediata.

Me parece verlo, inclinado sobre un mapa de Cundinamarca en la mesa del comedor de su casa. En él señalaba, con admirable conocimiento geográfico, los puntos débiles y las fortalezas de una guerra que, según él, solamente se ganaría cuando cambiara la mentalidad de "retén" de nuestras Fuerzas Armadas y las dejaran operar sin las manos atadas.

Por razones políticas, el prestigioso dirigente azul se fue distanciando de mi gobierno de manera paulatina. Cada día sus editoriales en *El Siglo* se hicieron más violentos. Al principio estaban dirigidos contra "el régimen", su monstruo genérico predilecto, luego directamente contra el propio gobierno. Pero jamás me atacó personalmente.

Álvaro ofreció una resistencia pasiva a la presencia de su sobrino Daniel Mazuera Gómez en la cartera de Comercio Exterior, aunque en el fondo le complacía que alguien de su familia hiciera tan buen papel como el que cumplió Mazuera en el cargo de ministro. Conservo la imagen desolada, casi atormentada, de Daniel a las pocas horas del asesinato de quien fuera su modelo de vida y de pensamiento. Lo veo entrando a mi oficina para plantearme, casi como una cuestión del destino, la necesidad de su retiro del gobierno. Como en otras ocasiones, cuando los ministros me hablaron con el corazón en la mano y no a través de los medios, agradecí su franqueza y le dije que comprendía perfectamente que, si no tomaba esa decisión, jamás podría superar el vacío que le dejaba la muerte de su héroe.

Gómez Hurtado también había recibido con complacencia el nombramiento de Juan Carlos Esguerra, su amigo y compañero de trabajo en la Asamblea Nacional Constituyente, como ministro de Defensa. No era para menos: Juan Carlos Esguerra pertenece a esa rara especie de colombianos que consideran que el servicio público es un honor que se dispensa a los ciudadanos para que lo cumplan a nombre de unos valores y de unos ideales. Con esa convicción aceptó ser ministro en uno de los momentos más difíciles de mi gobierno.

Recuerdo sus vacilaciones cuando –en presencia de Ramiro Bejarano, en la biblioteca de la casa privada una tarde de domingo– le propuse encargarse de la cartera de Defensa que había dejado vacante Botero: no tenían que ver con su voluntad para hacerlo sino con aspectos familiares de cómo se afectaría la relación con sus pequeños hijos al asumir el nuevo reto. Gómez asistió a su posesión en el mes de agosto, y creo recordar que el día de su muerte tenía preparada en su residencia una cena en honor suyo.

Con posterioridad a la desaparición del dirigente y con reiterada insistencia hice uso de las facultades constitucionales que autorizan al presidente de la república para solicitar informaciones judiciales reservadas sobre la evolución de casos o expedientes en que esté comprometida la seguridad nacional. Un valiente fiscal, que debió ser separado de la investigación por amenazas contra su vida, empezó a descorrer el velo. Pero fue durante el período del fiscal Alfonso Gómez Méndez, como es de público conocimiento, cuando la investigación tomó el dinamismo necesario. El fiscal Gómez, en éste como en otros temas de similar calibre, sí se atrevió a ponerle el cascabel al gato.

Aunque injustas y calumniosas, respeté, por la memoria de su hermano, las declaraciones que de forma exaltada e imprudente hizo unas horas después del magnicidio Enrique Gómez Hurtado. En ellas me acusaba, empleando términos que no se utilizaban desde los sectarios años cincuentas, de haber tratado de "lavar la corrupción oficial" con la sangre de Álvaro. Con Mauricio Gómez sostuve unos días después, por iniciativa de nuestra fiel amiga Gloria Mercedes Duque, una conversación en los mejores términos. Me llevó como regalo una pequeña acuarela de un caballo; Gloria Mercedes y él saben del abatimiento que me ocasionó la desaparición de su padre.

¿Quién mató a Álvaro Gómez Hurtado?

Todas las hipótesis son posibles, todas las hipótesis son peligrosas.

Durante el curso de la investigación me preocupó mucho que personas cercanas al dirigente inmolado, entre ellas su propio hermano y el ex congresista Pablo Victoria, experto en despedidas de generales, se empeñaran en desviar la atención de los investigadores. Para ello permitieron que se acusara a otras personas, que se filtraran piezas procesales de expedientes amañados y que se colocara en la palestra a testigos absolutamente deleznables.

Decir que a Gómez lo mató "el régimen" es una forma de dar a su crimen el mismo tratamiento de otros asesinatos políticos cuyo esclarecimiento nunca fue posible porque, en lugar de una investigación concluyente sobre autores concretos, se optó por un culpable genérico. Y no creo que sea eso lo que desea la familia de Álvaro Gómez ni lo que le sirve al país. Ello equivale a impulsar la misma máquina que ha conducido a la impunidad del asesinato de Jorge Eliécer Gaitán, al decir que lo mató "la oligarquía"; o de Luis Carlos Galán, asesinado por "el narcotráfico"; o de Jaime Pardo Leal, sacrificado por "la derecha". Es decir, asesinados por conceptos, por abstracciones, por entes inasibles y, en consecuencia, de imposible castigo.

Por otra parte, parece difícil pensar, a pesar de los recientes malabarismos periodísticos de Plinio Apuleyo Mendoza para probar lo contrario, que el asesinato del dirigente conservador no tuviera nada que ver con la conspiración que para esa misma época se estaba urdiendo para derrocarme. Considero francamente absurdo sostener, como lo hace el incisivo periodista, que se trata simplemente de locuritas aisladas de un tal señor Mantilla que tenía la capacidad, obrando como el Llanero Solitario, de promover reuniones de importantes empresarios, desayunos de políticos frustrados, audiencias con el embajador de los Estados Unidos, visitas al Comandante de las Fuerzas Armadas y cónclaves de constitucionalistas para preparar decretos autoritarios. El gobierno tenía conocimiento aislado de estos hechos y circunstancias. Sabía, por el general Hernando Zúñiga, que se estaba invitando a algunos generales del más alto rango para hablarles mal del gobierno sin que existiera confirmación de que alguno de ellos hubiera aceptado ser parte de alguna estrategia subversiva. A través del senador Roberto Gerlein, quien colaboraba con mi gobierno, me enteré también de la existencia de los famosos decretos para establecer un régimen de facto en Colombia, después de que yo renunciara y lo propio hiciera el vicepresidente De la Calle: él sería acusado luego de los mismos hechos por los cuales yo había sido "separado" del cargo.

Sabíamos también, como queda dicho en otra parte de este libro, que existían cartas de empresarios y congresistas en solicitud de fondos para "iniciar acciones tendientes a reemplazar al gobierno". De lo que no tuvimos un conocimiento exacto y a tiempo es de que los golpistas hubieran buscado expresamente al embajador de los Estados Unidos a fin de pedir el apoyo de su gobierno para lo que entonces se estaba planeando. Frechette no comunicó de manera formal y explícita, como lo relató Rodrigo Pardo para la revista *Cambio 16,* los detalles de este encuentro, que tuvo lugar el 17 de agosto de 1995 y que hoy está siendo investigado judicialmente. Habló, sí, del hecho con algunos funcionarios, pero de manera informal, como sin querer queriendo, y siempre minimizándolo. Tal vez si lo hubiera comunicado de manera formal, o añadiendo a su "inofensiva" versión que quienes acudieron a la cita le habían sugerido que había militares activos detrás de sus aspiraciones golpistas, el gobierno hubiera estado en condiciones de prever e incluso de evitar los hechos de sangre que se presentarían a las pocas semanas, como el atentado contra el abogado Cancino y el asesinato de Gómez Hurtado.

En este asunto, como lo afirmó un boletín de la presidencia el 20 de agosto de 1996, respondiendo unas declaraciones del propio Frechette el 12 de agosto del mismo año: "Ni el Presidente de la República ni sus Ministros, en ningún momento fueron informados por parte del Embajador de los Estados Unidos de que a su oficina se hubieran acercado civiles en supuesta representación de sectores militares que deseaban explorar la reacción del gobierno de los Estados Unidos en caso de un posible golpe de Estado".

A esto el embajador respondía que sí, que le habían planteado el tema algunas personas y que él les había dicho que Estados Unidos no estaba de acuerdo con cambios que no se produjeran por la vía democrática. Pero jamás ofreció, explícitamente, nombres de personas, ni suministró detalles de las circunstancias en que fue requerido, ni mucho menos reveló cuáles eran las intenciones concretas de sus visitantes. Estas informaciones seguramente habrían puesto al gobierno sobre aviso de que algo grande se estaba realmente preparando.

Mi percepción muy personal de esta historia es que los sectores golpistas comenzaron a operar activamente en la búsqueda de su siniestro propósito y, cuando creyeron tener la fiesta preparada, buscaron a Gómez Hurtado como santo principal de su procesión golpista.

Imagino a Álvaro Gómez diciendo que NO en todos los tonos a la propuesta de los conspiradores, quienes quiera que hubieran sido éstos. Su negativa le ahorró al país la vergonzosa intentona de un desastre institucional, pero pudo ser para él el equivalente a haber firmado su propia sentencia de muerte. Porque los golpistas, a pesar de la negativa de los Estados Unidos y del propio Gómez, decidieron seguir con su estrategia, hasta el punto de sacrificar al propio dirigente conservador para producir el efecto de desestabilización que no habían conseguido unas semanas atrás con el intento de asesinato del abogado Antonio José Cancino.

Este sería además –si existiera– el punto de encuentro entre el lamentable episodio y la conspiración que se montó para instalar en Colombia un gobierno de facto al margen de la democracia y de las corrientes de la historia. No era un simple "juego de niños traviesos", ni una consecuencia indirecta del proceso 8.000 : era un golpe de Estado en toda regla.

Esa misma semana tomé la decisión de invitar personalmente a Andrés Pastrana para encontrar fórmulas que nos permitieran superar la polarización producida desde las elecciones y abrir unos nuevos caminos de convivencia que honraran la memoria del dirigente sacrificado.

Nos reunimos, después de muchos contactos, en la casa de Rodrigo Pardo. Pastrana llegó con Jaime Ruiz. Después de hablar durante casi todo el almuerzo de generalidades, particularmente de fútbol, que no es mi fuerte, le planteé a Pastrana, abiertamente, la posibilidad del acuerdo.

Hablé de iniciar una nueva etapa de convivencia política alrededor de eso que Gómez había denominado, tan gráfica como etéreamente, un "acuerdo sobre lo fundamental". Lo hice sin mencionar detalles del pasado que pudieran resultar molestos ni hacer referencia a participaciones burocráticas, para prever cualquier malentendido.

Bastó con plantear el acuerdo para que, súbitamente, Pastrana comenzara a hablar de los problemas que habían vivido él y su familia a raíz del episodio de los narcocasetes; del extrañamiento de que había sido objeto; y me anunció que cualquier fórmula debía empezar por mi sometimiento a una especie de tribunal inquisitorial para demostrar mi inocencia.

Serenamente le expliqué que, aunque yo quisiera que me juzgara la Cámara de Comercio de Tel Aviv, la Corte de la Haya o la Junta Directiva de la FIFA, como presidente no podía acceder a esta solicitud porque, obligado a respetar la Constitución y las leyes, tenía que poner mi conducta, sobre éste o cualquier otro hecho que pudiera considerarse delictuoso, a disposición de los jueces constitucionalmente encargados de juzgar al presidente. Agregué que estaba seguro de que él haría exactamente lo mismo si estuviera en mi situación.

Cuando caí en cuenta de que Pastrana venía con una posición preconcebida, seguramente sugerida por su padre, cortésmente di por terminado el encuentro.

Al regresar a palacio, donde me esperaban mis asesores, les dije lacónicamente:

–Pastrana perdió una gran oportunidad de mostrar alguna grandeza.

DETALLES ÍNTIMOS

Ser presidente, me decía alguna vez Felipe González, es contestar ese teléfono rojo que suena en última instancia cuando hay un lío que ya nadie puede resolver. Ser presidente, para mí, es saber, al levantarse por la mañana, que todo lo que trae la prensa de ese día tiene que ver con uno: en las páginas deportivas, si hubo o no hubo dinero para enviar un atleta a México; en las judiciales, si algún pez gordo se escapó de la cárcel; en las económicas, si se presagian tormentas en la economía o han caído el precio del café, la tasa de cambio y el valor de las acciones; en las sociales, para saber en qué reunión estuvieron la víspera los malquerientes del gobierno.

Aparte de esta rutina de problemas, la vida de un presidente es bastante aburrida. En mi caso, fue un servicio militar de 24 horas de guardia al día. Algunas veces, desvelado en medio de la noche por algún problema, bajaba a mi oficina a despachar papeles y llamar a los embajadores en Europa, que eran los únicos funcionarios despiertos en la madrugada colombiana. Los viernes por la noche, cuando llegábamos a Hatogrande o a Cartagena, siempre sonaba el teléfono.

–Contesta –decía Jacquie–: es la mala noticia del fin de semana.

Los presidentes terminan por construir un mundo de satisfacciones mínimas y desarrollar unas costumbres cotidianas que les permiten administrar o inclusive escapar a la rutina.

Aquí están algunos de esos detalles mínimos.

Adoro las pastas de cualquier tipo. Detesto el pescado que sirven en Bogotá, excepto la cazuela de bagre y cangrejos de río que preparaban en la casa de mi abuela Mayita. El arequipe es la prueba más clara que he encontrado de la existencia de Dios. Soy goloso; almaceno provisiones en todos los escondites a mi alcance y pico comida todo el día. Las ensaladas me producen escalofrío. La sopa de tomate es mi preferida. Cuando voy a las regiones, adoro comer las comidas típicas. Estuve a punto de perder mi afición por los quesos cuando, al comenzar el gobierno, le informé a la Casa Militar que me gustaban: a partir de ese momento, a donde iba me persiguió durante cuatro años la misma bandeja de quesos. Cocino pocos platos, pero los hago bien: ajiaco, puchero y, ahora, paellas y tortillas. En la casa privada de palacio cocinan muy bien y tienen ese sabor criollo que es la sazón, algo que les falta a muchos *chefs* profesionales y les sobra a ciertas mujeres que cocinan por instinto. No me gusta la Nueva Cocina o *Nouvelle Cuisine*: las pinturas son para ver y no para comer. Así como a nadie se le ocurriría exhibir un plato de lechona en el Museo Nacional, detesto que me sirvan en el plato una obra de arte visual que, una vez llevada al paladar, no sabe a nada, así esté, como se dice ahora, "deconstruida". Además, la nueva cocina revuelve herejemente los sabores. Me encantaba comer en la cocina de la casa privada con los empleados, porque no hay nada más acogedor que comer al pie del fogón y oyendo chismecitos.

Confieso que no me preocupa mucho mi atuendo. Tengo un sastre desde hace 30 años, don Julio Pérez, de la Sastrería Clásica. Don Julio me hizo mi primer vestido, cuando trabajaba en el Banco de Colombia, en 1970, y se lo pagué en contados de 200 pesos quincenales. Desde entonces es el depositario privilegiado de mis medidas. A él le entrego los paños, él me mide al ojo y me trae los vestidos perfectos en cinco días. Las corbatas también me gustan, aunque no tanto como piensan mis amigos. Del resto de la ropa, que responda Jacquie. Ella es la que sabe. Alberto Casas dice que los zapatos Church's son los mejores del mundo y no le falta razón: tengo un par desde hace doce años y todavía resisten. La cuota de bluyines de la familia la tiene copada desde hace varios años Daniel, y andar en zapatos tenis y sudadera me parece tan impúdico como hacerlo en calzoncillos.

En mi juventud adoré los gatos. Cecilia, la gata que marcó mi paso entre la infancia y la adolescencia, me dio ochenta y tres nietos. Luego me dediqué a los perros; soy perruno, como mi abuelo; me gusta tenerlos al pie de la cama, y aun dentro de ella si hace mucho frío. En la presidencia me acompañaron mucho, al final, Chira, Brujo y Piropo, que me seguían por todas partes, como en procesión. Brujo tenía sus preferencias y sus odios entre los ministros, que no alcanzaron a quedar resueltos en la última crisis. Con excepción de las fieras del zoológico, por obvias razones de supervivencia, no resisto ningún animal preso, especialmente pájaros y peces. Les tengo pavor a las mariposas negras y sueño pesadillas con murciélagos que me observan con la cabeza descolgada. Los caballos no son lo mío, porque les falta palanca de cambios, freno y acelerador.

No soy abstemio pero tampoco sé lo que es emborracharse. Dejé de tomar en los momentos más críticos y jamás bebo solo. Me gusta el vino, el vino rojo, por supuesto, pues, como dicen en España, el mejor vino blanco es el vino tinto. Pienso que los tragos van con los lugares y con la música. Sólo los esnobs piensan que se puede tomar ron y oír vallenatos en un apartamento en Bogotá. El ron sólo sabe a ron y el vallenato a vallenato debajo de un palo de mango en el patio de la casa del Chichí Quintero y su esposa Mamina, en Valledupar. El aguardiente es para recordar, inclusive para llorar, y el whisky para charlar con los amigos. En la presidencia extrañé la vodka que daban en la embajada rusa antes de terminar la Guerra Fría; me habría tomado alguna para demostrar a los Estados Unidos que sí había alternativas al *bourbon* con soda. Todos los *pousse* cafés dulces me saben a jarabe para la gripa.

Me gusta toda la música clásica, en especial Mozart. La Novena Sinfonía de Bethoven y Carmina Burana de Carl Orff son grato fondo para escribir discursos. Ahora me dejo asesorar de mi hijo Andrés, guitarrista y músico profesional. Nana Mouskouri es mi cantante preferida, aunque a Jacquie la pone triste. Las canciones de los años 60s, los Beatles, la música de protesta, Ana Belén, Víctor Manuel, Silvio Rodríguez y Pablo Milanés. Como dice Jossy Altman de Figueres, ex primera dama de Costa Rica, el mundo está dividido entre los partidarios de Julio Iglesias y los seguidores de Juan Manuel Serrat. Milito, sin duda, entre los segundos. Oigo música pero no escucho música. Poca ópera, mucha zarzuela; como el vino, pienso que la mejor ópera es una buena zarzuela. Bailo como político: mal, pero dignamente. Y sigo la norma de que donde quiera que voy, oigo lo que allí gusta. Me siento como un viejo verde oyendo música *trans* y como un imbécil asegurando que me gusta. Conozco varios himnos regionales pero sólo canto completos los de Antioquia, el Valle, Santander y Cartagena.

Fui siempre un despreciable nerdo deportivo. Utilizando influencias logré llegar a un equipo titular de baloncesto en el colegio. El fútbol me gusta cuando juega Colombia y soy hincha de Santa Fé, porque me encanta el color rojo. Comparando con la vida futbolera que lleva mi hermano Daniel, me he dado cuenta de que mi despreocupación por el fútbol me ha representado un 30% de tiempo útil adicional en mi vida. Juego tenis, mucho tenis; en la presidencia lo hice con la regla de oro de que jamás perdía y ahora, como ex presidente, hago esfuerzos infinitos por ganar una que otra partida. Estoy aprendiendo a jugar golf, aunque me parece un poco soso, porque no quiero quedarme dentro de veinte años sin amigos. Poco o nada de deportes acuáticos, y mucho menos en el mar. Como decía un amigo para referirse a la fórmula perfecta de la felicidad: el mar desde la playa, la playa desde el aire acondicionado, los toros desde la barrera y las mujeres desde el matrimonio.

Adoro los atardeceres de Bogotá, que es la única ciudad del mundo donde no sueño pesadillas. En la casa privada había una pequeña ventanita, situada en mi vestier, desde donde divisaba los viejos tejados de la ciudad que pinta Bernardo Sáiz de Castro. A veces, en la noche, me tranquilizaba sentarme al pie de esa ventana para tender un puente a la realidad de la ciudad dormida y descubrir los fantasmas de la calle del Cartucho. Soy orgullosamente bogotano, porque creo que uno pertenece al sitio en que encuentra su primer amor. Le di la vuelta a Colombia cuatro o cinco veces durante la presidencia y otras tantas durante mis campañas: conozco sus ríos, sus altas montañas, sus llanos infinitos, las sabanas de la Costa... Tengo grabados sus paisajes en la memoria como postales y me gusta recordarlos cuando estoy por fuera del país, aunque hacerlo me produce enorme nostalgia.

La casa de gobierno de Colombia es un sitio confortable, aunque demasiado frío, como una nevera con pasadizos. Me gustaba mostrar el balcón sobre la carrera 7ª que sirvió de inspiración a mi deseo de ser presidente, cuando ni siquiera alcanzaba los diez años y nos llevaron a desfilar ante el palacio. Al ver a Alberto Lleras en ese balcón me dije para mis adentros:

–Algún día voy a estar allá arriba.

La ilusión de viajar el fin de semana a Hatogrande o a la Casa de Huéspedes de Cartagena, así los problemas lo persigan a uno como Piropo y Brujo, hacían más vivible el palacio entre semana. Pero la sensación más terrible era la de regresar allí los domingos. Odio las cinco de la tarde de todos los domingos de mi vida, pues me deprimen horriblemente. El palacio de Nariño sin crisis sería mejor vividero. Lamentablemente, cuando recuerdo sus salones los asocio con distintos problemas: los paseos por el salón de gobelinos, con los jefes del DAS; la sala de crisis, con reuniones acerca de acontecimientos urgentes y complicados; el salón amarillo, con las alocuciones de los lunes; las dificíles ruedas de prensa en el patio de armas con preguntas envenenadas y respuestas a veces temerarias.

En la presidencia queda muy poco tiempo para la lectura que podríamos llamar recreativa, por oposición a los documentos oficiales. Guardaba celosamente los libros que leería en mis vacaciones. Durante un año entero reservé unos libros espléndidos; los miraba con cierto erotismo todos los días, a medida que se acercaba la Navidad. Coincidiendo con la primera novena de aguinaldos, Jeannette Navarrete, nuestra fiel bibliotecaria, resolvió reclasificar la biblioteca y desapareció mis favoritos. No repito la lectura de casi ningún libro; prefiero leerlos y subrayarlos con premeditación y alevosía. He releído muy pocos libros en mi vida: tan sólo las obras de Nikos Kazantzakis; la biografía de Núñez de Liévano Aguirre; la de Napoléon de Emil Ludwig; *Luna de Arena* de Arturo Camacho Ramírez; los *Principios* de Lincoln; y, por supuesto, la Biblia. El placer de tener un libro en la mano y pasar con suavidad las páginas mientras se acaricia el lomo es apenas comparable a la hipnosis que producen las luces del cine en medio de la oscuridad.

Detesto los cocteles, aunque soy consciente de su utilidad para hablar poco con mucha gente en corto tiempo. Las comidas multitudinarias, con el plato lleno de salsas colocado encima de las piernas, el pedazo de pan en una mano y la copa de vino rosado entre el bolsillo, me atafagan y resultan odiosas. Me gustan, en cambio, las cenas íntimas, de pocas personas sentadas a manteles, y conversar durante una sobremesa larga acompañado por un buen tabaco. A propósito, suelo fumar uno o dos puros al día. En la presidencia los utilizaba como calmante y calibrador de crisis: si alguna reunión difícil demoraba más de un tabaco en llegar a conclusiones claras, era indicativo de que estábamos ante una verdadera tragedia. Fidel Castro era mi proveedor oficial de puros; tuve el privilegio de gozarme una caja de tabacos marca Trinidad elaborados sólo para jefes de Estado. Volver a fumar uno de estos puros sería la única razón que me impulsaría a la reelección. Me gustan todas las reuniones familiares, con bastantes primos y sobrinos de distintas edades, ocupaciones y tamaños. Mi casa siempre está abierta para los amigos que no lleguen de sorpresa. En la presidencia nos esmerábamos con Jacquie en que salieran bien las comidas, los banquetes, los vinos de honor y los cocteles a parlamentarios. "Las personas –les decía yo a los empleados– vienen para poder volver a su casa y decir a los hijos que estuvieron en el Palacio de Nariño: hagamos que se lleven un recuerdo bonito".

Además de libros, colecciono bastones, útiles de escritorio, libretas y electrodomésticos raros. Me subyugan las televisiones portátiles con audífonos especiales, los radio-relojes despertadores, las grabadoras de bolsillo. No tomo fotos ni me gustan las cámaras fotográficas, porque nada ayuda tanto a recordar un sitio como saber que nunca se volverá a verlo. Las antigüedades no me atraen; me parecen siempre cosas viejas; queridas, pero viejas. Me siento defraudado con los regalos hechos "por salir del paso", obvios e impersonales: el consabido estilógrafo, las tachuelas de plata, las corbatas compradas en aviones o aeropuertos. Me gustan los regalos originales, escogidos con cariño y que obedecen a una larga meditación.

Tenemos unos amigos, los Turbay Estrada, que siempre nos dan este tipo de obsequios. Acepto todas las ruanas y hamacas que vengan. Los regalos oficiales que recibí quedaron consignados y asignados por inventario en dependencias oficiales. Carlos Lemos me regaló una colección de la BBC de Londres con todos los conciertos de Beethoven y el embajador de Colombia en Tailandia, Joaquín Mejía, hizo viaje a

Madrid para llevarme una preciosa caja de música. Las anchetas me fascinan, porque son varios regalos en uno, como una piñata metida en una canasta. Sigo el consejo de mi padre de que uno debe regalar lo que la persona no espera, para así halagarla; a los intelectuales, como Juan Gustavo Cobo o Fernando Garavito, que compran libros todo el año, les viene bien en diciembre una buena botella de whisky o un buen salchichón; y los que poco leen o saben se sienten particularmente honrados con un buen libro o un disco de música culta.

Rechazo la violencia en todas sus formas; me produce náuseas, como en *La Naranja Mecánica*. Durante la presidencia lo único que me alteraba sustancialmente eran las noticias sobre masacres. Jamás le he pegado a nadie en mi vida y traté, sin mucho éxito, de aprender a disparar en el polígono de la Armada una pistola que me regalaron.

Odio los entierros. Será porque, como dice la escritora Carmen Posadas en su novela *Pequeñas infamias*, todos los muertos son iguales y sólo se parecen entre ellos. No quisiera repetir la sensación de acudir a un entierro de un amigo y darme cuenta, al llegar, como me sucedió el otro día, de que al único que conocía era al que no se le podría ya dar el pésame. Me exasperan los mediocres. Y detesto que me falten las cosas elementales por la mañana para arreglarme y vestirme, como la crema de dientes o las cuchillas. En materia gastronómica odio pocas cosas: el hígado, la calabaza y el kiwi.

Aunque no lo parezca, me considero tímido. Mi sentido del humor es un escudo de defensa. El humor le permite a uno penetrar una relación y mantener siempre abierta una puerta de escape para no hacer el ridículo o pasar por atrevido. En la presidencia, el humor actuó siempre como un remedio de distensión. Un buen chiste, a tiempo, puede salvar una reunión difícil. Para tener sentido del humor no se requiere ser chistoso o haber aprendido de memoria un repertorio de cuentos verdes como los que colecciona celosamente mi mamá en una libreta que carga en su cartera. Basta con saber burlarse de sí mismo y bromear con los demás sin ofenderlos.

A veces, sin embargo, el humor no entendido genera complicaciones políticas. Un ejemplo de ello es la visita que, en los momentos más duros de la crisis, realizó a palacio el inefable embajador Frechette. Muy circunspecto, entró al despacho protocolario y me preguntó si podíamos hablar seguramente en ese sitio. Me pareció tan desatinada la pregunta que, por gastarle una broma, llamé al edecán de turno y le dije muy seriamente:

–Mayor, ordene que apaguen todos los micrófonos de esta oficina porque hoy vamos a hablar con el embajador en vivo y en directo.

El edecán, acostumbrado a recibir y no contradecir órdenes en público, me respondió con solemnidad:

–Como ordene, señor presidente.

Enseguida se cuadró con un seco sonido de tacones y se retiró. Estoy seguro de que Frechette todavía piensa que nuestra álgida conversación de aquella oportunidad está recogida en varias cintas. Aunque no tantas como las que seguramente él alcanzó a grabar durante su muy inolvidable estadía.

Con excepción de una gripa que vengo manteniendo a raya desde hace doce años y una hernia hiatal que me obliga a dormir casi sentado por el resto de mis días, gozo de buena salud. Hace diez años, cuando estaba en plena campaña política, sufrí un pequeño accidente de trabajo en el aeropuerto Eldorado que casi me costó la vida, porque me metieron once balas en el cuerpo, pero de resto no he tenido mayores complicaciones. Tomo pepas indistintamente cuando me las recetan los amigos para diferentes dolencias genéricas, y consumo unas goticas de valeriana con avena para dormir mejor los sábados y domingos. Mi médico personal, Alonso Gómez, uno de los que me salvó la vida, dice que soy su mejor paciente porque asisto a la consulta cuando ya he decidido qué mal me aqueja y cómo curármelo. "Esto –dice él– facilita muchísimo la tarea del galeno". Lo que más me asusta de las citas odontológicas es el sonido de la fresa escuchado desde la sala de espera cuando uno llega preparado para este moderno potro de torturas. Ni siquiera el mamagallismo de mis odontólogos, Pacho Arango, Pablo Rueda y Augusto Posada, ha podido quitarme mi aversión a los aullidos cibernéticos de la fresa.

Organizo cosas todo el día: papeles, libros, archivos, lápices, documentos, recortes, libretas... Me temo, por lo que sé, que es mal de familia. Cuando llego a un sitio que desconozco, por ejemplo un cuarto de hotel, no quedo tranquilo mientras no armo un pequeño nido con mis libretas, mis libros y un radio transistor. Me gusta clasificar los papeles que leo. Divido el tiempo religiosamente en medias horas. Antes de la presidencia era bastante incumplido, pero al llegar a ella entendí que, si yo no cumplía, le desbarataba el tiempo al país, porque el ministro llegaría tarde a la cita con los empresarios y éstos le incumplirían a los proveedores y así sucesivamente. Desconfío de los impuntuales, de los que llegan después de la hora convenida y de los que aparecen media hora antes, cuando la señora está en marrones y uno en calzoncillos. En mi escritorio tengo separados los papeles en "documentos entrando", "documentos para salir", "documentos para lectura" y "documentos para contestación". Mis hijos me molestan mucho por mi manía explicativa, a pesar de que el otro día les di diecisiete argumentos para explicarles las razones de esa obsesión. Me encanta plasmar todo lo que pienso en cuadros sinópticos cuya lógica después se me olvida.

Escribo con facilidad en el computador y lo hago con dos dedos. Eso sí, me acostumbré, por razones de rapidez, a prescindir de las tildes. Cuando he escrito una idea, me cuesta trabajo corregirla y me siento como un asesino si tengo que suprimir un párrafo (por ese síndrome, este libro puede resultar para algunos un poco extenso). Aprendí en el colegio las reglas de ortografía; pero ahora las palabras me suenan bien o mal, sin que sepa qué regla se aplica. En palacio tuve que hacer un curso intensivo de lexicografía presidencial para tener comunicación con quienes me atendían. Alcancé a elaborar un pequeño diccionario del cual cito algunos términos:

El presidente no duerme sino que reposa. El presidente no habla por teléfono sino que se comunica. El presidente no tiene oficina sino despacho. El presidente no tiene un chofer que lo lleva en el carro sino un conductor que lo guía en el vehículo. El presidente no manda cartas sino oficios, no trabaja sino despacha, no da citas sino que concede audiencias, no le ayudan mensajeros sino estafetas. El presidente no habla, dialoga. El presidente no invita sino que convoca. El presidente no come, se alimenta. El presidente no se ofusca sino que se molesta. El presidente no se deprime, el presidente se preocupa. El presidente no se va de viaje sino de gira. El presidente no piensa sino que medita. El presidente no hace el amor, el presidente se desestresa. El presidente no camina sino que pasea. Y una que me fue muy útil y que inventó el presidente López Michelsen: el presidente no renuncia; el presidente pide renuncias.

Me gusta mucho el cine. Francisco Norden, su esposa Isadora y, más recientemente, María Emma Mejía, me enseñaron a verlo con otros ojos. En la presidencia sólo pude utilizar la sala de cine media docena de veces, a pesar de que un viejito simpatiquísimo, que le había manejado el proyector a los últimos diez presidentes, me llamaba los domingos a las seis, cuando ya había oscurecido, para tentarme con películas que él mismo seleccionaba.

–Señor presidente –me decía–, hoy le tengo una de acción y suspenso.

Llegó a conseguir, inclusive, una de sexo para ver si finalmente caía. Me cuesta trabajo acordarme de los nombres de las películas y me parece que los artistas tienen nombres de jugadores de fútbol. Mis actrices preferidas son la francesa Catherine Deneuve y, en Colombia, Amparo Grisales, que ha estado en todas mis campañas y yo en sus telenovelas y películas. Volvería a ver cualquier película de Buñuel, y no me arrepiento de no haber padecido *El acorazado Potemkin*. Ahora, ya como ex presidente, me estoy deleitando sólo con películas románticas y sencillas. En la presidencia vi todas las escenas sórdidas y violentas que conformaban la cuota de mi existencia. Nada de monstruos espaciales, terceras dimensiones, ni realidades de otras galaxias. La última vez que acudí a una de estas películas, hace veinte años, mi hijo Andrés me puso unas gafas de tercera dimensión sobre mis anteojos normales, con lo cual mi percepción sobre los invasores de la tierra se aumentó seis veces (tercera dimensión por dos). Todavía sufro al recordarlo.

Y ahora, para terminar, los defectos y las virtudes.

Mi mayor defecto: creer en la gente.

Mi mayor virtud: creer en la gente.

UNA HISTORIA DE AMOR Y DE ODIO

Admiro al pueblo norteamericano. Admiro sus valores, su pujanza, su sentido simplista pero rentable de la vida. Aprendí el deficiente inglés que hablo –García Márquez opina que el idioma universal es el inglés mal hablado– en la Universidad de Columbia, de Nueva York, donde, además, tomé unos interesantes cursos sobre desarrollo económico.

En la Universidad de Nueva York asistí a las conferencias inolvidables de Robert Heilbruner sobre la historia de las doctrinas económicas. Ellas fueron el fundamento para dictar la misma cátedra en la Universidad Javeriana de Colombia, donde obtuve, como mi padre y mi hermano mayor, el grado de doctor en derecho y ciencias económicas.

En Miami me recuperé del atentado de que fui víctima en 1989. Paseando por el parque del "farito", donde se encuentra el faro del Cabo Florida, en Key Biscayne, tomé la decisión más importante de mi carrera, la de mantenerme en la campaña para la presidencia. No fue una determinación fácil. Había muchas presiones familiares para que me retirara, y los augurios de las condiciones de seguridad en que debían realizarse las elecciones no eran los mejores; así quedó demostrado cuando fueron asesinados cuatro de los seis candidatos que nos presentamos: Luis Carlos Galán, Bernardo Jaramillo, Carlos Pizarro y Jaime Pardo Leal.

Sobre este tema habíamos hablado varias veces con Luis Carlos Galán. La conclusión a la que llegamos esa noche es que cuando uno se compromete con una aspiración electoral, la gente lo arrastra como un río, sin parar, hasta la desembocadura. Esta puede ser un puerto o un naufragio.

El padre de Jacquie, ciudadano norteamericano, fue un destacado piloto militar que trajo el primer avión *constellation* de Avianca a Colombia. Años después, su avión civil sería derribado en Camboya cuando cumplía funciones de abastecimiento de las tropas. Jacquie y su hermana, Sandra, se educaron con una pensión del gobierno estadounidense. En recuerdo de su padre y cuando la nueva Constitución colombiana lo hizo posible, ambas decidieron adoptar la doble nacionalidad. La manera de ser de mi mujer, directa, sincera, escrupulosa y pragmática, tiene mucho que ver con lo que le corre por la sangre.

Es paradójico el contraste entre estos vínculos afectivos y una larga historia de discrepancias mías con la política norteamericana en varios temas, especialmente los relacionados con el manejo del problema de las drogas. Al final, estas diferencias terminaron por convertir mi relación con los Estados Unidos en una aproximación inestable, tensa, casi freudiana, de amor y de odio.

Como piensan varios de mis amigos, mis problemas con Estados Unidos comenzaron cuando, a comienzos de la década de 1980, propuse, en mi calidad de presidente de la Asociación Nacional de Instituciones Financieras, la legalización de la marihuana como alternativa válida para salir del problema de la droga que apenas se insinuaba en Colombia.

Estaba firmemente convencido de que se trataba de un problema incipiente, circunscrito a unos cuantos campesinos en la distante Sierra Nevada de Santa Marta, que sembraban la yerba como una forma legítima aunque no legal de subsistencia. Pensé que podrían evitarse males mayores si el gobierno iniciaba un rápido proceso de sustitución social de estos cultivos, procedía a comprar en condiciones razonables la marihuana producida y ofrecía dinero y asistencia técnica para emprender otro tipo de cultivos. De esta manera podría persuadirse a los productores para que se retiraran paulatinamente de su actividad.

La estrategia represiva, la de destruir los cultivos sin brindar ninguna alternativa a los campesinos, además de producir un grave daño ecológico, no estaba arrojando resultados positivos. Era evidente que perseguir a productores y vendedores, sin ofrecer otras alternativas, elevaba el precio e incrementaba las utilidades. Esta situación, como se vería más tarde, motivaría a más gente para entrar al negocio y, a la larga, para diversificarlo con otros cultivos igualmente prohibidos y de efectos más corrosivos sobre la salud.

El curso de los acontecimientos me dio la razón. Las ganancias de la marihuana, reinvertidas, llevaron a esos campesinos a sembrar coca; después, a procesarla industrialmente; y, al final, aparecieron los comerciantes empeñados en comercializar la droga directamente, sin intermediarios: había nacido el narcotráfico.

De la marihuana pasamos a la coca y de ésta a la amapola y la heroína. Lo que vino después es historia bien conocida. El poder destructor de los dineros de la droga se hizo sentir en la economía, en la política y, sobre todo, en la sociedad. Cambió nuestro sistema de valores, los canales tradicionales de movilidad social fueron sustituidos por los del enriquecimiento fácil, y los dineros malhabidos se dirigieron a la financiación de distintas formas de violencia: los sicarios, la guerrilla y los paramilitares que hoy nos tienen colocados al borde de una gran confrontación civil.

La marihuana se produce ahora en muy pequeña escala en Colombia. Su principal productor, de inmejorable calidad, son los Estados Unidos, donde dicho cultivo ha pasado a ser el primer producto agrícola, por encima del maíz; varios estados han descriminalizado su uso y ya en los foros internacionales no se habla con tanta vehemencia de perseguirla. Qué contraste con la reacción que estalló cuando yo me atreví a proponer su legalización para evitar que mi país cayera en el pozo profundo de la droga en que hoy está consumido…

El tema de la legalización de la droga en Colombia es hoy, por supuesto, impensable; los dineros del narcotráfico han hecho tanto daño, han cobrado tantas víctimas y asolado tantas ciudades, y es tan evidente su poder corruptor, que legalizarla se volvió, en nuestro caso, un imposible ético.

Pero las paradojas que me llevaron hace veinte años a formular esta propuesta conservan, sin embargo, su vigencia. La producción sigue creciendo porque crece el consumo y el factor de utilidad sigue siendo función del riesgo: a mayor peligro, mayores beneficios. Lo único que puede esperarse en el futuro próximo, si no se actúa con energía en el lavado de activos que recicla las utilidades de la droga por los circuitos financieros internacionales, es que los carteles, aprovechando las ventajas de una globalización que ha eliminado barreras para productos legales e ilegales, se expandan, se diversifiquen y establezcan alianzas más efectivas y de doble vía.

Se agota el tiempo para mostrar resultados efectivos en la lucha internacional contra el narcotráfico. Si en un corto plazo los países consumidores de la droga no muestran una actitud clara y efectiva en su combate dentro de sus propias fronteras sociales y geográficas –y esto no es una opinión sino una predicción–, el mundo entero tendrá que explorar nuevas alternativas para manejar el que podría ser el problema global más grave del próximo siglo.

Corría el año de 1982. Nos encontrábamos con el ex presidente López Michelsen en Medellín en medio de su campaña como aspirante liberal a la presidencia de la república, de la cual yo era coordinador nacional. Ese mismo día debíamos salir en una gira extenuante por los pueblos de Antioquia. Antes se habían programado unas reuniones en el Hotel Intercontinental de Medellín a fin de recoger fondos para la campaña, y para tal efecto se habían contratado varias *suites* del hotel. Reuniones como ésta constituyen parte de todas las campañas políticas en Colombia y en el mundo, y no son propiamente la parte más atractiva ni la más grata.

Llegamos puntualmente, con el ex presidente, a una de estas reuniones. El encargado de organizarlas era Santiago Londoño White, coordinador en Antioquia de la campaña López Presidente. Santiago habló de las necesidades financieras de la campaña; el candidato les dirigió unas palabras convencionales antes de disculparse y retirarse, y yo me quedé unos pocos minutos más mientras nuestro coordinador regional les proponía que compraran unas boletas para la rifa de un carro.

Los asistentes hablaron de algún problema un tanto exótico que tenían con el Inderena, el instituto oficial encargado entonces de la protección de los recursos naturales, acerca del ingreso de unos animales salvajes a Colombia con destino a un parque zoológico.

Meses más tarde, después de haber perdido las elecciones, nos vinimos a enterar, por una declaración de Pablo Escobar a Yamid Amat en la cadena Caracol, de que en esta reunión habrían estado presentes algunos miembros del cartel de Medellín. Concretamente mencionó que en el anónimo grupo habían estado él y Carlos Ledher. En ese momento se trataba de personas a quienes, por supuesto, ni conocíamos ni mucho menos identificamos. Carlos Ledher, preso en los Estados Unidos, desmentiría categóricamente, diez años después, su presencia en la reunión o que hubiera dado algún dinero para la campaña. También supimos que la extraña petición sobre los animales tenía como destino el zoológico de Puerto Triunfo, una de las excentricidades de Escobar, junto con su colección de carros y lanchas antiguos.

Enterados de los hechos, formulamos a nombre de la campaña nacional una denuncia penal en Medellín y propusimos, para examinar las cuentas de todos los grupos políticos, la creación de un Tribunal de Honor. Este quedó integrado por personas de reconocida solvencia moral como Juan José Turbay, César Gómez Estrada, Jorge Enrique Gutiérrez Anzola, Gilberto Arango Londoño, Enrique Pardo Parra y Jorge Méndez Munevar. El objetivo de la comisión, dispuesto por un gran acuerdo político, era el de "examinar minuciosamente los libros, asientos de contabilidad, comprobantes y cuentas de los partidos y sectores y de igual manera, examinar el origen, destinación y vínculos de dichos recursos con la actividad política y financiera del país en sus distintos estamentos".

Al cabo de algunos meses, el tribunal dictaminó a favor de la pulcritud de todos estos estados financieros y el asunto quedó superado de manera concluyente: "Pese al cuidado que tuvimos para tratar de reconocerlos o identificarlos, no encontramos en las listas de contribuyentes nombres de personas que conocidamente hayan figurado o hubieran estado implicadas en malos manejos como el narcotráfico". A renglón seguido, impartieron importantes pautas, legales y contables, para asegurar hacia el futuro la necesaria transparencia de las campañas.

Transcurridos varios años, y concatenando hechos y personas, es probable que Santiago Londoño White, motivado por los importantes resultados que estaba registrando su hermano Diego –tesorero de la campaña conservadora en Antioquia– en la obtención de recursos provenientes de estos siniestros personajes, hubiera decidido convocarlos a la reunión en la cual ellos, efectivamente, aceptaron comprar las boletas para la rifa del carro. El dinero debió de ser utilizado, sin registrar, para financiar actividades de la campaña liberal en Antioquia, cuya organización gozaba de completa autonomía operativa respecto a la campaña nacional.

¿Qué fue lo que hubo, entonces, en aquella reunión en el Intercontinental de Medellín? ¿Una trampa? ¿Una coartada? ¿Una avivatada?

Lo único cierto del caso es que asistimos con el ex presidente López Michelsen a una reunión, entre muchas, con unas personas cuyas caras no nos eran conocidas ni tenían por qué serlo en ese momento; que no recibimos en esa reunión cheque alguno ni escuchamos el ofrecimiento de ninguna suma; que no se entabló ningún diálogo con los asistentes; y que sólo supimos de sus detalles unos meses después, cuando, enterados de las circunstancias de la reunión, solicitamos la inmediata intervención de las autoridades para su persecución criminal.

Tiempo después, algunos funcionarios norteamericanos hostiles tergiversaron estos episodios para tratar de deducir una supuesta vinculación mía con el cartel de Medellín que, por supuesto, jamás tuve. Su perversa intención se volvió a hacer manifiesta, quince años más tarde, cuando ya me encontraba al frente del gobierno.

Todos los hechos demuestran que existió un propósito expreso de ensuciar mi nombre acudiendo a cualquier recurso, sin importar su legalidad o veracidad. Una de las pruebas de ello surgió en 1996, cuando me pidió una cita urgente el senador Jaime Ortiz, parlamentario de un grupo cristiano. Lo recibí en mi despacho. Se presentó acompañado por otro pastor que cumplía labores pastorales en la cárcel de Itaguí. Después de una emocionante introducción, muy suya, sobre el compromiso patriótico de los cristianos con Colombia y las razones de su agradecimiento con mi gobierno por haberlos reconocido legalmente, el senador le pidió a su compañero que contara su historia. Mientras éste lo hacía, presa de los nervios, yo me iba irguiendo en mi asiento.

Relató el pastor que unos días antes había acudido al consulado de los Estados Unidos en Bogotá, en compañía de una pastora norteamericana que trabajaba con él en la cárcel, para solicitar una visa de turista. Apenas se enteraron en el consulado del sitio donde trabajaba y la clase de labor que realizaba, lo hicieron seguir a una oficina aparte. Allí, J. Patrick Durkin, quien se le presentó como agregado de la embajada, le preguntó si conocía personas del cartel de Medellín que estuvieran pagando condena en la cárcel. El pastor le contestó afirmativamente.

Fue en ese instante cuando, para sorpresa suya –e indignación mía al enterarme–, el empleado le propuso que, a cambio de la visa y de 300.000 dólares, consiguiera que uno de estos presos declarara que el cartel de Medellín había aportado dinero para campañas mías anteriores a la que me llevó a la presidencia. El pastor, perplejo, pidió tiempo para pensarlo; el funcionario, sin inmutarse, le entregó una tarjeta de presentación personal con sus teléfonos y le pidió que lo llamara en cualquier momento, de día o de noche. El religioso salió conmovido a buscar a su guía espiritual, Jaime Ortiz. Este, quien siempre fue muy solidario con mi gobierno, lo convenció de que vinieran a palacio a contarme la historia.

Horrorizado al darme cuenta de las dimensiones infames que había adquirido la decisión de dañar mi imagen, agradecí el patriotismo de los pastores y los despedí en la puerta. Llamé a Luis Guillermo Nieto a palacio. Examinamos el tema. Para nosotros estaba claro que ahora, cuando el juicio sobre la campaña del año 94 se venía abajo, los enemigos necesitaban encontrar, con urgencia, nuevos viejos hechos que les permitieran demostrar la existencia de una "cadena" de relaciones y extender así en el tiempo las posibles acciones judiciales.

Convinimos que Luis Guillermo contactaría directamente al pastor para judicializar su testimonio. Así lo hizo. Después de múltiples idas y venidas, el pastor, muy atemorizado, le pidió protección para él y su familia fuera del país, pues comenzaba a ser víctima de graves amenazas. Solicitó la misma protección para otro compañero en Valledupar que estaba dispuesto a revelar una historia parecida y más grave.

Jacquie, en un viaje al exterior, consiguió el apoyo de un país nórdico para asilar al pastor. Las gestiones, sin embargo, se demoraron más de lo conveniente y un día supimos que el colega del religioso que cumplía misión pastoral en Valledupar había sido asesinado y que el pastor de Itaguí, atemorizado por la muerte de su amigo, estaba temporalmente refugiado en un escondite, al parecer en los Llanos, y no quería saber nada del caso.

Los intentos de algunas agencias norteamericanas por implicarme en hechos sórdidos con los que nada tenía que ver venían de tiempo atrás. El 9 de junio de 1994 recibimos en la sede de la campaña una carta del periodista Gerardo Reyes desde Miami. En ella nos solicitaba una "reacción" frente a las declaraciones de una supuesta testigo de nombre María que aseguraba que durante la campaña presidencial del año 90 yo había recibido seis maletines, cinchados con alambre y repletos de dinero, producto de una reunión sostenida con personas del cartel de Cali en un apartamento de la capital del Valle.

Embarcado como estaba en el agitado final de la campaña, pensé que se trataba de otra de esas historias fantasiosas que se lanzan como bombas para enturbiar la parte final de las campañas. Me contenté con la refutación contundente y divertida que dio Jacquie a la versión de Reyes y aplacé el tema para resolverlo cuando terminara el trajín electoral.

Lo que respondió Jacquie fue muy sencillo: "Eso es totalmente falso, porque Ernesto jamás ha cargado una máleta." Y muchísimo menos había podido hacerlo en el año 89, cuando aún me encontraba convaleciente de la operación motivada por el atentado de que fui víctima. Este exigió el implante de un parche en mi abdomen que durante mucho tiempo me impidió ejercitar determinados músculos y que aún hoy me limita en cierto tipo de esfuerzos.

El 22 de junio, el *Dallas Morning* recogió la versión del *Miami Herald* y hasta mencionó una entrevista con la famosa testigo. El asunto entonces sí me pareció preocupante; no porque fueran ciertos los hechos, que eran delirantemente mendaces, sino por las circunstancias en que habían conseguido la testigo y obtenido su testimonio falso.

Cuando en el año 95 se mencionó que la tal María podría ser citada al Congreso de Estados Unidos por el senador Jesse Helms para testificar en mi contra, comenzamos a investigar a fondo su paradero. Contábamos para ello con la ayuda de algunos amigos en Estados Unidos que estaban tan indignados como nosotros con semejantes procedimientos.

La versión de María señalaba que la reunión había sucedido entre la tercera semana de agosto y la primera de diciembre de 1989. Pudimos corroborar que en ese período viajé a Cali dos veces, el 7 y el 26 de septiembre. Gracias a estos datos, Ramiro Bejarano, que ocupaba entonces la dirección del DAS, pudo documentar mi agenda en estos dos viajes, hora por hora, paso por paso, y demostrar que, a menos que existiera un doble mío que yo no conozco, era imposible que la mencionada reunión hubiera podido tener lugar. Así constaba en los minuciosos reportes que rinde el personal de seguridad encargado de acompañar a candidatos y políticos amenazados. La embajada de Estados Unidos en Colombia recibió del DAS, por encargo mío, una copia de este informe.

En las distintas y contradictorias versiones de María nunca coincidieron las cantidades supuestamente recibidas por mí; éstas cambiaban de pesos a dólares a medida que se necesitaba rebajar el peso de los maletines para que yo pudiera cargar con ellos en las condiciones físicas que me aquejaban. Los propietarios de los sitios mencionados por ella no coincidían con los que mencionaba como tales. En fin: no sólo era una farsa, sino una farsa mal montada.

Como se vino a conocer en el desarrollo del juicio que se me siguió en el Congreso de Colombia y como consta en su expediente, el nombre real de la supuesta testigo estelar es Noris María Calle, colombiana, de cuarenta años, cabello castaño, con varias cirugías plásticas a cuestas, condenada a cadena perpetua en Estados Unidos por tráfico de drogas. Estaba identificada como prisionera del tipo 848. Había sido compañera de la llamada "Reina de la Coca" en la cárcel de Lexington, y aceptó cambiar delaciones falsas por una reducción de su condena.

Un agente de seguridad apodado "el Gallego" fue el encargado de "ambientar" la declaración de María en mi contra, para lo cual se desplazó con ella hasta Cali en 1994. Ya en el terreno, para mayor verosimilitud, coordinaron los sitios y tiempos que luego expuso en su testimonio. A cambio de estos servicios, ella y su esposo fueron exonerados de la pena, y sus nombres protegidos con nuevas identidades en La Florida, donde actualmente viven.

El acuerdo de colaboración suscrito entre María y la corte de Florida más parece una partición de bienes entre esposos desavenidos que un documento judicial. En él le garantizan, a cambio de su cooperación sin restricciones, la identidad falsa y, entre otros regalos, le permiten disfrutar de la propiedad de su casa, cincuenta y ocho joyas, dos videograbadoras de VHS y una cámara de filmación con lentes. María tenía, además, una suplente llamada Daifra María Alfonso, también colombiana, presa en la cárcel de Mariana; esta segunda rea podría ser utilizada como sustituta en caso de que la protagonista fallara por alguna razón.

La coartada de María empezó a destruirse cuando, en un acto insólito, le fue "ofrecida" al senador Jesse Helms para que la interrogara en pleno senado de los Estados Unidos. Después de un intento fallido, al parecer por una crisis de nervios de ella, finalmente la testigo se presentó el 29 de julio de 1996 ante una comisión del senado. La escena era patética: acudió encapuchada y luego, para acentuar el dramatismo, permaneció oculta tras un biombo desde donde contestaba unas preguntas inducidas cuyas respuestas, evidentemente, se había aprendido de memoria. El espectáculo fue un fracaso, y sobre él se tendió un piadoso manto.

La mejor descripción de las sensacionales "revelaciones" de María la hizo el periodista Roberto Pombo:

"La escena televisada de una persona entrando al recinto del Congreso de los Estados Unidos con una capucha en la cabeza, para después ocupar un asiento escondido por un biombo y luego, tras identificarse con un alias, acusar en materia grave al presidente de una nación independiente, me causó un impacto profundo... es un acto de barbarie sin precedentes".

La declaración, de la cual me enteré en Neiva, fue tan grotesca que no produjo ningún impacto en Colombia ni en Washington. Ningún medio, sin embargo, se atrevió a cuestionar con severidad el procedimiento, ni el origen de la testigo, ni los beneficios ofrecidos para obtener su testimonio falso. Y a pesar de que sólo en las épocas de la Inquisición se aplicaron prácticas judiciales de esta naturaleza, fueron muy pocas las voces que se alzaron para condenar semejante atropello.

Entonces me convencí de que en Colombia no solamente puede ocurrir cualquier cosa, sino que, en efecto, ocurre... y hasta se olvida. Lo de María, que considero un baldón en la democracia estadounidense, ocurrió y ya está olvidado. Allá, piadosamente. En Colombia, por cuenta de los rencores políticos.

Según María, el compromiso por el cual el cartel de Cali me había agobiado con unos maletines llenos de billetes era el de hundir la figura de la extradición. Yo no necesitaba asumir ningún compromiso privado para hacer lo que públicamente pensaba que tenía que hacerse.

Prohibir la extradición era en ese momento una medida de legítima defensa del Estado colombiano. Miles de ciudadanos, entre ellos ilustres personajes por encima de toda sospecha, estaban de acuerdo con esta posición. Es posible que algunos opositores de la extradición lo hicieran bajo alquiler de conciencia. Pero resulta absurdo pensar que ese era el caso de numerosos colombianos ilustres, enemigos firmes de la mafia, que sin embargo opinaban en contra de esta figura. Como muchos de ellos, en los años ochentas me opuse con vigor a la extradición de colombianos con miras a ser juzgados en el exterior.

También pesaba en nuestra oposición a la extradición la circunstancia de que entonces ningún compatriota tenía plenas garantías de un juicio imparcial en el exterior, ya que su mera condición de colombiano se convertía en una acusación implícita, y a veces hasta en sentencia anticipada de culpabilidad. Bastaba con ver el tratamiento que las autoridades de algunos países otorgaban a los viajeros colombianos en aduanas y aeropuertos para entender que existía contra ellos un prejuicio evidente.

Me preocupaba también, y de qué manera, el alto precio que estaba pagando el país en vidas de personas inocentes por mantener una figura cuya vigencia se convirtió en la razón de ser del narcoterrorismo iniciado por Pablo Escobar como líder del cartel de Medellín y del grupo de los llamados extraditables, con su famoso lema de que preferían una tumba en Colombia que una cárcel en el extranjero. Los políticos que comenzamos nuestra carrera bajo el signo siniestro de la extradición durante la década del ochenta pasamos, por cuenta de ella, más tiempo en los cementerios enterrando a los amigos que en las plazas públicas.

Mantuve, con mi grupo político, la tesis contra la extradición ante la Asamblea Nacional Constituyente de 1991, sin saber que el gobierno estaba adelantando negociaciones en el mismo sentido con los carteles por debajo de la mesa de la Asamblea. De ello da buena cuenta el libro *Noticia de un secuestro*, del Nobel García Márquez.

Cuando llegué a la presidencia, el fantasma de la extradición seguía rondando. Desde el comienzo de mi mandato señalé que su restablecimiento no figuraba en la agenda del gobierno, a fin de evitar que una discusión precipitada sobre el tema, cuando estaba en ciernes el final del cartel de Cali por la vía del sometimiento, pudiera inducir una respuesta violenta de los narcotraficantes. Quería evitar que se repitiera la época nefasta del narcoterrorismo.

Hoy puedo confesar que, a lo largo del tiempo de mi mandato, cuantas veces se planteó el tema, y particularmente cuando tomé la decisión de avanzar en su restablecimiento, temí que volviéramos a los años ochentas. En esa época, el anuncio de la decisión de un juez, la declaración de un ministro, una solicitud o una insinuación bastaban para que una bomba matara a ciudadanos inocentes, que se atentara contra un personaje o se asesinara a policías, periodistas y jueces.

Tenía en mi oficina un video resumen de los hechos de terror de entonces, como el asesinato de Galán, la destrucción de *El Espectador*, el entierro de Rodrigo Lara, los restos del avión de Avianca derribado por una bomba terrorista, la destrucción del centro comercial 93 de Bogotá o la impresionte voladura del edificio del DAS. Algunas veces me atreví a mostrárselo a personas o periodistas extranjeros que me preguntaban por qué no daba el paso de proponer el restablecimiento de la extradición.

La senadora Piedad Córdoba, valiente como pocas, fue una de las personas que conoció la filmación y volvió a vivir, con lágrimas en los ojos, las terribles experiencias de esa época en su querida tierra, Medellín.

Después de hacerles ver a mis visitantes la cinta, que duraba cinco minutos –los suficientes para revivir una historia de terror de diez años–, apagaba el televisor y les decía:

– Apoyaré el restablecimiento de la extradición cuando tenga la seguridad de que estos hechos no volverán a ocurrir en Colombia.

Estaba convencido, además, de que restablecer la extradición en ningún caso podría presentarse ante el mundo como un reconocimiento de la incapacidad de nuestro sistema de justicia para juzgar a los criminales o como alternativa a un sistema blando de penas o de punición penitenciaria, y pensaba que, antes de reabrir el debate sobre el tema, el país tenía que demostrar ante el mundo su capacidad para luchar nosotros mismos, con nuestros jueces y nuestras cárceles, contra los grandes delincuentes.

Por esta razón fueron expedidas normas para combatir la corrupción y fortalecer la justicia; entre todas ellas, la más importante a mi juicio, fue la ley que consagró la figura de la extinción retroactiva del dominio de todos los bienes adquiridos con el producto del crimen organizado, que abarcaba el narcotráfico, el secuestro, la subversión y el paramilitarismo. La aprobación de esta norma me costó sangre, sudor y lágrimas. En la práctica se trata de una ley mucho más ejemplarizante que la extradición, porque apunta a la asfixia económica del crimen. Así lo entendieron los narcotraficantes, que organizaron calificados y costosos grupos de defensa legal, compraron las conciencias de algunos parlamentarios y, finalmente, hicieron serias amenazas contra mi vida, que por fortuna nunca se concretaron.

La sola identificación de los bienes susceptibles de extinción de dominio, más de 9.000 entre inmuebles, vehículos y enseres, cuyo valor superaba los 3.000 millones de dólares, nos mostró al poco tiempo que habíamos dado en el talón de Aquiles de estas grandes organizaciones criminales.

Fue una pena que el gobierno de los Estados Unidos, empecinado en su enloquecida y monotemática política de presionar a Colombia, sin reconocer su sacrificada lucha y desmoralizando a su gente, no hubiese entendido la importancia de estas leyes. Al contrario, su mayor interés, a comienzos de junio de 1996, seguía siendo el mantener viva la confrontación pública para exponer a Colombia como chivo expiatorio de la lucha contra la droga en el mundo.

A comienzos de ese mismo mes la secretaria de Justicia de Estados Unidos, la señora Janeth Reno, solicitó, de manera imperativa y a sabiendas de que la Constitución Nacional la prohibía, la extradición de Miguel Rodríguez, Gilberto Rodríguez, Helmer Herrera y Juan Carlos Ramírez. Pedimos a la señora Reno y sus asesores que, dado que su solicitud planteaba un problema insalvable de constitucionalidad para Colombia y considerando las circunstancias de exacerbación de los ánimos por las relaciones entre los dos países, no la hicieran pública. Pretendíamos así evitar que se utilizase como justificación de nuevos actos terroristas.

No nos quisieron escuchar. Por el contrario, se empeñaron en divulgar la comunicación precisamente cuando el ministro Carlos Medellín se encontraba en las Naciones Unidas explicando nuestra política antidrogas. Tuvimos que responder con una negativa pública del tamaño de una catedral: era la respuesta que estaban esperando para proceder a quitarme la visa.

En 1997, cuando ya estaba vigente el nuevo régimen de penas y extinción del dominio; cuando casi tres mil miembros del cartel de Cali habían sido apresados; cuando las prisiones de alta seguridad estaban en manos de equipos selectos de la policía; cuando no mediaba ninguna presión extranjera y, sobre todo, cuando la apreciación de la situación de orden público me convenció de que era posible hacerlo sin exponer a los ciudadanos a una nueva ola terrorista, decidí que era el momento de reabrir la discusión sobre la extradición. Para hacerlo de una manera institucional, para que no terminara siendo la lucha solitaria y suicida de un ministro de Justicia, le dirigí en abril una comunicación al Consejo de Política Criminal, creado por la ley estatutaria, solicitando sus observaciones al respecto. Su concepto fue favorable.

La extradición no era el único instrumento válido en la lucha contra el narcotráfico sino uno más en la amplia batería de alternativas contemplada por la Convención de Viena. Pero yo tenía claro que Colombia no podía aparecer ante los ojos del mundo brindando una especie de santuario de protección a sus nacionales cuando proponíamos la globalización de acciones y de responsabilidades. El paso, en esas circunstancias, no solamente era conveniente sino necesario.

En enero de 1997 recibí una visita del ministro Carlos Medellín, decidido partidario del restablecimiento de la figura. Lo atendí en el salón-confesionario de la casa privada. El lugar estaba bien escogido. El ministro Medellín se había enfrentado con enorme valor a las pretensiones norteamericanas de restablecer la extradición a la torera, haciendo caso omiso del Congreso; con el mismo valor había enfrentado a los congresistas que pretendían abortar cualquier intento de tramitar una reforma constitucional para restablecer la figura. Les había dicho que "diez mil veces sí" estaba de acuerdo con la extradición. Pero ahora el ministro, casado con una hija de Guillermo Cano, vivía una situación dramática:

–Entiéndame, presidente –me dijo–. Mi papá fue inmolado en el Palacio de Justicia, donde uno de los reclamos era la prohibición absoluta de la extradición. Mi suegro, Guillermo Cano, fue asesinado cuando se enfrentó a los extraditables. Cada vez que miro a mis pequeñas hijas, me conmueve pensar que puedan seguir viviendo en un país dominado por los que asesinaron a mi padre y a mi suegro. En estas condiciones, no creo estar emocionalmente preparado para afrontar el debate del restablecimiento de la extradición; estoy demasiado sesgado a favor de ella, y temo perder la calma durante el debate y que se hunda el proyecto.

–Ojalá algunos de los que han salido de mi gobierno tirando la puerta –le contesté– me hubieran hablado con la sinceridad con que usted lo ha hecho. Carlos: lo comprendo perfectamente y lo libero de esta pesada carga.

Nombré en su reemplazo a Alma Beatriz Rengifo, una brillante abogada que ha sido mi sombra jurídica durante más de quince años. En palacio algún asesor me observó, dudoso, si ella sería la persona adecuada para manejar el desafío político que el tema demandaba:

–Ella y María Emma –le contesté–. El país se acordará de la dupleta María Emma-Alma Beatriz en el futuro.

En mayo se comenzaron a sentir con más fuerza las amenazas. El día 20 fue descubierto un plan para asesinarme y atentar contra el general Serrano, el embajador Frechette, la ministra Alma Beatriz y el ex ministro Medellín. La suerte ya estaba echada; si los terroristas supieran que lo único que consiguen al desafiar violentamente una decisión de gobierno es hacerla irreversible, jamás intentarían sus actos de locura.

La extradición fue aprobada con retroactividad a la fecha de remoción de la prohibición constitucional, modificación que finalmente tuvimos que aceptar para que pasara.

Después de hacer este largo recuento el lector entenderá por qué las relaciones de mi gobierno con el de los Estados Unidos no podían ser las mejores al llegar a la presidencia y por qué algunos funcionarios en Washington, sin disponer de ninguna evidencia que pudiera comprometer mi conducta personal en ninguna circunstancia al margen de la ley, tuvieron que aprovechar este historial de desencuentros para inclinar la balanza en mi contra.

Espero tranquilo que los hechos de la lucha de mi gobierno contra la droga me absuelvan ante la historia y que algún día no muy lejano pueda restablecer, ya en mi simple condición de ciudadano, mi relación con Estados Unidos, un país al cual admiro por muchos otros motivos. Estoy seguro, además, de que, con el paso de algún tiempo y el conocimiento de muchas de las actuaciones insólitas que se emprendieron contra mí, contra mi gobierno y contra algunos de mis colaboradores, la propia democracia estadounidense se encargará de rectificar las injusticias cometidas contra Colombia.

Ese día, el gobierno norteamericano entenderá, en relación con el caso de Colombia y el de mi gobierno, el profundo significado de la frase de Abraham Lincoln con que terminé mi intervención en la Cumbre de las Américas y que fue mi despedida de la administración Clinton:

"No ha nacido el hombre que pueda obligar a otro a hacer algo en contra de su conciencia".

PRIMEROS ROCES

Corría la tercera semana de junio de 1994, una de las semanas más intensas de mi vida, después de haber ganado las elecciones presidenciales.

De tiempo atrás les había prometido a mis hijos Andrés, Miguel y Felipe que ganara o no ganara, los llevaría a Nueva York, ciudad de la cual teníamos gratos recuerdos Jacquie y yo desde nuestros tiempos como estudiantes en la Universidad de Columbia y, más tarde, como embajador ante la Asamblea de las Naciones Unidas.

Como todos los que viven en la Gran Manzana, también nosotros habíamos construido, con Jacquie, "nuestra Nueva York". De ella formaban parte un sector del Parque Central, dos o tres restaurantes del Village, una librería de viejo, la discoteca de salsa del barrio alemán, una tienda de abarrotes, el puente de Brooklyn y unos cuantos amigos que incluían meseros, dependientes de lavanderías y carteros de nuestro barrio, el barrio alemán, en la parte alta del este de Manhattan.

La Nueva York que nos esperaba en 1994 iba a ser muy distinta. Las circunstancias tormentosas –y para mí totalmente inciertas entonces– que habían rodeado la divulgación de los hechos relacionados con la financiación de mi campaña, imprimían un giro de ciento ochenta grados al prometido paseo. También sabía que cancelarlo hubiera sido interpretado como reconocimiento de una culpabilidad inexistente. Evaluamos con Rodrigo Pardo los pros y los contras del viaje, y decidí poner la cara.

Solicitamos al gobierno norteamericano protección durante mi visita, que inicialmente nos fue negada aludiendo al carácter privado del viaje. Por consejo de mis asesores de seguridad alcanzamos a contratar los servicios de una agencia privada de vigilancia, cuando nos informaron, desde Nueva York, que el servicio finalmente había sido autorizado.

El día de la salida me reconfortó una declaración firmada por los principales empresarios en que apoyaban mi elección, y otra, muy suya, del ex presidente Alfonso López Michelsen en la que, después de criticar la conducta de Pastrana, le aplicaba la frase aquella de que "le perdonamos el mal que le hizo a Colombia pero nadie podría perdonarle el mal que se hizo a sí mismo". La historia le daría la razón.

Llegamos el 24 de junio en las horas de la noche y nos alojamos, como estaba planeado, en el Hotel Plaza, con una preciosa vista sobre el Parque Central. Por razones de seguridad, se omitió nuestro nombre en la lista de huéspedes. Dormimos doce horas seguidas. En la mañana, cuando bajamos a desayunar, me encontré a mi hijo Andrés que había venido desde Montreal, donde estudiaba música, somnoliento esperándonos en el *lobby*; había llegado a eso de las once y había pasado toda la noche en la recepción buscando alguien que le dijera algo sobre nuestro paradero; al final, había optado por recostarse en una silla mientras aparecíamos. Nuestro reencuentro fue por ello doblemente reconfortante.

Mientras Jacquie iniciaba el recorrido turístico con los niños, yo desayunaba con un viejo amigo de la revista *Time* y luego me reunía con los asesores de imagen del gobierno de Colombia para analizar el estado de las relaciones y preparar el encuentro que me había solicitado el Departamento de Estado con los funcionarios encargados de América Latina. Por la noche, los niños me hicieron el reclamo de mi ausencia durante el día. Tenían razón. Yo no tuve esa deliciosa luna de miel que espera a todos los presidentes cuando, elegidos y aún sin responsabilidades de gobierno, ejercen de jefes de Estado antes de posesionarse. Para bien y para mal, me posesioné del cargo al día siguiente de ganar las elecciones.

Nuestra reunión tuvo lugar en la residencia de la embajada de Colombia ante las Naciones Unidas, una vieja y confortable casa situada entre Park Avenue y la 5ª Avenida, en la calle 72. Cuando llegue allí recordé las tardes domingueras, deliciosas, que pasamos durante nuestra época estudiantil con el embajador Indalecio Liévano Aguirre y su esposa, Teresita Ivars; oíamos entonces las historias fascinantes de Liévano sobre Bolívar, Manuelita Sáenz Mosquera y Rafael Núñez, mientras Indalecio devoraba cajas enteras de helados Hagendaas. Desde esos encuentros, cada vez que me ofrecen un helado de mandarina no sé por qué acuden a mi memoria los nombres de Manuel Murillo Toro, Santiago Pérez o José María Samper.

Contra lo que se dijo y especuló después sobre la reunión con los funcionarios del Departamento de Estado, el encuentro fue relativamente cordial y sincero. Asistieron Michael Skol, del Departamento de América Latina del Departamento de Estado, y Crescencio Arcos, un alto funcionario de la oficina antinarcóticos. Ellos estaban interesados en conocer cuáles eran mis estrategias en la lucha antidrogas y cuáles los puntos de mi agenda bilateral con los Estados Unidos. Delante de la canciller Noemí Sanín, que se había trasladado expresamente de Washington para acompañarme en el encuentro, de Rodrigo Pardo y de Gabriel Silva, entonces embajador en Estados Unidos, les hice un recuento pormenorizado de mis prioridades de gobierno. Ellos escucharon con atención y fueron respetuosos de mis criterios.

Fue precisamente ese día, esa mañana, cuando supe de la existencia de la famosa certificación. Me hablaron de que para el año de 1995 pensaban que se podían mejorar algunos aspectos de la lucha contra las drogas, especialmente los relacionadas con la erradicación de cultivos ilícitos, y que esas "aspiraciones" estaban consignadas en un documento que me entregaban oficialmente.

Me di cuenta de la importancia del papel cuando Gabriel Silva, al salir los funcionarios, lo leyó con avidez. Supongo que estaba tratando de establecer la suerte que correríamos en febrero del año siguiente, cuando se produjo una certificación condicionada que afectó al gobierno del presidente Gaviria y al mío en sus comienzos. La inquietud de Silva era comprensible. El gobierno de los Estados Unidos acababa de dar una calurosa despedida al presidente Gaviria enviándole una carta destemplada en la cual le recordaba que no había sido completamente satisfactoria la conducta de su gobierno en materia de lucha antinarcóticos. A lo cual, con mi pleno apoyo como presidente electo, el gobierno de Gaviria respondió de manera enérgica.

Al finalizar la conversación, yo mismo mencioné la cuestión del escándalo producido por la financiación de mi campaña y describí en detalle las medidas de precaución que habíamos tomado para evitar la infiltración de dineros calientes en ella y los pasos que esa misma semana había dado para solicitar de las autoridades judiciales las investigaciones correspondientes.

Los funcionarios se refirieron, escuetamente, a una supuesta advertencia que me habría hecho en noviembre de 1993 el señor Robert Gelbard, a la sazón encargado del tema de las drogas en el Departamento de Estado, respecto a la posible infiltración de la campaña con dineros provenientes de la droga. Efectivamente, en ese mes de ese año, yo había viajado a Washington atendiendo una invitación de la Universidad de Georgetown para dictar una conferencia sobre América Latina. Como era obvio, aproveché la ocasión para efectuar algunos contactos políticos, oficiales y de prensa. Una de esas tardes acudí a la oficina del señor Gelbard. Cuando le había hecho un relato de la estrategia integral que pondría en marcha contra la droga en caso de salir elegido, éste solicitó a los funcionarios presentes que nos dejaran solos.

De manera casi paternal, diría yo, me aconsejó que me cuidara de cualquier posible infiltración de mi campaña por dineros del narcotráfico, circunstancia que él veía como algo peligrosamente probable en las condiciones de Colombia. No mencionó ningún dato concreto, ni siquiera un indicio respecto a sitios o nombres que fundamentaran lo que me estaba diciendo. Fue un comentario genérico.

Le agradecí su advertencia y le dije que compartía plenamente su preocupación por esta amenaza que se cernía sobre toda la política colombiana. Continué explicándole que, precisamente, para evitar esta probabilidad, había preparado un código ético que, en uno de sus capítulos, se refería a la transparencia que debería rodear el manejo de los dineros de la campaña. Le agregué que nombraría un fiscal ético cuya misión era velar por la correcta aplicación de todas estas normas y que nos ayudaría mucho saber cualquier evidencia que llegara a su conocimiento sobre esta circunstancia a fin de tomar las acciones correspondientes. Le prometí, finalmente, que le enviaría una copia del estatuto ético, ofrecimiento que me agradeció antes de que diéramos por terminada nuestra charla.

A la salida, le comenté a Rodrigo Pardo los términos de la conversación, que entonces interpreté como un gesto de confianza, y le pedí que le enviara al funcionario los documentos prometidos, lo cual hizo unos días más tarde.

Gelbard aprovechó posteriormente los términos de este encuentro para proclamar a los cuatro vientos que él "me había advertido categóricamente sobre la invasión de dineros de la droga en mi campaña". Esto, como acabo de mencionar, es rigurosamente falso. Las condiciones particulares del personaje, la versión deformada que dio de este primer encuentro y su ostensible interés por que no hubiera testigos de nuestro famoso diálogo en su oficina, me han convencido, atando cabos años después, de que el episodio fue organizado por el propio Gelbard para tenderme una trampa. Una trampa que trató de activar meses más tarde al incriminarme, con su propia y unilateral versión, respecto a unos hechos que jamás sucedieron en una charla que no tuvo nada de "notificación", de "advertencia" ni mucho menos de "intimidación".

Si, como afirma Gelbard, él mismo me hizo "advertencia concreta de que tenía información de que mi campaña estaba siendo penetrada por dineros del narcotráfico", ¿por qué no presentó estas evidencias durante el proceso que se me siguió en la Cámara de Representantes de Colombia? ¿Por qué no las filtró a la prensa, aprovechando la estrategia, más tarde revelada por Frechette, de que contaban con el apoyo de unos medios de comunicación privilegiados, afines a la causa estadounidense? Aún más grave: ¿cómo explica que tuviera detalles concretos en el mes de noviembre de 1993 de algo que sucedería en el mes de marzo del año siguiente? ¿Estaba involucrado en los hechos, tenía conocimiento interesado de ellos antes de que ocurrieran? ¿Disponía de una poderosa bola de cristal para predecir sucesos criminales, con varios meses de anticipación?

Son interrogantes sin respuesta que quedan planteados en esta historia cuyos hilos ahora recojo para que algún día brille la verdad, toda la verdad y nada más que la verdad en este caso.

En la conversación que sostuvimos en Nueva York, ya elegido presidente, sobre los hechos de la financiación de mi campaña fuimos abiertos y sinceros en contar aquello que en ese momento a nosotros nos constaba. Nada más, pero tampoco nada menos. Como fue sincera la canciller Sanín cuando, con su acostumbrada desfachatez paisa, dijo a nuestros interlocutores de esa mañana que las posibilidades de contaminación de las campañas políticas en Colombia eran un hecho dado.

El único momento áspero de la entrevista, de la cual sólo se conoció en Colombia la versión sesgada del embajador Silva, fue cuando, con aire indulgente, los funcionarios me dijeron:

–Muy bien, señor presidente, lo pasado pasado. Ahora sólo nos interesa lo que haga usted en el futuro en la lucha contra las drogas: queremos hechos.

Ante esta frase, reaccioné con energía y les dije que ni Colombia ni yo necesitábamos que se nos perdonara una culpa que no teníamos, ni que nos condonaran pecados que no habíamos cometido. Agregué que lo que se estaba haciendo contra el narcotráfico y lo que seguiríamos haciendo durante mi mandato obedecía exclusivamente a nuestra profunda convicción de que la solución de algunos de nuestros más graves males pasaba por su combate, pero que ello no implicaba que nosotros solos, los colombianos, podíamos solucionarle el problema al mundo entero.

Nos despedimos cordialmente en la puerta de la casa de la embajada que habría de visitar un par de años más tarde en dramáticas circunstancias.

Todavía tenía tiempo para llevar a mis hijos a conocer las Torres Gemelas y dar una vuelta por el río Hudson antes de salir para el aeropuerto a tomar el vuelo a Madrid. Allí me estaban esperando ansiosamente mi hermano Daniel y varios amigos con un cordero asado y una botella de buen vino Rioja. En España tuve, después de un año de campaña y una semana de angustias, mi primer descanso.

Antes de partir de Nueva York surgió la idea de enviar una carta a los principales congresistas norteamericanos para puntualizar nuestro compromiso en la lucha contra las drogas. Apoyé la idea porque estaba claro para entonces que mi gobierno tendría que moverse entre dos aguas enfrentadas. Por un lado estaba una Casa Blanca que, al rendir cuentas sobre los malos resultados que se le achacaban en su propia lucha contra la droga, iba a tratar de desviar el tiro mostrándose severa con Colombia ante el Congreso, como en efecto haría unos meses más tarde expidiendo la certificación condicionada. Y, por otro lado, estaba el propio Congreso, de mayoría republicana, que no perdería la oportunidad de adquirir protagonismo en la lucha que debía librarse en Colombia.

Rodrigo Pardo y Gabriel Silva prepararon las cartas, que firmé en el aeropuerto de París una semana más tarde. Ignoro si, como se dijo luego, Silva convirtió mi compromiso epistolar en un triunfo suyo, contra mí, frente a la Casa Blanca; lo cierto es que asumí conscientemente todas las prioridades que señalé en ella.

Más aún, ahora, cuando he vuelto en Madrid a leer su texto, registro con satisfacción que todo lo que allí se mencionó como objetivos de la política anti-narcotráfico de mi mandato, se cumplió y en algunos casos se superó. Así ocurrió con el restablecimiento de la extradición de nacionales colombianos. Lo único que lamento de veras es que cuanto logramos, se consiguió en muchos casos a pesar de las autoridades norteamericanas, cuando lo hubiéramos podido conseguir trabajando hombro a hombro con ellas.

ENCUENTROS CON CLINTON

Mi primer viaje internacional en mi nueva condición de presidente fue el primero de septiembre del 94 para asistir a la posesión del presidente de Panamá, Ernesto Pérez Balladares.

El "Toro" Pérez es todo un personaje que hace permanente honor a su apodo: no le teme a nada, les embiste a los problemas con una admirable perseverancia y no se deja poner fácilmente contra las tablas. Manejó con muchísima dignidad la difícil etapa de transición para el restablecimiento de la soberanía panameña en el canal, y aunque no heredó toda la malicia indígena de su jefe, el inolvidable general Omar Torrijos, demostró gran profesionalismo en el manejo de los temas de Estado y alejó la visión un poco folclórica y circense que se tenía del discurrir político en el istmo.

Tuvimos una simpática muestra de esta visión quienes acudimos al acto de transmisión de mando del presidente Guillermo Endara a Pérez Balladares. El primero terminó convirtiendo en un verdadero espectáculo su despedida, seguramente sin proponérselo: llegó tarde, se le quedó el discurso en la casa, le equivocaron las páginas y se dedicó a defenderse a madrazos de las barras que lo chiflaban mientras hacía la v de la victoria, como en plena campaña política.

Durante la visita, el Departamento de Estado de Norteamérica me solicitó una reunión para hablarme de un "tema importante". Asistimos con el canciller Rodrigo Pardo, la asesora de Asuntos Internacionales, Mónica de Greiff, y dos o tres funcionarios de palacio. El gobierno de Washington se presentó, como es su costumbre, con una comitiva intimidante de más de quince personas, incluida media docena de apuntadores que transcribían taquigráficamente hasta los estornudos de los interlocutores y que era imposible no asociar con aquellas películas de Perry Mason donde advierten que "todo lo que diga podrá ser usado en contra suya".

El propósito era el de confirmar la disposición de Colombia a enviar soldados a Haití con ocasión de la operación que se estaba montando para asegurar el regreso del presidente Jean Bertrand Aristide a casa. Haití se había convertido en un dolor de cabeza para el gobierno norteamericano. En la práctica, en Estados Unidos despachaban dos presidentes: Aristide, que daba declaraciones, hacía nombramientos y se oponía a las decisiones oficiales; y el propio presidente Clinton, que jugaba de local y estaba encartado con el mandatario antillano.

Sinceramente, el asunto me agarró fuera de base, sobre todo porque lo presentaban como la confirmación de un compromiso previo que yo ignoraba. A mi regreso a Bogotá comencé a averiguar de qué se trataba. Nadie sabía nada del supuesto compromiso. La cancillería colombiana, por razones de tradición y de presentación, no aconsejaba que Colombia formara parte de la fuerza de intervención que se estaba preparando. Por tradición, porque desde la separación de Panamá Colombia había sido escrupulosa en desautorizar cualquier operación que pudiera siquiera ser interpretada como un acto de intervención. Y por presentación porque, estando como estábamos, comprometidos hasta el cuello en la lucha contra el narcotráfico, la subversión y la inseguridad ciudadana, resultaba difícil justificar ante la opinión pública colombiana que distrajéramos recursos de nuestras fuerzas militares o de policía, así fuera de manera simbólica, para destinarlas a operaciones en el exterior.

Consulté con algunos ex presidentes, y ellos estuvieron de acuerdo en rechazar el envío requerido. Sin embargo, solicité al ministerio de

Defensa que hiciéramos una nueva evaluación sobre el tipo de participación que podríamos tener. Pensaba en alguna fórmula a fin de no dar un no rotundo a la solicitud norteamericana que, por otras razones, particularmente de carácter humanitario, me parecía razonable. El ministerio de Defensa opinó que, al no poder comprometer legalmente el envío de reservas, la única alternativa que nos quedaba era la de ofrecer algunos instructores de la policía y personal civil para cooperación sanitaria.

Con la decisión ya tomada viajé a la Cumbre de Río de Janeiro, ocho días más tarde, y encontré que otros colegas, entre ellos los presidentes de México y Ecuador, habían recibido similar requerimiento formal del presidente Clinton para vincularse a la operación de Haití, y se habían negado.

Antes de salir para la cena de bienvenida, Jacquie, afanada, me sacó de la ducha.

–Te llama el presidente Clinton desde el Air Force One –me dijo, aludiendo al avión presidencial de Estados Unidos.

–Dile que estoy ocupado –le contesté a Jacquie, pensando que alguien le estaba mamando gallo.

La insistencia de ella me convenció de que la cosa era en serio. Pasé al teléfono. Fue una de las conversaciones más difíciles de mi vida. No conocía personalmente al presidente, lo cual habría ayudado, por lo menos, para empezar con una frase amable. La voz de Clinton casi no se escuchaba. Interfería una traductora instalada en el medio por si se presentaban dificultades idiomáticas, y en el lugar donde yo estaba se alcanzaban a escuchar las sirenas de las caravanas presidenciales que salían del hotel. Si hubiéramos buscado con lupa el peor momento para nuestra primera charla, no habríamos encontrado uno que lo superara.

El presidente Clinton me dijo que contaba con Colombia para la operación de intervención en Haití. Palabras más, palabras menos, le expliqué que no podíamos acompañarlo porque no tendría presentación enviar a otro país tropas que estábamos necesitando en una causa común que era la lucha contra el narcotráfico. Él insistió, un poco sorprendido de mi negativa, y yo reiteré cortésmente nuestras dificultades. Pareció entender, me agradeció y colgamos.

–Aquí pasa algo raro –le comenté a Jacquie–. La insistencia de Clinton me parece extraña.

Un rato después me llamó Gabriel Silva, quien, desde el anterior gobierno, ocupaba la embajada de Colombia en los Estados Unidos. Estaba realmente alterado. Me dijo que mi determinación era equivocada, que tendría graves repercusiones en las relaciones bilaterales y que, con mi negativa, inclusive había perdido la posibilidad de una visita a la Casa Blanca.

Le contesté con calma:

–Todo eso puede ser cierto, Gabriel, pero tengo razones de peso para negarme a colaborar en la operación de Haití. Por eso le comuniqué mi decisión al presidente Clinton. Le pido que, como embajador, explique nuestros argumentos en el Departamento de Estado.

Mi preocupación posterior no tuvo que ver con la decisión en sí misma, porque estaba seguro de haber procedido correctamente, sino con la tónica de la gente del Departamento de Estado en Panamá, y con la propia actitud beligerante del embajador Silva, que actuaba como si Colombia hubiera faltado a una palabra empeñada, de la cual no se tenía ningún conocimiento en palacio ni en la cancillería.

Inicialmente pensé que de alguna manera el embajador, por sí y ante sí, había comprometido la participación militar colombiana a nivel de los mandos medios en Washington. La actitud comprensiva del presidente Clinton, el hecho de que otros países hubieran adoptado una decisión semejante sin mayores consecuencias, y el ofrecimiento colombiano de participar en la "segunda fase" o "fase civil" de la misión, despojaban el episodio de la gravedad que le atribuía nuestro representante en Washington. A menos que, repito, estuvieran empeñadas su palabra o la del propio presidente Gaviria.

Días más tarde, en mi viaje a la posesión del ex presidente Gaviria como Secretario General de la OEA, le hablé del tema en un rincón de la casa de la embajada, y le pregunté si existía un compromiso en esa materia que yo desconociera. Con su acostumbrada habilidad me dio a entender que no, aunque no me ofreció una respuesta que pudiera considerar definitiva, ni se ofreció a aclarar el asunto con el Departamento de Estado.

Esa noche me di cuenta, como vendría a confirmarse más tarde, de que estaba equivocado al pensar que la presencia de un ex presidente colombiano en Washington podía considerarse como un activo a favor del curso variable que llevaban las relaciones bilaterales desde hacía varios años. Por el contrario, el equipo del Secretario General de la OEA se dedicó sistemáticamente a interferir en los esfuerzos de los representantes diplomáticos de mi gobierno. Con frecuencia influyó de manera negativa en la percepción del fenómeno colombiano dentro del Departamento de Estado y saboteó los contactos que adelantaba mi gobierno con distintas firmas de *lobby* que podían ayudarnos. Sus acciones lograron convertir la digna labor del embajador Carlos Lleras de la Fuente, sucesor de Silva, en un verdadero infierno, al cual, justo es reconocerlo, el mismo embajador aportaba de su propia cosecha algunas dosis de intolerancia.

El episodio de Haití afectó, sin culpa nuestra, el comienzo de nuestras relaciones con los Estados Unidos. Si existió algún compromiso en la agenda secreta del anterior gobierno con Washington –asunto que algún día habrá de conocerse–, mi gobierno no tuvo conocimiento de ello. De haberlo tenido, tampoco habríamos procedido de distinta manera, pero al menos habríamos podido ser mucho más explícitos en las razones de nuestra negativa.

Unas pocas semanas después conocí personalmente a Clinton y a su mujer en una recepción con ocasión de la Asamblea de las Naciones Unidas en Nueva York. Como todos los que sostendríamos, a lo largo de los cuatro años, fue un encuentro cordial y amable. Me invitó a insistir en la lucha contra la droga; Hillary tuvo unas palabras cariñosas para Jacquie, quien entonces la admiraba con cierto fanatismo que, por supuesto, después se fue apagando. Años más tarde, las dos actuaron como oradoras principales en un acto sobre la violencia familiar promovido por Enrique Iglesias, presidente del BID, en sus cuarteles de Washington.

Nos volvimos a encontrar en la Cumbre de las Américas, en Miami. En un plano mas relajado, conversamos sobre temas distintos

–¡oh sorpresa!– al del narcotráfico, como la educación y el libre comercio. Con el vicepresidente Al Gore hablamos sobre medio ambiente, su plato predilecto.

La imagen que transmite el presidente Clinton es la de una persona cálida y abierta, que acorta las distancias y baja rápidamente las tensiones. Tiene una envidiable capacidad para ganarse a la gente y un diálogo inteligente y fácil, ajeno a solemnidades y presunciones. Su mujer es su fiel complemento, intuitiva y brillante. Por algo el lema de su campaña era "Dos por el precio de uno".

Cuando mi mandato se acercaba a su fin, se realizó la Cumbre de Santiago de Chile. Unas semanas antes recibí mensajes sobre la preocupación que existía en Washington en torno a la que podía ser mi actitud en el encuentro.

–Lo único que me duele –le señalé a mi interlocutor–, es que, después de cuatro años de estar peleando, no he logrado aún que los gringos me conozcan: no soy de los que lleva al terreno personal las diferencias de Estado. Dígales a ellos que seguiré siendo "suave en la forma y fuerte en la sustancia", como aconseja el proverbio latino.

Lejano de cualquier resentimiento, y disfrutando ya de tranquilo autoexilio en España, repaso la historia de estos últimos años y estoy seguro de que el gobierno de Clinton se equivocó al convertir la estrategia internacional de lucha contra las drogas en un problema de origen casi exclusivamente colombiano, cuya solución debía, por tanto, concentrarse en Colombia.

Se equivocó también al juzgar mi propia conducta a través de los ojos de mis enemigos, sin reparar en mi hoja de vida. Se equivocó otra vez en la apreciación de los hechos relacionados con la financiación de mi campaña, porque, sin estar suficientemente aclarados, se atuvo a la versión de un fiscal que montó sobre ellos su propia campaña política a la presidencia de la república y más tarde se sumó precipitadamente a las filas del principal opositor de mi gobierno.

Muchos creímos, durante su campaña para llegar a la presidencia, que Clinton conseguiría por fin una ruptura de los viejos esquemas conservadores acerca del narcotráfico. En su programa electoral se habló, por primera vez y de manera coherente, de la necesidad de combatir el consumo, de entender que éste no es solamente un problema de policía sino de salud pública, y de ubicar el tratamiento del fenómeno de las drogas en el amplio contexto de una lucha global con la participación de todo el mundo.

Lamentablemente, una vez que llegó al gobierno cambió su actitud. Varios factores contribuyeron a que se pusiera en marcha una formidable estrategia represiva de lucha contra las drogas cuya principal víctima fue Colombia, a la cual se empujó a una desestabilización institucional sin antecedentes. Entre estos factores hay que anotar: la posición intransigente de algunos congresistas republicanos partidarios de la represión a ultranza en el Congreso; la sintonía de ellos con algunos funcionarios encargados de la cuestión de las drogas dentro del gobierno; la preocupación de la Casa Blanca por otras materias internacionales, como la crisis del Medio Oriente y los problemas del Golfo Pérsico; la indiferencia del presidente, al comienzo de su gobierno, por los asuntos de Latinoamérica...

Al llegar yo a la presidencia estaba en marcha en Washington una nueva estrategia represiva de lucha contra las drogas, inspirada en las más censurables prácticas de la Guerra Fría. Había sido diseñada y ejecutada por siniestros funcionarios que encontraron en el desconocimiento de las elecciones presidenciales emprendido por Andrés Pastrana el terreno propicio para avanzar en una estrategia de incalculables daños.

El pecado del presidente Clinton no fue haber puesto en marcha esta política, sino no haberla evitado antes de que causara los estragos que provocó en las condiciones de gobernabilidad de Colombia y en su propia estabilidad democrática. Tal actitud dio al traste, además, con lo conseguido durante más de veinte años de cooperación constructiva con gobiernos que atravesaron, en comparación con el mío, parecidas o inclusive superiores dificultades.

Varias veces, durante la crisis y después de ella, busqué la oportunidad de que el presidente Clinton tuviera una "apreciación política" sobre lo que estaba pasando en Colombia. Algunos amigos del país, entre ellos el ex secretario de Estado Henry Kissinger, por intercesión de Julio Mario Santo Domingo, se interesaron en la materia sin que hubiera podido concretarse su ayuda. Los "dueños" de la política hacia Colombia en la cancillería, se encargaron de construir una campana neumática alrededor de los funcionarios de la Casa Blanca, en particular los encargados de los asuntos de seguridad. Procuraban evitar con ello que el gobierno colombiano pudiera hacer valer su opinión en las decisiones que se estaban tomando, a mi juicio equivocadamente.

Sólo al final se abrió un espacio, pero ya era demasiado tarde. La historia merece contarse.

El embajador Juan Carlos Esguerra, sucesor de Lleras la Fuente, recibió una llamada de Gabriel García Márquez, quien le manifestó que, en una cena con el presidente Clinton, le había planteado abiertamente la necesidad de enderezar la política hacia Colombia. El presidente, al parecer, había sido muy receptivo y había concertado un encuentro del Nobel con el embajador Bill Richardson, representante del gobierno ante las Naciones Unidas, para conversar a fondo sobre el asunto. Richardson es especialista en ayudar a solucionar temas difíciles, como el de Colombia, y persona muy cercana al presidente. Conoce muy bien la realidad latinoamericana, hasta el punto de que habla mexicano con acento inglés.

El encuentro de Richardson y García Márquez fue muy constructivo y muy sincero y abrió las puertas para una primera entrevista mía con el embajador, que tuvo lugar durante la Asamblea Anual de Naciones Unidas en septiembre de 1997.

En nuestra entrevista de una hora le hablé muy claramente de la complejidad del problema del narcotráfico en Colombia y de cómo éste se había convertido en el hilo conductor de las distintas formas de violencia que estábamos padeciendo. Era absurdo, añadí, seguir aplicando una política antidrogas aislada del contexto general de la violencia, como se estaba haciendo.

Hablamos también del deterioro progresivo de las condiciones de gobernabilidad en Colombia y le expliqué, por requerimiento suyo, cuáles eran las posibilidades de sacar adelante una reforma constitucional que resucitara la extradición de nacionales en las circunstancias que vivíamos.

El reconocimiento de la posición colombiana sobre la corresponsabilidad en la lucha contra el narcotráfico, obtenido en distintos foros internacionales, y esta conversación con el embajador Richardson, agregada a la salida de Gelbard y Frechette de sus respectivos cargos, ayudaron a cierta distensión de las relaciones con los Estados Unidos que se vivió al final de mi gobierno. Así quedó demostrado en la Cumbre de las Américas que se celebró antes de terminar mi mandato en Santiago de Chile.

La suma de incomprensiones, desconfianzas e intereses arrogantes empujaron las cosas hasta el extremo al que llegaron. Sin habérmelo propuesto, terminé librando una batalla poco menos que heroica contra las presiones de Washington, y conocí en carne propia lo que significa enfrentarse a un gobierno tan poderoso. Puedo decir que el hecho de que no hubieran logrado los objetivos demoledores que se plantearon contra mí es un aval más de mi inocencia y habla bien del respaldo indignado que me brindó la mayoría de mis compatriotas.

Lamenté el proceso que se siguió al presidente Clinton en el caso Lewinsky, debate que sería impensable en Europa y mucho menos en cualquier país latinoamericano. Cuando se conoció el llamamiento a juicio, le envié al presidente una nota personal en la cual, además de expresar nuestra solidaridad con él y Hillary, le recordaba que nosotros también habíamos sufrido "persecuciones judiciales personales por causas políticas".

Más tarde viví su proceso como si estuviera devolviendo mi propia película, capítulo a capítulo: la politización del juicio, la actitud agresiva y ciega de algunos medios, el falso moralismo de unos cuantos columnistas enemigos, los manejos indebidos del fiscal, los debates bizantinos sobre procedimientos, el intento de linchamiento en la prensa y la presencia permanente y solidaria de la gente del común.

Si hubiera tenido la oportunidad le habría dado algunos consejos: diga la verdad, cueste lo que le cueste; no renuncie si está convencido de su inocencia; mantenga viva y activa su agenda de gobierno; visite la provincia; no se deje provocar ni conteste las ofensas, y mucho menos las calumnias; no utilice el poder para vengarse; separe su condición de ciudadano de la de presidente; confíe su defensa a los abogados y usted, mientras tanto, siga gobernando; haga públicos los chantajes y las presiones que le planteen en privado; mantenga a su familia informada de todos sus pasos; tenga fe; y rece, que Dios también cuenta.

Entendí el calvario que estaba viviendo el presidente cuando, preguntado en una rueda de prensa sobre su posible renuncia, contestó que estaría hasta el último minuto del último día en la presidencia. Debo decir, vanidosamente, que la frase me sonó conocida.

En la Cumbre de Chile de noviembre de 1997 nos despedimos de los Clinton. En uno de los intermedios, el presidente se acercó amablemente a la mesa en que estábamos conversando con los presidentes Sanguinetti de Uruguay, Cardoso de Brasil y Menem de Argentina. Justo en ese momento yo persuadía a Sanguinetti de que me escribiera en una servilleta un pensamiento bellísimo del poeta uruguayo Rodó sobre Bolívar que dice:

Grande en el pensamiento.
Grande en la acción.
Grande en la gloria.
Grande en el infortunio.
Grande para magnificar el lado impuro
que cabe en el alma de los grandes,
y grande para sobrellevar, en la derrota y la muerte,
la trágica expiación de su grandeza.

Cuando le tradujimos el texto al presidente Clinton, le encantó y me pidió que le hiciera llegar una traducción del mismo, cosa que ordené hacer para que Jacquie se la entregara a Hillary durante la cena de la noche.

La última vez que lo vi fue en la ceremonia de clausura de la cumbre. Me sorprendió comprobar que en el sorteo protocolario de los puestos para la ceremonia de despedida habíamos quedado juntos.

Fue así como terminamos en inesperada y conspicua vecindad, ante la impotente mirada de algunos de sus asesores.

"Ésta es prueba fehaciente de que la justicia divina sí existe", me dije para mis adentros, mientras exhibía mi mejor sonrisa.

¿POR QUÉ NOS DESCERTIFICARON?

El mes de febrero de 1996 fue uno de los más difíciles de mi gobierno. El primer día asesinaron a Elizabeth de Sarria. La noticia me llegó cuando estaba en Barranquilla inaugurando unas obras públicas. Los currambos me sorprendieron a mi llegada con una multitudinaria recepción en el aeropuerto. Recuerdo un gran cartel escrito en el más popular lenguaje del litoral:

"¿Que renuncie Samper? ¡Las güevas!"

La frase no era muy elegante, pero expresaba un sentimiento genuino, como pude comprobarlo. Si uno quiere pensar distinto, si quiere sentir distinto, si quiere conocer una perspectiva genial de algo que lo inquieta o angustia, si quiere descubrir la simplicidad del misterio o la complejidad que se esconde detrás de lo obvio, debe visitar a Barranquilla, una ciudad que piensa en contravía. Hay que conocer a su alcalde, el cura Bernardo Hoyos, que ha entendido como ninguno que en Barranquilla la mejor manera de mamarles gallo a los problemas es solucionándolos.

La noticia del asesinato de la *monita retrechera*, como la bautizaron algunos medios de comunicación, me tomó por sorpresa y entendí de inmediato que el horrible crimen traería nuevos problemas al gobierno. Como en su momento lo informé ampliamente a la Comisión de Acusaciones de la Cámara, conocí a la señora Sarria en Cali, cuando ella desarrollaba una labor social con los presos y las familias de los policías del Valle. Tenía una pinta ligeramente extravagante, de eso que las señoras de Bogotá llamaban nueva rica y que atribuían en el Valle a unas minas de oro que explotaba con su esposo en Tumaco. Su entusiasmo por mi causa en la campaña de 1989 no pasó de asistir a algunos actos de contribución y mandar colocar unos pasacalles, tan luminosos como *kitsch*, para anunciar mis ocasionales llegadas a Cali.

Sea éste el momento de decir que los políticos conocemos, especialmente durante las campañas, a cientos de personas que colaboran en municipios perdidos, barrios, veredas. Es absolutamente imposible llegar a saber los detalles de la vida de cada uno, y, de todos modos, no existe regla perfecta para adivinarlos. Quienes se limitan a hacer política de cónclave en los clubes sociales con banqueros, empresarios y altos personajes tienen ciertamente más posibilidades de conocer a quienes se aproximan a ellos. No era ese mi caso.

Más tarde, en 1994, la señora de Sarria quiso vincularse de manera más activa a la campaña en Bogotá y solicitó, sin éxito, a través de Santiago Medina, la posibilidad de ingresar oficialmente a los equipos de recolección voluntaria de fondos. A muchos nos disgustaba su figura y su persistencia; pero no porque pensáramos que tuviese alguna vinculación sospechosa –inclusive se decía que le vendía oro a la Reserva Federal de Estados Unidos–, sino, simple y sencillamente, porque nos parecía, para decirlo en lenguaje franco y popular, una señora bastante insistente e inoportuna.

La señora de Sarria todo el día proponía a los encargados de las finanzas, o a quien pudiera atrapar como interlocutores, fórmulas fantásticas para conseguir millonadas: rifar caballos, rematar antigüedades, organizar desayunos bailables...

En un par de ocasiones consiguió hablar conmigo, como lo hice con seguidores políticos cuya mayor y más inocente recompensa es un diálogo con el jefe. En una de esas oportunidades nuestra conversación fue grabada. Quién la grabó, cómo lo hizo y por qué, es algo de lo que me ocuparé dentro de algunos renglones. En la primera cinta, que reveló profusamente la revista *Semana* sin preocuparse demasiado por indagar su origen ni su fiabilidad, la señora aparece proponiendo, con su habitual insistencia, una de esas reuniones, que nunca se celebró, para conseguir unas cifras millonarias, que nunca llegaron a la campaña, provenientes de unos empresarios brasileños que nunca estuvieron en mi casa, y enviando una supuesta joya que jamás llegó a nuestras manos. Mi situación, como se desprende de la misma conversación, era la de un candidato acosado por una simpatizante impertinente –una más–, que hacía esfuerzos por quitársela de encima sin ser grosero.

La segunda cinta recoge un diálogo de Santiago Medina con la señora. En ella el tesorero, como siguiendo un libreto, da cuenta de que todo lo que se decía en la primera se había cumplido al pie de la letra. En pocas palabras, la segunda grabación era un vil montaje para dar credibilidad a la primera. Esta manipulación la estableció claramente el profesor Rodolfo Valero y Borrás en un análisis de las cintas, incluida la de mi conversación con la señora de Sarria.

El conocido especialista rindió el 6 de septiembre de 1995 el siguiente informe: "Se trata de fonocomposiciones desarrolladas en laboratorios especializados en grabación, donde se utilizan ensambles purificados de voces en diálogos de construcción oral diferentes al ideario de la conversación difundida... Por ello notará usted –agregaba su concluyente revelación– que al reproducir los diálogos, cada supuesto interlocutor espera que el otro termine de hablar para reanudar frontalmente la respuesta".

¿Cómo se obtuvieron las voces de la primera grabación? La explicación es sencilla: interceptando los teléfonos de mi oficina, que funciona anexa a mi apartamento.

La historia es como sigue: terminaba la primera vuelta presidencial. Todos los lunes, a las ocho de la mañana, me reunía en ese despacho con los altos mandos de mi campaña en lo que se conocía como el Comité de Agenda. Allí examinábamos los compromisos de la semana, preparábamos los temas que expondría en cada una de mis presentaciones y tomábamos decisiones de estrategia. También estudiábamos las encuestas.

Comenzamos a sospechar que algo extraño estaba sucediendo cuando una semana en que acordamos proponer la refrendación plebiscitaria de ciertos temas nacionales se nos anticipó la campaña de Pastrana a proponer exactamente la misma iniciativa. A la semana siguiente resolvimos convertir la defensa del Metro para Bogotá en mi gran oferta para la capital; pero a las pocas horas de nuestra reunión nos sorprendió Pastrana con una inesperada defensa del Metro, a pesar de que en su condición de alcalde capitalino se había opuesto de manera radical a la idea. (Y aún lo siguió haciendo ya como presidente).

No había duda: se estaban filtrando nuestros encuentros. Como los asistentes eran todos de plena confianza, pensamos que debía tratarse de algún tipo de espionaje. Contratamos una firma de expertos en rastreos electrónicos y, después de trabajar una mañana en la oficina, los sabuesos de la empresa detectaron un complejo sistema de escuchas.

Se trataba de un transmisor electrónico conectado al aparato de fax de mi despacho; una red de micrófonos hábilmente escondidos en la biblioteca de la oficina recogían la información y la derivaban al transmisor. Había dos micrófonos mimetizados en los anaqueles y uno más debajo de la mesa del escritorio. Cuando la reunión comenzaba, o cuando querían escuchar cualquier conversación, alguien llamaba al fax: esto bastaba para que, al entrar la llamada, se activara el sistema de escuchas y nuestras conversaciones quedaran en poder de alguien que no era propiamente un aliado de la campaña.

Este montaje se pudo comprobar cuando Consuelito, mi secretaria, que es vivísima, corroboró que a veces el fax sonaba los lunes sin que nadie enviara nada. Cuando ella descolgaba, se escuchaba un ruido raro, en vez de la característica sinfonía de pitidos que identifica al fax.

Al descubrir, con pasmo, que éramos víctimas de espionaje electrónico, formulamos ante las autoridades la denuncia correspondiente por este delito. Vinieron los equipos oficiales de inteligencia, encontraron lo mismo que habían hallado nuestros expertos y la cosa no pasó de allí, como muchas otras investigaciones en Colombia cuya efectividad a veces parece inversamente proporcional a su importancia. Fue curioso que semejante acto no suscitara mayor interés en la prensa, a pesar de carecer de precedentes conocidos en Colombia.

Por una de esas paradojas de la vida, sólo cuando la señora fue asesinada se conoció la verdadera historia de sus relaciones con el narcotráfico, que para muchos había pasado inadvertida. También se supo de sus vínculos con Santiago Medina. Del mundo de brujería que la rodeaba; del origen dudoso de sus caudales; de sus contactos con los contrabandistas de cigarrillos de Aruba y Curazao; y hasta de posibles vinculaciones con algunos agentes de inteligencia en Miami. Si la historia de la Monita se hubiera escrito al revés, es decir, comenzando por lo que muchos supimos en el momento de su muerte, seguramente nunca habría tenido nada que ver con mi campaña, ni con muchas otras personas –periodistas, políticos, agentes y conocidos notarios– que, con la misma buena fe, mantuvieron vínculos o contactos con ella.

Al enterarme en Barranquilla del atroz asesinato, en plena inauguración de un acueducto, impartí instrucciones desde un teléfono celular para que se iniciara la inmediata investigación del caso y se abortara lo que entonces ya algunos medios, irresponsable o tendenciosamente, estaban presentando como un crimen de Estado.

Febrero apenas comenzaba.

El 14, dos días después de la divulgación del balance antidrogas para ese año, el fiscal Valdivieso presentó en el Congreso, en medio de un formidable despliegue de prensa, la denuncia por los delitos de los cuales Botero me acusaba. El hecho tuvo más difusión internacional que local, a pesar de lo cual concedí una entrevista a Cecilia Orozco para el Noticiero de las Siete. Por primera vez, hablé directamente de la politización del juicio. El propio Valdivieso confirmaría la razón que me asistía en unas declaraciones al periódico *El Universal* de Venezuela, donde textualmente afirmó: "La investigación podría ser utilizada con fines políticos. Esto me disgustaría aunque no sería malo".

Estaba consciente de que el propósito principal de la fiscalía, quizás con el conocimiento y apoyo del embajador de Estados Unidos, era el de enrarecer el clima en Washington. El momento era perfecto para hacernos daño, pues muy pronto debía tomarse una decisión sobre la certificación de los esfuerzos de Colombia en la lucha contra las drogas durante 1995.

Al día siguiente asistí a la inauguración del edificio de la embajada de Estados Unidos en Bogotá, cuya invitación había aceptado desde hacía varias semanas. No era el acto social que más me podía entusiasmar, pero resolví acudir a él: poner la cara es la primera recomendación para manejar situaciones de gobierno. Los presidentes que se esconden producen incertidumbre, desconfianza y vacilación administrativa.

La visita al nuevo bunker fue tensa pero divertida.

El embajador no paraba de hablar como un loro mientras me mostraba las poco acogedoras oficinas de la sede diplomática, una especie de Escorial moderno con rejas y alarmas, pero sin Felipe II. En determinado momento de nuestra visita le pedí que me enseñara las "verdaderas instalaciones".

–¿Cuáles? –me preguntó sorprendido.

–Las que tiene abajo –le contesté–. Donde se hacen las cosas importantes.

Frechette soltó una de sus carcajadas nerviosas y compulsivas.

Ese día terminé mi discurso con unas frases de Lincoln muy adecuadas para la ocasión:

"No permitamos que nos calumnien con falsas acusaciones ni que nos aparten de nuestro deber con amenazas de destruir el gobierno o de enterrarnos en las mazmorras. Tengamos fe en la razón que da la fuerza y en esta fe atrevámonos a cumplir nuestro deber tal como lo entendemos, hasta el final".

El 20 fue arrestado el general mexicano Jesús Gutiérrez Rebollo, encargado de la lucha contra las drogas en su país. Estaba acusado de tener nexos con el conocido narcotraficante Amado Carrillo Fuentes. Unas semanas antes, Gutiérrez había sido declarado héroe nacional en

Washington por el zar antidrogas de los Estados Unidos, el general Barry McCaffrey.

En la reunión que periódicamente sostenía con los responsables del tema de las drogas en mi gobierno, salió una conclusión obvia: estaba claro que, si Estados Unidos iba a certificar a México, el apresamiento de Gutiérrez debía influir para que el gobierno del presidente Clinton no le negara a Colombia la certificación. También estaba claro que si uno de los cargos contra Colombia era la existencia de formas de corrupción en el interior del gobierno, en el caso del general Gutiérrez el asunto era mucho más grave: era la sal la que se había corrompido.

El 21 viajé a Villavicencio para asistir a una misa por la liberación de una niña secuestrada. Los llaneros, con razón, estaban indignados y me conmovió hasta el alma ver a los compañeros de la niña secuestrada portando unos cartelones que pedían la liberación de su amiguita. Fue el día que propuse la pena de muerte contra el secuestro. Me acusaron inmediatamente de estar tendiendo una cortina de humo sobre la crisis.

La acusación me sonaba conocida. Cada vez que el gobierno planteaba una discusión que se salía del tema de la crisis política, lo acusaban de promover cortinas de humo para desviar la atención de la opinión pública lejos de lo que los opositores del gobierno consideraban el único debate válido: la crisis.

Hoy debo decir que tan legítima era la pretensión de mis adversarios de concentrar toda la atención en el proceso 8.000 como el derecho, inclusive la obligación, del gobierno de seguir gobernando y manteniendo abierta su agenda de trabajo. Fue lo que hice y por eso sobreviví.

Con estos antecedentes, fácil era esperar que el primero de marzo no fuera la mejor fecha para recibir buenas noticias. Pero a pesar de todo, estábamos optimistas porque todavía pensábamos –reconozco que un poco ingenuamente– que la decisión sería justa y objetiva. Esa mañana, a las seis, la gente del conmutador me pasó una llamada.

Si algo funciona bien en Colombia, además de la envidia, es el conmutador del Palacio de Nariño. Sus operadores tienen un habilidad detectivesca para conseguir personas en cualquier parte del mundo y a cualquier hora. El proceso de reaprendizaje del uso del teléfono es de las experiencias más difíciles que vive un ex presidente colombiano. Acostumbrado, después de cuatro años, a alzar una bocina, decir un nombre y hablar en cuestión de instantes con el interlocutor deseado, se siente inútil y abandonado cuando le toca hallar un número telefónico en una libreta desactualizada, marcar un teléfono, acertar con el indicativo y lidiar con subalternos que contestan mal o, peor aún, con contestadores telefónicos.

Los del conmutador tenían instrucciones de no pasar llamadas por las mañanas antes de que yo mismo me reportara con ellos al despertarme. Toda comunicación por fuera de esta regla debía ser consultada con el oficial de seguridad de turno o el edecán de servicio. La regla era sana pues, con muy raras excepciones, toda llamada a destiempo era para anunciar un mal suceso.

Esa mañana helada del primero de marzo se iba a confirmar la regla. Era el canciller Rodrigo Pardo para decirme lacónicamente:

–Nos jodieron, pre, nos descertificaron; me acaban de llamar de Washington a decírmelo.

–No entiendo –le dije desconcertado–. Los informes indicaban hasta ayer que nos darían nuevamente una certificación condicionada.

–Pues por lo visto se arrepintieron y lo van a anunciar al mediodía en la Casa Blanca.

–Véngase para acá –le dije–. Esto merece una buena respuesta.

¿Qué es la certificación?

La primera vez que oí hablar de ella, como lo menciono en otra parte de este libro, fue el día que me entregaron un misterioso sobre en la residencia de la embajada de Colombia ante la ONU, en Nueva York, recién elegido presidente. Allí se consignaban los "criterios" para certificarnos en el año de 1995.

La certificación consiste en un procedimiento administrativo, establecido legalmente en los Estados Unidos, que obliga al Ejecutivo a enviar todos los años al Congreso una relación de los países que pueden ser objeto de ayuda o deben ser castigados según el desempeño que hayan mostrado en la lucha contra las drogas en los últimos doce meses.

Originalmente se trataba de un trámite interno manejado con la discreción debida para no mortificar a los países clasificados. Pero de unos años para acá comenzó a utilizarse para estigmatizar de manera pública a los países que el gobierno decide considerar malos y premiar a los que resuelve considerar buenos. El criterio que orienta esta práctica maniquea de malos y buenos no necesariamente consulta temas relacionados con la lucha contra las drogas. Es más: la droga se utiliza como falsa excusa para golpear o recompensar la "conducta" del "examinado" en otros asuntos.

Cuando se descubrió que tanto o más efectivo que el "garrote" de la certificación podía resultar el efecto persuasivo de la amenaza del "garrotazo", comenzaron a elaborarse detalladas e ignominiosas listas de "criterios" que la administración de los Estados Unidos tendría en cuenta, hacia el futuro, año por año, para expedir el certificado de buena conducta anual a los países examinados. La mayoría de estos criterios correspondían a sutiles condicionamientos políticos dignos de los tiempos de la Guerra Fría. Su recopilación sistemática podría servir de base para un formidable manual de intervención en asuntos internos de otros países.

El 7 de febrero del 95, antes de que se produjera la decisión de la certificación condicionada –que en el fondo era una descertificación parcial compartida con el gobierno de Gaviria en el 94–, resolví poner sobre la mesa nuestras cartas, y anunciar los términos de lo que sería nuestra política antidrogas para el cuatrienio. Trabajé muchas horas con los equipos del gobierno para llegar a una formulación coherente y concreta de estas políticas, que luego yo mismo redacté en mi computador durante un productivo fin de semana en Hatogrande.

La política empezaba con una propuesta de erradicación de cultivos ilícitos de coca y amapola, acompañada de un ambicioso programa de sustitución social por valor superior a los 300 millones de dólares. Con ello daba nacimiento al plan alternativo de sustitución social de cultivos ilícitos, PLANTE.

En un segundo punto, la estrategia proponía abrir un frente legal de combate que empezaba con el aumento de penas. Consagraba, además, el delito de asociación para delinquir que reprimiría la formación de carteles, un estatuto anticorrupción, la ley estatutaria de justicia para fortalecer la capacidad de respuesta de los jueces y normas para combatir el lavado de activos. El plan tenía como remate una draconiana legislación de extinción del dominio, para despojar a la criminalidad organizada (narcotráfico, subversión, paramilitarismo, corrupción administrativa) de los bienes obtenidos con la comisión de sus delitos. Era una manera práctica y contundente de asfixiar el crimen, de despojarlo de su último fin.

Como lo menciono al examinar la evolución del tema de la extradición durante mi gobierno en otra parte de este libro, yo entendía que después del fortalecimiento de las penas y los instrumentos de administración de justicia y la aprobación de la figura de la extinción del dominio, podría empezar a discutirse el restablecimiento de la extradición, siempre y cuando las circunstancias de orden público lo permitieran.

El plan afinaba metas en materia de lucha contra la producción industrial y abría el camino para la suscripción de drásticos acuerdos de interdicción marítima y aérea del tráfico de drogas desde o a través de Colombia. Era muy exigente, por supuesto, en cuanto a los compromisos que esperábamos de los países consumidores de la droga, particularmente en lo referente a disminución del consumo, controles al lavado de utilidades provenientes de la droga, interdicción de venta de insumos químicos y control del tráfico de armas.

Este último aspecto, el de la responsabilidad de los países consumidores y la pretensión de fijar nosotros mismos nuestras prioridades en materia de lucha antinarcóticos, no fue bien visto en Washington. El gobierno de Estados Unidos quería demostrar ante el Congreso, en plena época electoral, que los avances conseguidos en Colombia tenían origen exclusivo en las torpes acciones y presiones desarrolladas por las autoridades y agencias oficiales gringas.

Tampoco les gustó, según nos hicieron saber, que hubiéramos osado emplear la palabra corresponsabilidad, es decir, responsabilidad conjunta de todos los países en la lucha. Este término sonaba a herejía frente a la política de unilateralidad en que venían empeñados.

El balance de lo conseguido por Colombia en 1995, como lo habían reconocido públicamente el presidente Clinton en las Naciones Unidas y el vicepresidente Al Gore en Williamsburg, era impresionante: el cartel de Cali, responsable, según las propias autoridades norteamericanas, del 80% del tráfico de cocaína en el mundo, había sido desarticulado; sus cabecillas se encontraban en la cárcel; las metas de erradicación de cultivos habían sido superadas, y las reformas legales estaban en buen curso. Si la decisión era objetiva y correspondía al espíritu para el cual había sido creada la certificación, Colombia debía recibir un diez aclamado.

El embajador colombiano ante el gobierno de Clinton, Carlos Lleras de la Fuente, había recorrido con admirable paciencia, una por una, todas las oficinas importantes de Washington para presentar nuestro balance. Este aparecía contenido en un informe que relataba los detalles y que internamente conocíamos con el sugestivo nombre de "Libro Blanco de Lleras".

La única noticia que habíamos tenido en el año anterior en el sentido de que el resultado podía ser contrario a nuestro optimismo surgió a raíz de una conversación que sostuvo en noviembre una fuente del gobierno colombiano con la señorita Dennis Malczewsky, de la oficina encargada de Colombia en el Departamento de Estado. Durante la charla, ella le manifestó a nuestro informante que lo más probable era que Colombia fuera descertificada. Su planteamiento decía que, si bien se habían registrado logros fundamentales en la lucha contra el narcotráfico, Washington consideraba que debía mantener la presión del escándalo como arma contra el presidente de Colombia para pedir y obtener todavía más resultados. Lo único que aún no estaba claro en el interior del Departamento era –según dijo– "si Samper podrá sobrevivir a su propia utilidad para nuestros intereses".

Conocimos al mediodía el anuncio oficial de la medida. Sin hacer el más mínimo reconocimiento al desmantelamiento del cartel de Cali, con avaros elogios a la policía nacional y una insólita apología de la fiscalía, la declaración señalaba las dificultades políticas que yo estaba atravesando por cuenta del juicio en el Congreso como justificación de la decisión asumida. Esta circunstancia, por supuesto, no tenía nada que ver con los criterios fijados en la ley norteamericana, que estableció el procedimiento certificatorio para calificar países y no para descalificar presidentes o gobiernos. En ese momento, para mí, quedó oficializada la intervención del gobierno de los Estados Unidos en la crisis política colombiana al amparo del llamado proceso 8.000. Paradójicamente, también marcó el comienzo del fin del mecanismo de la certificación como instrumento de intervención.

Me pasé la tarde de ese fatídico día animando a la gente de la policía que, con toda razón, se sentía herida en su orgullo; les dolía sobre todo el recuerdo de los treinta y cinco agentes que habíamos perdido el año anterior en distintos operativos antidroga, y que ahora quedaban "descertificados" por Washington.

En la noche convoqué una reunión con varios ministros y funcionarios para examinar las consecuencias prácticas de la medida. Después de una agotadora reunión, concluimos que sus efectos no eran tan graves ni tan definitivos. Teníamos la certeza de que el gobierno de los Estados Unidos no se atrevería a adoptar las sanciones económicas que preveía la medida, como en efecto no lo hizo, porque esta decisión se volvería contra sus propios intereses; para entonces, estaba demostrada la caída de la inversión extranjera norteamericana en el país en los dos últimos años y la sensible pérdida de negocios norteamericanos en Colombia por más de 2.400 millones de dólares.

Terminada la reunión, me quedé con algunos ministros y les anuncié con alguna solemnidad la decisión que había tomado unas horas antes, cuando meditaba, en la terraza de la casa privada, acerca del camino que debía tomar ante el desafío de la descertificación.

–Nada de lo que hagamos en la lucha contra el narcotráfico –les dije– va a satisfacer las expectativas de Washington mientras esté yo en la presidencia. Lo que hoy han casado es una absurda pelea personal contra Ernesto Samper. Creo que aquí partimos de una equivocación de fondo: nuestro objetivo no debe ser aprobar el año entrante el examen, sino luchar contra la indignidad del examen mismo. Desde hoy, la lucha contra el procedimiento unilateral de la certificación debe ser un objetivo estratégico de nuestra política externa.

Y agregué, levantándome del sillón para despedirlos:

–Hoy al mediodía también he decidido que, sin abandonar la lucha contra la droga, voy a concentrar todo el tiempo que pueda en la defensa de los derechos humanos. Está muy bien que tratemos de preservar la salud de los drogadictos del mundo, incluso luchando contra sus propias autoridades; pero proteger la vida de los colombianos merece un esfuerzo igual o mayor y en ello pienso concentrarme los próximos años. Para eso, entre otras cosas, fui elegido.

La victimización de que fue objeto Colombia durante esos años y la veloz recuperación de sus diplomas al entrar un gobierno de sus simpatías probó, en efecto, que la certificación es un mecanismo arbitrario, inmoral y anacrónico.

Es arbitrario porque actúa para discriminar entre países y gobiernos amigos o enemigos independientemente de los esfuerzos reales que hagan para controlar o reprimir el tráfico de las drogas. La política trazada en el caso colombiano fue la de castigar a un gobierno que Washington consideraba demasiado independiente de sus intereses y al cual trató de satanizar, con su presidente a la cabeza.

Los principales beneficiarios de la descertificación contra Colombia y contra mi gobierno fueron los narcotraficantes. Gracias a la reacción popular que se despertó contra Estados Unidos, los capos vieron legitimadas sus posiciones falsamente nacionalistas, disminuida la capacidad ofensiva del gobierno, divididos por cuenta de ella a los agentes de la fuerza pública que los combatía y en entredicho el propio estado de derecho que debía juzgarlos y castigarlos.

La certificación es inmoral por cuanto parte del supuesto de que el mercado de la droga solamente tiene una cara, la de la producción, y pasa por alto la existencia de una colosal demanda dispuesta a pagar cualquier precio por satisfacer su vicio. Dicho en otros términos, si el consumo de la droga no existiera en los Estados Unidos y en los países de Europa, Colombia jamás habría tenido que confrontar los problemas que ha confrontado ni pagar los costos humanos y económicos que sigue pagando.

En los últimos diez años Colombia ha gastado mas del 1% de su Producto Bruto Interno (más o menos US 1.000 millones anuales) en atender la lucha contra el narcotráfico. De esta suma, apenas entre el 10% y el 15% procede de ayuda externa. El restante 85% o 90% sale del bolsillo de los colombianos. La terrible paradoja que se esconde detrás de estas cifras es que, mientras unos pocos países ponen los 230 millones de consumidores, los colombianos colocamos los muertos: los 4.500 policías sacrificados, el millar de jueces inmolados o los 35 periodistas asesinados en los últimos diez años.

A pesar de la insistencia de los oficiosos voceros norteamericanos por demostrar que el consumo en su país está bajando, las cifras indican todo lo contrario. Ha disminuido, sí, el número de consumidores ocasionales de lo que podríamos llamar estupefacientes tradicionales (cocaína y heroína, principalmente); pero los consumidores permanentes aumentan y son cada vez más numerosos los usuarios de poderosas drogas sintéticas, éstas sí de producción local, como el éxtasis.

La lucha contra el consumo fue, precisamente, tema de varias conversaciones que adelanté en Estados Unidos con influyentes personas, como el ex alcalde de Nueva York, Mario Cuomo. Con él nos reunimos en el Hotel Plaza para hablar de los esfuerzos que estaba haciendo una fundación suya, especializada en la materia, para que se entendiera la otra cara del problema. Los términos de ese encuentro fueron muy cordiales y positivos para los objetivos de la política internacional de Colombia en la materia.

El asunto es tan sencillo como esto:

¿Puede un país casi sin ayuda, presionado por las descalificaciones arbitrarias de la nación más poderosa del mundo, echarse sobre los hombros la formidable responsabilidad de solucionar uno de los más graves problema que afronta la humanidad? La respuesta no es política ni económica; es ética. Y, por supuesto, es no. Mi pecado consistió en decir no.

Por si faltara algo, la certificación es anacrónica, porque va en abierta contravía con las ventajas infinitas de una globalización que nos venden todos los días desde los países ricos y que hasta el momento parece que sólo fuera hecha para beneficiar a quienes la recomiendan. Medidas unilaterales como ésta, embargos, bloqueos económicos, restricciones que van más allá de los aranceles y cuotas de importación, forman parte de un patético cuadro de "hechos de poder" mediante los cuales se desvirtúan, todos los días y en todas partes, los ideales de libre comercio, de igualdad económica y globalidad, que son tema cotidiano de los sermones en los púlpitos neoliberales.

La represión de la droga –si ese es el camino que se escoge para acabarla– tiene que hacerse a partir de los principios de la corresponsabilidad y la integralidad. Todos los países, sin excepción, son responsables de su eliminación, y su acción debe dirigirse contra todas las etapas que conforman la cadena del narcotráfico: desde la erradicación de cultivos ilegales hasta la retención de las jugosas utilidades que hoy circulan, como Pedro por su casa, a través de los circuitos financieros internacionales.

Nuestra batalla contra la certificación empezó, pues, en 1966. En su primer año consiguió despertar la conciencia de muchos intelectuales, periodistas, editorialistas, congresistas y gobernantes.

El famoso lingüista de MIT Noam Chomsky destacaba el contraste entre la acción de los representantes de los Estados Unidos ante la Organización Internacional de Café para acabar con el Pacto Cafetero y su oposición a la sustitución social de cultivos. Mientras Washington golpeaba por un lado un pacto que garantizaba ingresos estables a dos millones de pequeños cafeteros en Colombia, por otro se negaba a la sustitución social de cultivos.

La Comisión de Estupefacientes de Viena aceptó la tesis colombiana de la corresponsabilidad, sostenida por la delegación que presidió el ministro Carlos Medellín. A pesar de los argumentos de la delegación de los Estados Unidos, presidida por el señor Gelbard, la comisión atendió y acogió nuestras críticas al mecanismo unilateral de la certificación. Asimismo, avaló la convocatoria de México y Colombia a una sesión especial de la Asamblea de las Naciones Unidas para estudiar la cuestión de las drogas.

Periódicos de connotada importancia como el *Wall Street Journal*, *Le Monde* y el *Miami Herald* se manifestaron abiertamente en contra del mecanismo.

El primero de ellos fue contundente en una serie de editoriales donde preguntaba por qué se certifica la oferta y nada se dice de la demanda. "Está probado –afirmaba– que la descertificación es un ejercicio artificial que no puede aplicarse uniformemente". Allí mismo preguntaba –y lo menciono como un dato curioso– por las diferencias entre las acusaciones de infiltración de la campaña del presidente Samper por dineros del narcotráfico y las que existían en el mismo sentido contra el presidente Clinton por la presencia de fondos aportados irregularmente a la suya.

El *Miami Herald* fue todavía más directo en sus críticas:

"La política de certificación es de doble moral, inconsistente y deja abierta la posibilidad de ser calificada de ridícula y su rito anual es una charada", decía a comienzos de 1997.

El primer espaldarazo diplomático a nuestra política lo dio la Cámara de los Lores de Inglaterra. Esta, en su sesión de abril 3 de 1997, de una manera categórica, "hizo un cálido reconocimiento al éxito espectacular de la lucha que viene librando el presidente Samper contra la droga" y criticó acremente el mecanismo de la descertificación. Fue uno de los importantes logros del embajador Carlos Lemos en sus gestiones diplomáticas en Viena y Londres.

En una histórica sesión, el Comité de Relaciones Internacionales de la Cámara de Representantes de los Estados Unidos, el 11 de septiembre de 1996, realizó un debate a la administración Clinton. En la sesión el comité rechazó "el aislamiento al que se tiene sometido al presidente Samper en contravía de los esfuerzos por apoyar la democracia en la región".

En la misma oportunidad, el congresista George Hamilton fue más allá y criticó abiertamente a Gelbard por estar negociando con las fuerzas armadas la ayuda a Colombia sin que lo supiera el presidente de la república. Al final lo conminó a que dijera si esa era su manera de entender y apoyar un gobierno civil democráticamente elegido.

Con el tiempo se comenzaron a escuchar más y más voces contra la certificación y fuertes críticas a la contribución que este mecanismo representa en la desestabilización democrática de los países a los cuales se aplica. En un momento dado salió a flote, para nuestra sorpresa, que el embajador Gelbard había demorado la entrega de ayudas ya aprobadas para Colombia –como helicópteros y repuestos de equipos antinarcóticos– con la perversa intención de debilitar la capacidad de las autoridades colombianas para adelantar la lucha antinarcóticos e impedir que mostraran en ese año resultados que pudieran valerles un mayor reconocimiento.

No era la primera vez que Gelbard actuaba de esta manera. Su conflictiva trayectoria diplomática, especialmente cuando estuvo acreditado en Bolivia, aparece muy bien documentada en un excelente libro del investigador boliviano Eduardo Gamarra. Menciona que uno de los diarios de este país lo despidió con un sonoro titular que me releva de suministrar mayores detalles: "Gelbard, váyase al infierno", decía.

La afición de Gelbard por la aplicación de procedimientos propios de la época de la Guerra Fría –trampas, amenazas, filtraciones periodísticas malintencionadas–, sus antecedentes biográficos y su obsesión compulsiva por castigar a Colombia y deshonrarme, me llevaron a solicitar el concurso de un grupo de siquiatras para establecer el perfil sicológico del personaje, cuyo comportamiento excedía el celo que se puede esperar de un funcionario público interesado en mostrar resultados a sus superiores, y con el cual teníamos que enfrentarnos casi a diario. Entre las conclusiones del análisis, de varias páginas, recojo una que me pareció relevante:

"Persona afectada por trastornos de carácter, de ideas fijas que pueden llegar a ser delirantes. Este tipo patológico comienza a ver por fuera lo que le está pasando por dentro y a mostrar síntomas persecutorios que lo llevan a tratar de infundir en los demás el miedo que siente él mismo".

Aquel debate que se realizó en el Congreso de Estados Unidos sobre la lucha colombiana contra la droga terminó con una declaración terminante:

"Es claro un consenso del Comité de que los Estados Unidos deben aceptar la necesidad de entenderse con el presidente Samper como parte de su apoyo a la democracia en América Latina".

Ese día la política aplicada contra Colombia comenzó a dar la vuelta, gracias al Congreso. Y se confirmó la sabiduría de la frase de Churchill, recogida por el senador Amilcar Acosta en uno de sus memorables debates, de que "los norteamericanos siempre hacen lo correcto después de haber intentado todo lo demás".

Los apoyos internacionales seguían produciéndose. La Asamblea Extraordinaria de las Naciones Unidas para examinar el tema de la droga, reunida el 23 de septiembre de 1997, por solicitud de México y Colombia, y con la participación de más de cuarenta jefes de Estado, protocolizó la tesis colombiana de la corresponsabilidad y se opuso con energía a cualquier tratamiento unilateral o intervencionista como el de la certificación.

También la Cumbre de las Américas, celebrada unos meses más tarde en Santiago de Chile, avaló la propuesta colombiana para establecer un procedimiento de evaluación regional de los esfuerzos de los países del hemisferio en su lucha contra las drogas. Este examen no debía limitarse, sin embargo, al campo de la producción y distribución, sino también a los esfuerzos hechos en la disminución del consumo, el lavado de activos y la venta de precursores químicos.

Esta historia, como una buena película de Hollywood, también tiene un final tranquilizante:

La CICAD, organismo dependiente de la OEA, está ya trabajando con dinamismo en esta dirección que, seguramente, ayudará a los Estados Unidos a ver la viga de la droga en su propio ojo y tomar decisiones de fondo para poner orden en su propia casa. Sobre todo ahora, cuando ya pueden estar tranquilos porque "Satanás" Samper, ya retirado, dejó de ser "una amenaza".

En marzo de 1999 el gobierno de los Estados Unidos volvió a certificar plenamente a Colombia. La explicación de esta decisión fue resumida por el general McCaffrey, encargado de asuntos de drogas de la Casa Blanca, como un reconocimiento a un presidente amigo (el presidente Andrés Pastrana, por supuesto). Con ello confirmó, por si hiciera falta, que el mecanismo tiene una gran utilidad para clasificar aliados.

Terminada su labor contra Colombia, el señor Gelbard, cuya obsesión patológica logró imponer sus ideas megalómanas sobre la persecución del tráfico de las drogas, fue trasladado a Bosnia. Se volvería a saber de él con la denuncia hecha por el presidente de la República de Srpska en una entrevista que publicó el diario *El País* el 14 de marzo de 1999. Allí se acusa a Gelbard de atribuir al gobierno "las acciones de terrorismo que él mismo ha planeado y realizado" y de "dividir a los presidentes de los países en locos y cooperadores". Yo, por supuesto, estaba entre los locos.

Movido seguramente por un explicable complejo de culpa y gracias a la dinámica gestión del embajador Luis Alberto Moreno, uno de los mejores y más cercanos hombres del presidente Pastrana, el gobierno de Clinton presentó, ya en el año 2000, un ambicioso programa de ayuda militar para Colombia, conocido sugestivamente como el Plan Colombia. Aunque el plan no es por supuesto, como fue presentado, una panacea para remediar los males sociales del país, partió en su elaboración de dos consideraciones que fueron sistemáticamente ignoradas por el gobierno de Estados Unidos durante mi administración: la necesidad de la sustitución social de cultivos ilícitos y la estrecha relación entre narcotráfico, guerrilla y grupos paramilitares. Empero, el hecho de que la mayor parte del arsenal bélico dispuesto en el plan esté destinado a operaciones antidrogas en el sur del país, considerado por muchas razones como el epicentro geográfico de la guerra que libran las FARC contra el gobierno, desatará en los próximos años un escalamiento del enfrentamiento armado que afectará más temprano que tarde el curso de las balbuceantes negociaciones de paz iniciadas por el gobierno del presidente Pastrana.

La semana siguiente a la descertificación me dirigí a una cumbre presidencial en Trujillo (Perú), donde resucitaría el Grupo Andino. En el camino hice escala en Ipiales para conocer el estado de algunas obras regionales. Allí me llevé la gratísima sorpresa de hallar una impresionante manifestación en la plaza de la ciudad. El lugar estaba lleno hasta los topes de banderas de Colombia e insignias azules y rojas, conservadoras y liberales. Vi con preocupación cómo cientos de jóvenes, iracundos, quemaban banderas estadounidenses y gritaban abajos a "los yanquis".

En mi discurso les pedí que no quemaran el pabellón de países amigos, y que mejor izaran el de Colombia con la frente en alto. Pero comprendí que después de la descertificación el sentimiento colombiano hacia los Estados Unidos, tradicionalmente favorable en comparación con el de otros países del área, jamás volvería a ser el mismo.

¿Valió la pena, para los Estados Unidos, pagar tan alto costo?

EL RETIRO DE LA VISA

Nadie podía predecir que esa mañana soleada del 11 de julio de 1996 se vería empañada por una de las peores borrascas de mi mandato. Me encontraba tranquilamente en mi despacho preparando las palabras que diría al mediodía a los deportistas que iban a viajar a los Juegos Olímpicos de Atlanta, cuando recibí una llamada urgente de Darío Arizmendi, el periodista bandera de radio Caracol.

–Presidente –me dijo Darío–: hay rumores muy fuertes en el Departamento de Estado de que le quitaron la visa.

–No tengo ni idea, Darío –le contesté–: déjeme yo averiguo algo y le cuento.

Su llamada coincidió con el ingreso precipitado de Juan Mesa a mi oficina para informarme que lo acababa de llamar el embajador Frechette, de Estados Unidos. Pedía una cita urgente, pues tenía instrucciones de su gobierno de comunicarme personalmente una noticia muy importante antes del mediodía. Frechette le había comentado a Juan que en ese momento preferiría estar en la China que en Colombia. La frase ocultaba mal el hecho de que el propio Frechette había trabajado esta nueva medida de su gobierno contra el mío.

No se necesitaba ser suspicaz analista internacional para adivinar lo que pasaba: Washington me había quitado la visa.

Sin alterarme, telefoneé a unos amigos a los Estados Unidos. Ellos me confirmaron que, efectivamente, la decisión había sido tomada la noche anterior y sería anunciada en la temible rueda de prensa del Departamento de Estado a las doce en punto.

Como era ya mi costumbre en estos casos, cancelé las citas pendientes y decidí subir a la casa privada a meditar un rato. Cuando salía de mi oficina, Mesa me dijo con cara de angustia:

– ¿Qué le digo al embajador, que ha vuelto a llamar varias veces?

– ¿Dónde fue que él mencionó que le gustaría estar en este momento? –le pregunté a mi secretario privado con cierta sonrisa.

–En la China –me contestó Mesa muy solemne.

–Pues bien: dígale a Frechette que a mí más bien me gustaría, si él no tiene mayor inconveniente, que estuviera en la mierda.

La cara asombrada de Mesa mostraba que no iba a transmitir el mensaje.

Cuando subí, Jacquie ya estaba enterada y lloraba atacada. Lo de la visa la golpeó mucho más duro que los demás problemas con los Estados Unidos, porque se sentía herida en su orgullo de ciudadana norteamericana y traicionada la sangre de su padre. Herbert Strouss, mi suegro, conoció en Armero a Inés Lucena, mi suegra. Fundaron juntos una familia y años después pereció en Camboya cuando fue derribado el avión que piloteaba para llevar abastecimientos a las tropas en el frente.

Por esa razón, la decisión de retirarme la visa era para Jacquie como un doble insulto: a mí, por ser manifiestamente injusta, y también a la memoria de su padre, que había dado la vida por un régimen que ahora se mostraba capaz de un acto que la sublevaba por su iniquidad. Además, porque según ella, se cerraban de este modo las puertas de uno de los pocos sitios seguros en el mundo a los que podríamos viajar, al terminar la presidencia, para ponernos a salvo, así fuera temporalmente, de los criminales que mi gobierno había combatido, perseguido, destituido o encarcelado.

–Tú sabes muy bien –le dije– que se trata de una decisión política, en buena parte impulsada por la campaña electoral gringa. Pero si lo que quieren es sacarme del camino y liquidarme políticamente, lo que acaban de conseguir es todo lo contrario. Los colombianos no me perdonarían jamás que yo abandonara la presidencia porque me quitan la posibilidad de viajar a Miami.

La medida desnudaba un arma despreciable. El día que permitamos que Washington maneje los gobiernos latinoamericanos desde su oficina de visas, este continente quedará sumido en el oprobio más negro. Lo que sí me preocupaba en ese momento era la reacción antiamericana que esta decisión podría generar en Colombia. Las primeras encuestas así lo confirmarían.

El asunto de la visa no me tomó por sorpresa. Desde hacía días, habíamos sido advertidos de que, si la Cámara de Representantes de Colombia me absolvía, el Departamento de Estado buscaría la manera de tomar represalias. Una de ellas iba a ser el retiro de la visa, así se tratase de un recurso insultante y despótico de desconocer las instituciones de Colombia y de atacar internacionalmente a su presidente sin que pudiera defenderse. Un susurro de Estados Unidos tiene mucho más eco en el mundo que un grito de cualquier país del Tercer Mundo.

Unos días antes del episodio, el Subsecretario de Estado de Estados Unidos para América Latina, Jeffrey Davidow, buen amigo de Colombia, le había insinuado al embajador Carlos Lleras de la Fuente que existían serios enfrentamientos en el interior del Departamento de Estado respecto al tratamiento de Colombia. Según él, se avecinaban tiempos de tormenta, lo cual era un signo preocupante de que nuestros amigos adentro habían perdido ya la pelea.

El retiro de la visa correspondía perfectamente a la política de satanización que había puesto en marcha el Departamento de Estado en sospechosa alianza con los sectores más conservadores del Congreso de los Estados Unidos. La medida era fácil de vender en la Casa Blanca. Golpear de esta manera a un presidente que se presentaba ante el mundo como el demonio de la droga ayudaba, de paso, en la campaña electoral para que un gobierno demócrata "demostrara" a sus adversarios republicanos que, a pesar de las estadísticas negativas, estaba actuando "duramente" en el problema del narcotráfico.

Varias veces, durante mi gobierno, recibí mensajes, algunos más intimidantes que otros, relacionados con la eliminación de visas a políticos, a oficiales del ejército, a deportistas y funcionarios del gobierno. En muchos casos no se notificaba la eliminación de la visa sino la posibilidad de hacerlo, a fin obtener el traslado de un coronel, el retiro de un general independiente o la delación de algún político en problemas. Viví el drama personal de algunos generales a los cuales se les hacía llegar el rumor de la posible eliminación del visado. Esta noticia se filtraba luego a los medios para colocarlos, indefensos, contra la pared frente a sus propias tropas y a la opinión pública.

La utilización de los visados por razones políticas responde a un espíritu xenófobo digno de la época del tristemente célebre senador MacCarthy. Es un atentado contra la honra de los ciudadanos extranjeros que no pueden defenderse ni hacerse oír y así lesiona su integridad y crea innecesarias tensiones y conflictos entre los países.

Pero tampoco es el arma demoledora que pensaban. Su ingenuidad los llevó a creer que bastaría con el anuncio de esta extorsión para debilitarme. Un buen amigo, bien conectado, me había llamado unos pocos días antes para transmitirme con alarma el mensaje que había recibido de Washington: me conminaban a negociar rápidamente mi salida de la presidencia... con la garantía de que no me quitarían la visa ni sería perseguido judicialmente.

Le contesté que ni lo uno ni lo otro era negociable. La visa, porque dejarla o quitarla era una decisión unilateral del gobierno de Estados Unidos que yo debía acatar como ciudadano y como presidente. Y lo de la persecución judicial, porque, como acababa de quedar demostrado en el juicio en el Congreso, yo era inocente y no estaba dispuesto a llegar a transacciones con mi inocencia.

Previendo esta posibilidad, la de que me abrieran, como represalia, investigaciones judiciales en los Estados Unidos, les pedí en mayo de 1997 al vicecanciller Camilo Reyes y al doctor Bernardo Gaitán Mahecha, mi asesor y profesor, que de manera oficial solicitaran al embajador de los Estados Unidos que concretara la posición de su gobierno respecto a supuestas causas que pudieran iniciar en contra mía en los Estados Unidos. La reunión se celebró el 21 de mayo en la cancillería. Fue tensa, sincera y productiva.

En el informe escrito de la misma, que me presentaron esa tarde Reyes y Gaitán, se lee: "El embajador expresó su deseo, que pidió le transmitiéramos al presidente Samper, de que el gobierno de los Estados Unidos no tiene ni tendrá la intención de formular acusación alguna contra el presidente ante ninguna autoridad dentro o fuera de los Estados Unidos y que gestionaría ante las autoridades de Washington para que éstas influyeran ante el fiscal o los fiscales que atienden los casos dentro de los procesos que se siguen ante los Jueces de los Estados Unidos para que se limiten a la presentación de pruebas concretas contra las personas que son juzgadas, sin comprometer, porque no tienen fundamento para ello, al presidente de Colombia".

El verdadero campanazo de alerta de que se preparaba algo grave en Washington lo tuve cuando el 2 de julio de 1996, pocos días antes de conocerse la noticia sobre mi absolución en el Congreso, la fiscal Janet Reno solicitó formalmente a Colombia la extradición de la cúpula del cartel de Cali. En todos los tonos les habíamos explicado a los funcionarios del Departamento de Justicia –y ellos lo entendían– que la extradición había sido prohibida en 1991 por la nueva Constitución Nacional, varios años antes de que yo subiera al gobierno. De modo que, mientras no se restableciera esta figura jurídica en la Carta Magna y se renegociara, reincoporara y desarrollara un nuevo tratado por medio de una ley de la república, resultaba jurídicamente imposible pensar en la extradición de nacionales colombianos al exterior. Colombia, como Estados Unidos, es una democracia con separación de poderes y sujeción a la ley, y ningún gobierno –el mío, el anterior o el siguiente– podía hacer lo que la Constitución le prohibe.

El ministro de Justicia, Carlos Medellín, me llamó desde Nueva York cuando se enteró de la petición de la Reno. Estaba preocupado. Pensaba que la presentación de la solicitud podría crear condiciones de zozobra en los pabellones de alta seguridad donde estaban recluidos los jefes del cartel y que se presentaran, en consecuencia, conatos de fuga o verdaderos hechos de sangre. Tomamos todas las medidas del caso.

–¿Y qué opina, presidente, de la solicitud? –me preguntó.

–Lo que quieren, Carlos, es medirnos el aceite; ellos saben muy bien que no podemos extraditar colombianos porque la Constitución lo prohibe.

–¿Qué respondemos? –me preguntó Medellín

– Sólo podemos decirles lo que ellos quieren que contestemos: que no se puede.

–¿Para qué cree usted entonces que insisten en este punto, si conocen de sobra la respuesta?

–Ojalá lo supiera –le dije–. Pero tenga por seguro que no es para nada bueno. Piense lo peor, y acertará.

Medellín contestó la carta, como ya dije, desde Nueva York mientras asistía a una Conferencia de Lucha contra las Drogas: ¡qué paradoja!

Ese fin de semana, en uno de mis paseos sabaneros por la Hacienda de Hatogrande, le dije a Carlos Julio Gaitán, cónsul en Nueva York, quien se había venido preocupado a hablar conmigo:

–Mire, Carlos Julio, lo que estos señores de Washington quieren no es acabar con el narcotráfico sino cortarme la cabeza; lo que no sé es cuál es la guillotina que han escogido en esta ocasión para cortármela.

La guillotina, siguiendo los precisos consejos del embajador Frechette, era la visa.

Sobra decir que esta medida de desestabilización también tenía raíces en Colombia, donde mis enemigos políticos no vacilaban en acudir a la embajada de Estados Unidos para que les ayudara en sus propósitos. La lucha partidista interna arbitrada por los intereses de Washington es una tenaza que ya había dejado en la historia de Colombia, entre otras consecuencias, la pérdida del estado de Panamá.

Todo esto pensaba cuando me dirigía, el día que me quitaron la visa, a despedir a los deportistas que iban a llevar el pabellón colombiano a los Juegos Olímpicos en Estados Unidos. Me emocioné muchísimo al hablarles y pedirles que corrieran por Colombia, que boxearan por Colombia, que saltaran por Colombia, que jamás se avergonzaran de ser colombianos, que actuaran como embajadores de su país en los estadios, en las pistas y en los cuadriláteros del mundo.

Mi voz, entrecortada por la emoción de las circunstancias, fue interpretada por el periodista Juan Gossaín, con mucho olfato, como una confirmación de los rumores, que ya estaban en la calle como gritos, sobre la decisión del Departamento de Estado de prohibir mi ingreso a los Estados Unidos.

A los pocos minutos se hacía el anuncio público.

Cuando regresé a casa para almorzar encontré una llamada de mis hijos desde Madrid, donde estaban pasando vacaciones. Felipe, el menor y el más diablo, me dijo:

–Tranquilo, papi: nosotros tampoco queremos volver a Estados Unidos… Para eso hay un Disney World en Francia.

Meses después, cuando escribía la parte final del que iba a ser mi discurso en Nueva York, le leí a Felipe un supuesto párrafo en que hacía alusión a que ni mis hijos ni yo volveríamos a pisar los Estados Unidos. Felipe cayó en la trampa que le había puesto con el ánimo de molestarlo.

– Papi –me dijo con alguna timidez–, mejor quítanos a nosotros de ese párrafo.

Cuando le pregunté qué había pasado con aquel apoyo que me declaró desde Madrid contestó, muy diplomáticamente:

–Papi, entiéndelo, eran las circunstancias…

En la alocución televisada que realicé aquella noche tuve buen cuidado de señalar que, aun sin visa, acudiría a cumplir el compromiso de hablar ante la Asamblea de las Naciones Unidas en el mes de septiembre de ese mismo año.

A la mañana siguiente viajé a Chaparral, a pesar de que algunos me aconsejaban quedarme en Bogotá para apagar el incendio. Durante mi presidencia pensé siempre que las cancelaciones de agenda por cuenta de algún problema grave, especialmente la cancelación de visitas regionales, causaban efectos más negativos que los que se pretendía evitar. Fueron muy pocas las ocasiones en que dejé plantada a la gente, entre otras cosas porque sabía perfectamente que durante los momentos de crisis es cuando más esperan los ciudadanos que uno muestre la cara, que no se esconda, que le ponga el pecho a la situación.

Así lo comprobé en esa tierra liberal y rebelde como ninguna cuando el pueblo emocionado me aplaudió largamente al empezar mi discurso con las siguientes palabras: "No necesito visa para venir a Chaparral, la tierra de Darío Echandía, de Manuel Murillo, de Alfonso Reyes Echandía y de Alfonso Gómez Méndez".

Regresé del Tolima con las baterías cargadas pero con incertidumbre respecto al efecto internacional que hubiera podido tener la decisión del día anterior. Mi sorpresa fue mayúscula cuando encontré mi escritorio repleto de mensajes solidarios de todas partes del mundo y del país. En ellos la gente me expresaba su solidaridad ante lo que consideraba una "decisión imperial" que me condenaba ante el mundo sin darme posibilidad de defensa y, de paso, que estigmatizaba injustamente al país.

Me llamó la atención el mensaje de un colega del grupo de Río que me decía: "Llegaron los lobos por ti; mañana vienen por nosotros". Era una alusión a mi primera intervención en la Cumbre de Río, en la ciudad de Quito, cuando relaté a los otros presidentes hemisféricos el cuento de aquellos amigos que se van en un trineo por la estepa siberiana y en un momento dado enfrentan a unos lobos hambrientos. Angustiados, echan a suertes quién deberá servir de alimento a las fieras para salvar la vida de los otros integrantes del grupo. Pero los lobos, al no saciarse con el primer viajero, regresan por el otro y así se repite sucesivamente el incidente, hasta que terminan con los viajeros.

Sé que ese presidente, cuyo nombre protejo, estuvo toda la noche anterior realizando consultas para firmar un comunicado de apoyo que llegó la tarde siguiente y que fue para mí un respaldo de enorme valor. Siempre será acreedor a mi reconocimiento.

También conservo otra declaración, la promovida por mi buen y solidario amigo, el canciller chileno José Miguel Insulza, y firmada por los presidentes de Costa Rica, Chile, El Salvador, Guatemala, Honduras y Belice, donde después de reivindicar el principio de la no intervención en los asuntos internos de los Estados, solicitan que "la institucionalidad democrática de Colombia sea respetada ya que el Congreso Nacional de Colombia ha exonerado de toda culpa al presidente Samper".

Algunos amigos nuestros me propusieron, desde Estados Unidos, que contratara los servicios de un bufete de abogados. Creían ellos que era posible librar una batalla jurídica y de opinión pública para obtener la anulación o revisión de esta medida administrativa. Les contesté que, en primer lugar, los costos jurídicos de un pleito legal como éste están reservados en Estados Unidos a los multimillonarios y a los ejecutivos de empresas transnacionales afectados por la Ley Helms-Burton; y, en segundo lugar, que yo estaba seguro de que, si conseguía recuperar la visa por este camino, los enfurecidos burócratas de Washington intentarían cualquier cosa, incluso trampas e infamias inimaginables, para impedir que regresara a los Estados Unidos. Prefería, les dije, compartir una suerte en la que no me consideraba mal acompañado, pues era sabido que personajes como Charles Chaplin, Jean-Paul Sartre, Gabriel García Márquez y Pablo Neruda también habían sufrido tan honroso veto político.

Terminado mi mandato, he pensado muchísimo cómo hacer frente al futuro en este espinoso tema. Por supuesto que me gustaría regresar a los Estados Unidos, un país que quiero y admiro; pero con sinceridad creo que ese no es el punto de fondo, ni el asunto puede resolverse tranquilamente con la intervención de aquel dinámico y costoso grupo de abogados –que de todos modos, no tendría cómo pagar– o la intermediación de unas organizaciones no gubernamentales especializadas en este tipo de casos, como me lo han ofrecido algunas de ellas. No; el punto de fondo es que un procedimiento administrativo de inmigración fue utilizado como arma política para estigmatizar a una persona inocente y deshonrar a un país amigo en cabeza de su presidente y su familia.

Por ello he dicho que lo que me interesa no es que me devuelvan la visa, sino la honra. Fue la honra lo que realmente me quitaron el 11 de julio de 1996, el día en que el embajador de los Estados Unidos habría preferido hallarse en la China…

DROGA EN EL AVIÓN PRESIDENCIAL

Me encontraba atendiendo una audiencia con el embajador de la India cuando recibí un mensaje urgente del comandante de la Fuerza Aérea, el general Héctor Gil Nieto: necesitaba hablarme sobre una "cuestión de vida o muerte", código que usábamos en palacio para calificar un asunto de máxima prioridad.

Acostumbrado al talante tranquilo de Gil, le solicité a mi secretaria Consuelito que le abriera un espacio en mi agenda, pues debía de ser una cuestión grave. Llegó una hora después. Le pedí disculpas por el poco tiempo que tenía para atenderlo, porque estaba preparando la intervención que iba a hacer en Nueva York con ocasión de la conmemoración de los veinticinco años de existencia del Movimiento de Países No Alineados, que Colombia presidía. Estaba previsto que viajara a la mañana siguiente.

El viaje no prometía, sin embargo, ser nada placentero. Meses atrás, cuando el gobierno de los Estados Unidos, buscando producir unos efectos políticos, canceló mi visa de ingreso a ese país, yo había declarado que no necesitaba este requisito para poder cumplir con mis responsabilidades presidenciales y que lo demostraría asistiendo en septiembre en Nueva York a los actos programados en las Naciones Unidas. Esta declaración no había caído muy bien en Washington.

El general Gil me estaba esperando en la pequeña sala de juntas, al lado de la oficina de la secretaría privada. Me informó que esa tarde lo había buscado un mecánico que trabajaba en los talleres de la base aérea de CATAM, en el aeropuerto Eldorado, para decirle que había tenido conocimiento de que existía un plan para colocar un alijo de droga en el avión de la Fuerza Aérea que me llevaría a Nueva York . El valiente mecánico, indignado, manifestó al general que él no podía aceptar, como colombiano, que trataran de "quemar" de esta manera al presidente.

Inmediatamente, Gil había impartido instrucciones precisas para que buscaran la droga, desbaratando el avión si fuera necesario, pero hasta el momento no habían podido encontrarla. Cité con urgencia a palacio al general Rosso José Serrano, director de la policía, y al general Antonio Sánchez, coordinador de seguridad; localicé al fiscal Alfonso Valdivieso y lo puse al tanto de la novedad, a tiempo que le solicitaba que enviara un equipo al aeropuerto.

Con semejante amenaza en ciernes, José Antonio Vargas, secretario general de la presidencia, diligente como siempre, contrató un avión comercial de la compañía ACES para que nos llevara al día siguiente.

Los generales se dirigieron al aeropuerto con toda la parafernalia disponible para la detección de drogas: perros, aspiradoras y sabuesos humanos.

Pasadas las doce de la noche recibí una llamada del general Gil:

–¡Bingo, señor! –me dijo–: ¡encontramos la droga!

–Lo felicito, general –repliqué–. ¿Y dónde estaba guardada?

–Debajo de la cabina de pilotos, en un estrecho compartimento al cual se llega desde el tren de aterrizaje delantero. Es un sitio de imposible acceso para los perros. El que lo hizo sabía qué terreno estaba pisando.

Se trataba de un paquete de varios kilos de heroína de mala calidad empacada en bolsas plásticas baratas. La fiscalía asumió la investigación con inusual diligencia. El jefe de fiscalías, Armando Sarmiento, me llamó varias veces para darme todo tipo de informaciones, que incluían sus propias opiniones sobre la gravedad del acontecimiento. El excesivo celo del ente fiscalizador, que contrastaba con su actitud displicente en la investigación de otros hechos de interés para el gobierno, me pareció, por decirlo benévolamente, curioso.

Un dictamen pericial de la misma fiscalía, producido pocas horas después, determinó que la heroína era de una calidad extraordinaria, lo cual fortalecía para los investigadores la hipótesis de que se trataba de una acción criminal con móviles comerciales y no de una maniobra conspirativa para enredarme al llegar a Nueva York, como muchos seguíamos pensando.

La rapidez con que se sucedieron los hechos, la acucia de la fiscalía por esclarecerlos, las variaciones bruscas en los diagnósticos sobre la pureza de la droga, dejaban el episodio sembrado de preocupaciones sobre los verdaderos móviles del crimen. La preocupación creció cuando, a las pocas horas, el embajador de los Estados Unidos anunció públicamente que su gobierno no tenía nada que ver con lo ocurrido en el avión del presidente.

Temprano en la mañana hablé con Horacio Serpa, quien quedaría, en su condición de ministro delegatario, encargado de la presidencia. Coincidimos en la inquietud por lo que pudiera ocurrirme al llegar a los Estados Unidos.

No es que yo fuera víctima de un delirio de persecución; es que, efectivamente, me estaban persiguiendo. Todo había empezado como un episodio común de enfrentamiento político con mi adversario en las elecciones, Andrés Pastrana; después vinieron las calumnias, la judicialización de nuestras discrepancias y la politización del ente fiscalizador encargado de conducir el proceso; luego aparecieron las presiones externas, como el retiro de mi visa de ingreso a los Estados Unidos, la descertificación de Colombia en su lucha contra la droga y la satanización de nuestra imagen en los medios internacionales; hasta llegar a los hechos terroristas para desestabilizar el gobierno, los intentos de golpe y la búsqueda de mi propia eliminación física.

Le entregué a Horacio Serpa, privadamente, una carta cuyo texto conservo en mis archivos personales:

Doctor Horacio Serpa
Ministro Delegatario
ESM

Estimado Horacio: en caso de que ocurriera cualquier dificultad con ocasión de mi visita a Nueva York que afectara mi integridad personal o mi libertad le ruego proceder de la forma siguiente:

Actuar con energía desde el primer momento. Si se comprueba una participación oficial del gobierno de los Estados Unidos, declarar persona no grata al embajador y anunciar el examen de una inminente suspensión de relaciones, previa consulta a todos los ex presidentes.

Convocar públicamente a la comunidad internacional y pedir una reunión inmediata de los cancilleres del Grupo de Río para ponerlos en conocimiento de los hechos.

Citar a la cúpula de las Fuerzas Armadas a palacio para asegurar la gobernabilidad, y solicitar al Congreso que se declare en sesión permanente para ejercer la función de control político correspondiente.

Solicitar el inmediato regreso al país del vicepresidente.

Llamar a una reunión urgente de la Comisión Asesora de Relaciones Exteriores para informarle de las medidas que se adopten.

Salir rápidamente a la televisión para solicitar la solidaridad de la gente y rechazar cualquier acción violenta de protesta.

Si es necesario, proteger a mis hijos enviándolos a España, ya sabes dónde.

Sobre todo, Horacio, calma, templanza y fe. Un abrazo.

Horacio se sorprendió un poco con el texto de la carta y me dijo que estaba seguro de que no tendría que poner en práctica ninguna de las recomendaciones. Por supuesto, su dramatismo estaba en buena parte originado en el episodio de la droga encontrada en el avión para comprometerme, y en la larga y oprobiosa cadena de hechos que he mencionado anteriormente.

En la rueda de prensa de despedida me limité a calificar de "canalla" el hecho, sin querer ir más lejos. Viajamos, como es fácil entenderlo, con algún nerviosismo, al extremo tal que cuando aterrizamos en el aeropuerto Kennedy y estábamos a punto de detenernos en plataforma, Tulio Ángel, entonces asesor en comunicaciones y persona reconocida por sus apuntes humorísticos, comentó:

–Miren qué raro: ¿por qué será que Carlos Julio Gaitán (a la sazón cónsul en Nueva York) nos está saludando allá abajo con las manos esposadas?

La carcajada fue general.

Habíamos tomado la decisión de no alojarnos en un hotel sino en la casa de la embajada de Colombia ante la ONU, donde estaríamos más tranquilos y me sentiría completamente a salvo. El ambiente, naturalmente, no era el más sosegado. Constanza, la esposa del embajador Julio Londoño, lo hizo mucho más grato y llevadero.

Nuestro arribo a la residencia fue toda una odisea. Extrañas cuadrillas de trabajadores públicos habían decidido abrir huecos precisamente ese día en esa calle y enfrente a la casa de la embajada. Jacquie, con su peculiar intuición, que algunas veces raya en la fantasía y otras se convierte en aplastantes aciertos, dijo:

–Deben de ser los equipos de inteligencia cubanos, disfrazados de obreros públicos, que te están cuidando.

Efectivamente, los servicios de seguridad de Cuba habían estado asesorando a nuestra gente de avanzada en distintos aspectos logísticos de mi seguridad en la Gran Manzana. Aunque el esquema de seguridad presidencial colombiano era considerado por los expertos, en ese momento, como uno de los cinco más eficientes del mundo, los cubanos tenían un amplio conocimiento del terreno, resultante de los múltiples viajes de Fidel Castro a las Naciones Unidas.

–¿Ah, sí? ¿Y la otra cuadrilla? ¿Esa de dónde sale?–le pregunté a Jacquie por tomarle el pelo.

–Pues deben de ser los de la CIA –me contestó sin inmutarse.

Al día siguiente, un amigo me regaló uno de esos aparatos inútiles que venden para reducir los niveles de estrés, una especie de grabadora con un disco de "sonidos naturales" bastante exquisitos (olas del mar Caspio, cascada en los Andes, río keniano) que de lo puro naturales terminan por ser desesperantes. Para nuestra sorpresa, no bien conectamos el aparato a la red de electricidad de la casa, comenzamos a oír las voces de los que estaban trabajando abajo: seguramente las redes eléctricas de la residencia de alguna manera se conectaban con las de la calle por las reparaciones que estaban efectuando.

– ¿Cómo te parece el regalo? –le comenté a Jacquie–: un verdadero detector de espías urbanos. ¡Muy desestresante!

A pesar de todas estas precauciones yo venía, por supuesto, muy preocupado. Tanto, que en la mañana del viaje había colocado en el bolsillo de atrás de mi pantalón una pastilla de cianuro que había preparado un amigo farmaceuta, por encargo mío, desde hacía varias semanas. La cápsula había sido fabricada teniendo en cuenta mi peso, mi edad y mis condiciones físicas para que su acción estuviera asegurada. Solamente Jacquie y Alonso Gómez, mi médico, tenían conocimiento de su existencia.

A pesar de mis convicciones religiosas, reconozco que consideré siempre la posibilidad del suicidio como una hipótesis de salida digna. El recuerdo de la desaparición de Salvador Allende y de su voz, entrecortada por la emoción, anunciando por la radio, antes de morir, que volverían a florecer las alamedas de la libertad en Chile, golpeaba insistentemente en mi memoria en esos días de tremendas dificultades.

La mía no era ni mucho menos una decisión producto de la desesperación. No, mi determinación resultaba de una reflexión profunda de que lo único que podría darle la vuelta a una situación terminal, como la que podía presentarse en Nueva York, y salvar la dignidad nacional y mi propio honor, era el recurso extremo del suicidio. Lo único que me torturaba –y lo comenté un par de veces con mi hermano Daniel– era que mis hijos entendieran en el futuro la motivación altruista de la determinación que tomaba. Por esa razón, en la madrugada del 20 de septiembre de 1996, antes de salir para el aeropuerto rumbo a Estados Unidos, escribí una larga carta para Andrés, Miguel y Felipe cuyo contenido me llevaré a la tumba, a donde espero llegar de muerte natural y bastante viejo.

El episodio de la droga infiltrada en el avión, cuyo origen, como digo, aún no ha sido posible establecer, contribuyó a que el viaje a Nueva York estuviera rodeado de comprensible tensión. Sin embargo, lo que tan mal había empezado tuvo un final feliz. Mi intervención ante la ONU, que precisamente se refirió en parte al problema de la droga y la necesidad de luchar unidos contra ella, recibió una calurosa ovación de pie por parte de los asistentes; fue su manera de aprobar la tesis de la corresponsabilidad mundial contra la droga que planteé en mi intervención y de expresar a Colombia, en el sitio que tocaba, su solidaridad por los hechos absurdos que estaban ocurriendo.

ASÍ CAYÓ EL CARTEL DE CALI

"Los de Cali deben estar haciendo fiestas", fue la declaración del embajador de Estados Unidos que trascendió la noche del 2 de diciembre de 1993, cuando un comando especializado dio de baja al narcotraficante Pablo Escobar, cabeza del cartel de Medellín. Había sido sorprendido en su escondite en una casa de la capital de Antioquia y fue muerto cuando intentaba escapar por un tejado.

La inoportuna salida del embajador marcó, con el aparente fin del cartel antioqueño, el comienzo del fin del cartel de Cali. También expresaba las primeras dificultades que encontrarían las autoridades para enfrentarse a esta organización criminal, responsable, según fuentes norteamericanas, del 80% del tráfico de cocaína en el mundo. En el ánimo de acabar con Escobar, algunos agentes de seguridad habían establecido una alianza implícita con la gente del cartel de Cali; se trataba de una especie de matrimonio de conveniencia que atendía la regla aquella de que el enemigo de mi enemigo es mi amigo. Los del cartel valluno tenían valiosa información estratégica sobre la gente de Escobar, sus movimientos y sus escondites. Ellos mismos, en algún momento, habían entrado a su propio territorio para disputarle mercados y ajustarle cuentas.

Este fue el primer obstáculo que, al llegar a la presidencia, encontré para estructurar una estrategia de combate contra el grupo narcotraficante de Cali. Se sumaba a ella la forma misma como el cartel caleño estaba organizado, con cuadros orgánicos definidos, líneas de mando compartidas, una importante red de contactos institucionales y un sistema de comunicaciones que lo hacía aparentemente invulnerable. Gracias a este último se decía de sus jefes que, como Dios, estaban en todas partes pero no se mostraban en ninguna.

Como, además, no recurrían a la violencia sino en casos absolutamente necesarios y eran dueños del más importante equipo de fútbol de la región, contaban con un significativo apoyo popular, semejante al que Escobar había ganado con sus programas sociales a lo Robin Hood en las comunas pobres de Medellín, pero perdió con sus atentados terroristas de los últimos años.

Otro obstáculo aparecía en el horizonte inmediato. El 7 de agosto de 1994, cuando tomé posesión del cargo, se venía abajo la política de "sometimiento a la justicia" que había diseñado el gobierno del presidente Gaviria, que consistió en ofrecer beneficios de rebajas de penas a quienes voluntariamente se entregaran a la justicia, colaborando con informaciones que permitieran, en especial, localizar y capturar a los prófugos y, en general, desmantelar las organizaciones dedicadas al narcotráfico. Más de quince personas, socios de Pablo Escobar en el narcotráfico, se habían acogido entonces a la política.

Su más entusiasta defensor, el fiscal Gustavo de Greiff, había sido notificado el 30 de junio de 1994 por la Corte Suprema de Justicia que tenía que retirarse muy pronto de su cargo, por cumplir 65 años de edad. El gobierno del presidente Gaviria, con el cual el fiscal había tenido profundas discrepancias a raíz del episodio de la fuga de Escobar de su lujosa cárcel de Envigado, le pasaba de esta manera a De Greiff una severa cuenta de cobro por su actitud independiente y combativa.

Por si faltara algo, además de la interinidad del fiscal, que era el encargado de desarrollar la política, el gobierno, a través de su ministro de Justicia, Andrés González, se había comenzado a oponer sutil pero efectivamente al avance de las negociaciones. Para hacerlo, no se comprometió a tomar medidas especiales de seguridad en las cárceles a donde irían las dos mil personas del cartel de Cali que habían ofrecido su entrega al fiscal ni a que fueran recluidas en establecimientos localizados en el Valle del Cauca. Estas circunstancias habían producido, por supuesto, una gran desconfianza en los narcotraficantes, que temían por sus vidas cuando estuvieran en prisión.

¿Por qué el gobierno del presidente Gaviria dio marcha atrás a la política de sometimiento que había diseñado y puesto en marcha con relativo éxito? Este es uno de los misterios de la reciente historia del país que aún está por resolverse.

En tan difíciles circunstancias recibí una llamada del presidente Gaviria cuando me encontraba tomando unos días de descanso en España después de las agitadas elecciones presidenciales. Quería saber si podíamos presentar de común acuerdo la terna para elegir al nuevo fiscal pues, aunque él tenía el derecho de hacerlo, quería compartir la responsabilidad conmigo.

Cometí el error de aceptar su propuesta. En lugar de solicitarle que me permitiera presentar la terna al posesionarme, algo a lo cual le hubiera resultado difícil negarse, le proporcioné el nombre del ex procurador Alfonso Gómez Méndez para conformar la plancha. Conocía a Gómez Méndez desde hacía años y, aun cuando no éramos amigos personales, admiraba sus cualidades profesionales y sabía de su insorbonable independencia. Además, el ex presidente López también lo recomendaba ampliamente.

Al día siguiente, Gaviria me llamó de nuevo para sugerirme que cambiara a Gómez por otra persona, ya que su nombre "podría no ser bien visto por los militares". Cuando insistí en él, argumentando la importancia de tener un fiscal independiente, sobre todo para ciertos casos relacionados con los derechos humanos, el presidente mantuvo su posición sobre la conveniencia de cambiar el candidato. Le pedí un tiempo. Después de algunas consultas, propuse a Juan Carlos Esguerra, conocido profesor universitario y un jurista, como su padre, en toda la línea. En ese momento me enteré de que el candidato de Gaviria era el ex procurador Carlos Gustavo Arrieta y, como quien no quiere la cosa, me sugirió que metiéramos en tercer lugar a Alfonso Valdivieso Sarmiento, supuestamente a manera de relleno, para hacerle así un homenaje simbólico a su primo, Luis Carlos Galán Sarmiento. No encontré inconveniente.

Lo que vino después es historia bien sabida: Valdivieso se dedicó personalmente, con la ayuda de un conocido penalista, a visitar a los magistrados de la Corte Suprema. Uno por uno les solicitó y obtuvo su voto. Su elección fue, por supuesto, una sorpresa. Como lo fue también el posterior nombramiento que hizo como vicefiscal de Adolfo Salamanca, conflictivo personaje muy cercano del vicepresidente Humberto de la Calle.

Aunque traté de que el fiscal Valdivieso continuara las gestiones empezadas por su antecesor para la entrega de algunos dirigentes del cartel de Cali a la justicia, la verdad es que no encontré mayor eco. Me sorprendió esta actitud, pues él y yo, cuando éramos ministros del gobierno de Gaviria, habíamos avalado en el Consejo de Ministros la política de sometimiento. Pronto me di cuenta de que la nueva fiscalía revocaba en la práctica la política de sometimiento que había sido resultado de un verdadero acuerdo nacional.

A este tropiezo se sumaría, en los primeros meses de mi mandato, la inaceptable actitud de algunos narcotraficantes que, presionados por allanamientos y seguimientos del Bloque de Búsqueda en Cali, comenzaron a enviar mensajes amenazantes. Decían en ellos que no se someterían a la justicia si continuaba el acoso de las autoridades, y que aspiraban a un tratamiento similar al que había traído inicialmente a Pablo Escobar a las manos de las autoridades.

En los primeros días de septiembre de 1994 reuní en el salón de crisis de la presidencia a los encargados de la persecución del cartel de Cali y les dije, para que no se llamaran a ningún engaño:

–La política de sometimiento, cuya ejecución está en cabeza de la fiscalía, no se aprobó como una alternativa a la persecución del narcotráfico; al contrario, supone que la presión que ejercen las autoridades produzca un efecto persuasivo para que los narcotraficantes se entreguen. De modo que es indispensable buscarlos y detenerlos, o presionarlos para que se sometan.

Esa misma semana pusimos en marcha nuestro primer plan de lucha contra la droga. Su espina dorsal tenía que ver con la persecución de las finanzas relacionadas con el narcotráfico. En el primer trimestre de mi gobierno se realizaron más de 400 allanamientos, en desarrollo de la Operación Margarita II. Estos permitieron golpear la poderosa red empresarial que soportaba al cartel y decomisar activos por un valor cercano a los 150.000 millones de pesos. Debilitados económicamente, los integrantes del cartel comenzaron a hablar cada vez en voz más alta de su voluntad de entrega.

La segunda parte de la estrategia tenía que ver con la depuración de los organismos de seguridad, en especial de la policía, que habían sido seriamente cuestionados desde la lucha contra el cartel de Medellín. Para limpiar la policía se decretó a comienzos del gobierno una "emergencia disciplinaria" que permitió separar de la institución a muchos agentes y oficiales corruptos. Estos esfuerzos sirvieron de base para lo que más tarde se convertiría en una política institucional que devolvió la imagen positiva a la policía de Colombia ante los ojos del mundo.

La operación no tardó en empezar a rendir frutos. El 16 de septiembre cayó Juan Carlos Ortiz, alias *Cuchilla*, y luego lo harían, hasta finales diciembre, más de 1.950 narcotraficantes, 130 de ellos extranjeros.

El gobierno tomó entonces la decisión de dividir operativamente el bloque de búsqueda en varias unidades. Estaba claro que el desplazamiento de un solo convoy, gigante y ostensible, para realizar cualquier operación restaba agilidad al bloque y alertaba, por su movimiento, a los potenciales afectados. Así lo comprobamos al notar que no pocas veces las salidas del bloque coincidían con unos monumentales trancones de tráfico, tal vez ocasionados por decenas de taxis afiliados a empresas de propiedad del cartel, que se encargaban de paralizar de este modo los desplazamientos de las autoridades.

Para prevenir infiltraciones se acordó mantener unos equipos de élite prácticamente incomunicados y en disposición permanente en

Bogotá, con fiscales incluidos, que podían desplazarse rápidamente a Cali cuando fuera necesaria su presencia. En ese tiempo, además, se prohibió en la ciudad el uso de teléfonos celulares, vidrios polarizados y armas.

En noviembre de 1995, el gobierno puso en marcha un plan del DAS denominado la "Operación Winston", financiada y apoyada por los gobiernos del Reino Unido y Estados Unidos. El proyecto consistía en un plan de inteligencia que tendría como sede el aeropuerto de Cali; su propósito era establecer un mapa de seguimiento de los integrantes y auxiliadores del grupo. Estos primeros esfuerzos de inteligencia permitieron recoger importantes datos y referencias que luego serían aprovechados para las operaciones adelantadas en el mismo año 95.

No pasó mucho tiempo antes de que me diera cuenta de que se necesitaba un profundo replanteamiento; porque, si bien estábamos produciendo resultados importantes, faltaba presión y organización para conseguir logros definitivos. Además, ya tenía claro que no podíamos contar con la fiscalía en el desarrollo de la política persuasiva del sometimiento.

Fue así como en enero de 1995 lancé lo que entonces llamé "Una política integral de lucha contra la droga". Esta estrategia contemplaba un estudiado catálogo de acciones en materia de erradicación y sustitución de cultivos; destrucción de infraestructura industrial e insumos químicos; interdicción de redes comerciales terrestres, aéreas y marítimas; persecución de personas, aumentos de penas, lucha contra la corrupción, acciones contra bienes y lavado de activos y, finalmente, definición de responsabilidades internacionales en materia de lucha contra la droga. Al hacer pública la acción, anuncié que asumiría personalmente su desarrollo.

En el caso específico del cartel de Cali conformé un grupo especial, integrado por los ministros de Defensa, Interior y Justicia, los comandantes de las fuerzas –incluida la policía–, el jefe del DAS, los asesores de la presidencia y el fiscal con su equipo. Hasta el embajador Frechette trató de colarse dentro del grupo, lo cual nos obligó a recordarle muy diplomáticamente, como hicimos con cierta frecuencia, que él era el embajador y no el virrey de Estados Unidos.

El Club, como lo llamaban eufemísticamente en palacio, se reunía todos los lunes en las horas de la noche, sin comida, para que, como decía Ramiro Bejarano, sus integrantes "cantaran" más rápido. Durante la reunión pasábamos revista completa a las acciones emprendidas, se planteaban nuevas medidas y se limaban las asperezas que hubieran surgido en los anteriores días. Mi mayor preocupación era evitar que los distintos organismos se escondieran entre sí la información que iban recogiendo.

El poder presidencial no deriva, como algunos piensan, de que el presidente tenga acceso privilegiado a cierta información sensible, sino de la posibilidad de relacionar entre sí los datos que le llegan desde distintos orígenes.

En dichas reuniones comenzó a descollar el general Rosso José Serrano, a quien había nombrado director de la policía el 24 de noviembre de 1994, dentro de los cambios militares que se acostumbra a hacer en esta época del año. Cuando el ministro Fernando Botero me propuso al general para el cargo, yo ya tenía buenas referencias suyas, suministradas por el general (r) Antonio Sánchez, mi jefe de seguridad, quien había sido compañero de filas de Serrano durante varias décadas.

Sencillo y astuto como buen campesino santandereano, Rosso José se fue ganando mi confianza a punta de resultados. Casi todas las semanas jugábamos tenis en las canchas del Batallón Guardia presidencial y antes de cada partido sacábamos unos minutos para hablar en la oficina del general Sánchez sobre lo que llamábamos "nuestros temas". Nuestras conversaciones estaban endulzadas con un delicioso tinto caliente con panela que preparan en palacio.

En una de esas ocasiones Serrano me contó en detalle un operativo que tenían en marcha para dar con el paradero de Gilberto Rodríguez Orejuela. Le dije que me mantuviera informado y acordamos un lenguaje clave para entendernos telefónicamente. En efecto, esa misma tarde me llamó para decirme que "se iba a jugar al tenis" y pocas horas después me confirmaba que Rodríguez había caído y que lo tenía a su lado, camino a Bogotá. La noticia y la forma incruenta como se realizó el operativo me produjo, por supuesto, un gran alivio.

Unos meses más tarde, cuando Serrano me pidió consejo sobre su posible participación en la fórmula electoral como vicepresidente de Horacio Serpa, tuve la oportunidad de recomendarle que no se metiera:

–No lo haga, general, porque se queda sin el pan y sin el queso, –le contesté esa mañana, y le repetí el consejo que me dio alguna vez el presidente Virgilio Barco, y que también le transmití en su oportunidad a Antanas Mockus:

–Jamás utilice –me dijo Barco– un puesto como trampolín para llegar a otro, porque lo más seguro es que pierda el que tiene y no llegue al que está aspirando.

Serrano me hizo caso, Mockus no. Ahí están, para la muestra, los resultados.

El general Serrano tenía la confianza de los gringos y eso, por supuesto, no me molestaba; por el contrario, representaba un reconocimiento de los Estados Unidos a lo que hacía mi gobierno contra la droga. No puedo negar, sin embargo, que a veces me parecía excesiva y, sobre todo, innecesaria, la estrecha camaradería de Serrano con Frechette. Siempre he creído que es necesario mantener distancias con los agentes diplomáticos, al menos para cumplir aquella recomendación del doctor Eduardo Santos: "Nunca permitas que te den por descontado".

En los momentos más duros de 1997, cuando vimos que el gobierno del presidente Clinton nos daba completamente las espaldas con la segunda descertificación, Serrano, con mi autorización, estableció un puesto de avanzada en los predios republicanos del Congreso de Estados Unidos. Allí, un joven oficial de la policía colombiana servía de enlace permanente entre el Congreso y la policía. Gracias a ello, los congresistas tenían información oportuna y de primera mano sobre lo que estábamos haciendo; ocasionalmente venían al país a los *narcotours* que preparaba la dirección de la policía, con el apoyo de la presidencia, y que incluían, en un mismo día, visita a los cultivos ilícitos, destrucción de laboratorios y, si había poca suerte, ataques de la guerrilla, repelidos siempre por el coronel Leonardo Gallego, jefe de la policía antinarcóticos y lo más cercano que he conocido en persona a un héroe de película.

Recuerdo una de las reuniones del Club, que tuvo lugar en mayo. Después de escuchar los informes rutinarios de cada dependencia, que me parecieron bastante aburridos, me salí del salón con cualquier disculpa, hice llamar a Ramiro Bejarano y le pedí que avivara la reunión con algunos puyazos. Como ésta era una de su especialidades, Bejarano esperó el mejor momento para afirmar que no encontraba nada de interés en lo que se estaba exponiendo y que teníamos que ser conscientes de que en semejantes circunstancias cada uno tendría que comenzar a asumir sus propias responsabilidades.

Solemnemente retomé las palabras del director del DAS para decirles a los asistentes: "Estoy de acuerdo con el director del DAS. Me parece que no estamos avanzando nada. Quiero decirles que para el país es indispensable producir resultados de estas acciones en el corto plazo, antes del 7 de agosto, cuando se cumple el primer año de gobierno. Si no se consiguen pronto, lamento advertirles que comenzarán a rodar cabezas".

Entiendo que, a la salida de la reunión, el fiscal Valdivieso le comentó a uno de los asistentes:

–Como que esta cosa ahora sí va en serio.

E iba en serio. Pronto empezaron a rodar cabezas, aunque no las de los asistentes a las reuniones del Club sino las de cientos de policías, oficiales y agentes que estaban infiltrados por el cartel de Cali. Continuando los buenos resultados de la emergencia disciplinaria que había sido decretada el año anterior, y facultada por los Decretos 573, 574 y 132 de 1995, que permitían el retiro discrecional de agentes sobre los que hubiese evidencias de corrupción, la junta de generales de la policía continuó la "limpieza" de la institución y la recomposición de sus cuadros. Fueron retirados 3.535 miembros de la policía, entre oficiales, suboficiales, ejecutivos y agentes.

No menos importante fue, en la tarea de afilar los cuchillos para la lucha, el rediseño del sistema de inteligencia de la policía bajo la mano experta del coronel Oscar Naranjo.

Después de un tiempo de presiones operativas del Bloque vino, como remate, el ofrecimiento de un plan de recompensas. Fue una decisión que tomó horas de discusiones y reflexiones. La experiencia con el cartel de Medellín en materia de recompensas había sido dramática porque contribuyó a exacerbar el terrorismo y, al final, especialmente en el caso de Pablo Escobar, acabó devolviéndose contra el Estado mismo. Cuando los anuncios públicos de recompensas se prolongan por demasiado tiempo sin revelar ninguna efectividad, terminan por transmitir a la gente la sensación de que el Estado es impotente.

A pesar de estas dificultades, nos decidimos a dar el paso.

El desmantelamiento del cartel debía producir, lo sabía, importantes repercusiones políticas. Para evaluarlas constituí desde el comienzo del gobierno un comité de estrategia política, que se reunía secretamente. Estaba integrado por los ministros de Relaciones Exteriores, Defensa y Justicia, el asesor presidencial para los Estados Unidos y el director del DAS. Este comité evaluaba periódicamente el impacto político de los avances y retrocesos del Club.

Los asesores económicos de la presidencia prepararon para ese comité, en abril de 1995, unas cifras sobre lo que internamente conocimos como el "ajuste ético de la economía", un fenómeno que veíamos venir encima: estaba claro que el recorte de los dineros de la droga produciría efectos en el comportamiento de la industria, la construcción y la agricultura.

Sin tener una absoluta claridad sobre la magnitud del impacto, encargué al Departamento Nacional de Planeación la preparación de unos documentos técnicos para efectuar reuniones del CONPES sobre el Valle, Cali y el Pacífico, con énfasis en Buenaventura. Muchas de las inversiones públicas que fueron proyectadas para la región, incluso la construcción del sistema de transporte masivo ligero para la capital valluna y la financiación de la red vial del departamento, estaban orientadas, precisamente, a compensar el efecto que debía producirse con la "destorcida" de su economía por el desmantelamiento del cartel. Debo decir en este punto que siempre encontré en los principales empresarios del Valle una permanente actitud de colaboración y sacrificio para la consecución de estos objetivos.

Del comité político salió también la iniciativa de establecer claramente la identidad y el número de agentes extranjeros de seguridad que actuaban en el país, cifra que entonces se desconocía, y de limitar su participación en los operativos a tareas de inteligencia preventiva. La presencia de agentes armados extranjeros que deambularan libremente por las calles y participaran en allanamientos y capturas no nos convencía.

Acordamos entonces proponer directamente el tema a los gobiernos extranjeros que nos prestaban este tipo de ayuda; en el caso de Estados Unidos, decidimos plantearlo directamente al embajador Gelbard con ocasión de su primera visita a Colombia.

¡Quién dijo miedo! Gelbard consideró nuestra solicitud como un insulto y le dijo a Rodrigo Pardo que Colombia era el primer país en el cual le planteaban estas exigencias, cosa que no era cierta porque México estaba exactamente en lo mismo. Agregó que en ninguna parte se manejaba de esta manera la asistencia técnica extranjera.

A Pardo se le salió la sangre santandereana y le contestó duramente:

–Pues aquí sí, embajador –con lo cual la discusión quedó en punta.

Al final, frente a nuestra insistencia en este tema, que para mí conllevaba una cuestión de soberanía, se llegó a un acuerdo sobre el punto, tan importante en sus desarrollos como la propia colaboración de todas estas agencias extranjeras de países amigos en el desmantelamiento del cartel, que hoy reconozco públicamente.

En junio de 1995, los cambios de estrategia y la presión del Club comenzaron a producir sus frutos. Después de haber sido detenido en marzo Jorge Eliécer Rodríguez, fueron capturados o se entregaron, presionados por las acciones de búsqueda, Gilberto y Miguel Rodríguez, José Santacruz, Pacho Herrera, Patiño Fómeque y Phanor Arizabaleta, es decir, lo que podría considerarse como la "junta directiva" del cartel.

Las circunstancias de estos hechos, que marcaron el comienzo del final del cartel de Cali, están muy bien relacionadas por el propio general Serrano en su reciente y muy ameno libro, *Jaque Mate*.

Tengo fresco también el recuerdo del día en que se capturó a Miguel Rodríguez. Era un viernes, y yo estaba en la Casa de Huéspedes, donde acababan de conocerse las explosivas declaraciones de Santiago Medina, y la revista *Semana* amenazaba con publicar las famosas cintas de Elizabeth de Sarria.

Algunos amigos comunes le habían planteado a Felipe López, que a la sazón estaba en Londres, la necesidad de evitar la publicación del material mientras no se tuviera una idea clara sobre su origen y sus características técnicas (posteriormente se estableció que las cintas habían sido manipuladas). Felipe parecía estar de acuerdo, pero su equipo periodístico se oponía. Al final, triunfaron los rebeldes y perdió la ética periodística: las cintas fueron publicadas sin beneficio de inventario.

Me acosté rendido. Pasada la medianoche me despertó una llamada urgente del Comandante de la Armada: había caído Miguel Rodríguez en Cali. La noticia me sorprendió. Aunque sabía que un equipo de inteligencia integrado por personal de la armada, el ejército y la policía estaba muy cerca del paradero de Rodríguez, no pensé que mostrara resultados tan inmediatos. Pasé varias horas en vela a punta de tinto mientras Serrano me iba enterando de los detalles del traslado. En la madrugada, cuando me dijeron que Rodríguez estaba a buen recaudo y todo el mundo sano y salvo, me acosté a dormir y descansé toda la mañana, no sin antes comentarle a uno de nuestros invitados de fin de semana, el cirujano Augusto Castro, que me atendió cuando el atentado del aeropuerto:

–Augusto, perdóneme por el chicharrón que le tocó –le comenté guasonamente y añadí: –Aquí, en la Casa de Huéspedes, las cosas son generalmente más agradables.

En la noche del sábado, cuando estábamos cenando con Augusto López, llegó Horacio Serpa. Venía de Bogotá, donde había estado reunido con varios asesores en la presidencia. Pensaban ellos que yo tenía que aprovechar la ocasión para hacer un balance muy claro y enérgico de los buenos resultados del gobierno en relación con el desmantelamiento del cartel de Cali, que ese pronunciamiento tenía que hacerse desde el palacio y, de ser posible, esa misma noche.

Me parece ver la cara de terror de mis invitados: habían pasado la noche del viernes en blanco y ahora la propuesta era regresarnos el domingo a la madrugada. Coincidí con Horacio en la necesidad del pronunciamiento, pero lo convencí de que lo mejor era escribirlo con calma y grabarlo en palacio en la tarde del día siguiente. Los huéspedes descansaron.

Durante los ocho meses que duró el desmantelamiento del cartel tuve siempre presente una obsesión que se cumplió final y felizmente, y que hoy me produce algún orgullo: acabamos con la organización de distribución de cocaína más poderosa del mundo sin disparar un solo tiro…

Para desmantelar el cartel adoptamos unas estrategias claras que produjeron unos frutos igualmente claros: centralizamos el seguimiento de las acciones y la información básica de inteligencia en la presidencia; limpiamos la policía; debilitamos económicamente los carteles; rompimos el cerco de sus comunicaciones y dificultamos su movilidad; cambiamos el tipo inteligencia aplicado en los operativos; concentramos la responsabilidad operativa bajo un solo mando, el de la policía, apoyado por todas las fuerzas y avalado por la fiscalía; y contamos siempre con el espíritu cívico y pacífico de los caleños para evitar derramamientos de sangre.

En síntesis, la eliminación del cartel de Cali respondió a una estrategia de Estado, enmarcada dentro de una política de lucha integral contra el narcotráfico, en la cual participaron muchas personas y entidades cuya coordinación y empeño fueron claves para obtener ese resultado.

Este final no marcó, por supuesto, el fin del problema del narcotráfico. Al contrario, poco antes de cumplirse dos años del desmantelamiento, los mismos funcionarios norteamericanos que incitaban a destruir el cartel como punto culminante de la lucha mundial contra la droga, ya estaban hablando de que la producción de la cocaína colombiana se había duplicado. Sin inmutarse, se atrevían a sostener que esto sucedía mientras caían las cifras del consumo en los Estados Unidos. Si ello hubiera sido así, ¿a dónde había ido a parar todo el aumento en la producción de cocaína salido de Colombia? ¿Acaso a los pescados del Caribe, que se volvieron cocainómanos?

Como lo probó la *Operación Milenio*, cuya preparación comenzó en mi gobierno, todo parece indicar que los carteles del siglo XXI serán organizaciones más acordes con el escenario de la globalización al que estamos entrando: serán más pequeñas, competitivas, bien conectadas internacionalmente, diversificadas en sus operaciones y con cuadros de dirección mejor preparados.

Con el desmantelamiento del cartel de Medellín, durante el gobierno del presidente Gaviria y el de Cali, durante el mío, es probable que se hayan acabado las dos más poderosas organizaciones criminales en la historia del narcotráfico en el mundo; pero no se ha acabado, ni mucho menos, el problema de la droga, que mañana puede estar golpeando a cualquier otro país, como ha venido afectando desde hace varios años, y de qué manera, a Colombia.

FANTASMAS EN PALACIO

Creo en Dios. No creo en brujas ni hechiceros. En los horóscopos admiro la capacidad que tienen quienes los elaboran, pues son capaces de convertir en predicciones fatalistas circunstancias de común ocurrencia. Augurar, por ejemplo, que "usted recibirá una mala noticia" es bastante probable para todos los signos del zodiaco y no solamente para los Leo, como yo, especialmente en Colombia. Confundo el espiritismo con la autosugestión y les tengo, como decía mi abuela, más miedo a los vivos que a los muertos.

Quiero pensar, pues, que soy persona curada de espantos y bastante racional en materia de adivinaciones y conjuros mágicos, a pesar de haber tenido un abuelo harto dado al espiritismo, como muchos de su generación.

Más por curiosidad, pues, que por convicción, recojo aquí algunos relatos de situaciones esotéricas o francamente curiosas que sucedieron durante la presidencia, porque también ellas formaron parte del realismo mágico que acompañó los cuatro años de mi mandato.

Mauricio Puerta es astrólogo, trabaja con los indígenas de Tierradentro y es consultado por muchas más personas de las que confiesan públicamente que lo hacen. A mi mujer la seduce la manera persuasiva como Puerta habla de sus vaticinios.

Un día, al comenzar la década del noventa y para darles gusto a unos amigos, lo invitamos a casa. Estuve una mañana entera con él conociendo algo de astrología. A pesar de mi escepticismo, entendí que la capacidad de predicción que ofrecen los astros tiene referencia directa a las leyes matemáticas sobre las probabilidades de que los hechos que ya han ocurrido, en determinadas circunstancias, se repitan. Lo que han logrado hacer los astrólogos, ahora con la eficaz ayuda de los ordenadores, es establecer correlaciones probabilísticas entre la ocurrencia de determinados hechos buenos o malos a lo largo de miles y miles de años y la posición de los astros cada día.

Empleando este viejo método, Mauricio pronosticó que algo grave le sucedería a Luis Carlos Galán en la semana de su asesinato. También previó –ignoro si por convicción samperista– mi victoria en las dos vueltas electorales, y se batió a dentellada limpia con los analistas electorales. Más tarde, durante el gobierno, habló siempre de los tiempos borrascosos que me esperaban, pero auguró con claridad meridiana que al final saldría bien librado de todas las crisis. Para confirmar esta predicción contaba, por supuesto, con mi mejor voluntad y decisión.

De pequeño admiraba a mi abuelo materno, Wenceslao Pizano Valenzuela; quería ser como él, caminar como él, comerme el mismo huevo de gallina campesina que, como símbolo de su cada vez más menguado poder en la casa, le hacía servir diariamente mi abuela con todas las comidas, en medio de la envidia de los nietos que lo acompañábamos.

Recuerdo el día que murió Pata, como le llamábamos sus nietos. Estaba en su vieja silla, medio dormido, oyendo un programa de sobremesa en el Telefunken. Le gustaba decir que cuando Dios quiere que uno se muera, empieza a mandarle la muerte a plazos, en la forma de sueños ocasionales, para que así se vaya despidiendo lentamente y se acostumbre a la idea de la partida definitiva.

Su gato de muchos años, al que llamábamos Oriol Rangel porque tenía, como el famoso pianista, una mancha negra en la frente, también dormía su siesta en el hombro del abuelo. De pronto, como si hubiera recibido la descarga de un rayo, el gato se erizó, saltó al piso y se perdió escaleras abajo: el abuelo había muerto, al contado y de repente.

Había dejado preparado todo para su entierro. En un libro de título ominoso que no recuerdo escondió un cheque por una cantidad suficiente para "enterrarme sin que mañana se quejen porque tuvieron que pagar de su bolsillo mis funerales", decía una nota escrita con su reconocido humor negro. En las mismas instrucciones pedía que dos sobres lacrados que conservaba en el cajón de su escritorio fueran depositados, sin abrirlos, uno en su caja mortuoria y otro en las manos de su hijo Pablo.

Tarde en la noche, mientras lo velábamos en la sala de la casa, como entonces se acostumbraba, entró un hombre bajito, todo de negro hasta los zapatos vestido, abrió ante los ojos sorprendidos de los asistentes el féretro, verificó la presencia de uno de los sobres, le dio el pésame a la abuela y se retiró de la sala con andar solemne. Varios años después, cuando se pasaron los restos del abuelo a un osario, se encontró un pequeño montón de huesitos que seguramente habían estado en el misterioso sobre.

Mi abuelo creía fuertemente en el Más Allá y en los signos que nos enviaban los espíritus. Inclusive pertenecía a una secta aplicada al estudio de estas cuestiones esotéricas, la de San Juan Bautista.

Traigo a colación este recuerdo de cuando tenía once o doce años porque lo volvería a vivir intensamente una tarde durante mi presidencia. Recibí entonces una nota de mi mamá, quien, en medio de la crisis, me decía que quería hablar personalmente conmigo de algo muy grave. Pensé que se trataba del explicable nerviosismo del momento y fui a visitarla en cuanto me desocupé de un trabajo pendiente.

Me dijo que había recibido en las horas de la mañana una llamada muy extraña de una señora que vivía en Funza. Le dijo la señora que se había "comunicado" con mi abuelo, quien me enviaba una razón que mi mamá copió de su puño y letra. El mensaje decía que él sabía que yo estaba amenazado por fuerzas muy poderosas, internas y externas; que me recomendaba seguir ayudando a la gente pobre para generar una valiosa energía positiva que me blindaría de cualquier ataque y citaba los párrafos de un libro –que la señora hizo llegar unos días más tarde a mi mamá– que debería leer cada vez que enfrentara una dificultad grave. Se trataba de un libro viejo de meditaciones, común y corriente.

Hasta allí la historia no me pareció que tuviera nada de extraordinario. Esta sensación surgió cuando mi mamá me leyó la posdata del mensaje: "Dígale al Tíngolis que muchas saludes de Pata".

– Por eso lo llamé –me dijo mi mamá–: ¿de dónde sacó la señora esos apodos que empleaban ustedes dos para hablarse?

Quedé perplejo. Mi mamá tenía razón: que una desconocida supiera que yo andaba emproblemado lo único que probaba es que veía la televisión y oía radio; pero que conociera nuestros sobrenombres familiares, tan íntimos, resultaba bastante extraño e intrigante. Dejé el asunto en el cajón de los hechos por aclarar y me fui para la casa llevándome conmigo el libro. Sería quizás por efecto de la sugestión que produce el cariño que le tenía al abuelo, pero cada vez que leía los párrafos que me había indicado vivía una sensación de tranquilidad, de tenerlo presente, de pie, con el periódico, el sombrero, el paraguas y una amplia sonrisa en los labios.

Supongo que no es necesario hablar de espantos para entender el alivio psicológico que ciertos recuerdos traen en una persona. Este debió de ser mi caso respecto al supuesto mensaje de Pata.

La revista *Semana* mencionó una vez que alguien había metido brujerías en palacio. Samuel Eduardo Salazar, embajador de Colombia en Chile, buscó un día a Jacquie para contarle que una conocida suya, en Pereira, de quien decían que tenía dotes de vidente, lo había buscado para decirle que "había visto" algunos maleficios en palacio.

Escéptica pero interesada en el cuento, Jacquie le pidió que le diera más detalles, a lo cual Samuel Eduardo contestó que la señora tenía que venir personalmente para buscar los objetos hechiceros. Jacquie, más intrigada que convencida, se propuso seguir adelante. Sin decirme una palabra, comprometió a mi hermano Juan Francisco para que le sirviera de cómplice y aprovecharon un día que yo trabajaba en la casa privada un discurso para invitar a la que habían bautizado como la hadita de Pereira.

La señora llegó armada de un alambre que parecía una varita de cuento de hadas, y los tres comenzaron a recorrer las oficinas de palacio empezando, por supuesto, por mi despacho.

Apenas entraron, la invitada se perturbó con lo que ella llamó una descarga de "energía negativa" proveniente de ciertos "maleficios" allí ocultos.

–Debajo del cojín del sofá, hay algo que no me gusta –dijo como si lo estuviera viendo.

Jacquie y Juan Francisco levantaron unos cojines, pero no apareció nada.

–Les digo que hay algo –insistió con voz angustiada la visitante–. Por favor, que busque doña Jacquie, que ella tiene ojos invisibles para encontrarlo.

Jacquie, instintivamente, comenzó a abrir la cremallera que cerraba los forros de los cojines. Entre la espuma del primero que desenfundó apareció escondido un pequeño envoltorio de tul negro, amarrado con una cuerda barata de fique. Dentro del misterioso paquete encontraron un billete de un dólar partido por la mitad; estaba revuelto con tierra –seguramente de cementerio, según dijo ella– y llevaba a manera de ñapa dos dientes.

–Ya le había dicho a Samuel Eduardo –manifestó la señora con una frialdad profesional de detective avieso– que aquí había algo siniestro.

A partir de ese momento, ante la mirada sorprendida de tan particular excursión, comenzaron a aparecer, pegadas en distintos lugares de la oficina, medallas satánicas. Cuando descubrieron los restos de un pequeño micrófono desactivado, entendieron que, por supuesto, debía ser más cosa de vivos que de muertos.

Ya salían del despacho cuando la señora sentenció gravemente:

– No me gusta el reloj del presidente.

Se devolvieron entonces a la oficina y examinaron el viejo reloj de pie que estaba situado en una esquina y que a mí me sobresaltaba cada vez que daba la hora, porque su campana estaba tan desgastada que los campanazos sonaban como los quejidos de una persona ronca.

Aún faltaban sorpresas. Ya en la secretaría, al salir, la hadita se dirigió hacia un archivador y pidió que lo retiraran. Sin dar explicaciones, adujo que era mejor que no estuviera tan cerca del sitio donde yo trabajaba. El mueble contenía mi archivo privado, al cual sólo tenía acceso mi leal secretaria de muchos años, Ana Victoria Rojas, con todos los documentos reservados sobre los más importantes episodios relacionados con criminales, narcotraficantes, espías y malandros.

Finalmente se detuvo, helada, ante una imagen de la Virgen que me había enviado mi mamá con el encargo especial de que fuese colocada en la oficina para que me protegiera y amparara. Cuál no sería la sorpresa de Jacquie y Juan Francisco cuando, al examinar la imagen, encontraron, coincidiendo con el fin del manto de la Virgen, unas garras satánicas bien afiladas.

Jacquie, llevada por la curiosidad, llamó desde allí mismo a mi mamá para preguntarle por el insólito regalo. Ella le contestó, sorprendida, que jamás me había enviado nada, como no fueran las oraciones que todas las noches me dedicaba antes de acostarse.

A estas alturas del partido se justificaba, según Juan y Jacquie, que me contaran sobre la expedición en busca de brujería. Subieron a la casa privada. No quise, por supuesto, recibir a la señora. Para mí estaba completamente claro que, independientemente de que uno creyera o no en estos maleficios, sí había gente merodeando por palacio, dispuesta a lo que fuera con tal de hacernos algún daño y con capacidad para meterse hasta en la oficina del presidente.

Al día siguiente, por si las moscas, Jacquie hizo sacar el reloj de mi despacho.

La señora de Pereira, empero, de vez en cuando le recordaba a Samuel Eduardo que seguía teniendo una extraña preocupación por "el reloj del presidente". Sus sospechas quedarían confirmadas meses más tarde.

Cuando llegué a Madrid en 1998, ya en mi condición de ex presidente, envié mi reloj de pulso para que le hicieran un mantenimiento y le cambiaran el tablero, que estaba bastante desgastado por el paso de los años. Transcurrieron unos días. Cuando, una semana después, acudió a recoger el reloj mi edecán, el capitán Juan Carlos Guzmán, la encargada le preguntó con cara inusual por el dueño del aparato. El capitán le dijo que se trataba de una persona importante pero que prefería mantener su nombre en reserva.

–No se lo pregunto por curiosidad –le dijo ella–, sino para saber quién le colocó en el dorso del tablero esta extraña inscripción que, por supuesto, no viene de la fábrica.

En efecto, en la parte de atrás del tablero del reloj, alguien había dibujado una estrella satánica rodeada con unas palabras en lengua extranjera, que un conocedor madrileño en materias de ocultismo tradujo como "Muerte, sangre y tiempo".

El tema no dejaba de ser intrigante. Lo único anormal del aparato es que consumía mucha más energía que un reloj normal, particularmente cuando jugaba tenis, como si neutralizara toda la energía liberada por mi cuerpo. En uno de estos inusuales recambios de batería, alguien había aprovechado para meter el maleficio.

Reemplazado el tablero, volví a usar el reloj e incluso lo llevé a Colombia en uno de mis viajes de regreso. Nos habíamos olvidado del episodio cuando, una noche, de regreso de un viaje a Colombia, mientras le contaba a mi mujer sobre la calamitosa situación del país, el vidrio que cubría la esfera del reloj, como si estuviera oyendo mis cuentos, estalló en mil pedazos. Desde entonces el reloj, con el tablero viejo, duerme al pie de una piadosa imagen de la Virgen que tenemos en la sala de nuestra casa en Madrid, sometido a cuidados intensivos de exorcismo.

Muchos lectores se preguntarán, con razón, quién me trató de hacer brujería. Ojalá lo supiera; lo que sí puedo decir es que, independientemente de su escasa efectividad y de que nosotros no creyéramos en ella, su ocurrencia muestra que los procedimientos de quienes estuvieron contra mi gobierno no conocieron límites. Quienes hicieron lo del reloj o colocaron los maleficios en la oficina, por ejemplo, creían que con ello me estaban haciendo un mal que ellos juzgaban mortal y definitivo.

Lo que no supieron calcular es que, como lo dije varias veces, debe existir una fuerza superior, allá arriba, que, llámese como se llame, contrarrestaba, como lo señaló mi abuelo en su extraño mensaje, las fuerzas negativas.

Si Pata viviera seguramente me habría contestado, en duermevela y con su gato preferido encima de las piernas: "La cuestión es muy sencilla, Tíngolis; es la prueba de que Dios sí existe."

LOS PRIMEROS CONTACTOS CON EL ELN

En septiembre de 1996, durante mi visita a Nueva York para asistir a la Asamblea de las Naciones Unidas, sostuve una entrevista con el ministro Bernard Schmidbauer, mano derecha del canciller Helmut Kohl en materias de seguridad e inteligencia. El ministro viajó a Nueva York, exclusivamente para conversar sobre la que entonces parecía la prometedora evolución de unas recién iniciadas conversaciones de paz con el ELN bajo el auspicio del gobierno de Kohl y los obispos alemanes y colombianos.

El asunto se había comenzado a mover en 1995. Llevábamos un año largo de gobierno y los temas de la paz no estaban caminando. Las FARC habían rechazado nuestra oferta de despejar todo el municipio de La Uribe, con excepción de su pequeño casco urbano, que representaba menos del 1% del área liberada.

Con esta actitud, las FARC despreciaron durante los cuatro años de mi mandato los mejores interlocutores que hubieran podido conseguir para avanzar en un acuerdo de reconciliación, con participación plena de la sociedad civil, sin interferencia extranjera, y profundizando el sentido de un proyecto social que duplicó en un cuatrienio la inversión en los sectores más desfavorecidos de la sociedad colombiana.

De allí que la noticia de un posible entendimiento con el ELN fuera buena para todos. Eduardo Mestre, ex embajador de Colombia en Ginebra, quien tenía inmejorables relaciones con los alemanes, me había solicitado que recibiera con carácter urgente al ex gerente de la Caja Agraria, Carlos Villamil, quien tenía un asunto urgente para plantearme relacionado con la paz. Recibí a Villamil esa misma noche en mi despacho.

No hay lugar más seguro ni más discreto para abordar este tipo de conversaciones que los despachos oficiales, y, si es posible, con testigos. El presidente Balladares, de Panamá, disponía para estas ocasiones de un maletín mágico que alguna vez me mostró y que le permitía grabar discretamente las conversaciones que tenían lugar en su despacho con sólo accionar una pequeña palanca que coincidía con la cerradura del maletín. Al salir el personaje del encuentro, un edecán entregaba cortésmente al interlocutor una copia de la grabación, después de recordarle que había sido una conversación privada. De este modo sabía que había sido registrada y evitaba que se presentasen tergiversaciones, más adelante, si pretendía utilizarla públicamente.

Las reuniones en esquinas escondidas o casas de amigos, con escoltas en la puerta y carros blindados en la calle, lo único que consiguen es llamar la atención, despertar sospechas y hacer evidente lo que se busca manejar de manera discreta.

Con pinta de *yuppie* alemán, Carlos Villamil tiene un poder de persuasión que siempre le hemos admirado sus amigos. Las tareas que se propone son sometidas a cronogramas, clasificaciones, controles y memorandos ejecutivos que admirarían los más finos estrategas militares. La paz era de una de esas cruzadas. Villamil, quien fue varios años cónsul en Berlin y estudió el alemán como su propia lengua, me planteó abiertamente el interés del gobierno del canciller Helmut Kohl por propiciar un acercamiento con los máximos voceros del ELN, avalado por los episcopados de los dos países.

Convencido de que los canales formales estaban agotados y que el tiempo para convenir una "paz formal" se terminaba, me interesé en la oferta. No se trataba, ciertamente, de una gestión oficial de gobierno a gobierno, sino de crear un clima que facilitara aproximaciones entre la sociedad civil y la guerrilla con el consentimiento y el apoyo logístico de los dos gobiernos. Esa misma noche autoricé el primer viaje de Villamil. Regresó a los pocos días con una propuesta en la cual el gobierno alemán manifestaba su disposición de facilitar el proceso de paz con el ELN, promover la desarticulación de los carteles de la droga y contribuir a la distensión de las relaciones de Colombia con los Estados Unidos.

De entrada, rechacé la mediación con los carteles de la droga porque consideraba que éste era un tema que debía manejar la justicia colombiana sin ningún tipo de presión ni ayuda extranjeras. Acepté los buenos oficios alemanes para tender un puente con el ELN a través de la sociedad civil y distensionar las relaciones con los Estados Unidos. Esta última gestión quedó descartada cuando el gobierno del presidente Clinton, unos meses después, tomó la determinación política de descertificar la lucha que Colombia libraba contra la droga.

Le pedí a Horacio Serpa que hablara con Villamil, quien entonces le presentó a los famosos Mauss. Convinimos los términos de una carta que Villamil le entregaría personalmente al canciller Kohl. En ella, fechada el 5 de julio de 1996, recordaba el antecedente de mi viaje a Alemania y lo ponía al corriente del estado de las relaciones con los Estados Unidos en los siguientes términos: " Los voceros de la línea dura en el Departamento de Estado de los Estados Unidos piensan que presionando a Colombia, deshonrándome personalmente y desacreditando al gobierno que presido pueden conseguir más resultados ante la opinión pública norteamericana; el efecto ha sido a mi juicio totalmente contraproducente, pues un 75% de los colombianos muestran hoy un sentimiento de hostilidad contra el gobierno de los Estados Unidos que antes no tenían".

Concluía esta parte de la carta diciendo: "Es bueno hacer ver al presidente Clinton que el camino escogido es el más largo y el más doloroso para mostrar resultados".

A renglón seguido hacía en mi extensa comunicación un detallado recuento del estado de la violencia en Colombia para concluir diciendo que "cualquier aproximación que exista en la dirección de firmar un tratado de paz con la guerrilla colombiana tendría que partir de la expresión clara por parte de estos grupos de su voluntad real de paz y su compromiso de no utilizar estos diálogos para hacer proselitismo armado".

La participación de Alemania en la búsqueda de la paz era precisamente lo que nos preparábamos para examinar esa noche en la casa de la embajada de Colombia ante las Naciones Unidas con el ministro Schmidbauer. Hablamos largamente sobre la estrategia del ELN y sus diferencias con las FARC, las relaciones entre narcotráfico y guerrilla, el papel de facilitador que podría jugar Daniel Ortega y los obispos que estarían al frente de la *Operación Sombrilla* que montaríamos para dar credibilidad al proceso ante la opinión.

En la carpeta que llevé a Nueva York para esta decisiva entrevista estaba el informe detallado que sobre el primer contacto formal me había preparado Horacio, cuya memoria para recordar situaciones, hechos y personajes es envidiable. La visita de Serpa a Alemania el 13 de julio de 1996, fue uno de los secretos mejor guardados de mi gobierno.

Meses más tarde, en el debate que se hizo sobre estos hechos en el Congreso, Horacio relató los pormenores fascinantes de su viaje, que a mí me divirtieron muchísimo: lo habían recibido en la escalerilla del avión sin siquiera pedirle el pasaporte; lo llevaron a mil por hora en unos carros fantásticos equipados con radar para evitar trancones (un día acabaremos importándolos para solucionar los problemas de Bogotá); lo alojaron en un misterioso castillo, rodeado de árboles y antenas parabólicas, con baños cerrados por puertas electrónicas en los que era evidente la presencia de espejos sospechosos; la casa contaba con un poderoso equipo de sonido con parlantes distribuidos por todas las habitaciones; una colección de carrozas antiguas tiradas por caballos, y un bosque repleto de presas de caza.

Allí se volvió a encontrar Serpa al enigmático Klauss Moller, alias Mauss, y a su exótica esposa Micaela.

La versión de Serpa sobre Mauss decía que se trataba de una especie de James Bond teutón que realizaba operaciones peligrosas en las cuales estaba involucrada la seguridad del Estado alemán, siempre a cubierto pero protegido diplomáticamente. Serpa regresó contento de su viaje, porque sus contactos le habían dado datos veraces que probaban su buen nivel de relaciones con el ELN. Entonces, y sólo entonces, había aceptado mi entrevista con Schmidbauer en la embajada de Nueva York la inolvidable noche del sábado 21 de septiembre, un día después de que sembraron droga en el avión presidencial.

El domingo por la mañana, después de otra maratónica jornada, pusimos en limpio las conclusiones de nuestra reunión mientras comíamos unas deliciosas empanadas colombianas traídas del barrio Queens. Mi gobierno aceptaba la ayuda alemana, sin que ella sustituyera el diálogo entre colombianos. Jerarcas de la Iglesia Católica de los dos países participarían activamente en el acercamiento de las partes acordadas.

Le expliqué el problema que teníamos entonces para hacer ver a los norteamericanos la dificultad de separar el problema de la droga del problema de la guerrilla, y las alianzas comerciales que tenían pactadas. Nos ofrecían ayuda militar y recursos para combatir el narcotráfico, pero exigían que ninguna de estas ayudas fuera utilizada en contra de la guerrilla para "no violar los derechos humanos": como si los traficantes de la droga no fueran humanos o como si los guerrilleros, por el hecho de serlo, tuvieran un seguro de impunidad que los protegiera de sus actividades relacionadas con el narcotráfico.

–¿Qué hace usted –le preguntaba yo a Schmidbauer– si va volando en un helicóptero de la policía colombiana que fumiga cultivos ilícitos y le disparan desde abajo? ¿Le pide acaso al piloto que se asome y pregunte si se trata del fusil de un guerrillero o de un narco, para saber si puede utilizar la ametralladora que le ha dado el gobierno norteamericano, o se defiende?

En nuestras conversaciones de esa noche y de la mañana siguiente me percaté de la presencia, en un extremo del salón, de un personaje enigmático que observaba callado mientras escondía una de sus manos. Se trataba de Mauss, héroe y bandido, apóstol y hereje, espía y personaje que daría mucho que hablar en el país en los siguientes años, inclusive cuando mi gobierno ya había terminado. De él volvería a tener noticias el 18 de noviembre de ese mismo año.

Ese lunes estábamos almorzando Horacio Serpa, el fiscal Valdivieso y yo. Se trataba, como de costumbre, de uno de esos almuerzos sosos para hablar de la crisis y de sus salidas, que no terminaban en nada porque Valdivieso salía de palacio con una decisión que cambiaba al llegar a su despacho y reunirse con su cúpula, que era la que realmente mandaba en la fiscalía.

Me notificaron una llamada de mi oficina. Era para informarme los detalles de la detención del señor Mauss y su esposa, aprehendidos esa madrugada en el aeropuerto de Rionegro cuando se disponían a sacar subrepticiamente del país a una señora alemana que acababa de ser rescatada de un secuestro.

Con su franqueza santandereana, Horacio le repitió al fiscal el famoso cuento de su visita a Alemania. Valdivieso debió de pensar en ese momento que si el proceso contra los ministros y contra mí había hecho aguas, ésta podría ser la oportunidad para recuperar su protagonismo merced a un caso de connotaciones internacionales y publicitarias indudables.

El problema, además, no dejaba de ser complejo porque, con la emotividad paisa que siempre le hemos admirado sus amigos, el gobernador de Antioquia, Álvaro Uribe Vélez, había resuelto acusar públicamente a los Mauss de ser auxiliadores de la guerrilla y de beneficiarse personalmente en la negociación de secuestros. Era, pues, eso que en palacio llamaban un lío de los grandes.

La complejidad no paraba allí. Había además un claro enfrentamiento entre los alemanes y una agencia de seguridad internacional, Control Risk, que también ofrecía protección a altos ejecutivos de empresas multinacionales. El DAS había establecido severos controles para vigilar la actividad de los señores de Control Risk en Colombia cuando descubrió que éstos entraban y salían del país como Pedro por su casa.

Los Mauss, presos y desesperados, se defendían diciendo que estaban realizando una gestión humanitaria inscrita en un acuerdo con el gobierno para un aproximación al ELN en relación con la paz. Aunque inicialmente tratamos de ayudar, nos encontramos con la insólita resistencia de la embajada alemana en Bogotá; desde el primer momento la legación diplomática estableció distancias con los agentes, como si una cosa fuera el ministerio de Relaciones Exteriores alemán y otra muy distinta las gestiones del ministro Schmidbauer. Nuestra recomendación a los alemanes fue la de manejar judicialmente el caso y dejarlo enfriar por un tiempo a fin de sustraerlo del debate político.

Estas circunstancias particularmente confusas, sumadas al interés político de la fiscalía por comprometer a Serpa, consiguieron que el asunto explotara en el senado, donde fue citado el ministro para explicar su comportamiento. Horacio habló casi siete horas, se defendió como un gato patas arriba y fue la primera vez que aceptó que podía llegar a ser candidato a la presidencia.

Periódicamente recibía yo informes sobre la situación de los alemanes en la cárcel. Ella parecía mucho más serena que él y mucho más "echada para delante". Desde allí insistían en continuar con las gestiones acordadas en Nueva York, a lo cual el gobierno se resistió, como era obvio, mientras no se resolviera su situación jurídica. Varios meses pasaron antes de que ésta se aclarase satisfactoriamente.

Ya libres, en lugar de desaparecer, los Mauss seguían insistiendo en que, como cualquier agente secreto de película, debían "terminar su misión": la de abrir espacios de diálogo con el ELN. Unos meses más tarde, informado por la fiscalía de que no pesaba sobre los Mauss ningún cargo, recibí a su abogado Abraham Casallas. En plenas elecciones, hablaron inicialmente de la posibilidad de un encuentro de Serpa o María Emma con la cúpula del ELN en las montañas o en Alemania. Me opuse. Me parecía altamente inconveniente convertir la búsqueda de la paz en un asunto partidista, como está sucediendo hoy con la negociación de las FARC y el gobierno Pastrana, sin participación del liberalismo. Al vincular el proceso a las elecciones, se corría el riesgo de que el nuevo gobierno tuviera dificultades para asegurar un indispensable consenso nacional que soportara las negociaciones.

Con las aguas ya tranquilas, pienso que los Mauss tenían razón; que no se cuidaron de distinguir sus relaciones con el ELN; que Control

Risk les tendió una trampa; y que la actitud sospechosamente vacilante de la embajada de Alemania en Colombia dio pie a interpretaciones negativas respecto al significado de la presencia de esta pareja en Colombia. Esto es lo que explica la actitud del propio Uribe Vélez y su legítima indignación por que se estuvieran adelantando negociaciones con la guerrilla sin el conocimiento de las autoridades.

Como se cuenta en otro capítulo de este libro, unos meses más tarde se iniciarían las conversaciones propuestas. Y, ya durante la administración Pastrana, los Mauss volverían a sonar, esta vez no ya como prófugos de la justicia ni como amigos de un gobierno, sino como salvadores de un lamentable secuestro de civiles por parte del ELN. Desafortunadamente, cuando esto sucedía, también había cambiado el gobierno en Alemania y los Mauss, por su relación con el gobierno anterior, estaban bajo sospecha.

El caso es que las conversaciones celebradas con el ministro Schmidbauer en la sede de nuestra embajada ante las Naciones Unidas en Nueva York permitieron iniciar una relación formal con el ELN.

A mi regreso de Nueva York conseguí en Popayán a monseñor Alberto Giraldo, presidente de la Conferencia Episcopal de Colombia, para solicitarle que estudiara la posibilidad de viajar a Alemania a fin de entrevistarse con el obispo alemán Lemhan, muy cercano al canciller Kohl. Estaba claro entonces que el gobierno alemán quería contribuir al proceso colombiano de paz haciéndole un discreto *by-pass* a su propia cancillería y que la Iglesia, en los dos países, le ofrecía la posibilidad de sacar adelante lo que habíamos llamado la *Operación Sombrilla*.

Monseñor Giraldo tiene esa virtud muy antioqueña de saber reducir las más complejas situaciones a consideraciones simples: quién vende, quién compra, cuánto se gana. El prelado cumplió inteligentemente con su misión y volvió entusiasmado: había una luz que se encendía.

DE VIANA A PUERTA DEL CIELO

Con el Ejército de Liberación Nacional, ELN, mantuvimos una relación de coincidencias y discrepancias. Conjuntamente trabajamos propuestas relacionadas con la humanización de la guerra en desarrollo de los Protocolos I y II de la Convención de Ginebra, cuya consagración legal había sido planteada por el ex presidente Alfonso López Michelsen y el propio ELN hacía varios años.

La aprobación de los protocolos en el Congreso, durante el primer año de mi gobierno, abrió la interesante perspectiva de celebrar acuerdos de alcance parcial pero de vigencia inmediata sobre materias relacionadas con la aplicación del Derecho Internacional Humanitario: la sustracción de los menores de edad de las filas de combatientes; la preservación de los edificios públicos destinados a fines sociales, como las escuelas y los hospitales; la abolición de las minas antipersonales; la prevención de los daños ambientales resultantes de ataques terroristas, como las voladuras de oleoductos y de torres eléctricas.

Los miembros de la oficina de paz de la presidencia tenían puentes con los jefes del ELN, Francisco Galán y Felipe Torres; se hablaban por teléfono casi diariamente y los visitaban en la cárcel. Yo molestaba a los "pazólogos" diciéndoles que "parecían novios"; y, en el tema de la paz, sí que lo fueron.

Pero no todo era noviazgo, por supuesto. También tuvimos diferencias y enfrentamientos muy fuertes. Cuando las elecciones de octubre de 1997, el ELN cometió el error de sumarse a las FARC para declarar las elecciones como "objetivo militar" y procedió a sabotearlas secuestrando candidatos, quemando urnas y amedrentando a las autoridades electorales. Las circunstancias fueron particularmente difíciles en el sur, donde las FARC tenían su mayor influencia y donde en ese momento la policía llevaba a cabo operaciones masivas de lucha contra el narcotráfico.

Varios gobernadores habían solicitado al gobierno que se suspendieran los comicios. Recuerdo una dramática conversación que sostuvimos con la valiente gobernadora del Caquetá, Amparo Ossa Suárez. Pocos días antes de la celebración de los comicios, me manifestó que temía por su vida y la de sus hijos, que se sentía seriamente amenazada. Y lo estaba. Los organismos de inteligencia del Estado la señalaban como colaboradora de la guerrilla y ésta como amiga de paramilitares. Le dije para consolarla que, en medio de la polarización, ese era el mejor síntoma de que estaba procediendo correctamente.

Empero, me negué a aplazar los comicios en Florencia y en cualquier otra parte. Me parecía que hacerlo, en esas circunstancias, equivalía nada más ni nada menos que a aplazar la democracia.

El ministro del Interior, Carlos Holmes Trujillo, se la jugó a fondo por las elecciones, recorrió las zonas más amenazadas, le dio confianza a la gente, organizó las autoridades regionales en lo que llamó la "Operación Democracia". La noche en que se conoció la decisión de la guerrilla de sabotear las elecciones locales, anuncié por la televisión que habría elecciones en todos los municipios, que recogía el guante lanzado por los subversivos contra la democracia y que allí donde existiera un solo colombiano que quisiera votar y uno que deseara ser elegido habría un agente del orden para garantizarle sus derechos constitucionales. Precisamente a un municipio del Caguán tuvimos que enviar un helicóptero militar con las urnas, los testigos electorales y soldados para que recogieran 13 votos de ciudadanos que querían elegir a su alcalde.

La guerrilla cometió un grave error político al oponerse a las elecciones de gobernadores y alcaldes: era una manera de enfrentarse al pueblo en cuyo nombre decían luchar y precisamente en los departamentos y municipios, que eran los espacios donde contaban con algunas solidaridades regionales.

La gobernadora y sus colegas entendieron que el mensaje iba en serio y descansaron cuando, en la práctica, el gobierno nacional asumió la responsabilidad por lo que pasara. Visité personalmente el sur del país durante una semana y, en desarrollo de mi visita, se me ocurrió ofrecer un "premio" a aquellos diez municipios más votados en las regiones amenazadas. Se trataba de partidas presupuestales para proyectos de obras públicas sociales, decididas por las propias comunidades de los municipios más democráticos.

La noche de las elecciones estaba en mi despacho recibiendo los resultados y celebrando el hecho de que había habido votaciones en todos los municipios, cuando la televisión anunció el triunfo en Estados Unidos del equipo de beisbol los Marlyns gracias a la brillante actuación del beisbolista colombiano Edgar Rentería; ese día los colombianos, para decirlo en términos beisbolísticos, ¡la sacamos del estadio!

Habría sido uno de los mejores días de mi mandato si no hubiera estado de por medio el secuestro de unos observadores de la OEA, que habían venido invitados por el gobernador de Antioquia, Álvaro Uribe Vélez, para presenciar el desarrollo de las elecciones. Los observadores fueron secuestrados por el ELN en cercanías del municipio de Santa Ana.

La airada reacción internacional llevó al grupo guerrillero a buscar una rápida reunión con José Noé Rios, para acordar los términos de la devolución de los ilustres secuestrados cuyo cautiverio los estaba "quemando" como hierro caliente. En cuestión de horas se acordó concentrar las tropas, inactivas, en unas áreas convenidas en la zona de Santana y suspender los operativos militares mientras se producía la devolución de los emisarios internacionales. Esta se llevó a cabo sin ningún tropiezo.

El acuerdo se cumplió al pie de la letra y ayudó a restablecer una relación de confianza con el ELN que venía seriamente deteriorada desde el asesinato de Jorge Cristo, ocurrido unos meses atrás, en la primera semana de agosto.

¿Por qué el ELN asesinó a Jorge Cristo? Este es uno de los grandes interrogantes que saqué con mi equipaje al abandonar el poder. Jorge Cristo era uno de mis más fieles seguidores. Como otros políticos de su generación, había hecho su carrera a puro pulso, ganándose a la gente, uno por uno, en su consultorio de médico. Mantuvo, hasta el final de sus días, una fidelidad sorprendente a las ideas progresistas que defendió con ardor desde joven. Me acordé de él cuando leí, recientemente, el testamento político de Ernesto Sábato, "Antes del fin", ejemplo admirable de consistencia entre una vida y unas ideas.

La facha de ogro huraño de Jorge no tenía nada que ver con el cariño que profesaba por su gente, su mujer, sus hijos, pero sobre todo, por sus ideas. La muerte se lo llevó cuando ya tenía pensado entregarle los trastos a su hijo Juancho y dedicarse a comer ayacas con sus nietos en su querida Cúcuta, la ciudad más "samperista" de Colombia. En la escalerilla del avión que me llevaría a darle la última despedida al amigo, ordené al general Serrano que antes de veinticuatro horas quería ver separados en distintas celdas a Galán y Torres. El puente con el ELN se rompía.

A fines de 1997, meses después del asesinato de Cristo y los secuestros de Santa Ana, comenzamos a recibir mensajes en los cuales el ELN insistía en que quería hablar con el gobierno y celebrar un acuerdo. Jamás, a lo largo de mi gobierno, desestimé ningún contacto ni dejé de escuchar ninguna propuesta que tuviera relación con la posibilidad de conseguir la paz para Colombia.

Cuando el tema fue planteado directamente por el embajador de España en Colombia, convoqué al cónclave semanal que cariñosamente llamaba "los locos de la paz" para preguntarles por la seriedad que atribuían a estas señales de humo blanco.

Después de atender un largo rato el debate que siempre se suscitaba en estos casos, les dije:

–No se por qué, pero tengo la corazonada de que esta propuesta del ELN va en serio. Escuchémosla.

Lo que el ELN proponía, en dos platos, era que se realizara un encuentro en Madrid, al cabo de pocos días, con tres etapas. Durante la primera, enterarían al gobierno español de sus aspiraciones. En la segunda hablarían con voceros de la Comisión Nacional de Conciliación. Y, finalmente, se sentarían todos a la mesa con delegados del gobierno de Colombia. Acordamos que el encuentro se realizara en febrero, coincidiendo con mi presencia en España tras una visita al Vaticano.

Al volver de Roma programé una escala en Madrid. Esta vez no se trataba de comerme una buena paella ni de darle una vuelta a mi hermano Daniel –cosa siempre conveniente. El propósito principal, que manteníamos obviamente en reserva, era recibir el informe de la gestión de José Noe Ríos y Daniel García-Peña sobre las conversaciones recién iniciadas. Para evitar sorpresas periodísticas, les mandé decir a los reporteros que venían en la comitiva que no se preocuparan, que estaría descansando en la embajada.

La conversación con Daniel y José Noé, en la vieja casa de la embajada en la Calle Fortuny, que conocía de memoria, me dejó optimista.

–Es increíble, presidente –me dijo José Noé–, pero estos tipos quieren firmar un acuerdo ya, inclusive antes de regresar a Colombia.

–¿Y por qué ese afán? ¿Qué quieren, qué buscan? –les pregunté lleno de intriga.

–Ojalá supiéramos –dijo Daniel–. Lo que sí está claro es que quieren firmar algo pronto.

Repasé con ellos los puntos de su propuesta, uno por uno: querían una nueva reunión antes de las elecciones presidenciales de 1998, para preparar la convocatoria de una convención de la sociedad civil en la cual se debía definir una agenda de temas para la paz.

Solicité que se desvincularan el acuerdo y el proceso electoral. Sugerí que si, como ellos querían, lo que se buscaba era comprometer a todos los candidatos en la continuación del compromiso que firmaríamos, lo lógico era que la refrendación tuviera lugar entre la primera y la segunda vuelta, cuando ya solamente estuvieran en el juego dos candidatos. Pensaba que poner de acuerdo a cinco o siete candidatos sobre una materia tan delicada podría abortar la iniciativa que se abría paso.

Pedí que en la lista de los invitados propuestos por el ELN estuvieran voceros de los empresarios y que se le abriera un espacio a la Cámara de Representantes. Estuve toda la tarde redactando las instrucciones específicas para la negociación hasta las horas de la noche, cuando me fui a encontrar con el presidente Aznar. Lo puse al tanto del favorable curso que llevaban hasta ese momento nuestros contactos y asistimos luego a una cena en el palacio de la Moncloa, residencia del presidente del gobierno español.

Nos reunimos previamente con la canciller María Emma Mejía y Fernando Villalonga, viceministro de Relaciones Exteriores de España para América. El presidente se sorprendió cuando le dije que era la primera vez en toda su historia que el ELN aceptaba sentarse en una mesa de negociaciones como grupo independiente.

Fue una invitación muy amable y familiar, pues incluía a Ana Botella, la dinámica señora de Aznar, a Jacquie y a los hijos de ellos y los nuestros. La cena resultó, como esperábamos, muy grata, y estuvo salpicada de anécdotas sobre la vida doméstica en el poder, en las que intervinieron nuestros hijos como contrapartes.

Regresé a Colombia la mañana siguiente con un rayo de optimismo en el alma. El preacuerdo de Viana, que se firmaría a las pocas horas entre los que estaban presentes en los diálogos de Madrid y en cuya elaboración participaron Augusto Ramírez Ocampo y Ana Mercedes Gómez a nombre de la Comisión Nacional de Conciliación, contemplaba una fase de "ratificaciones posteriores", con plazos cortos, con Galán y Torres, los comandantes encarcelados, y luego con el comando central en las montañas.

Los delegados del gobierno y la guerrilla deberían acometer luego la organización de la primera reunión preparatoria, con la participación de treinta personas, incluidos los candidatos presidenciales o sus delegados. Esta reunión llevaría, posteriormente, a una Asamblea Constituyente de la Sociedad Civil que se celebraría poco antes de la terminación de mi mandato. Esta constituyente coincidía con la asamblea que estaban solicitando las FARC, y abría el camino para que el nuevo gobierno pudiera intentar la convergencia de los dos procesos en una gran liturgia pacifista.

Los contactos con Galán y Torres en la cárcel de Itaguí fueron muy constructivos y rápidos. Allí se acordó la lista de los participantes en la convención, la forma y oportunidad de divulgación del documento convenido y el procedimiento de "despeje pasivo" (acuartelamiento total de las fuerzas militares y de policía en el área acordada) mientras duraba la reunión de la Constituyente, siguiendo la metodología adoptada en Santa Ana para la liberación de los observadores de la OEA, que había dado tan buenos resultados.

Superado este primer paso, sólo quedaba esperar que los miembros de la Comisión Negociadora fueran convocados al monte para recibir la ratificación de los comandantes. Antes de que ello ocurriera, consideré conveniente informar del preacuerdo a Horacio Serpa y Andrés Pastrana; le hablé a Horacio personalmente y Augusto Ramírez se encargó de hacerlo con Pastrana. Mientras tanto, monseñor Alberto Giraldo, quien había participado activamente en las reuniones, le informó a la Comisión de Conciliación.

Lamentablemente, uno de los miembros de la comisión, el ex ministro Álvaro Leyva Durán, que había sido secretario privado del presidente Misael Pastrana, montó en cólera y acusó a su copartidario Augusto Ramírez de haber participado sin el consentimiento de la comisión. A partir de ese momento, Leyva se declaró enemigo del acuerdo y se dedicó, sistemáticamente, a desacreditarlo nacional e internacionalmente. Viajó a Cuba, celebró reuniones y sostuvo conversaciones a través de su canal privilegiado de radio con los comandantes de las FARC, todo con el ánimo de torpedear el acuerdo de paz.

–Yo no dejo que Samper haga la paz –le comentó Leyva a un amigo común, como si la paz fuera un bien privado suyo o mío.

Los peores enemigos de los procesos de paz son aquellos que creen tener un protagonismo mesiánico en su búsqueda. Esto los lleva, insensatamente, a atravesarse en el camino de cualquier intento ajeno, de buena fe, por abrir una sola puerta sin contar con su consentimiento.

Jamás hubo persecución política alguna contra Leyva, aunque él haya convencido de otra cosa a las FARC.

Al polémico ex senador lo persiguieron unos cheques del cartel de Cali, no los funcionarios de mi gobierno. El fiscal Gómez Méndez, al encausar a Leyva por supuesto enriquecimiento ilícito con estos cheques, procedió como era su deber, tal como lo hizo en otros casos contra varios congresistas y funcionarios de distintas extracciones políticas.

Debo decir que me escandalizó saber, después de haber terminado mi gobierno, que importantes autoridades del Departamento de Estado de los Estados Unidos se reunieron con el propio Leyva en San José de Costa Rica para hablar de las relaciones de la guerrilla con el narcotráfico, que los Estados Unidos habían ignorado durante los cuatro años de mi mandato. Me escandalizó aún más que lo hicieran con un ex congresista conservador buscado por los mismos cargos por los cuales estos funcionarios extranjeros habían acusado de corrupción a mi gobierno y a algunos congresistas liberales.

La cancillería colombiana, atendiendo el requerimiento de la fiscalía, y con el beneplácito del gobierno recién electo de Andrés Pastrana, solicitó la extradición de Leyva de Costa Rica. El nuevo gobierno de este país, en desarrollo de acuerdos cuyos detalles y participantes aún desconocemos, prefirió concederle asilo antes que entregarlo a la justicia de Colombia.

Al saboteo de Leyva se agregaría más tarde la demora en la última ratificacion del acuerdo conseguido con el ELN; transcurrieron varias semanas sin que fuera posible concertar el encuentro para la firma convenida del documento. Reconozco que a estas alturas todavía me seguía preguntando qué secreta motivación tendrían los miembros del ELN para negociar con un gobierno que ya estaba terminando y al que habían combatido con particular denuedo. No estaban derrotados militarmente, su influencia política era evidente, y sabíamos que estaban bien de dinero, a juzgar por los secuestros que cometían y las vacunas ganaderas que recaudaban en su zona.

La respuesta me la dio Daniel Coronel, director del noticiero NTC, un domingo por la tarde, a mi regreso de Cartagena, cuando me llamó a contarme que esa noche saldría en su telediario la gran primicia: el sacerdote Manuel Pérez, jefe del grupo, había muerto. Después de una penosa enfermedad y, al parecer, de un tratamiento todavía más doloroso, el dirigente guerrillero fallecía en el monte de muerte natural.

La explicación no daba para muchas interpretaciones: el cura español, antes de morir, quiso hacer la paz y por eso precipitó los acontecimientos. Buscó seguramente un apoyo en España, que era su tierra de origen; encargó de la misión a Milton, uno de sus hombres de confianza, y sometió lo acordado a una doble ratificación que garantizaba la unidad del movimiento.

Consciente de los tropiezos que podría acarrear este suceso para la supervivencia del preacuerdo de Viana, públicamente manifesté esa misma noche que debía respetarse la última voluntad de paz del sacerdote guerrillero. Las cosas, sin embargo, marchaban por caminos diferentes. La muerte del dirigente, la acción de Leyva y la misteriosa filtración por un diario español del contenido del acuerdo, consiguieron abortarlo en un par de días.

El ELN no filtró el texto. Tampoco lo hicimos nosotros. El error de la guerrilla fue haberse dejado convencer de que había sido el gobierno la parte infidente cuando era, precisamente, la que mayor interés tenía en conservarlo herméticamente reservado.

Así como la información y el acceso a ella son fuente de poder y decisión para cualquier gobierno, el mal manejo de un dato, la filtración inconveniente o inoportuna de una noticia, la dosificación selectiva de hechos para crear diferencias en el tratamiento de los medios, pueden resultar altamente dañinos. Cuando se manejan informaciones de Estado reservadas, es importante advertir a quienes las poseen acerca de la confidencialidad de ellas en todo momento, y esclarecer, persona por persona, los responsables de cualquier publicación no autorizada.

Habíamos estado muy cerca de iniciar el proceso de paz con el ELN, paso enorme hacia la paz general, y todo había sido frustrado por la mano del destino y unos egoístas intereses.

El fin de semana siguiente, en Hatogrande, cuando ya el fracaso estaba consumado, reflexioné profundamente, metido en mi ruana sabanera, acerca del triste destino que espera a la búsqueda de la paz en Colombia si seguimos nosotros mismos colocando palos en su rueda. Tan culpables como los subversivos, o aún más, son quienes han convertido la paz en un objetivo ideológico, inclusive personal, para satisfacer su ego partidista o pasar a la historia como los protagonistas de un proceso cuyo tiempo no se mide en número de días sino de muertos.

Ese seguía siendo mi estado de ánimo unas semanas después, cuando una tarde me buscó afanosamente el procurador Jaime Bernal Cuéllar para hablarme de un encuentro que había sostenido con la famosa pareja de espías alemanes, los Mauss. Ellos traían el mensaje de la comandancia del ELN de que querían restablecer el diálogo iniciado en España. Esta vez planteaban referirlo al Consejo Nacional de Paz.

El consejo, creado por la Ley 434 de 1998, desarrolla una brillante idea del ministro Gilberto Echeverry para articular la sociedad civil con el Estado en un solo escenario en el objetivo común de la reconciliación. Echeverry definió muy a su manera paisa el propósito del consejo: "descuatrienizar" el manejo de la paz para que ésta no sea responsabilidad exclusiva ni excluyente de un solo gobierno.

Llevé al procurador al salón de los gobelinos (las secretarias lo llamaban el de los "gomelinos", por los soldados-gomelos del Guardia Presidencial que se paseaban vigilantes por los pasillos adyacentes). Era el sitio ideal para "caminar" ciertos temas, lejos de los micrófonos, aunque en palacio ya sabían que, cuando rondaba esos corredores, era porque algo gordo se cocía.

La oferta de los Mauss coincidía con la que había recibido a través de otros mensajeros, entre ellos Sabas Pretelt, presidente de Fenalco. El ELN estaba dispuesto a reabrir un nuevo espacio directo de negociación en Alemania con la presencia de la nueva comandancia, sin poner condición alguna.

–Procurador –le comenté–, de eso tan bueno no dan tanto; pero, como dice mi mamá, "la peor diligencia es la que no se hace". Tiene mi permiso. Adelante las gestiones.

Con algo de escepticismo, autoricé también el viaje de Pretelt. Ambos se entrevistarían primero con los Mauss quienes, después de haber sido exonerados por la justicia, habían salido de Colombia para Alemania.

En la reunión del lunes puse en conocimiento de mis asesores la posibilidad del nuevo camino que se abría. Durante los cuatro años siempre me reuní de manera asidua con los asesores de paz para buscar fórmulas, ensayar recursos imaginativos, examinar mensajes y, cuando las cosas estaban difíciles, para "botar corriente".

No creo en la paz arrogante de los presidentes que la buscan en solitario, acompañados de uno o dos escuderos que llevan y traen razones dentro del mayor sigilo, para que nadie les quite la posibilidad de hacerse al Premio Nobel. Tampoco funcionan los procesos de reconciliación manejados a control remoto por gurús internacionales que se enteran de la existencia de Colombia en las guías turísticas, ni los procesos tumultuosos en que todos meten la mano sin que nadie sepa para dónde van las cosas.

La Comisión Nacional de Paz –que hoy duerme el sueño de los justos porque el gobierno de Pastrana la desestimó por haber sido creación mía– busca precisamente superar estos viejos síndromes garantizando una amplia participación de los voceros de la sociedad civil y representantes del Estado en sus distintas expresiones y bajo el liderazgo del presidente de la república. El fenómeno de la violencia está hoy tan extendido, y toca tantas y tan sensibles fibras sociales, que su remedio no puede buscarse a escondidas de la sociedad que la sufre.

Jaime Bernal y Sabas Pretelt regresaron con buenas noticias: se podía celebrar una primera reunión con representantes de la sociedad civil, magistrados, periodistas y funcionarios públicos en Maguncia. Preparamos cuidadosamente nuestra posición. Los representantes del gobierno asistirían como observadores del encuentro y no habría negociación alguna hasta después de las elecciones presidenciales.

Pensé que teníamos que ser muy agresivos en nuestras propuestas y preparamos una oferta de negociación con Eduardo Verano que buscaba esencialmente "financiar una tregua" del ELN para que se pudiera adelantar tranquilamente el proceso sin los sobresaltos propios de los atentados terroristas, asaltos y emboscadas. A cambio de que dejaran en paz el "tubo" del oleoducto y las voladuras de torres eléctricas, el gobierno se comprometía a financiar obras sociales en los municipios vecinos a estas instalaciones, por valor de 5.000 millones de pesos anuales. Asimismo, haciendo uso de las facultades contenidas en la ley 368 de 1997, que permite destinar fondos a la protección de los combatientes que acepten su reintegro a la vida civil, proponíamos hacernos cargo del mantenimiento de los guerrilleros mientras se cumplían los plazos acordados en el proceso.

Destaqué tres funcionarios de alto nivel para que hicieran un "seguimiento discreto" del suceso: el mismo Eduardo Verano, ministro de Medio Ambiente; Rubén Darío Ramírez, zar antisecuestro, y Adelina Cobo de Guerrero, directora del ICBF. La idea era que si se daban las condiciones, antes o después del encuentro, promovieran conversaciones tendientes a la suscripción de compromisos por parte del ELN en torno a temas concretos relacionados con la aplicación del Derecho Internacional Humanitario. Eventualmente, Verano presentaría privadamente nuestra propuesta.

Las cosas en Maguncia anduvieron sorprendentemente bien. Se ratificó el espíritu del preacuerdo de Viana sin mayores modificaciones; se examinó el tema del secuestro de personas mayores de edad y niños; se decretó una tregua en la voladura de oleoductos que se respetaría hasta la fecha convenida; y los elenos reiteraron su voluntad de seguir adelante en la búsqueda de una paz que, a pesar del cambio de gobierno, ya no parecía tan esquiva.

Lo que vino después es bien sabido. El nuevo gobierno, por marcar distancias con el mío, abandonó el proceso a su propia suerte, colocó al ELN en condición subalterna respecto a las FARC, subestimó la capacidad de convocatoria del Consejo Nacional de Paz y definió un contraste claro entre una y otra agrupación guerrillera. Por su parte, el ELN optó equivocadamente por llamar la atención con actos tan audaces y espectaculares como censurables: el secuestro del avión de Avianca, de decenas de asistentes a una misa en Cali y un grupo de pescadores en la ciénaga del Torno, en proximidades de Barranquilla.

La improvisación se encargó del resto: se rompieron y reabrieron las comunicaciones varias veces, hubo declaratorias de guerra seguidas de ofertas generosas de entendimiento y hasta el propio presidente Pastrana fue desautorizado por los comandantes guerrilleros respecto a compromisos que nunca se hicieron. Reaparecieron las voladuras de oleoductos y torres de energía; los bloqueos de carreteras; las masacres de personas inocentes cometidas por las autodefensas en las zonas de su influencia, y regresamos al punto muerto que existía antes de Viana y Maguncia.

Cuando un año después se reiniciaron en Cuba las conversaciones, ya habíamos perdido un año del impulso que dejamos al terminar el gobierno y que el egoísmo del nuevo gobierno detuvo. Sin embargo, quedó sembrada una semilla, una importante semilla que vincula la solución política del conflicto armado a la participación activa de la sociedad civil, que es su mayor víctima, e inscribe la salida política de la guerra en el marco ético de la aplicación del Derecho Internacional Humanitario.

PRIMERO LOS DERECHOS HUMANOS

Los miembros de la Cruz Roja Juvenil estábamos celebrando, ese 17 de diciembre de 1963, la tradicional Novena de Navidad en la sede central de la Cruz Roja Colombiana, cuando nos avisaron que acababa de accidentarse un avión en el aeropuerto Eldorado. Serían como las dos de la mañana. Suspendimos la fiesta, buscamos rápidamente las camionetas y ambulancias que encontramos a nuestro alcance y partimos de inmediato al lugar del desastre.

Al llegar al edificio central del aeropuerto, nos indicaron que fuésemos a la cabecera oriental de la pista, donde había ocurrido el accidente. Una vez allí, el jefe de socorristas nos dijo con voz entrecortada:

–Muchachos, registren ustedes a la derecha, levanten lo que encuentren, caminen con cuidado.

Nunca podré olvidar el espectáculo dantesco que encontramos. Fue la primera vez en la vida que vi tan de cerca y tan brutalmente la muerte. Entre la espesa bruma aparecían diseminados pedazos de cuerpos: cabezas, troncos, caras con rictus de dolor... Los equipajes, destrozados, estaban regados por la pista; sobre el pavimento surgían objetos inesperados, como muñecas, radios transistores y zapatos. Los fierros retorcidos todavía humeaban.

Recogimos en camillas y lonas, como pudimos, los cuerpos incompletos que fuimos encontrando y los clasificamos en fila a la luz de unos reflectores que nos encandilaban. Así estuvimos hasta el amanecer, cuando pudimos ver a plena luz del día el balance dramático de nuestro trabajo.

Yo tenía trece años de edad y no sabía que muchos años después, en la presidencia de la república, volvería a revivir esas mismas imágenes con el relato detallado que me hizo un testigo presencial de los hechos de la masacre de Trujillo. En este horrible episodio, algunos militares, apoyados por un grupo de narcotraficantes que actuaban en el Norte del Valle, masacraron, entre los años 88 y 90, a más de 35 civiles.

Los asesinos llegaban a la vereda de Sonora y al casco urbano del municipio, localizaban a quienes ellos creían que eran amigos o informantes de la guerrilla, se los llevaban, los sometían a crueles interrogatorios y luego los introducían, vivos, en costales donde los destrozaban con una sierra eléctrica para luego echarlos al río Cauca.

La versión me produjo un profundo impacto. Inmediatamente nombré, de común acuerdo con la Comisión Interamericana de Derechos Humanos de la OEA, una comisión investigadora cuyo informe final fijó claramente, en pocos meses, las responsabilidades del caso. Pedí que las conclusiones me fueran entregadas públicamente para que todo el mundo se enterara de las atrocidades que revelaban. En el mismo acto, en presencia de los familiares de las víctimas, manifesté de una manera tan firme como la indignación que me embargaba:

"Acepto, como presidente de Colombia, la responsabilidad que corresponde al Estado colombiano por la acción u omisión de servidores públicos en la ocurrencia de los hechos violentos de Trujillo sucedidos entre los años de 1988 y 1990".

Y anuncié, en consecuencia, la presentación de un proyecto de ley, más tarde convertido en la Ley 288 de 1996, que obliga al Estado colombiano a indemnizar a las familias de todas las víctimas de violaciones de los derechos humanos cometidas por la acción u omisión de servidores del Estado. Para el caso de Trujillo, la norma dispuso abrir una oficina de derechos humanos en la zona y adelantar planes sociales en el municipio que, aunque no resucitarían a los muertos, al menos contribuirían a mantener vivo su recuerdo.

"Espero finalmente que nuestros hijos algún día nos perdonen, cuando estén respirando el aire puro de la paz, el haber sentido tanto odio cuando teníamos derecho a tanta vida", terminé mi intervención ese día.

El único tema que conseguía alterarme, durante los cuatro años que ejercí la presidencia, era éste de las violaciones masivas de los derechos humanos. Me sobrecogían y producían una rabia y una impotencia que tardaban varios días en apagarse: las masacres cometidas por los paramilitares; las voladuras de oleoductos del ELN; la destrucción de hospitales, escuelas y viviendas humildes en los asaltos de las FARC contra municipios retirados; y, claro está, la participación de algunos miembros de las Fuerzas Armadas en hechos de sangre como el de Trujillo. Todos estos hechos me sobrecogían porque me recordaban hasta dónde estaban llegando las dimensiones de nuestra locura colectiva.

¿Qué hacer?, era la pregunta que me repetía, con ansiedad, permanentemente.

Sabía, para empezar, que lo primero era conseguir que los propios servidores públicos se comprometieran efectivamente con una conducta de respeto a los derechos humanos. Un Estado no puede exigir a sus ciudadanos unas normas de conducta que él mismo no está en condiciones de cumplir ejemplarmente. En el primer año de mi mandato, se crearon oficinas especiales de derechos humanos en todas las guarniciones y se convirtió su enseñanza en asignatura obligatoria en los pénsumes de todas las academias militares.

Con ayuda de mi compañero de la Javeriana, Carlos Vicente de Roux, se diseñó además una completa red informática para recibir y tramitar todas las denuncias de violaciones desde la misma presidencia de la república. A pesar de las dificultades fiscales, conseguimos fortalecer presupuestal y administrativamente las Unidades de Derechos Humanos de la Fiscalía, la Procuraduría y la Defensoría del Pueblo.

Como lo dije en mi visita a Alemania, ante una nutrida concurrencia de organizaciones no gubernamentales que asistieron a "comer presidente" después de que me recibieran en la puerta con los consabidos chiflidos y pancartas:

"Para mi gobierno el problema de los derechos humanos no es un problema de imagen sino de realidades. No queremos cambiar la imagen que se tiene sobre lo que está sucediendo en Colombia en relación con la violación de los derechos humanos: queremos cambiar una realidad que sabemos que existe y que no escondemos. Ayúdennos".

Con esta idea en la cabeza, la de no esconder nada, invité a las Naciones Unidas a abrir una Oficina Permanente de Derechos Humanos en Colombia, cuya primera directora, la embajadora Almudena Mazarrasa, cumplió una labor extraordinaria de pedagogía institucional para la convivencia. Lamentablemente, no la entendieron ni los burócratas internacionales de los cuales dependía –acostumbrados a mirar las violaciones de derechos humanos como quien revisa los platos de un menú en un restaurante– ni las propias organizaciones locales defensoras de derechos humanos, que le hicieron la vida imposible porque ella cometió el pecado de no "tomar partido".

Confieso que, aunque siempre tuve un diálogo abierto y constructivo con las beligerantes ONGs de derechos humanos colombianas, al final del gobierno resentí la actitud de algunas de ellas que ignoraron totalmente la buena disposición del gobierno en la preservación de todas las garantías ciudadanas. También las de otras que, de manera inmoral, pasaban por alto las violaciones cometidas por los grupos alzados en armas, las cuales representan, según distintas fuentes, más del 80% de las transgresiones humanitarias que hoy ocurren en Colombia.

Me gustaba reunirme con José Miguel Vivanco, director de American Watch porque, aunque apasionado, siempre estaba bien informado. Prefería, por supuesto, las conversaciones privadas con él que sus siempre incendiarias declaraciones públicas a la salida de palacio.

A las pocas semanas de iniciar mi gobierno designé una comisión para estudiar un nuevo Código Penal Militar. Fue un parto doloroso que duró casi todo el cuatrienio; cada vez que creíamos haber obtenido un consenso, saltaba la liebre por donde menos pensábamos y se reabría el debate. Un general llegó a tener el proyecto archivado durante varios meses en el cajón de su escritorio.

Cuando la Corte Constitucional, en una decisión histórica, trasladó el conocimiento de casi todos los delitos cometidos por los miembros de las Fuerzas Armadas a la justicia civil, convoqué a los altos mandos a palacio y los convencí de que avanzaran en una codificación de estas normas. Me preocupaba, sobre todo, la definición de unas garantías claras para que los miembros de la fuerza pública pudieran ser juzgados por jueces de instancia superior, lejos del escenario de la confrontación bélica y con las garantías propias de su condición castrense. Los militares aceptaron participar en la comisión de redacción definitiva.

Dos valientes y jóvenes abogadas, Karen Kuffer y Sonia Eljach, se consagraron a la tarea de sacar adelante el código como causa propia. Durante muchos meses tuvieron que soportar las impertinencias de algunos asesores jurídicos del ministerio de Defensa y no pocas presiones de las ONGS. Resistieron heróicamente. Recuerdo el día en que me correspondió decidir sobre los dos puntos contenciosos alrededor de los cuales se habían formado dos bandos de asesores aparentemente irreconciliables: determinar que ningún acto de servicio de un miembro de las Fuerzas Armadas puede excusar graves violaciones de derechos humanos –como masacres, torturas, desapariciones forzosas o genocidios– y que la obediencia debida a una orden militar sólo procede cuando la orden es legítima, clara y conocida.

Ninguna de las partes enfrentadas quedó plenamente satisfecha, lo cual para mí fue una tranquilizadora señal de que había obrado correctamente. Faltaba comunicarlo a las partes. Cité a los altos mandos a palacio.

Sostuvimos, con los abogados aún enfrentados, una tormentosa reunión que duró hasta la madrugada. Al finalizar, les manifesté que yo entendía que sobre estos puntos contenciosos ya estaba dicho todo lo que técnicamente podía decirse durante dos años; añadí que la decisión de incluir una u otra versión era una decisión política; y en tono persuasivo afirmé que la única manera de que las Fuerzas Armadas colombianas recuperaran el "monopolio legítimo" de la fuerza que la Constitución les concedía, era mostrar un compromiso claro con la defensa de los derechos humanos y que las ONGs aceptaran que nuestro interés era perseguir a todos los violadores de derechos humanos, empezando por los que estaban con la guerrilla y los grupos de justicia privada.

–En consecuencia –anuncié– he decidido incluir como están los dos puntos mencionados en el texto definitivo del código que empezará mañana su último debate en el Congreso.

Y expliqué cómo quedarían los textos respectivos.

A la mañana siguiente, Karen y Sonia comenzaron a recibir amenazas, que fueron creciendo de tono hasta que las obligaron a cambiar de rutina y, finalmente, a dormir cada noche en un sitio distinto.

Una tarde se presentó en mi despacho Sonia, directora de la oficina de derechos humanos de la presidencia; entró llorando porque acababan de amenazar a su hija de quince años, y me dijo en forma conmovedora:

–Yo, señor presidente, me hago matar por el código y por defender mis principios. Pero compréndame que no puedo arriesgar la vida de mi hija, que es lo único que tengo en la vida.

La entendí y le aconsejé que saliera por un tiempo del país con un cargo diplomático; lo mismo había hecho en algunas otras oportunidades con otros funcionarios y activistas de derechos humanos amenazados en sus vidas. El gobierno incluso constituyó en el Instituto de Crédito Educativo en el Exterior, con la ayuda entusiasta del ministro de Educación Jaime Niño, un fondo de becas y apoyos para estudios en el extranjero de activistas de derechos humanos amenazados en circunstancias críticas.

Unos días más tarde también me tocó disponer la salida de Karen para Hamburgo.

El código fue aprobado después de terminar mi administración y las dos valientes abogadas fueron retiradas de sus cargos diplomáticos por el nuevo gobierno. Ignoro su paradero en este momento.

Muy pronto, al comenzar mi mandato, entendí que el problema de los derechos humanos, en medio de una situación de violencia generalizada como la que vive Colombia, no puede reducirse a verificar y denunciar el número de violaciones, como quien lleva una macabra contabilidad de insucesos. Por esa razón planteé ante el Congreso de la república la aprobación de los Protocolos I y II de la Convención de Ginebra, que contienen las normas básicas de aplicación del Derecho Internacional Humanitario en caso de conflictos armados.

La reflexión que inspira esta legislación especial es que si no somos capaces de terminar con la guerra, al menos tenemos la responsabilidad moral de impedir que más personas inocentes continúen siendo víctimas de ella. Pero, ¿humanizar la guerra? ¿Dar sentido humano a algo que por definición atenta contra el hombre, es decir, que es por definición inhumano? Esta contradicción existe desde tiempos ancestrales; y el derecho de gentes nació precisamente para tratar de resolverla. Enmarcar las prácticas de la guerra dentro de unos parámetros de respeto a la dignidad humana no es una paradoja: es un imperativo de la ética.

El agravamiento del conflicto armado colombiano tiene que ver con la extensión de la guerra y con el deterioro de sus prácticas, cada día más indiscriminadas y más violentas, que golpean a un mayor número de personas inocentes y colocan en clara situación de indefensión a los propios combatientes.

El enfrentamiento violento se está convirtiendo en una gran carnicería que no respeta edades, sexo, condición ni conciencias. Es una confirmación más de la antigua y cruel ley según la cual toda violencia genera violencia. No existe en el mundo ninguna motivación ideológica que pueda justificar un costo tan elevado en sufrimiento humano para conseguir unos propósitos políticos cada día más inciertos, como los que están pagando miles de personas.

El Derecho Internacional Humanitario (DIH), como parte del Derecho Internacional Público, nació para que aquellos conflictos que tuvieran que ser resueltos de manera violenta se desataran con el menor sacrificio de vidas humanas. Sus normas quedaron formalmente recogidas en la Convención de Ginebra del año de 1949 y los correspondientes protocolos que las desarrollaron en los años setentas.

El primer curso intensivo de DIH lo recibí de Pierre Gassman, una especie de madre Teresa de Calcuta en la materia que actuaba como representante de la Cruz Roja Internacional en Colombia. Lamenté que un problema de celos de protagonismo oficial hubiera llevado a su salida del país. Pocas personas como él se han ganado la confianza de todos los sectores alzados en armas. Su secreto era jugar siempre limpio.

Colombia se abstuvo durante varios años de aprobar los protocolos de Ginebra, por considerar equivocadamente que, al hacerlo, se abriría el camino para la declaratoria del estado de beligerancia de las organizaciones armadas y la consiguiente intromisión de otros Estados en nuestros problemas internos.

El estado de beligerancia es "el reconocimiento político que realizan los estados de una o varias organizaciones alzadas en armas, insurgentes, contra el Estado de la alta parte contratante en que se lleva a cabo un conflicto armado". La condición de beligerancia no es constitutiva sino declarativa; mientras un Estado extranjero no reconozca a una organización alzada en armas, ésta no podrá beneficiarse de las consecuencias previstas internacionalmente, tales como disfrutar de un territorio seguro para sus prácticas militares, comprar armas a través del Estado-legitimador o disponer de recursos para financiar sus actividades, como lo hicieron varios países latinoamericanos cuando reconocieron la guerrilla de Nicaragua.

Lo importante en el análisis sobre la aplicación del DIH es que no es necesario el reconocimiento del estado de beligerancia o del estatus político de una organización armada al entrar a una negociación, para "crear" la obligación de respetar el derecho humanitario, ya que éste es un compromiso moral e inmediato, libre de cualquier condicionamiento. La aplicación del DIH, sostuvo la Corte Constitucional en memorable sentencia, constituye una proyección de la norma constitucional que establece la búsqueda de la paz como una garantía fundamental a favor de todos los ciudadanos.

Los sujetos pasivos del DIH son la población civil, las personas que cumplen tareas humanitarias (funcionarios de la Cruz Roja, religiosos, equipos de ayuda sanitaria) y los combatientes caídos en combate. Dentro de la población civil se protege especialmente a los denominados "grupos vulnerables": los niños, los ancianos y las mujeres, particularmente las madres. También se señalan unos "bienes protegidos" como los hospitales, los colegios, las parcelas sembradas y aquellas obras públicas cuya afectación puede desatar fuerzas peligrosas: los embalses, los depósitos de agua, las torres de energía, los oleoductos...

Los Acuerdos de Puerta del Cielo, celebrados en 1998 por la sociedad civil con el ELN en Alemania con el apoyo de mi gobierno, son pioneros en este intento de inscribir las negociaciones de paz en un contexto de respeto inmediato a los derechos humanos. Esto es, precisamente, lo que no han querido aceptar las FARC en el proceso de negociación con ellas que abrió mi sucesor. Al contrario, de forma que sorprende, han manifestado que ellas "tienen su propio derecho humanitario", como si en estas materias alguien pudiera reservarse el derecho de proclamar una versión diferente a la que resulta del simple respeto a la dignidad del hombre.

Nuestro compromiso con las víctimas de la violencia no paró allí.

A medida que la lucha territorial entre la guerrilla y los grupos de justicia privada avanzaba, el gobierno comenzó a detectar desplazamientos masivos de campesinos. Comprobamos también que, en muchos casos, eran los mismos grupos violentos, guerrilleros o paramilitares, los que provocaban la migración de la gente para forzar una intervención del gobierno en la zona que detuviera el avance de sus contrarios.

En una visita que realicé en marzo de 1998 al campamento en Mutatá (Antioquia), donde se albergaba a más de cinco mil personas, desplazadas desde Riosucio (Chocó) por las presiones de los grupos enfrentados, conocí de primera mano la trágica magnitud del fenómeno: desarraigadas de sus parcelas, hambrientas, con escasos enseres, familias enteras realizaban agotadoras marchas para ponerse a salvo de quienes las amenazaban. Su obsesión era regresar a sus parcelas y casas abandonadas antes de que alguien se las quitara o saqueara. Resolvimos enfrentar de manera permanente el fenómeno.

Después de estudiar durante varios días la cuestión, el gobierno decidió crear legalmente el sistema nacional de desplazados, cuya responsabilidad era coordinar todas las acciones del Estado en tan sensible campo. Con este instrumento en marcha, pudimos canalizar la ayuda internacional, iniciar la reubicación de las 300.000 víctimas existentes en ese momento y, en no pocos casos, como sucedió en el Chocó, asegurar el regreso a sus tierras después de que el ejército hubiera ocupado la zona afectada.

El tema, sin embargo, me estaba agobiando. Decidí entonces pedirle a Jacquie que me diera una mano. La única persona que tiene el mismo poder de convocatoria del presidente (algunos piensan malévolamente que tiene inclusive más, porque también es la que "convoca" en la casa), es la primera dama. Le solicité que se hiciera cargo de presidir las ya casi diarias reuniones interministeriales a las cuales asistían varias docenas de funcionarios.

Fue, desde el punto de vista administrativo, todo un acierto. Pero desde el punto de vista doméstico un gran error. Lo que conseguí fue sacar el problema de los desplazados de mi despacho y meterlo en mi alcoba. A partir de ese momento, todos los días, cuando terminaba a medianoche mis labores y subía, agotado, a la casa privada, me esperaba Jacquie, completamente despierta, con un largo memorando de solicitudes que debía resolver, a más tardar, según me amenazaba, temprano en la mañana.

Todavía me faltaba algo emblemático por hacer en el campo de los derechos humanos: disolver la famosa Brigada XX. Creada con el sano propósito de tecnificar, fortalecer y centralizar las tareas de prevención de riesgos operativos, la brigada se convirtió en un auténtico dolor de cabeza cuando empezó a ser acusada de cometer atropellos contra los derechos humanos e incurrir en graves irregularidades. En honor a la verdad, el asunto ya había sido considerado por los altos mandos de la época y estaba estudiando la mejor manera y oportunidad de llevarlo a cabo.

Nos preocupó muchísimo, por ejemplo, la posible vinculación de algunos oficiales de la brigada, activos y retirados, con los asesinatos de Álvaro Gómez Hurtado, de Elsa Alvarado y Mario Calderón, dos pacíficos activistas de los derechos humanos, y del dirigente sindical Jorge Ortega en una calle céntrica de Bogotá.

Como se recuerda, el general Luis Bernardo Urbina, comandante de la brigada, fue retirado cuando las autoridades competentes comprobaron que había participado en el montaje y filtración de una cinta canalla donde trataban de presentar al representante Heyne Mogollón, instructor del proceso que se me siguió en la Comisión de Acusaciones, participando en un supuesto acto de corrupción. Un organismo de esta naturaleza que se dedicaba a maniobras de inteligencia militar contra el jefe del Estado no era, propiamente, una carta muy recomendable para defender la brigada.

En junio de 1997 tuve conocimiento de un documento clasificado, enviado por el grupo de inteligencia militar del Caquetá a la brigada en Bogotá, en el cual relacionaban algunas actividades que vinculaban a narcotraficantes y subversivos con dirigentes políticos de la región. Inexplicablemente, la versión original de la información que se conoció en Bogotá apareció modificada con un nuevo elemento en el que nos implicaban, de la manera más gratuita y torpe, a Horacio Serpa y a mí en las actividades denunciadas. Era evidente que el autor de la falsificación jamás llegó a pensar que tendríamos ocasión de conocer el informe original y compararlo con su burdo aporte. Se trataba de una chambonada de un "analista" de la brigada en Bogotá; pero lo más seguro es que estuviera siguiendo instrucciones superiores. Este último episodio, sumado a los hechos relatados, me mostró hasta qué punto se había torcido la Brigada XX y me llevó al convencimiento de que no podía continuar sin hacer un grave daño a la imagen del ejército.

Fue así como una noche me entrevisté con los generales Manuel José Bonnet y Mario Hugo Galán, después de una reunión en el salón de crisis en palacio, y les solicité que apresuraran la disolución de la brigada. Me pidieron autorización para hacer ellos mismos el anuncio respectivo. Accedí. Como el tiempo pasaba y la noticia no salía, aproveché una conferencia que dicté en la Universidad Militar para informar que la brigada debía desaparecer porque no estaba haciendo inteligencia militar sino inteligencia política.

A la salida, un periodista me preguntó en qué consistía la inteligencia política y le contesté:

–La inteligencia política es la inteligencia que no es militar.

–¿Y cuál es la inteligencia militar?

–La que no es política –le dije entre chiste y chanza.

El 19 de mayo de 1998 se expidió la partida de defunción de la tristemente célebre Brigada XX.

El 16 del mismo mes, cuando faltaban pocos días para terminar mi mandato, recibí una de las peores noticias de mi gobierno: un grupo de criminales había asesinado a siete trabajadores que se encontraban en una verbena popular en Barrancabermeja, y se había llevado 25 más con rumbo desconocido. La población de la capital petrolera de Colombia se levantó indignada, y los trabajadores de Ecopetrol se declararon en huelga permanente. Le pedí al ministro del Interior, Alfonso López Caballero, quien cumplió durante su gestión una eficacísima tarea de apagador de incendios en todas partes, que viajara al puerto a calmar a la gente. Lo acompañó José Noé Ríos, el Gran Conciliador, como pomposa pero acertadamente lo denominaban en palacio.

Busqué también a Luis Eduardo Garzón, el presidente de la Confederación Unitaria de Trabajadores, quien siempre actuó, con el ministro Carlos Bula Camacho, de paño de lágrimas en estos casos graves. Con Garzón mantuve siempre una cordial y no pocas veces discrepante relación a lo largo de mi gobierno; sagaz y astuto como pocos dirigentes sociales, siempre tuvo la sabiduría de saber en qué y cuándo ayudaba, sin dejar de sacar legítimas ventajas para su gente.

Esa tarde la situación estaba como para cortar con cuchillo: las madres de los desaparecidos, desesperadas; las viudas de los asesinados, descompuestas; la población civil, aterrorizada; los obreros, levantados; las tiendas, cerradas; la gasolina comenzaría a faltar en cuestión de horas, a la madrugada. En plenas elecciones, se estaba invitando a la ciudadanía a que no votara. López y Ríos fueron recibidos con cajas destempladas, a pesar de lo cual consiguieron aplacar los ánimos al comprometerse con la gente a que, en un plazo de ocho días, se establecería la suerte de los desaparecidos.

Las autodefensas del Magdalena Medio, identificadas como autoras de los hechos, pidieron fotos de los desaparecidos, a través de los contactos del gobierno. El espectáculo de las madres y esposas buscando las mejores fotografías de sus seres queridos secuestrados me conmovió profundamente. Mientras esto sucedía, la ciudad seguía casi sitiada. Contrariando todas las recomendaciones de seguridad, tomé la decisión de ir a Barrancabermeja acompañado por el fiscal Gómez Méndez, que siempre fue solidario en estos casos graves.

A lo largo de la presidencia jamás dejé de hacer acto de presencia en todas las regiones del país, especialmente en aquellas consideradas como baluartes inexpugnables de los grupos alzados en armas o guaridas de narcotraficantes. Recorrí todo el Putumayo para inaugurar su electrificación; viajé varias veces a Florencia para hacer el seguimiento de su carretera a Neiva; estuve varias veces en Urabá y hasta realicé lo que llamaron en palacio la "gira suicida" por todos los municipios de la zona más convulsionada del Magdalena Medio, como Santa Rosa y San Pablo. Mientras más amenazado el lugar, más agradecía la gente la visita del presidente.

Faltando algunos minutos para aterrizar en el aeropuerto de Barrancabermeja, la avanzada de seguridad informó que el capitán Juan Carlos Guzmán, mi actual edecán, había capturado a dos guerrilleros cuando se preparaban para detonar una carga con dos kilos de pentonita en la cabecera de la pista. La idea era destrozar el tren de aterrizaje y desestabilizar mortalmente el avión en el aire por los cambios de presión producidos por la onda explosiva que saldría desde debajo de la aeronave. Con valentía cercana a la temeridad, Guzmán se sentó con los terroristas en el mismo sitio donde se encontraba escondida la carga y les notificó que si tenían más bombas preparadas, los tres volarían en pedazos. No fue así, afortunadamente. El general Sánchez me informó de la novedad y me preguntó si abortábamos el aterrizaje.

–General –le dije–: usted sabe que tengo una cita en Barrancabermeja y que a la gente no le gusta que la dejen esperando.

–Me temía esta respuesta, señor presidente –respondió resignadamente, y se fue para la cabina.

Después del aterrizaje me dirigí a la alcaldía, donde sostuvimos una reunión muy tensa con los representantes de la comunidad. Anuncié un plan piloto de paz para la región, consistente en más de 120 proyectos que habían sido cuidadosamente estudiados por Francisco de Roux y Myriam Villegas de Villamizar, y la creación del Departamento de Policía del Magdalena Medio. Luego me encontré, en el salón del concejo, con los familiares de las víctimas y de los desaparecidos; los escuché pacientemente y les dije lo único que podía decirles en ese momento: que estábamos con ellos investigando a fondo el caso.

Jose Noé, quien se movió rápidamente con algunos contactos políticos que el gobierno tenía con personas cercanas a las autodefensas, pudo establecer que, aunque la orden no había sido dada por Carlos Castaño, los grupos que actuaban en el área de Barrancabermeja asumirían la responsabilidad de los actos.

–La quiero pública y por escrito –le dije a Ríos–. No nos sirve en privado.

Cuando más tarde me llamó para decirme que los autores habían aceptado asumir de manera pública la responsabilidad, le pregunté por la suerte de los secuestrados.

–Malas noticias, jefe –me dijo José Noé con voz entrecortada–: los mataron a todos, no dejaron vivo a nadie.

Me llené de ira y frustración. Pasé una de las noches más amargas en palacio. En esas horas, solo en mi biblioteca, me sentí el ser más desgraciado del universo, el más impotente y el más golpeado. Amanecía en Bogotá; volví a escuchar por cuarta o quinta vez los versos de León Gieco, en la voz de Mercedes Sosa cantando:

Solo le pido a Dios
que la guerra no me sea indiferente,
que es un monstruo grande y pisa fuerte,
toda la pobre inocencia de la gente.

A la mañana siguiente, Alfonso López Caballero y José Noé Ríos comunicaron la horrible noticia a la población. Lo hicieron en un cabildo abierto, desde el balcón de la alcaldía, en medio de las más riesgosas circunstancias. Yo, que estaba siguiendo en directo el acto desde un teléfono, alcanzaba a escuchar los gritos de rabia de las multitudes:

"Gobierno mentiroso, el pueblo está furioso..."

–Espero que ese grito cruel no marque mi destino cuando se escriba la historia de mi gobierno –le dije a Adelina Cobo, con quien estaba conversando en mi despacho.

Me parecía una crueldad de las circunstancias: si por algo habría querido ser recordado es por haber sido un presidente que hizo suya la causa de la defensa de los derechos humanos de todos los colombianos.

EL MINISTERIO DE LA PAZ

A lo largo de la presidencia tuve muchas satisfacciones. La memoria, siempre grata, tiene tendencia a olvidar lo malo y conservar lo bueno; espero que al final de mis días tenga mi memoria completamente limpia de malos recuerdos y pueda disfrutar con los episodios que marcaron con signo favorable mi paso por la jefatura del Estado.

Uno de éstos, sin duda, fue el de la creación del Ministerio de Cultura el 7 de agosto de 1997.

En el curso de la campaña habíamos convocado la celebración de un Foro sobre la Cultura en la Escuela de Bellas Artes de Barranquilla, foco de varios de los más importantes movimientos literarios y artísticos de Colombia en el último medio siglo. Adobado con caravanas, festejos en las plazas, borrachitos liberales y debates radiales, el evento cayó como un rayo de luz después de una borrasca. Su coincidencia con la muerte del maestro Lucho Bermúdez, gloria de la música popular colombiana, imprimió un sabor de porro nostálgico a sus deliberaciones, que fueron intensas, alegres y con tonos dramáticos, como correspondía a la materia que se trataba.

En el acto de clausura propuse la creación de un ministerio de Cultura. Los candidatos presidenciales son muy dados a ofrecer nuevos ministerios y cargos por todas partes, a medida que se van necesitando. Se menciona el caso del aspirante a la embajada de España que le reclamó al candidato presidencial porque, a pesar de haberle prometido tan señalado destino diplomático, se había enterado de que también se lo había ofrecido, en plena campaña, a otros tres ilustres aspirantes.

–¿Cuántos embajadores en España habrá entonces en su gobierno? –le preguntó con cierta insolencia el aspirante.

–Tantos cuantos sean necesarios para ganar las elecciones –le respondió el candidato.

Pues bien, éste no era el caso del ministerio de Cultura. Desde hacía diez años habíamos venido trabajando con un selecto grupo de intelectuales en la propuesta de dotar a la cultura de una entidad política; para eso creíamos necesario nombrarle un acudiente ante las más altas esferas del Estado. El concepto prevaleciente de la cultura, hasta la creación del ministerio, correspondía a una noción centralista, providencialista y elitista de la cultura y su entorno.

Centralista, porque desde la creación de la república la cultura colombiana se confundió con el "buen gusto" bogotano; y aunque esta circunstancia se vio alterada con la aparición de artistas como Gabriel García Márquez, Enrique Grau, León De Greiff, Alejandro Obregón, Fernando Botero, Álvaro Mutis, Edgar Negret, Álvaro Cepeda, Manuel Mejía Vallejo y Eduardo Ramírez Villamizar, para sólo mencionar unos pocos casos, todavía en Colombia, como regla general, lo que no pasa por el tamiz del refinamiento de la capital es considerado expresión de una cultura marginal y espuria.

Providencialista, porque con la ingenuidad propia de la leyenda que atribuye a las cigueñas la condición de ser el correo expreso de los niños procedentes de París, se creyó que los artistas provenían de una especie de parnaso galáctico y llegaban al mundo cargados de dotes y privilegios creativos.

Elitista, porque la cultura se convirtió en un artículo de lujo para clases selectas, olvidando que la cultura somos todos, con nuestros sabores, nuestros colores, nuestros ritmos, nuestros muertos, nuestros temores, nuestros mitos, nuestros objetos cotidianos. Olvidamos que la única manera de recuperar la fe en los seres concretos es la de no negarnos la posibilidad de seguir creando seres imaginarios a la medida de nuestros sueños.

El ministerio de Cultura, además, debía convertirse en el ministerio para la cultura, para los trabajadores de la cultura, para todos aquellos que viven de ella.

El proyecto del ministerio nació, así, en Barranquilla, una tarde soleada de 1994, en medio de grupos de danzas del Cauca, tipleros paisas, bambuqueros boyacenses, acordeoneros vallenatos, representaciones teatrales y simulacros de carnaval. Nada hacía pensar que tan entusiasta concepción pudiera conducir a tan difícil embarazo.

Fueron tres años de intensas batallas en el Congreso. Jacquie, Isadora de Norden, quien con la pasión que pone a todas las misiones que emprende en la vida, estuvo todo el tiempo al frente del cañón; Juan Luis Mejía, más tarde y en buena hora nombrado ministro; Juan Gustavo Cobo, jefe del departamento de sueños de palacio; María Isabel Mejía Marulanda en la Cámara de Representantes y Ramiro Osorio, todos ellos impulsaron el proyecto que vio la luz y se hundió tres veces.

Desde afuera del gobierno, varios de nuestros amigos, como Aseneth Velásquez, María Mercedes Carranza, Carmen Barvo y Azucena de Benedetti, convirtieron la lucha por el ministerio en la bandera de una cruzada que enarbolaban en los cocteles, en las fiestas, en los fines de semanas, en las esquinas. Su consigna era convencer de su necesidad a todo el que se les atravesara por delante, a las buenas o a las malas.

En el proceso de sacarlo adelante hubo de todo. Intelectuales progresistas aliados con sectores reaccionarios. Laureanistas que conspiraban con marxistas en almuerzos del Jockey. Exigencias burocráticas rechazadas a cambio de apoyos mezquinos. Cobros inaceptables de otras cuentas y, por supuesto, juegos de grandes intereses. El ministerio estaba diseñado para que naciera con su pan bajo el brazo, anexándole la Radio Nacional y la programación de la Cadena 3 de televisión, canal público que quedaría fortalecido al entregarle su financiación a la Comisión Nacional de Televisión.

El tercer año, cuando volvimos a insistir en el proyecto, algunos parlamentarios amigos me visitaron privadamente para aconsejarme que no volviera a incluirlo en la agenda legislativa del año 97 porque podría entrabar la aprobación de otras iniciativas gubernamentales esenciales.

–Ese proyecto tiene como fucú, jefe –me dijo el senador Julio César Guerra.

–Lo que tienen es muy mala leche los que se le están oponiendo; quieren hundir una ley por el simple hecho de que tiene el respaldo de la primera dama –afirmó el senador Mario Uribe.

Los oí con calma y les dije que ese no era un proyecto de Jacquie, que era mío y que no había un proyecto más esencial ni más importante, por encima de las leyes de lucha contra el narcotráfico y de orden público, que la creación del ministerio de Cultura.

Casualmente tenía ese día, encima de la mesa, unas notas preparadas para hablar en un foro sobre el tema que estaba programado para esa tarde en la Biblioteca Luis Ángel Arango, así que aproveché para echarles el rollo.

"El ministerio de Cultura –les leí–, es el verdadero ministerio de la Paz. El hecho de que los temas relacionados con los indígenas, las negritudes y las iglesias no católicas, que son las que podrían considerarse nuestras grandes minorías, estén adscritos al ministerio del Interior, encargado de manejar el orden público y la seguridad nacional, prueba hasta qué punto hemos equivocado el diagnóstico sobre la convivencia en Colombia. No puede ser que nuestra gran riqueza, la de ser distintos y diversos, se convierta en nuestra gran tragedia, la de estar matándonos los unos a los otros precisamente por esas diferencias. El ministerio –seguí– tiene que llegar a permitirnos, en un plazo ojalá no muy largo, vivir en paz reemplazando la cultura del conflicto que nos caracteriza por una cultura de la convivencia."

Quedaron desconcertados. Como ocurría en otros casos, muchos pensaban que los temas sociales, como éste, eran de la incumbencia exclusiva de Jacquie. No se habían dado cuenta de que se trataba, precisamente, de los que más me entusiasmaban.

Ante mi decidida insistencia, un senador se limitó a decir antes de soltar una carcajada: "Mensaje recibido, jefe".

El ministerio fue aprobado durante el primer semestre de mi penúltimo año mediante la ley 397 de 1997, en medio de una barahúnda parlamentaria de quienes a esta altura sólo querían hundirlo por hundirlo. La precaria condición humana se puso de relieve con el comportamiento de una conocida senadora del Valle del Cauca quien, a pesar de haber trabajado por la cultura en su departamento, se alió con la caverna política de Bogotá para oponerse.

Existían entonces motivos para celebrar el parto de la nueva ley, y para hacerlo en el mismo escenario donde había sido concebida.

La tarde del 7 de agosto de 1997, en el patio de la Escuela de Bellas Artes de Barranquilla, que estaba engalanado para la ocasión con comparsas carnestoléndicas, con la presencia de los futuros "trabajadores de la cultura" y después de un doloroso alumbramiento, nació el ministerio de Cultura.

En su partida de nacimiento se consignó un pensamiento del escritor Álvaro Mutis sobre sí mismo que cité para terminar mi discurso:

"Soy un colombiano absoluto, nunca he querido cambiar de nacionalidad ni cambiaré nunca y todas mis raíces, todos mis sueños, todos mis delirios, todos mis demonios, toda la porción de paraíso que me han dado los dioses, está en Colombia".

La criatura sobrevivió a su primer ataque cuando la ley que la creó fue demandada; pero la Corte Constitucional avaló su creación y, por supuesto, garantizó así su supervivencia. A propósito, nunca me olvidaré de que algunos de los periódicos que se dedicaron a acoger en primera página toda suerte de ataques contra la creación del ministerio, cuando tuvieron que publicar la noticia de su ratificación jurisdiccional, sin duda una chiva importante, optaron por sepultarla en las páginas interiores. Otra suerte habría tenido un pronunciamiento adverso.

El primer ministro, Ramiro Osorio, en un año de trabajo que, como en la multiplicación de los panes y los peces, convirtió en dos, demostró que hacer cultura no era incompatible con hacerlo bien. No se creó un solo cargo nuevo, excepto, claro está, el suyo. Se abrieron casas de cultura, se rescataron escuelas, se extendió la seguridad social para los artistas, se pusieron en funcionamiento más de 500 radios comunitarias y se llevó a cabo el más grande programa de restauración y valoración del patrimonio artístico monumental como los teatros Heredia y Valencia de Cartagena y Popayán, el fuerte de San Fernando de Bocachica, para mencionar sólo algunos casos.

Pudimos empezar a pagar una vieja deuda moral con los grandes compositores populares del país, gente que le ha dado nombre a Colombia en todo el mundo y, sin embargo, vive a veces en condiciones infrahumanas. Yo no quería que se repitiera el caso del gran Cresencio Salcedo, que murió de hambre en Colombia mientras las orquestas internacionales interpretaban "La múcura" en las salas de baile de Nueva York y París.

Me parece estar presenciando el homenaje que rendimos a grandes artistas, como Leandro Díaz, Emiliano Zuleta, José Barros, Estercita Forero, Rafael Escalona, Jaime Jaramillo Uribe, Álvaro Dalmar, Leo Matiz, Nereo López, Delia Zapata, Jacinto Jaramillo, Jorge Villamil, Santiago García, Enrique Buenaventura y muchos más al entregarles una pensión de reconocimiento por sus servicios. Como dijo Leandro Díaz con mucha gracia esa noche: "Es la primera vez en muchos años que salgo del palacio de Nariño con algo más que dos tragos y siete pasabocas".

Faltaba muy poco tiempo para terminar el gobierno cuando llamé urgentemente a Cecilia López, entonces directora del Departamento Nacional de Planeación, para que me consiguiera algunos recursos a fin de dejar financiadas las obras del ministerio de Cultura en 1998. Acabábamos de inaugurar un centro cultural en un barrio popular de Cartagena y la idea era dejar la semilla para apoyar o fundar casas de la cultura en todos los municipios y resucitar el programa de bandas municipales.

Cecilia me puso el grito en el cielo: no había cómo ni de dónde. Al salir de la oficina me comentó burlonamente:

–A menos que quieras vender tu avión.

–¿De qué me estás hablando? –le pregunté, sorprendido.

–Pues del nuevo avión para la presidencia que está presupuestado a través de la Fuerza Aérea.

–Pensé que ya lo habíamos descartado gracias a las opiniones técnicas que dicen que el actual alcanza para otros años.

–Se pensó en descartarlo –explicó Cecilia–, pero dijimos que de pronto tú optabas por dejárselo al próximo presidente: como a tí te da por esas cosas tan raras…

–Pues ya que estaba previsto ese dinero para un avión y está probado que el avión actual puede seguir operando, hagamos volar esa platica para la Red Social y el ministerio de Cultura.

Y así se hizo. Cecilia actuó con rapidez y con la colaboración de Antonio Urdinola –que hablaba del ministerio como de un hijo– se consiguió la aprobación de los traslados y el ministerio quedó financiado con 72.000 millones de pesos (frente a los 16.000 millones con que había nacido), hasta cuando los funcionarios de Hacienda del nuevo gobierno empezaron a desplumarlo como una gallina, con una incultura imperdonable.

Un año después de terminar mi gobierno, me llevé, sin embargo, una satisfacción especial. El ministro de Cultura de mi sucesor, Alberto Casas, que había criticado la creación del ministerio, dio unas declaraciones a la prensa en las cuales quedaba ubicado como su mejor propagandista. ¡El ministerio comenzaba a hacer sus propios milagros!

MIS RELACIONES CON LA IGLESIA

En el mundo se están acabando los líderes, tal vez porque las circunstancias en que una persona podía destacarse antes, señalando caminos o marchando simplemente contra la corriente, también han variado. Nadie se atrevería a negar, sin embargo, que entre los líderes contemporáneos sobresalen figuras como Fidel Castro, Yasser Arafat, Shimon Peres, Fernando Henrique Cardoso, Nelson Mandela y, por supuesto, el Papa Juan Pablo II.

Mi visita al Papa, programada para el final del gobierno, fue varias veces aplazada por la evidente dificultad para desprenderme de mis deberes en Colombia y por el estado de las relaciones de mi gobierno con la Iglesia Católica, que, para ser sincero, no fueron las mejores.

Por esta razón, pocos creían que se llevaría a cabo mi visita al Santo Padre en ese mes de febrero de 1998, según estaba previsto; al contrario, a juzgar por el papel que habían desempeñado los sectores más reaccionarios de la Iglesia durante la crisis, era fácil prever que harían lo que estuviera a su alcance para evitarlo.

En Roma, sin ir más lejos, estaba colocado en un alto cargo monseñor Darío Castrillón, quien me había atacado implacablemente durante la campaña electoral por haber recibido el apoyo de los sectores cristianos no católicos. A monseñor Castrillón, un cura inteligente y carismático, lo conocí en Panamá cuando mediamos en la liberación de Álvaro Gómez Hurtado.

Una parte esencial de mis compromisos de campaña era institucionalizar espacios para que pudieran desarrollarse las iglesias no cristianas reconociéndoles su personería jurídica, extendiéndoles las mismas ventajas tributarias de las cuales disfruta la Iglesia Católica desde hace muchos años y permitiéndoles prestar sus servicios de culto en cuarteles, hospitales, aeropuertos, cárceles y colegios públicos.

Me sorprendía positivamente el notable avance de estas iglesias en Colombia, tanto como en América Latina, donde ya llegan a 70 millones de personas. Ser "cristiano" se ha convertido en una buena carta de presentación en los sitios de trabajo porque es sinónimo de honestidad y capacidad de trabajo. El acto en el cual sancionamos la ley que otorgó el reconocimiento a la libertad de conciencia de millones de colombianos fue celebrado en el patio de armas del Palacio de Nariño, y lo recuerdo como uno de los más hermosos del gobierno. Los cristianos le han puesto alegría a la religión; parece más fácil hoy despertar la fe en los jóvenes con canciones modernas evocadoras de valores espirituales que apelando a cantos gregorianos en latín.

Era entendible entonces que a algunos personajes ortodoxos, como Castrillón, nuestra oferta pluralista, en materia de libertad de cultos, les produjera escozores en el alma.

Su intervención durante mi campaña fue tan descarada que acabó beneficiándome. En una ceremonia electoral, más que religiosa, con la presencia pasivamente solidaria del nuncio apostólico, Paolo Rommeo, Castrillón pidió a la gente desde el púlpito que votara por Pastrana o que votara en blanco. Contra todos los vaticinios, esta flagrante intromisión del prelado en cuestiones partidistas, que recordó épocas nefastas de la historia colombiana, me produjo un alud de votos de los movimientos cristianos y de los sectores progresistas liberales que no querían que les revolvieran sus gustos políticos con las cuestiones religiosas.

Debo reconocimiento eterno a monseñor Castrillón y al nuncio Rommeo por su aporte electoral a mi campaña.

Confieso que en el primer momento, cuando se produjo la declaración del jerarca, llegué a pensar que me haría daño en el electorado católico, como era la intención clara de los prelados. Enterados del baculazo de Bucaramanga, los organizadores de mi campaña programaron de inmediato un viaje a Medellín con mi mamá y Jacquie; allí asistimos a una misa, a las doce del día, como pocas veces lo hago. Siempre he considerado –y así lo hice durante la presidencia– que un hombre público, mucho más si se trata de un jefe de Estado, debe ser discreto en el cumplimiento de los rituales que le impone el credo de sus convicciones. El respeto al derecho de todos los ciudadanos a tener y practicar sus creencias no es solamente una cuestión de fondo; también supone que las formas que impone la religión del mandatario se cumplan, hasta donde sea posible, en la intimidad. Esta regla de oro la traté de seguir, estrictamente, durante mi paso por la presidencia.

Antes de las elecciones, como la tormenta confesional continuaba, Alejandro Galvis Ramírez, propietario del diario *Vanguardia Liberal*, que es, como su padre, un liberal de tuerca y tornillo, comecuras y partidario absoluto de la libertad de conciencia, organizó una especie de banquete de desagravio en Bucaramanga. En él se vino lanza en ristre, con argumentos de mucho de peso, contra el imprudente obispo.

El país ya aprendió la lección del costoso precio que se paga por una Iglesia en trance de acción partidista. Además, en Colombia no se es liberal porque una persona se afilie al partido liberal sino porque piensa liberalmente; es decir: porque respeta el derecho al disentimiento de su vecino. Y aunque me divierte la anécdota aquella de que la diferencia entre los liberales y los conservadores es que estos últimos van a misa de doce del día y los liberales a misa de cinco, para que no los pillen, es claro que a nivel de "estructuras" sí se percibe aún cierto maridaje clandestino entre las jerarquías católicas y conservadoras.

Volví a sentir ese "talante" liberal durante mi administración cuando la opinión pública se pronunció masivamente a favor de la eutanasia, el derecho de cada quien a decidir sobre su propia vida y la de sus seres queridos cuando existan "razones piadosas" para suprimirla. Este derecho, en un país donde diariamente se mata a cien personas sin pedirles permiso, parecía un debate algo cínico. La Corte Constitucional, en una decisión audaz respecto a la doctrina vigente en el mundo, aprobó la figura.

Cuando radio Caracol, a la mañana siguiente, realizó una de sus consabidas encuestas sobre la eutanasia, la gente no tenía ni idea a qué se refería la famosa "pregunta del día". Algún oyente llegó a pensar que se trataba de salvar a una señora muy respetable, doña Eutanasia de Pérez. Fue sorprendente que, cuando los periodistas explicaron que la eutanasia era el derecho de cada quien a decidir sobre su vida o su muerte, más del 80% de los oyentes estuvo de acuerdo con ella.

Yo bien sabía que el tema de la eutanasia era de alta sensibilidad en las relaciones del gobierno con la Iglesia. Por eso, cuando algunos asesores sugirieron ingenuamente que no me metiera en semejante camisa de once varas, les dije que se olvidaran, que no había tema espinoso que no llegara a palacio. Todo asunto peliagudo empieza a rondar por la carrera séptima, luego pasa por el Capitolio, se toma un café en la Calle del Cartucho y, finalmente, llega a la Casa de Nariño.

Así ocurrió. Una mañana, en la mitad de una rueda de prensa, un periodista extranjero medio despistado preguntó mi opinión sobre la eutanasia. A pesar de todo, no esperaba que fuera a colarse el asunto en esta ocasión, por lo que preferí sacarle el cuerpo:

–Mire, señor –respondí–: en ese tema de la eutanasia yo me declaro, por derecho propio, muerto.

Quedaron felices con la respuesta y me quité de encima la cuestión.

Otro personaje que marcó las relaciones de mi gobierno con la Iglesia fue monseñor Pedro Rubiano, un controvertido prelado, hoy arzobispo de Bogotá, cuyo ánimo de figuración llega a tal extremo que es capaz de aplazar un llamado de Dios para atender el de una cadena de noticias.

Mis relaciones iniciales con Rubiano fueron buenas. Le ayudé en la etapa final de reconstrucción de la Catedral Primada de Bogotá, que quedó preciosa; lo visité varias veces en su sede arzobispal, e inclusive lo hice confidente de una documentación atinente a un complot que se estaba montando contra mí, con la ayuda de gente de la fiscalía, para atribuirme el crimen de Elizabeth Montoya de Sarria.

La historia es como sigue. Cuando tuvimos noticia de lo que se estaba preparando, se le ocurrió a mi abogado Antonio José Cancino entregar en sobre cerrado una versión de lo que sabíamos a una persona de reconocida imparcialidad frente al gobierno. La documentación iba acompañada de un minucioso relato de los hechos, de las pruebas que se estaban preconfigurando y el personal de la fiscalía que podría estar vinculado a la trampa.

Afortunadamente no fue necesaria la apertura pública del sobre cerrado. El curso de la investigación del caso, adelantada principalmente por organismos del gobierno, condujo con rapidez a encontrar los verdaderos autores del atroz crimen. ¡Hasta santeros cubanos aparecieron involucrados!

Debo confesar que me equivoqué al juzgar que monseñor Rubiano era una persona a la que podía confiar cuestiones tan delicadas. Lo hice quizás porque tenía muy presente el ejemplo de otros dos prelados bogotanos que habían dejado huellas importantes en mi vida: monseñor Emilio de Brigard Ortiz, lo más cercano a un santo que he conocido, y monseñor Mario Revollo Bravo, compañero de seminario de mi padre, que adornaba su fino humor cachaco con el sabio don de la discreción.

Rubiano estaba fabricado de otro material menos humilde. Cuando comenzó la crisis no se aguantó las ganas de convertirse en personaje estelar de los acontecimientos. Creo que una de las razones que lo impulsó eran aquellas viejas cuentas de mi tolerancia con los grupos protestantes. Primero solicitó mi retiro temporal del gobierno; y luego, divulgó el famoso cuento del elefante, según el cual el hecho de que yo no me hubiera enterado de lo que había sucedido durante la campaña equivalía a que un elefante entrara a la sala de la casa sin que nadie se percatara de su presencia. Lo que monseñor no sabía es que su fábula, muy útil para caracterizar gráficamente la crisis, resultaba incompatible con ciertas palabras evangélicas de Cristo en las que advierte: "No juzguéis si no queréis ser juzgados". Monseñor parece que no había leído esta parte del Nuevo Testamento y tal vez por eso mismo tampoco sospechaba que el elefante terminaría volviéndose contra su inventor.

Felipe Zuleta, Darío Restrepo, Javier Ayala y otros inquietos periodistas de un noticiero de la mañana descubrieron, en medio de la tormenta, que algunos parientes cercanos del obispo, Jorge Rubiano y Eduardo Leopoldo Rubiano (alias "el Cuchi"), tenían cuentas pendientes con la justicia internacional por problemas de narcotráfico. Este hecho, por supuesto, no era ni es imputable a monseñor; pero el ingenio popular inmediatamente lo aprovechó para acuñar un grafitti donde se leía: "Rubiano, el elefante es tu hermano".

Cuando apareció este letrero en alguna pared –como habían aparecido muchos otros muy ingeniosos contra mí– el prelado estalló en rayos y centellas, me atribuyó su deshonra, el aplazamiento indefinido de su nombramiento como cardenal, canceló sus idas a la Casa de Nariño y comenzó a censurar a los jerarcas y curas que me visitaban. A monseñor Guillermo Melguizo, el capellán de palacio, que trabajaba algunas horas diarias ayudándole, le hizo desde entonces la vida imposible. Y hasta peleó con el propio nuncio que, más inteligente que él, regresó a palacio cuando pasó la crisis.

Finalmente, el 20 de julio de 1996, monseñor Rubiano aprovechó la ocasión del Te Deum que se celebraba tradicionalmente en la catedral primada con asistencia del presidente para lanzar una infamante homilía de la cual todavía me acuerdo. Su discurso, de corte político indudable, fue por supuesto recogido por los medios más conservadores con el mismo entusiasmo con que hace cien años celebraban sus victorias en contra de la libertad de conciencia a nombre del catolicismo militante.

En esencia, el sermón resucitaba una reflexión contenida en un criticable documento emitido por la Conferencia Episcopal, presidida por el mismo Rubiano, el 25 de agosto de 1995. Allí se afirmaba que "no siempre lo puramente legal es moralmente bueno"; lo cual, en buen romance constitucional, implicaba no sólo un desconocimiento del orden legal sino una peligrosísima valoración de las normas para dividirlas entre buenas o malas, éticas o inmorales. Era ni más ni menos que el comienzo de la satanización del Estado de Derecho…

La feroz homilía revivía el viejo debate entre la moral subjetiva y la moral positiva, cuyos límites están señalados por la ley. A nombre de la primera se han cometido los peores y más monstruosos crímenes. Cuando el gobernante, el juez, el prelado, el militar o el periodista actúan guiados solamente por los dictados personales de su conciencia, e imponen a la sociedad su particular concepción ética, el ciudadano queda sometido a la arbitrariedad, a la injusticia, a la intolerancia, a la fuerza bruta o a la calumnia informativa.

Al darme cuenta de que el obispo había confundido sus discrepancias personales con su papel de pastor de almas, resolví cortar por lo sano: al siguiente año no hubo el tal Te Deum, sino un acto de culto y fe en la iglesia del popular Divino Niño, patrón del no menos popular barrio del Veinte de Julio. La secretaria jurídica, Alma Beatriz Rengifo, me argumentó, unas horas antes de celebrarse la misa, que lo del Te Deum en la Catedral Primada de Bogotá era de obligatorio cumplimiento, según un viejo decreto:

–Eso tiene arreglo –le contesté–. Le aseguro que Dios no se va a poner bravo; Él ya debe estar hasta aburrido de que siempre se realice el Te Deum en la catedral. Cambie el decreto por otro que diga que el acto de agradecimiento a Dios se puede celebrar en cualquier sitio destinado al culto, porque Dios está en todas partes.

Así se hizo. Y supongo que hasta Dios quedó contento con el cambio.

Pero así como no tuve suerte con algunos obispos, incluido uno del Huila que, después de haber dejado la presidencia, todavía anda como loquito pidiéndome que renuncie, me fue muy bien con otros que estuvieron muy cerca, sin dejar de ser críticos.

Monseñor Alberto Giraldo –Alberto Giraldo "el bueno", como él mismo se presenta con sorna– desempeñó un papel definitivo en distintas gestiones de paz y acciones humanitarias. Siempre ponderado, monseñor Giraldo estableció con su antecesor un notorio contraste cuando llegó a la presidencia de la Conferencia Episcopal de Colombia y, de cierta manera, me ayudó a reconciliarme con la Iglesia.

El obispo de Sincelejo, Nel Beltrán, es desde hace muchos años el representante personal de Horacio Serpa ante el Paraíso y realizó gestiones muy importantes y significativas en relación con la paz. Eran gestiones protegidas por el secreto de la confesión, como él mismo dice con su proverbial simpatía.

Monseñor Augusto Castro fue elemento definitivo en la liberación de los soldados retenidos por la guerrilla en Las Delicias.

Cómo extrañé, durante estos años, al padre Gabriel Giraldo, el decano de la facultad de derecho de la Universidad Javeriana, donde cursé, gracias a una beca que él me consiguió, toda mi carrera . Estoy seguro de que su orientación y sus luces, especialmente en los momentos difíciles, me habrían aliviado muchas tensiones espirituales. Él jamás habría permitido que otros jesuitas tomasen el camino de marcar distancias oportunistas para servir a causas partidistas familiares o aparecer como protagonistas de fugaces titulares en los medios adversarios del gobierno.

Debo un particular reconocimiento, obviamente, a monseñor Guillermo Melguizo, paisa a carta cabal con una sólida formación académica. Conservo entre mis papeles algunas de las homilías que pronunció en la capilla de palacio; eran piezas breves, sencillas, piadosas pero iluminadas y contundentes en sus juicios. Los empleados las esperaban con entusiasmo. "Hoy habla monseñor", corría el rumor por los pasillos.

Entre los personajes del elenco eclesiástico debo también recordar al nuncio Paolo Rommeo, individuo simpático, inteligente, abierto pero, para mi gusto, demasiado entrometido.

Varias veces, durante mi mandato, Rommeo intervino en cuestiones de política interna, y el mismo número de veces tuvimos que llamarlo al orden en la cancillería. Una vez logró sacarme de mis casillas, lo cual es infrecuente. Veníamos discutiendo con él sobre el restablecimiento de los compromisos adquiridos por el Estado colombiano con la Iglesia Católica, contenidos en un concordato que la Corte Constitucional había dejado en el aire al declarar la inexequibilidad de la ley que lo había incorporado al derecho interno. Aunque el Vaticano tenía razón al reclamar que, en términos internacionales, el acuerdo tenía plena vigencia, lo cierto es que internamente en Colombia era inaplicable.

Poco a poco, sin hacer ruido, fuimos reconstruyendo los espacios de colaboración entre el Estado y la Iglesia en materia de evangelización, de celebración del culto en instalaciones militares, de educación religiosa y pluralista en todos los establecimientos de enseñanza. Pero un día en que el nuncio seguramente amaneció de mal genio, declaró a la prensa que si el concordato no tenía vigencia, tampoco la tenían los tratados que Colombia había firmado con Nicaragua. Llamé enfurecido al vicecanciller Camilo Reyes, quien luego sería el primer ministro de Relaciones Exteriores de carrera diplomática en Colombia, para que le jalara de la sotana.

A Reyes le encantaba cumplir el papel de malo en estos casos y lo hacía con tal prosopopeya y citando tantas normas de la Convención de Viena sobre los deberes de las misiones diplomáticas, que no era raro que el interlocutor saliera del palacio de San Carlos casi de rodillas, cabizbajo y en actitud penitente.

Así lo hizo varias veces con el nuncio. En el almuerzo de despedida que me ofreció, al calor de unas excelentes pastas primavera que él mismo preparaba, monseñor me confesó que soñaba pesadillas con los regaños de Camilo Reyes.

Por todos los antecedentes que he mencionado, mi visita al Santo Padre, que tendría lugar en la primera semana de febrero de 1998, al final de mi mandato, era vista con nerviosa expectativa. Afortunadamente la habían preparado con especial celo el ex presidente Julio César Turbay Ayala, embajador ante la Santa Sede, y su esposa Amparo.

Llegamos puntuales a la puerta de entrada del palacio Vaticano, y comenzamos un ceremonial de salones, pasadizos y puertas que se abrían y cerraban hasta poner al visitante con los pelos de punta. En la última instancia, cuando ya casi estábamos de rodillas, apareció el Papa para recibirnos, un poco encorvado pero sonriente.

Tras saludar a la delegación, me invitó a pasar a su despacho, muy sobrio, y nos sentamos frente a frente. Me preguntó por Colombia. Sin darle posibilidad de intervenir, le expuse una explicación de varios minutos sobre la violencia, sobre la guerrilla, sobre lo que estaba sufriendo la gente, y me desahogué rápidamente.

El Papa me miraba con sus profundos ojos azules, y a la primera pausa me dijo en un castellano perfecto, como para que me diera cuenta de que me estaba siguiendo:

–Colombia limita con Venezuela, Panamá, Ecuador, Brasil y Perú, ¿no es cierto?

Alabé sus conocimientos de geografía y él, animado, me enumeró, una por una, las ocho o diez ciudades que había visitado, hacía varios años, en Colombia. Mi sorpresa llegó al máximo cuando mencionó a Chiquinquirá, población cuyo nombre indígena debe de ser, para la memoria y la dicción de un polaco, como el de la ciudad de Swietokrzyskie para un colombiano. Era evidente que su conocida vocación mariana lo había llevado a memorizarla.

Juan Pablo II me contó su reciente experiencia en Cuba, me preguntó si la habíamos visto en Colombia y cuando le respondí afirmativamente me inquirió con cierta coquetería si su figura había aparecido bien en la televisión.

Mi tiempo se agotaba, así que le hablé de las responsabilidades internacionales en la lucha contra la droga, en particular la de los países consumidores. Mostró su preocupación por la relación entre la droga y la juventud.

Cuando salimos, después de una entrevista de unos minutos que a mí me pareció de un siglo, se encontró con mi mamá, que casi se desmaya al verlo; saludó a la familia y a la comitiva y recibió con agrado un libro que contenía los mensajes que los niños colombianos le habían enviado en un concurso realizado por la presidencia para que mil niños le escribieran al Pontífice con ocasión de mi visita.

Bajé entonces a la entrevista con el cardenal Sodano, algo así como el primer ministro de la Iglesia Católica. Después de discutir nuestras relaciones bilaterales, en especial lo relacionado con el concordato y el reconocimiento de las iglesias no católicas, que defendí con vehemencia, le pregunté si habría algún comunicado oficial sobre mi visita y comenté la preocupación que me había manifestado

Su Santidad sobre la situación de violencia en Colombia. Con razones que entendí, me dijo el cardenal Sodano que era difícil que el Papa emitiera un boletín de cada una de las numerosas audiencias que concedía a diario. Pero que buscaría una fecha o conmemoración especial para hacer algún pronunciamiento en favor de la paz para Colombia.

Poco después entramos a la sobrecogedora Basílica de San Pedro. Cuál no sería mi sorpresa cuando, a la salida, en la puerta, me encontré con una nube de periodistas que llevaban las cámaras, grabadoras y libretas listas para ejecutarme en plena plaza y a la luz del día. Concedí entonces la entrevista más surrealista de mi carrera: como no podía violar el compromiso de revelar las opiniones del Papa, hice uso de mi derecho de interpretarlo:

–¿Cómo le fue con el Papa? –me preguntó un periodista.

–Muy bien, divinamente.

–¿Hablaron del tema de la violencia en Colombia? ¿Qué dijo? ¿Va a ayudar a la paz?

–Claro que hablamos del tema de la violencia. Le hice un recuento detallado de lo que está pasando.

–¿Qué comentó el Pontífice a su relato?

–No me comentó nada, pero en sus ojos percibí el profundo dolor que le causa esta situación y su mejor disposición de ánimo para avanzar en una salida humanitaria del conflicto que nos desangra.

–Pero, concretamente, ¿le prometió ayuda?

–Concretamente, deduje de sus gestos que quiere ayudar a la paz en Colombia.

–¿Y usted se confesó con el Pontífice?

–Me desahogué, simplemente.

–¿Y le dio la bendición?

–Digamos que me miró de manera absolutoria…

Al día siguiente los medios titularon: “El Papa dispuesto a ayudar con la paz de Colombia”, lo cual seguramente movió al Vaticano a expedir un pequeño comunicado en que ratificaba mi personal interpretación de la audiencia.

Cuando regresé al hotel, después de entrevistarme con el presidente Luigi Scalfaro, una persona discreta y sincera, al cual sólo le interesaba la pequeña y mediana industria, mi mamá estaba hecha un lío con las fotos de la audiencia de la mañana.

–¿Qué te pasa? –le pregunté, al notarla preocupada.

–Nada, mijo, es que el Papa y yo tenemos la misma edad y mire cómo salgo yo en la foto, como un carramán, mientras que él aparece lozano y fresco.

–No te afanes –le expliqué–: lo que pasa es que el Papa, a diferencia tuya, no tiene un hijo presidente al cual le hayan dado tantos palos en las costillas.

Esa noche dormí con una sensación extraña: la sensación que produce el haber estado hablando con el embajador de Dios durante veintiocho minutos…

ENCUENTROS INTERNACIONALES

Con la separación del estado de Panamá, a comienzos de este siglo, Colombia perdió relevancia estratégica a nivel continental y global. Cuando ya terminaba la centuria, durante mi administración, la presidencia del Movimiento de Países no Alineados –conseguida durante los gobiernos que me antecedieron– le permitió tener una figuración y ejercer un liderazgo internacionales pocas veces visto antes.

Mientras que las fuerzas internas de la conspiración, con el concurso de los Estados Unidos, trataban de "aislar" a Colombia, presentándola como un país paria, para debilitar al gobierno, Colombia ejerció un firme liderazgo en la definición de temas que comprometían la paz mundial, como el conflicto del Medio Oriente, la solución del problema de Timor oriental, la búsqueda de fórmulas de convivencia en los grandes lagos africanos, la definición de reglas justas para los países en desarrollo en la Organización Mundial del Comercio o la aprobación de iniciativas concretas para el alivio de la carga de la deuda externa en los países pobres.

En desarrollo de este mandato para "Una Nueva Agenda Global para los Países no Alineados", aprobada en la ciudad de Cartagena en el mes de noviembre de 1995, servimos de anfitriones en Colombia a más de setenta presidentes y jefes de Estado; se abrieron en Colombia varias legaciones diplomáticas; visité los principales países africanos; establecimos un constructivo diálogo con el Grupo de los Ocho países grandes mediante correspondencia que se conserva en nuestros archivos diplomáticos con los presidentes Chirac, Clinton y Blair, y llevamos la vocería de más de un centenar de países en la discusión de las más importantes resoluciones políticas de las Naciones Unidas. Finalmente, entregamos en Suráfrica la presidencia del movimiento en medio del reconocimiento general de todos los países miembros.

En este capítulo he querido consignar algunas vivencias y reflexiones de mis entrevistas personales con algunos de los dirigentes que conocí como presidente de Colombia y del NOAL. Son simples testimonios que demuestran el apoyo y la solidaridad que recibió Colombia durante estos años de países y personas solidarias a quienes expreso especial gratitud.

Al rey de España, don Juan Carlos I, lo conocí cuando ocupé la embajada de Colombia en ese país, en 1992 y 1993. Debo decir que desde el primer día se produjo con él una magnífica "química" personal, cosa que no es difícil dada su sencillez y cordialidad. Es tal su proverbial simpatía que basta conversar con él cinco minutos para sentir como si estuviera uno con un amigo de la infancia. Tiene además un don para asumir los temas más complejos con tanta gracia que lo convierte en un experto manejador de tempestades.

Después de mis meses en España como diplomático volví a encontrarme con él varias veces: hasta en toros, una tarde de la feria de San Fermín en la plaza madrileña de Las Ventas.

Recuerdo que en una de las reuniones de la Cumbre Iberoamericana de Chile, cuando salimos del centro de congresos, mi caravana estaba, por casualidad, antes que la suya. Entre chiste y chanza lo invité a que viajara conmigo y con la canciller María Emma Mejía. Para mi sorpresa, le pareció divertida la invitación y se subió rápidamente a nuestro automóvil. Como un chico travieso, me parece estar viendo su cara cuando observaba con picardía el desconcierto de sus ayudantes, mientras éstos corrían enloquecidos a buscar los carros de la comitiva real para "cazarnos".

En una de nuestras entrevistas don Juan Carlos me puso el tema, obligatorio entonces, del estado de mis relaciones con los norteamericanos. Le dije que las cosas no iban bien, que la presión impuesta sobre Colombia estaba comenzando a hacer daño a la democracia, y que la decisión de manejar unilateralmente el problema de la droga dañaba seriamente las relaciones de Estados Unidos con todo el continente iberoamericano. Tardamos en esa ocasión mucho más tiempo que el de una simple visita protocolaria. Me pidió detalles, se interesó en el asunto y me dijo que le hablaría al presidente Clinton en una próxima visita que tenía programada en Washington.

Pensé que se trataba de una fórmula de cortesía que lo llevaría a hacer alguna referencia al tema en su agenda norteamericana. No fue así. Un día, varias semanas más tarde, mi secretario privado recibió una llamada de la Casa Real de España. Era una razón del rey: "Dígale al presidente Samper que ya le hablé al presidente Clinton y que pienso que el asunto irá mejorando".

Así es el rey. Maneja las cosas con su estilo desenfadado; él no lleva, como sus antepasados, mosquetes ni ballestas; su arma secreta es la simpatía, que rompe cercos, acorta distancias, derrite hielos, atraviesa murallas y estimula al interlocutor a hablar con comodidad y franqueza, liberado de formalismos.

En la cumbre de la isla de Margarita me despedí del rey y de mis colegas presidenciales. Como correspondía, quise hacerlo de manera descomplicada, sin recurrir al pañuelo ni a las reminiscencias altisonantes. Les conté una historia que después el rey y Fidel me harían repetir en privado.

Es la del dueño de un zoológico a quien un domador de fieras le ofreció la posibilidad de hacer convivir en una misma jaula a un tigre y un cordero. Tan complacido como escéptico, el propietario del zoológico le dio ocho días de plazo para cumplir su hazaña. Regresó al cabo de ellos y pudo comprobar que, efectivamente, detrás de unos barrotes dormían de manera conmovedora y apacible el tigre más fiero del lugar y un manso corderillo. El empresario lo contrató de inmediato por una gruesa suma y luego le preguntó por la explicación de esta proeza. A lo que el domador contestó con desparpajo:

–Es muy sencillo: usted se consigue varios corderos iguales y, a medida que el tigre se los vaya comiendo, los va reemplazando; le aseguro que la sensación en la jaula es de perfecta paz y armonía, como puede verlo.

–Así es a veces la paz que vivimos en America –rematé ante mis colegas–: una paz como la del tigre y la oveja. Al ofrecerles excusas por haber podido ser el presidente-problema en estos gratísimos encuentros, me despido de ustedes, queridos colegas corderos; les dejo la jaula y el tigre, y mi recomendación de que sigan buscando un domador como el del cuento que acabo de contarles.

Cuando ya terminaba la presidencia y se sabía que mi sucesor no sería Horacio Serpa, recibí razones privadas del rey para que viniese a vivir a España; el presidente José María Aznar me había formulado amablemente el mismo ofrecimiento en un cordial diálogo que sostuvimos en las Naciones Unidas en Nueva York. No lo pensé dos veces. Mi padre decía que son tantas las emociones que suscita este país en un hispanoamericano que "a España se llega llorando y de España se sale llorando".

Sí: España es y seguirá siendo para mí, por muchísimas razones, mi segunda patria. Una de estas razones, sin duda, es que, como casi todos los españoles, soy un furibundo monárquico: monárquico del rey Juan Carlos.

No era un viaje normal. Hacía pocos días la Cámara de Representantes se había pronunciado a favor de mi absolución y el gobierno de los Estados Unidos, en represalia, había tomado la decisión de retirarme la visa de ingreso al territorio norteamericano.

Algunos burócratas aconsejados por la embajada estadounidense en Bogotá pensaban en Washington que después de retirarme la visa ningún país se atrevería a recibirme. Creían, con cierta candidez imperial, que sobrevendría así el aislamiento internacional, luego la soledad y, finalmente, mi muerte política en términos internacionales.

El gobierno francés se había portado muy bien a lo largo de la crisis, pero la cancillería colombiana no descartaba que los franceses prefirieran aplazar un poco la visita que habíamos concertado en noviembre, cuando sostuvimos un breve y cordial encuentro con el presidente Jacques Chirac en la Asamblea de las Naciones Unidas.

El embajador de Francia en Colombia, Jean Liborell, socialista hasta las cachas, se había convertido para entonces en el líder de los embajadores que estaban con el gobierno. Unos pocos días después de la decisión de la visa, cuando se conmemoró el día nacional de Francia, había pronunciado un sentido discurso, en presencia de Jacquie, defendiendo los valores más caros de la Revolución Francesa: los mismos que, según él, le habían desconocido a Colombia con la descertificación y el infortunado retiro del visado.

En medio de los acordes de La Marsellesa y el himno nacional colombiano, un general emocionado lanzó unos sonoros gritos de ¡Viva Colombia! y ¡Viva Francia! Después de eso, el embajador Frechette y el nuncio apostólico se retiraron discretamente, por la puerta de atrás, antes de que las cosas se calentaran. Hicieron bien.

Consideré lo más cortés de mi parte impartir instrucciones para que nosotros mismos abriéramos una puerta con miras a revisar conjuntamente la visita. No hubo necesidad. La reiteración fue clara, explícita y motivada, así que en el mes de septiembre de 1996 partimos hacia Francia.

Antes de mi primer encuentro con el presidente Jacques Chirac, recordé la entrevista que un par de años antes había sostenido con su antecesor, el presidente François Mitterrand, ya en mi condición de presidente electo. Fue una entrevista fascinante. Mitterrand estaba de salida de su largo mandato. Me recibió muy amablemente y me dijo de entrada:

–Joven presidente, le voy a dar tres consejos para manejar cualquier crisis.

–¿Cuáles, señor presidente?– le inquirí con mucha atención.

– Recuérdelos bien, joven presidente. Primero: resistir. Segundo: resistir. Tercero: resistir.

No olvidaría, como quedó demostrado, sus recomendaciones unos meses más tarde.

Con Chirac sostuvimos una larga y constructiva entrevista que nos permitió enfocar un ángulo distinto del problema de la droga. De esa conversación nació la tesis de la "corresponsabilidad" global en la lucha contra el flagelo del narcotráfico, tesis que sostendrían Colombia y Francia en la Asamblea de las Naciones Unidas, convocada por solicitud de México y Colombia dos años más tarde.

Plantear esta idea –la de que todos somos responsables de la lucha contra la droga– frente al unilateralismo que prevalecía en ese momento en la concepción de los Estados Unidos respecto al problema, debió de caer como balde de agua fría en Washington.

Pronto me di cuenta de que Chirac quería ir más allá. Se interesó por la sustitución social de cultivos. Le sonó muchísimo la propuesta y llegó a proponer la posibilidad de que en una etapa inicial se comprara a los campesinos los productos alternativos –caucho, palma, palmito– a "precio de coca". Lanzó allí mismo la iniciativa de crear un Fondo Mundial de Sustitución Social de Cultivos, posibilidad que a los funcionarios de Washington y sus más dilectos voceros en Colombia les puso los pelos de punta.

Esa sola propuesta, pensé yo, habría justificado mi viaje a Francia. Volví a Colombia con explicable optimismo. A los pocos meses contratamos con Francia la asistencia de un satélite internacional para verificar los resultados que obteníamos con la erradicación aérea de los cultivos ilícitos. Fue una herramienta fundamental, pues hasta entonces dependíamos de los datos y estadísticas que nos proporcionaban unilateralmente los Estados Unidos. Gracias a esta fuente confiable de información pudimos reprogramar con las autoridades norteamericanas, en los mejores términos, todo nuestro plan de trabajo.

Contrariando una vieja regla del protocolo colombiano según la cual el presidente no asiste por principio a ninguna recepción diplomática, excepto la que se efectúa con ocasión del día nacional de

Venezuela, acompañé al inolvidable embajador Liborell al multitudinario coctel de despedida que se le ofreció en el coliseo del Liceo Francés de Bogotá.

Allí levanté mi copa de champaña y brindé con agradecimientos sinceros: "¡Vive la France!"

Años antes, acompañado por una nutrida delegación de liberales entre los que se encontraban Luis Carlos Galán y Carlos Lemos Simmonds, había visitado por primera vez a Alemania. Uno de los más impresionantes actos de aquel viaje había sido la visita al muro de Berlín. Ahora, en octubre de 1995, acudía como presidente de Colombia a una cita con el hombre que había formalizado la caída del muro y consolidado una sola Alemania: el canciller Helmut Kohl.

Fuimos más puntuales que nunca. Al llegar a la sede del gobierno en Bonn el canciller estaba en la puerta, como un abuelo gigantesco. Se entretenía oyendo un coro de niños que había llegado desde alguna región del Rhin. Nos saludó muy atento y nos hizo pasar a una sala austeramente decorada.

Allí comenzó el diálogo y, como por encanto, el apacible abuelo se transformó entonces en un estadista ágil y profundo. De manera implacable, durante casi dos horas, agotó todas las preguntas posibles sobre el tema de las drogas. Quería saberlo todo. El efecto devastador de los cultivos sobre el medio ambiente, los canales de distribución, las diferencias de precios de producción, la venta al por mayor, el consumo, el funcionamiento de los complejos mecanismos de lavado de activos y de dólares...

Cuando le hablé sobre los consumidores, me contestó que el mayor impacto de la droga en países como Alemania no era el que se producía sobre la salud de los jóvenes sino el crecimiento preocupante de la criminalidad asociada con la distribución de narcóticos. Este factor generaba homicidios y atracos a la luz del día. Kohl estaba consciente de que el aumento del delito era el principal problema vinculado a la droga en los países industrializados, y así lo había planteado en las cumbres presidenciales europeas.

Durante el almuerzo hablamos largamente sobre la presencia alemana en Colombia, especialmente en el campo de la ciencia. Saltaron los nombres del Barón de Humboldt y Francisco José de Caldas. Encontré que tenía una especial curiosidad por los ríos y se esforzaba por apoyar programas para protegerlos.

Concretamente, el canciller me manifestó su preocupación por el estado del río Amazonas, y me informó acerca de la recuperación que había conseguido del Rhin. Su deseo era hacer lo mismo con otros ríos importantes del mundo, verdaderas fuentes de vida. Lo convencí de que enviara una misión para explorar una iniciativa amazónica con Brasil, Venezuela y nuestro país, y me comprometí a plantearle el tema al presidente Cardoso, algo que hice semanas después en una reunión en Argentina.

Su entusiasmo por el tema de los ríos era notable, así que no pude menos que preguntarle al respecto.

–¿Por qué le interesan tanto los ríos y su recuperación?

Kohl se limpió ceremoniosamente la boca con la servilleta y me contestó de manera solemne:

–Pasada la Segunda Guerra Mundial, cuando yo tenía unos pocos años de edad, mi padre me llevó a visitar al abuelo. Una vez allí le pregunté por qué no habían detenido a Hitler antes de que produjera tanta muerte y destrucción. Mi abuelo no pudo contestar y se echó a llorar. Desde entonces –continuó emocionado– tengo la obsesión de que Alemania tiene una cuenta pendiente de vida con la humanidad; y, como no podemos resucitar a los muertos, tenemos que crear nuevas posibilidades y oportunidades de vida en el mundo. Por eso me interesa salvar ríos.

Pasamos a otro tema. El canciller fue muy explícito en la cuestión de la paz. Que Alemania quería ayudar fue algo que pudo comprobarse meses después, cuando me entrevisté en Nueva York con el ministro Smidbauer, mano derecha de Kohl en asuntos de seguridad.

Alemania siempre nos jugó limpio. Lo que dijo que haría por Colombia, lo hizo. Y cumplió sus compromisos sin egoísmo alguno. Tengo el recuerdo de Kohl como el de un gran estadista y un hombre inteligente y colaborador; y me esmero en manifestarlo ahora, cuando su imagen ha sido duramente golpeada por un escándalo de financiación del partido cristiano-demócrata porque, independientemente de los resultados de las investigaciones iniciadas –de las cuales confío que saldrá bien librado–, Kohl seguirá siendo el padre de la reunificación alemana, el hombre que "se comió Alemania oriental" una mañana, haciendo el proceso históricamente irreversible.

Conocí a Yasser Arafat en Cartagena durante la celebración de la Cumbre del Movimiento de Países no Alineados. Es una de esas personas que, sin proponérselo y sin que su figura ayude demasiado, llama inmediatamente la atención, como si tuviera un imán en sus ojos.

Conversamos mucho sobre la situación del Medio Oriente; estaba preocupado por el curso de los acuerdos de paz, sostenidos entonces en el débil apoyo parlamentario del presidente Netanyahu. Me dijo que sería muy útil mi presencia en tierra palestina como presidente de un movimiento que siempre había sido solidario con la causa.

Le prometí, antes de despedirnos en el aeropuerto, que trataría de hacer coincidir mi gira al África con la visita. Así fue: en el itinerario que me condujo, entre otros países, a Suráfrica y Argelia, incluimos una punta del Asia: Palestina. Originalmente no estaba previsto que yo me detuviera en Israel. Pero cuando el gobierno israelí se enteró de que yo pasaría por el aeropuerto de Tel-Aviv camino a Gaza, me cursó una amable invitación que, por supuesto, atendí para escuchar la opinión del gobierno del primer ministro Netanyahu sobre los acuerdos de paz.

En un almuerzo que me ofreció el presidente Weizmar –cuya figura ponderada y su hablar sabio me recordó a mi amigo Enrique Sherer– saqué en claro que estaba en total desacuerdo con la línea seguida por el primer ministro. Más tarde sabría que Arafat estaba enterado al detalle de estas discrepancias.

Disfruté muchísimo recorriendo en carro en pocas horas los sitios que había tardado Jesucristo largos meses en trasegar: el Huerto de los

Olivos, el Mar Muerto, el lago de Galilea, Cafarnaúm… Jacquie, por su parte, visitó Belén y allí encontró la grata sorpresa de que, en plena tierra palestina, la estaba esperando Xua, la mujer de Arafat, de quien se haría muy buena amiga.

Al día siguiente, muy temprano, salimos para Gaza. La ceremonia de "entrega del invitado" podía ser episodio de una buena película de devolución de rehenes durante la II Guerra. Nos detuvimos varios metros antes del punto de encuentro; la seguridad colombiana bajó los equipajes y se responsabilizó de nuestro corto desplazamiento a pie hasta el lugar donde nos esperaba Arafat con su gabinete. Allí nos saludamos (tres besos, afortunadamente ninguno en la boca, como se estilaba en la Europa comunista) y partimos para Gaza.

La casa donde nos alojamos, una de las mejores del lugar, era una mansión cómoda, sin ninguna ostentación, como de los años cincuentas. Religiosamente, a la hora del desayuno, del almuerzo y de la cena, venían Arafat, su señora y su hija a comer con nosotros, en familia.

En las horas de la tarde del día de mi llegada, tras una agotadora ronda de conversaciones que tomó más de cuatro horas, volé en el helicóptero de Arafat al desierto del Sinaí para visitar al Batallón Colombia, un destacamento militar que sostiene nuestro país en la zona de conflicto desde la Guerra de los Seis Días, en prevención de nuevos enfrentamientos. Me conmovió escuchar los acordes del himno nacional, en pleno desierto, con la bandera tricolor ondeando al viento. Los muchachos colombianos eran los reyes del lugar: los campeones de fútbol, los administradores de la única discoteca de música salsa que existe en 400 kilómetros a la redonda y, por supuesto, los más alegres.

En el viaje de regreso en el helicóptero preparé los términos del discurso que debía pronunciar, esa misma noche, ante al parlamento palestino. Me sentí como en casa, pues la reunión parecía más un mitin de campaña política en un municipio de la Costa Caribe que una sesión formal de un Congreso para recibir a un jefe de Estado. Lo único que le faltaba era el ron Tres Esquinas y la papayera. Los discursos de saludo fueron también como en la Costa: cálidos, retóricos, emotivos y largos. Yo, mientras tanto, me iba emocionando.

Cuando me llegó el turno de responder, sentí que debía improvisar y dejé en el bolsillo el discurso que había preparado.

–Permítanme –les dije al comenzar– que esta tarde les hable mi corazón.

Y terminé con una frase no textual de García Márquez, aquella de que nadie es de ninguna parte hasta que no tiene un muerto bajo la tierra, para declarar el apoyo del NOAL a las pretensiones territoriales palestinas que se debatían en ese momento.

Sin tener muchas dotes oratorias –lo mío es la conferencia en recinto cerrado, la cátedra– reconozco que esa tarde en Palestina las cosas me salieron bien; al menos, así lo sugirió el aplauso cerrado que me dieron los diputados y los múltiples besos (más de cinco, esta vez) que recibí de Arafat y otros jefes.

Mi discurso en el parlamento palestino, transmitido por las emisoras del país, no cayó bien del todo en el gobierno israelí. Así al menos lo sentí al día siguiente, cuando fui despedido en el aeropuerto de Tel-Aviv por un funcionario de muy baja categoría. La despedida de Arafat y su señora fue, por el contrario, muy emocionante. Nos llevábamos una impresión muy favorable de aquellos días en el desierto.

Camino a Marruecos, y atendiendo una petición de Arafat, efectué una escala en Egipto para encontrarme con el presidente Mubarak, quien se encontraba en un elegante balneario en el Mar Rojo. Conversamos largamente sobre el estancamiento del proceso de paz en Medio Oriente, y lo enteré detalladamente de mis conversaciones con Arafat y Netanyahu. Mubarak es un líder enérgico, directo, que no se pone con rodeos para decir lo que piensa. Para él estaba claro que Netanyahu tenía frenado el proceso y que los únicos que a esas alturas podían volver a ponerlo en marcha eran los norteamericanos.

Su apreciación coincidía con la que unas horas más tarde me expondría el rey Hassan en mi visita oficial a Marruecos. Tuve el privilegio de ser uno de los últimos jefes de Estado que visitó al dirigente marroquí. Sostuvimos una amena conversación en su palacio de Rabat, de la cual me quedó fijado el momento en que me preguntó con tono calmado:

–¿Quiere que le cuente, señor presidente, cuál es el secreto de la paz que se vive en mi país?

–Claro que sí, Majestad –le dije intrigado.

–Muy sencillo: aquí en Marruecos usted no encuentra ancianatos.

Ante mi cara de extrañeza, agregó con una sonrisa:

–Aquí nadie lleva sus viejos a hospicios; los viejos están en las casas, presidiendo las familias, ejerciendo con el consejo la misión de orientarlas.

Después centró casi toda nuestra conversación en torno al problema de la paz en Levante. Hassan me dijo que en la época de Peres y Rabin siempre tenía línea abierta con ellos, que con ellos había un puente permanente. Añadía que ahora las cosas eran distintas por la prepotencia de Netanyahu y, sentenciosamente, agregaba que estaba llegando a convencerse que no habría paz mientras el agresivo primer ministro estuviera al frente del gobierno israelí.

Al salir del palacio, como estaba lloviendo, Hassan me regaló una elegante capa para protegerme. Era hermosa y elegante, aunque demasiado azul para mi gusto político. Digamos que era "azul rey", no "azul presidente", pero a Jacquie le encantó y se quedó con ella para siempre.

De resto, mi visita al África me dejó importantes lecciones. La más importante es la de que Colombia no puede mantener cerrados los ojos a una realidad que está conectada con las raíces de buena parte de nuestro pueblo, porque todos seremos responsables ante el juicio implacable de la historia por lo que ocurra a esos millares de seres abandonados del planeta.

Cuando el avión tomó tierra en La Habana a las ocho de la noche, sentí la misma emoción que había tenido años atrás, cuando visité por primera la isla con Horacio Serpa. Venía entonces presidiendo una delegación del partido liberal colombiano, del cual era entonces director, y fuimos recibidos con la mayor cordialidad por los cubanos.

En Cuba habíamos pasado unos días maravillosos, pero desde un primer momento, para que no abrigáramos ninguna ilusión, nos habían advertido que lamentablemente, debido a sus ocupaciones, no podríamos ver al comandante Castro.

La noche anterior a nuestro regreso a Colombia nos invitó García Márquez a comer en su casa y nos contó del libro que estaba escribiendo sobre los últimos días de Bolívar. Terminábamos nuestra amena charla cuando sonó el teléfono. Era Fidel para preguntar si los colombianos todavía estaban allí. Gabo le dijo que sí, y el comandante se limitó a ordenar: "Diles que me esperen".

Llegó dos horas más tarde, cuando todos, incluido el anfitrión, nos caíamos de sueño. Sacó un vaso de leche de la nevera, estiró las piernas y comenzó a hablar. Fueron varias horas fascinantes durante las cuales lo oímos conversar con propiedad sobre los temas más variados. Fidel no habla como uno se lo imagina, sonoramente; al contrario, habla quedo para fijar aún más la atención de sus oyentes.

Entonces tenía la obsesión de la deuda externa, y en eso se nos fue un rato largo. Sabía de memoria cuánto debía cada país, cuántos años tardaría en pagar su deuda, cuántas escuelas y hospitales dejaría de levantar para poder cumplir sus compromisos internacionales de pago.

Para mostrar su deferencia con Colombia y su rechazo a la propuesta que había hecho Andrés Pastrana durante la campaña del 94 en el sentido de que rompería relaciones con Cuba si era elegido presidente, Fidel asistió a mi posesión el 7 de agosto de ese año. Más tarde nos encontramos en varias ocasiones, particularmente en las Cumbres Iberoamericanas. Estuve con él en la posesión del presidente Ernesto Zedillo, en México; al salir del banquete de despedida del presidente Carlos Salinas de Gortari, me pidió que le presentara al vicepresidente de Estados Unidos, Al Gore. Lo hice con entusiasmo, sólo por ver la cara de terror del vicepresidente cuando se le acercaron a saludarlo los dos chicos malos del continente.

En la última cumbre a la que me correspondió asistir, celebrada en la isla Margarita (Venezuela), teníamos previsto con Castro un encuentro para hablar del tema de paz y violencia. Como el hotel donde nos alojábamos quedaba a más de una hora del sitio de la conferencia, hicimos nuestra reunión bilateral en la banca de atrás de un cómodo bus. Gaseosa en mano le expliqué la iniciativa de paz que pensaba lanzar pasada la cumbre, y Castro me formuló algunas consideraciones válidas que recogí más tarde en mi presentación.

Mientras duró la crisis, Fidel siempre fue solidario conmigo. No se dejaba tocar el tema de algunos enemigos del gobierno que eran amigos suyos y enviaba, siempre por distintos canales, el mismo mensaje de solidaridad: "¡Dígale a Samper que resista!"

Desde hacía meses yo acariciaba la idea de ser el primer presidente colombiano en realizar una visita oficial a Cuba. Sabía las consecuencias que esta decisión podría tener en los Estados Unidos, donde radicalizaría los ánimos anticolombianos de algunos círculos extremistas y, por supuesto, dentro de Colombia, donde sectores burgueses aprovecharían el viaje para arreciar sus críticas.

Con varios meses de anticipación había empezado a organizar con Julio Londoño, nuestro embajador en Naciones Unidas, una Conferencia del Movimiento de Países no Alineados sobre la salud en el mundo. Me di cuenta de que el tema venía como anillo al dedo para plantearlo en Cuba, donde aun los más feroces enemigos de la revolución tenían que reconocer sus espectaculares avances en ciertas áreas de calidad de vida.

Resolví que la anhelada visita debía celebrarse simultáneamente con este foro, el 26 de junio de 1998.

El viaje fue un éxito completo. A la media hora de llegar a la casa de huéspedes, apareció a saludarnos Fidel con su uniforme militar. Pidió mi agenda para revisarla y se quejó de que no le habían dejado suficiente tiempo para que habláramos a solas. Su "reclamo" duró tres horas, durante las cuales nos contó, con pelos y señales, los pormenores del asalto al Cuartel Moncada, cuyo aniversario se estaba celebrando ese mismo año. A media noche se despidió porque tenía un encuentro con el ex presidente de Bolivia, Jaime Paz Zamora, quien estaba de visita en la isla. Supongo que con él estuvo varias horas más.

Por la mañana asistimos a la inauguración del foro. En la tarde, después de almorzar en la Bodeguita del Medio, llegué al paraninfo de la Universidad de la Habana para dictar una conferencia sobre el

Movimiento de No Alineados. Cuál no sería mi sorpresa cuando me encontré en la puerta a Fidel, con todo su gabinete, rodeado de estudiantes con los que discutía acerca del pénsum universitario.

Hablé durante más de una hora sobre las dificultades que estábamos encontrando los países en desarrollo frente al tema de una globalización sin reglas que nos dejaba desamparados en medio de las fuerzas del mercado; hice hincapié en la necesidad de constituir un Tribunal Internacional de Justicia con límites acordados; y me referí a la necesidad de la inversión social para legitimar los procesos de apertura de las economías pobres.

La conferencia lo emocionó muchísimo. Personalmente se fue hasta el diario *Granma* para revisar la publicación del texto completo, cuya retransmisión televisada ordenó el gobierno esa misma noche.

–Chico –me dijo al terminar la conferencia, mientras alzaba mi mano en señal de victoria–: eso mismo es precisamente lo que yo vengo diciendo desde hace años pero ya no me oyen, tal vez porque nadie es profeta en su tierra.

–No se preocupe, comandante, que a mí tampoco me oyen en Colombia –le repliqué–. Apuesto a que de esta conferencia ni siquiera se van a enterar.

Y así fue. De mi visita a Cuba se dijo muy poco o nada en los medios, quizás porque ya estaba saliendo del gobierno. Tan poco salió que, a los pocos meses, los mismos medios registraban a todo timbal que la visita a Cuba del presidente Pastrana, mi sucesor, era histórica porque sería el primer presidente colombiano en viajar oficialmente a la isla.

Esa noche cenamos, los dos solos, en el Palacio de la Revolución hasta las cinco de la mañana. No soy un buen transnochador, lo reconozco. Jacquie dice que soy como la Cenicienta, que a las doce de la noche en punto se me acaba el encanto. Sartre ya decía en 1960, comentando su viaje a la isla: "En Cuba las noches pasan en blanco. Se las distingue del día sólo por cortesía y para respetar al visitante extranjero". Sin embargo, en esa oportunidad estuve despierto como una lechuza.

Fidel se toma su tiempo para comer; lo hace con gran parsimonia, moviendo con efecto hipnótico los cubiertos de un lado para otro, mientras va conversando con su voz pausada. Asume todos los temas, por triviales que sean, con una asombrosa profundidad; defiende sus puntos de vista con una pasión que acompaña con una catarata de citas, de cifras, de argumentos apabullantes.

Fue una larga y gratísima noche de confesiones y anécdotas personales.

Castro estaba molesto porque no lo habían dejado hablar suficientemente con el Papa. Apenas había dispuesto de una hora de conversación oficial que, en los parámetros de Fidel, equivale a dos minutos de cualquier otro presidente. Pero también estaba contento, porque sabía, y tenía razón, que la visita papal le había abierto puertas y ventanas. Estuve de acuerdo: la visita de Juan Pablo II, literalmente, lo había ayudado a "desatanizarse".

Le dije que no me parecía bueno que por cada visita importante liberara presos políticos como si se tratara de botellas de ron o cajas de tabacos. Tal vez serán sesgos de abogado que aún conservo: si los puede liberar para entregarlos es porque judicialmente no deberían estar presos. El plato fuerte de nuestra charla fue, como casi siempre que viajé, la lucha contra la droga.

Esa noche me di cuenta de que lo que más admiraba en Fidel era su coherencia con unos principios, con un proyecto político, con una causa. Por eso mismo será recordado como uno de los pocos grandes líderes de la segunda mitad del siglo: porque tuvo el valor de defender unas convicciones en un mundo donde los intereses han sustituido los valores y el pragmatismo arrinconó a los intelectuales. Fidel, como Arafat, como el Papa, como Gandhi, ha sostenido sus principios y eso, independientemente de que uno esté o no de acuerdo, es digno de admiración en un mundo en que ya nada de lo que tenga que ver con el alma nos sorprende.

HASTA EL ÚLTIMO MINUTO

En múltiples declaraciones a la prensa durante los momentos más difíciles de mi gobierno dije que no me rendiría, que gobernaría hasta el último minuto del último día. Esa fecha, el 7 de agosto de 1998, había llegado.

Desayunamos en familia, por última vez, en el comedor de la casa privada; nos despedimos de los empleados que nos habían atendido durante cuatro años con devoto cariño. Sentía cierta nostalgia, revuelta con tranquilidad, al dejar esa casa en la cual viví los momentos más intensos de mi vida. Si, como dice Carlos Fuentes, las cosas también lloran y hablan, las que allí dejábamos podrían hacer relatos interminables.

De palacio salí temprano para el cementerio central, a visitar la tumba de mi padre con mis hermanos y mis tíos. Hacía una hermosa mañana de sol, San Pedro estaba de nuestra parte. Al llegar me encontré con una grata sorpresa: el coronel Reynol Díaz, comandante del Batallón Guardia Presidencial, enterado de que la última voluntad de mi padre, el "cadete" Samper, había sido la de que se interpretase el himno del compañero en sus funerales, había dispuesto que la banda del batallón cumpliera con esta voluntad con ocasión de mi visita.

El toque solitario de la corneta, en medio del intrincado laberinto de tumbas y de lápidas, me quedó grabado con cincel en el alma.

Como una película pasaron por mi memoria en esos instantes de silencio, los entierros a los que había asistido en ese cementerio durante los últimos años: el de Luis Carlos Galán; el de Jaime Pardo Leal; el de Carlos Lleras Restrepo, y el de mi hermano menor, José Gabriel, que murió a los 32 años, precisamente el mismo año en que sufrí el atentado; el "Gordo" había fallecido en la misma clínica y en la misma cama en que yo me había salvado seis meses antes.

Recordé allí mismo la leyenda popular según la cual en la tumba de Rafael Uribe Uribe, a pocos pasos de distancia, nunca faltan las flores rojas que colocan, misteriosa, religiosa y cotidianamente, humildes militantes liberales con carnet gaitanista, ruana raída y corbata roja.

Del cementerio volamos en helicóptero al Puente del Común para inaugurar la prolongación de la autopista del norte hasta Briceño y la propia remodelación del puente, considerado uno de nuestros más importantes monumentos coloniales. Era ya el mediodía cuando llegaron algunos empleados de Hatogrande para decirme que los trabajadores de la hacienda, muy cercana del puente, me estaban esperando para despedirse. Creí que a Jacquie le daba un infarto:

–Ernesto –me dijo–, al paso que vamos llegará Pastrana y tendrá que esperarnos en la cocina.

–No sería malo que esperara otro ratico –le contesté sonriente, mientras subíamos al helicóptero para emprender rumbo a la hacienda.

En Hatogrande el programa de despedida incluía himnos, discursos, declamación poética de una niña de la escuela, coplas y por supuesto, brindis. Eran casi las tres cuando despegamos hacia palacio. Al llegar, Carlos Lemos y Marta estaban angustiados pensando que a ellos les tocaría recibir al nuevo inquilino. El almuerzo con Carlos y Marta duró el tiempo suficiente para recordar ciertos momentos, despedirnos de las niñas de la cafetería y recibir al nuevo presidente en las gradas de palacio, a fin de entregarle las llaves de la casa.

–Suerte, Andrés –le dije lacónicamente mientras me despedía con un abrazo protocolario.

Salimos por la misma calle de honor del patio de armas, en medio de una linda fanfarria que habían escogido los altos mandos como melodía de despedida. Nos montamos en los carros en la carrera séptima y, mientras nos alejábamos, alcancé a ver a un niño, en el atrio de la catedral, que nos saludaba con una banderita roja. "Esta es la señal del regreso a mi casa y a mi partido", me dije.

Por primera vez en cuatro años volvía a ver desde la terraza de mi viejo apartamento, situado en los montes orientales de Bogotá, el sol poniente confundido con los límites borrosos de la Sabana hacia el occidente. Me senté en el sillón preferido de mi biblioteca y, como si me hubieran quitado un piano de encima, respiré profundamente, encendí un tabaco y cogí un libro al azar. Eran las memorias de don Tomás Rueda Vargas, el gran escritor y educador bogotano de la generación del Centenario. Busqué con afán las páginas sobre la muerte de Antonio Nariño, mi texto preferido, donde relata los sentimientos del precursor de la Independencia cuando sale a cumplir en Villa de Leyva su incancelable cita con la muerte.

"Al llegar bien entrada la tarde al término de la Sabana –relata don Tomás– detuvo la tarda mula en la cuchilla del cerro que la abrocha por Nemocón. Se ponía el sol. Sobre la verde amplitud de la llanura divisó una inmensidad de puntos blancos. Parecíale como si hubiera caído una lluvia de estrellas. Son las flores del trébol; son las hijas de aquellas semillas que trajo de Francia, acuñando los tomos de la Enciclopedia, Juan Jacobo, los Derechos del Hombre. Quizás no había sido tan estéril su trabajo, pensó. Y, sin detenerse más, enderezó la cabalgadura por la vertiente hacia el norte…".

Sin saber por qué, el texto de don Tomás me llevó a recordar mi última visita a la Costa Caribe, a la Ciénaga Grande de Santa Marta.

La historia había comenzado cuando apenas se iniciaba mi gobierno, con la publicación de unas fotografías en las primeras páginas de los periódicos. En ellas aparecían millares de peces muertos en la ciénaga y las caras trágicas de los pescadores contemplando el espectáculo que representaba para ellos la destrucción de lo conseguido con el trabajo de toda una vida.

Con Cecilia López, ministra de Medio Ambiente, visitamos el sábado siguiente la zona aledaña. Los habitantes de los pintorescos pueblos palafíticos de la ciénaga estaban abandonando sus casas; la descomposición de los pescados había puesto en alerta a las autoridades sanitarias, y los moradores de los pueblos ribereños comenzaban a exaltarse.

Al terminar el cabildo abierto que organizamos para oír a las comunidades afectadas, dispusimos que la Red de Solidaridad les pagara a los pescadores por recoger el pescado muerto, aprobamos un plan inmediato de recuperación social que incluía la dotación eléctrica de los pueblos lacustres mediante la extensión de un costoso cable submarino, y decidimos pedir al Banco Interamericano de Desarrollo un préstamo de emergencia de 35 millones de dólares que nos permitiera enfrentar la tragedia. El viceministro Ernesto Guhl tomó el desafío como cuestión de amor propio.

En pocos meses estaba reabierto el primer caño de agua dulce, el Clarín, que debía oxigenar el agua salina. Pero no fue suficiente: comprobamos, al contrario, que los peces, asfixiados, buscaban con angustia la entrada del agua fresca que inicialmente llegaba revuelta con lodo; esta imprevisible circunstancia hacía todavía más difícil el mantenimiento de la poca vida que quedaba en la ciénaga.

Nos dimos cuenta de que sólo cuando se terminaran las obras en otros caños afectados, Torno, Los Almendros, Renegados, Alimentador y Aguas Negras, podría pensarse en una redención definitiva del viejo y enfermo cuerpo de agua. Apresuramos el paso. Las obras para la instalación de la energía habían comenzado con alguna tardanza, pero estuvieron listas cuando se necesitó. La RED puso en marcha más de un centenar de proyectos de apoyo comunitario para apoyar la pesca artesanal, mediante la compra de embarcaciones y una cadena de comercialización del pescado atendida por las mujeres.

Esos recuerdos acudían a mi memoria, en tropel, una tarde de junio de 1998, cuando visitaba por última vez la región en compañía del ministro Eduardo Verano. Los pescadores nos recibieron con sus canoas adornadas por banderas tricolores; una vieja radiola, alimentada con la luz de interconexión e instalada en una escuela en la mitad de la ciénaga, transmitía las notas del himno nacional y los primeros vallenatos de la fiesta que duraría varios días; comimos un delicioso sancocho de sábalo preparado con pescado de captura reciente.

Mientras la vieja lancha de motor nos devolvía a la orilla de la ciénaga, donde aguardaban los vehículos para continuar hacia Santa Marta y de allí a Bogotá, pude ver cómo comenzaban a nacer los retoños verdes en medio de los manglares muertos que había visto cuatro años antes.

A lo mejor, pensé esa tarde del 7 de agosto en mi apartamento, a mí también me recuerden dentro de unos años como a Nariño, como el presidente que devolvió los retoños verdes de manglar a la Ciénaga Grande de Santa Marta y uno que otro retoño de justicia social a la gente pobre de Colombia.